JN115841

労使関係の日韓比較

安　熙卓 著

文眞堂

はしがき

　本書は，日韓の労使関係を日本と韓国を対比する形で，その実態と特質を明らかにすることを試みたものである。これまで筆者は，韓国の人的資源管理について幅広い研究を行ってきた。その成果は『韓国企業の人的資源管理—その特質と変容』（文眞堂，2011 年）として発行された。筆者が初めて労使関係に関心を持ったのは，慶應義塾大学大学院在学中（1984 – 1989 年）に労働省（現厚生労働省）国際労働課海外労働研究員および日本労働協会（現労働政策研究・研修機構）海外労働情報室委託研究員を勤めたことである。また，韓国の使用者団体の一つである韓国経営者総協会（日本の旧日経連）附設労働経済研究所に研究員として 10 年間勤務（1990 – 2000 年）したことである。その間，労使関係に関わる業務を遂行する上で，労使間の敏感な諸問題をめぐる対立的な立場に立って現場の労使問題の難しさを肌で感じ，多くのことを学ぶ機会を得た。

　この度，本書を執筆するようになった直接的なきっかけとなったのは，韓国で複数労働組合と専従者の問題が労使間の争点となり，日本の経験から示唆点を得るために，2009 年に韓国経営者総協会から研究助成を受け，「日本の複数組合と専従者に関する研究プロジェクト」を遂行したことである。韓国では 1987 年の 6.29 民主化宣言以降，労働運動の機運が高まり，労働争議が頻発した。労働争議は全国的に広がり，企業経営や国家経済に悪影響を及ぼす事態にまで及ぶ対決的な労使関係が蔓延した。その傾向は現在進行中といっても過言ではない。対決的労使関係から協力的労使関係を築くことが韓国では最大の課題となっている。もちろん，利害関係を異にする労使関係は当然対立関係ではあるが，日本は戦後の労働運動の歴史の中で労使対決を繰り返してきたものの，現在は労使協力的な関係が形成され，安定的な労使関係が構築されている。両国ともに企業別組合でありながら企業内の労使関係においては，大きな隔たりが存在する。

　日韓の労使関係は，両国の特殊な条件と環境の下で形成・発展してきたといえる。日本と韓国は政治経済的な環境や文化的・歴史的基盤が異なるため，独特な労使関係の制度や慣行を作り上げてきた。労使関係は関係当事者の意識と行動様式にも大きく左右される敏感な問題であり，複雑な構造をもっている。

　今日，使用者と労働者との労使間の問題は，集団的労使関係のみならず個別的労使関係においても様々な形で顕在化している。日韓ともに，グローバル競争が激化する中で，雇用破壊，賃金破壊が進み，安定雇用・安定賃金は望めなくなった。雇用・就業形態の多様化も進展し，不当解雇問題，有期雇用社員の雇止め問題，リストラ問題，セクハラ・パワハラ問題，人事問題など，労使間の問題は数えきれない。

　本書は，労使関係の一部分にとどまっており，すべてを網羅しているわけではない。労使関係は捉え方によっては，かなり広範囲にわたるが，本書では，労使関係の基本的な枠組みを中心に考察してきた。日韓比較研究の場合，現状分析だけでなく，企業経営の構造や政治経済的な環境，社会・文化的特質などを踏まえて，比較検討を加えることで，両国の労使関係の特質や相違点をより明確にすることができると考える。しかし，筆者の力量の限界のため，本書では深く追究することができなかった。読者の皆様方のご批判，ご意見を頂戴いただければ幸いである。

　本研究にあたっては，九州産業大学ならびに韓国経営者総協会から研究助成を得ることができた。本書の執筆にあたっては，村杉靖男氏（元味の素労組委員長），吉田純一氏（元日本経団連人事賃金センター所長），志水輝美氏（元連合福岡書記長），福永光明氏（元福岡県経営者協会労政部長），韓国経営者総協会（李東應専務・李準熙博士・李ヒョンジュン博士），韓国労働社会問題研究所（チョン・キョンウン博士）にお世話になった。記して感謝の意を表したい。

　私が日本の大学に在職して 20 年を迎える。教育・研究者として活躍できるのも大学院時代の指導教官である佐野陽子先生（慶應義塾大学名誉教授）と佐護譽先生（九州産業大学名誉教授）のお陰である。この場を借りて感謝申し上げたい。

　なお，本書の出版を快く引き受けていただいた，文眞堂代表取締役社長前野隆氏と編集部の山崎勝徳氏に心より感謝申し上げる。

　最後に，私事ではあるが，同じ研究者の道を歩んできた父（安春植，韓国・漢陽大学校名誉教授，著書に『終身雇用制の日韓比較』論創社，1982年刊）に感謝したい。そして今は亡き44歳の若さでこの世を去った最愛の母の霊前にこの本を捧げる。

2020年2月

安　熙卓

目　次

初出一覧

　本書はこれまでに発表した論文を出版するに当たって，部分的に加筆・修正を施し，再構成したものである。各章で重複する記述はできる限り調整したが，それぞれが独立した論文であるため，全体の流れから重複すると思われる部分でも必要最小限に残すことにした。また，本書ではできるだけ日本と韓国の各章のタイトルを合わせるため，内容に差支えない範囲内で原論文のタイトルを替えた。各章の初出は次のとおりである。

第1章　「戦後日本の労働運動と組合分裂」九州産業大学『経営学論集』第22巻第4号（2017年8月）

第2章　「韓国における労働運動の歴史的展開」九州産業大学『経営学論集』第28巻第1号（2017年8月）

第3章　「日本の労働組合と経営者団体」九州産業大学『商学論叢』第60巻第1号（2019年7月）

第4章　「韓国の労働組合と経営者団体」九州産業大学『経営学論集』最終号（2019年3月）

第5章　「日本の団体交渉と労使協議制度の現状と特質」九州産業大学『商学論叢』第59巻第1号（2018年7月）

第6章　「韓国の団体交渉と労使協議制度の現状と特質」九州産業大学『商学論叢』第59巻第2号（2018年11月）

第7章　「日本の労働争議と紛争解決システム」九州産業大学『商学論叢』第59巻第3号（2019年2月）

第8章　「韓国の労働争議と紛争解決システム」九州産業大学『商学論叢』第59巻第4号（2019年3月）

第9章　「日本の複数組合・専従者の実態と労使関係」九州産業大学『経営学論集』第23巻第1号（2012年7月）

第1章
日本の労働運動の歴史

Ⅰ. はじめに

　戦後，日本の労働運動が本格的に発足したのは，1945年8月の太平洋戦争終結後，連合軍総司令部（GHQ）が対日占領政策の一環として労働組合の保護育成策をとってからのことである。終戦後，日本は連合国の対日占領政策に基づき，政治・社会などあらゆる分野で改革・民主化を実施した。労働分野においては労働組合法，労働関係調整法，労働基準法などを整備し，労働者の解放と労働運動の保護助長策を積極的に推進してきた。こうした自由化・民主化の中で労働組合の組織結成が活発に行われた。また，全国労働組合組織のナショナルセンターも相次いで結成された。そして労働運動は賃上げ，解雇反対，経営民主化などの要求を掲げ，過激な闘争が展開された。

　戦後，日本の労働運動の主体は企業別組合であったが，さまざまな利害対立や意識の対立を抱えているため深刻な労働争議が発生した場合，組合が分裂して第二労組が出現することがしばしばあった。今日では「一企業一組合」が定着しており，労使関係は戦後の戦闘的な対立的・階級的労使関係から協調的労使関係が形成されている。

　本章では，戦後，日本の労働運動の展開と労働運動過程で発生した組合分裂の実態，そして組合分裂状態での経営側の対応策について考察する。

Ⅱ．戦後日本の労働運動の展開

　戦後，日本の労働運動については，便宜上，① 戦後動乱期，② 経済復興期，③ 高度成長前期，④ 高度成長後期，⑤ 低成長期，⑥ 経済停滞期に区分し，労働運動の過程を歴史的に考察する[1]。

1．戦後動乱期の労働運動（1945－1950 年）

　戦後動乱期における労働運動は，連合軍の管理の下で，戦後の政治，社会の混乱，また，極度のインフレと食糧不足による経済混乱と国民生活の窮乏，自立経済をめざす緊縮政策の強行，朝鮮動乱ブーム，日米経済協力の推進などの情勢を背景として進められた[2]。このような政治・経済・社会状況を反映して，労働組合の組織化が進み，労働運動が活発となった[3]。日本の労働運動，労使関係の基本的な枠組みは，この時期の労働運動の積み重ねと新憲法による団結権，団体交渉権，団体行動権の保障，労働関係法制の制定によって整えられた。そして労働者の賃金をはじめとした労働諸条件が労使間の団体交渉によって処理し，解決する労使関係が形成・確立されたのは，第二次世界大戦後のことである。

　1946 年 8 月には総同盟（日本労働組合総同盟）と産別会議（全日本産業別労働組合会議）の 2 大全国的中央組織が結成された。全国的中央組織として総同盟は社会党，産別会議は共産党という戦前からの 2 つの潮流で政党と密接に結びついて結成された。この時期の労働運動は共産党系の産別会議が主導権を握り，社会経済の混乱と労働者の生活不安の中で，「生産管理闘争」[4] の採用など激しい労働争議が頻発に起こった。また，暴力行為など正当な争議行為の範囲を逸脱する戦術も採られ，民間労組を中心に労働攻勢が繰り広げられた。さらに，1946 年 11 月には官公庁労組が越年資金，最低賃金制の確立などの要求を掲げ，「全官公共闘」を組織して闘争を展開した。この闘争は，野党の内閣打倒運動と結びつき，民間労組をも含めた全組織労働者を一丸とする「全闘」が結成されるようになった。労働争議が高揚する中で，労働組合を刺激したのが

1947 年に吉田首相が元日の辞においてストライキ，デモなどを行う労働者を
「不逞の輩（ふていのやから）」と非難したことを契機に，全闘は 2 月 1 日を期
して全国一斉にゼネストを敢行するとの「2.1 ゼネスト宣言」[5] を発表し，最悪
の事態に陥った。しかし，このゼネストはマッカーサー連合国最高司令官の命
令により中止を余儀なくされた[6]。

　これを契機として，総同盟や産別会議内で共産党の労働運動支配を排除しよ
うとする「民主化運動」が起こり，この運動は全国に波及・拡大していった。
産別会議内でも 1948 年 2 月に民主化同盟が結成され，産別民同（産別民主化同
盟）は 1949 年 12 月に「新産別」[7] を結成した。2.1 ストを展開するために組織
された「全闘」は，スト中止命令とともに解散を命ぜられたが，それに応じる
ことなく 2.1 スト後，産別会議・総同盟を中心に 1948 年 3 月に「全労連」を結
成した。結成当初から産別会議の暴力革命思想，闘争第一主義を強く批判して
いた総同盟は 1948 年 3 月に全労連を脱退し，その後，その他の民同系労組もこ
れに続いた。全労連は 1950 年 8 月 GHQ の命令により解散した[8]。

　連合軍の政策は，2.1 ストを前後にして次第に反共の立場を明確にする方向
に転じ，それまでの労働運動をリードしてきた官公庁労働者の労働基本権（団
体交渉権，労働争議権など）の剥奪，組合活動家のレッドパージ[9] による排除，
労働組合法の抜本改正による労働組合運動の制限などにより，労働運動は沈滞
していった。

　戦後激動期には，読売争議（1945 年），東芝争議（1945 - 46 年），東宝争議
（1946 年）が社会的に注目された[10]。労働争議過程においては，組合分裂によっ
て「第二労組」[11] が結成されることが多かった。ここでは東宝争議の争点を取
り上げる。東宝争議は 1946 年 2〜4 月に撮影所，劇場で生産管理闘争が決行さ
れ，組合は民主的な団体協約の締結に成功した。同年 4 月には「産別会議」（全
日本産業別労働組合会議）準備会参加の日本映画演劇労働組合（日映演）の結
成の中心になり，日映演東宝支部を組織した。同支部は同年 9〜10 月に待遇改
善の要求で 50 日余の生産管理闘争を行ったが，組合が分裂，第二，第三組合が
結成された。1948 年，会社は経営陣を刷新し，赤字と赤旗の「二つの赤」を追
放すると称し，4 月 16 日砧（きぬた）撮影所の 270 人をはじめ 914 人を解雇，
契約者 84 人を解除し，6 月 1 日同撮影所を閉鎖した。争議団は世論の支持と友

誼（ゆうぎ）団体の応援を得て撮影所を占拠したが，8月19日武装警官1,800人，戦車を動員した占領軍兵士の出動で退去を余儀なくされた。争議の長期化で双方疲労し，10月19日組合幹部は自発的に辞表を提出する一方，会社は解雇者の約3分の2を再雇用する条件を出し，195日間に及ぶ争議は解決された[12]。

2. 経済復興期の労働運動（1950‒1955年）

経済復興期の労働運動は，中ソの平和攻勢による緊張緩和，日ソの国交回復，朝鮮戦争などを背景に展開された。特に，朝鮮戦争の勃発（1950年）による膨大な朝鮮特需によって経済復興が行われた。第二次世界大戦後，GHQの保護と育成の下に再出発した日本の労働運動は，当時の経済・社会情勢を背景に激しく，かつ政治的色彩の濃いものであった。1950年7月には，民同勢力と右派勢力，中道勢力が合同して共産党系の影響が強かった「産別会議」に対抗して，「総評」（日本労働組合総評議会）が結成された。総評は結成時は反共色彩が強かったが，朝鮮戦争やサンフランシスコ平和条約[13]が調印されたことに伴う旧・日米安全保障条約を巡る運動，さらには朝鮮特需によって引き起こされた労働者へのしわ寄せから，労働運動が活発となり，総評は左派色を強めた。

総評の運動方針の端的な現れが1953年2月に発表された「総評賃金綱領」[14]であった。総評は「総労働と総資本の対決」を打ち出し，低賃金体制打破，すなわち体制変革を運動の基調としていた。総評内左派は「労働者同志会」を通じ，また，右派は「民労研」（民主主義労働研究会）[15]を通じて，それぞれ結束を強めるとともに，両派は次第に対立を深めていった。

1952年4月から6月にかけては，「破壊活動防止法」制定と「労働関係法」改正に反対する「労闘（労働法規改悪反対闘争委員会）スト」が実施され，10月から11月にかけては賃上げや標準作業量をめぐって炭労（63日間スト）や電産（停電スト）の長期ストが実施された[16]。これに対して，右派系4単産（海員，全繊，全映演，日放労）は，総評の指導方針を批判する共同声明を発表し，両派の対立はますます激しさを増した。その後，海員組合，全繊組合，全映演組合は総評を脱退し，総同盟とともに1954年4月に「全労会議」（全日本労働組合会議）[17]を結成（その後，1964年に「同盟」に改組）した。1956年には「中立労連」（全国中立労働連絡協議会）が結成され，労働4団体体制が成立した。

図表 1-1　戦後ナショナルセンターの変遷

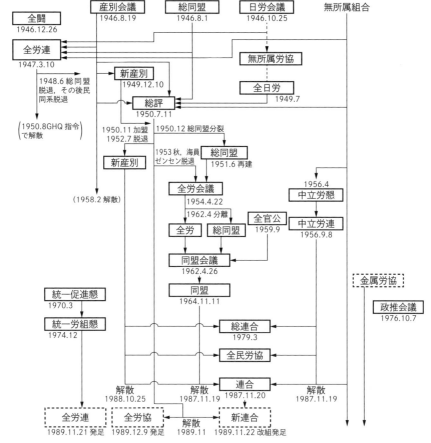

注：図中に記した略称の正式名称は，つぎのとおり。「産別会議」＝全日本産業別労働組合会議，
　　「総同盟」＝日本労働組合総同盟，「日労会議」＝日本労働組合会議，「全闘」＝全国労働組合共
　　同闘争委員会，「全労連」＝全国労働組合連絡協議会，「新産別」＝全国産業別労働組合連合会，
　　「全日労」＝全日本労働組合連盟，「総評」＝日本労働組合総評議会，「全労会議」＝全日本労働
　　組合会議，「同盟」＝全日本労働総同盟，「統一労組懇」＝統一戦線促進労働組合懇談会，「総連
　　合」＝全国労働組合総連合，「金属労協」＝国際勤続労連日本協議会，「政推会議」＝政策推進労
　　働組合会議，「全民労協」＝全日本民間労働組合協議会，「連合」＝全日本民間労働組合連合会，
　　新「連合」＝日本労働組合総連合，「全労協」＝全国労働組合連絡協議会，「全労連」＝全国労働
　　組合総連合
出所：河西宏祐『企業別組合の理論　もう一つの日本的労使関係』日本評論社，1989 年，p.123 お
　　よび大場鐘作・佐藤寛行『戦後・日本労働運動小史』日本生産性本部，1991 年，p.348 をもと
　　に一部修正作成。

その間，複数の上部労働団体の出現によって運動路線の対立による組織脱退と
分裂が発生し，労働団体の勢力にも変化が現れた（図表1-1）。

　1953年から1954年にかけては尼崎製鋼，日産自動車，三井鉱山，日本製鋼
室蘭などで労働争議が発生した[18]。この時期の主要労働争議の争点を概観する。

　まず，日産争議は，1953年5月から9月において，日産自動車株式会社と総
評系の全日本自動車産業労働組合（全自）日産自動車分会との間に生じた労働
争議で，終結まで100日以上にも及んだ。1953年5月に全自は統一闘争とし
て，日産自動車，トヨタ，いすゞの各分会が三社共闘の体制を組み，一斉に賃
上げ要求を各会社に提出したが，会社側は日産分会の要求に強硬な態度で臨
み，要求を全面拒否した。6月4日に開催された第1回の団体交渉では，逆に
ノーワーク・ノーペイ（就業時間中の組合活動に対しては賃金を支払わない）
の原則の承認や課長の非組合員化を会社側が日産分会に求め，組合が反発し
た。その後も断続的に団体交渉が開催されるも決裂した。そして，会社側は
6月11日に6月8日以降のノーワーク・ノーペイの実施を通告し，6月の賃金
において時間内組合活動の時間分のカットを強行した。これに対して組合側
は，7月3日から9日まで1時間ストが実施され，会社側も工場閉鎖をちらつ
かせた。

　7月16日に日産分会は，大幅な妥協を提案し決着を図るも，会社側がこれを
受け入れず団体交渉を拒否したため，分会側は職場闘争やストライキを強化
し，会社側は臨時休業やロックアウトなどで対抗するなど，労使双方の対立が
続いた。トヨタといすゞは8月初旬に妥結されたが，日産では解決の糸口がつ
かめないまま泥沼化していった。8月半ばには分会幹部の逮捕や懲戒解雇が行
われ，また会社側が巨大なバリケードを築き，分会との団体交渉を拒否する姿
勢を強く示し，事態は一層悪化した。

　8月30日には，日産分会から分裂して日産自動車労働組合（日産労組）とい
う第二組合が結成された。日産労組は早期に会社と妥結したものの，日産労組
に対して分会は，中央労働委員会に提訴するなどして会社を交渉の場に出させ
ようとしたが，会社側はこれに応じようとしなかった。長期化する紛争は社会
問題化し，9月には衆参両院の労働委員会で参考人質疑が実施された。この時，
経営側は出席を拒否したが，日産分会組合長は参考人として国会で答弁に立っ

た。9月14日に団体交渉が再開されたが断続的に行われるものの，結局9月21日，分会は会社側の要求を全面的に受け入れ，日産分会側の敗北で争議は終結することになった。

　また，日鋼室蘭争議は，1954年に日本製鋼所室蘭製作所で発生した労働争議である[19]。朝鮮戦争による火砲や防弾鋼板といった軍事製品の需要に応えるために，日本製鋼所は設備と人員の増強を行ったが，朝鮮戦争後の軍需の落ち込みや鉄鋼業界の不況により増強した設備や人員が余剰となる問題を抱えていた。そのため，1954年6月18日に全社合計1,246名（うち室蘭の組合員915名，非組合員95名，室蘭以外の組合員61名，非組合員175名）の希望退職を募る人員整理案を発表した。この案では50歳以上など9項目が基準として提示された。この人員整理に対し労組側は反発し，日鋼労連が主体となってストライキを実施した。しかしながら，室蘭を除く製作所・作業所では対象人数が少なく，7月上旬までに希望退職者が人数に達したため，争議は室蘭のみとなった。7月8日には会社側による指名解雇が行われたが，労組側は被解雇者の強行就労を行い，7月21日には会社側はロックアウトの仮処分を執行するなど対立を深めていった。8月24日の交渉により，組合側は解雇者を116名減らす案を引き出し，執行部は受諾した。しかし9月6日の全員大会で否決されたため，争議は長期化することになる。組合は48時間反復無期限ストライキを行っていたが，9月23日には，会社の倒産を恐れた新労（第二組合）の結成により，室蘭労組は新労と旧労に分裂した。

　新労と旧労の分裂と対立は，労働者のみならず双方の家族を巻き込んで争いを起こすことになった。強行就労に対する嫌がらせはもちろん，双方の社宅に汚物をまくなどの嫌がらせや，時には暴力行為や自殺者を出すに至った。このような事態に至り，総評が中央労働委員会に斡旋を要請し，12月18日には「整理該当者および一般従業員の中より希望退職者を募り，その数によって100人から155人の解雇を取り消す」という斡旋案が提示された。斡旋案は12月27日に組合の全員大会で受諾され，日鋼室蘭争議は妥結した。争議は224日に及び，実際に解雇された人数は662名，うち希望退職者は38名であった。

3. 高度成長前期の労働運動（1955-1960年）

　高度成長前期の労働運動は，経済の高度成長の追求が社会的に最優先目標とされる中で展開された。この時期の経済成長率をみると，1956年6.8%，1957年8.1%，1958年6.6%，1959年11.2%，1960年12.0%と急成長してきた。戦後経済復興期の貿易黒字を原資として，1955年以降，鉄鋼，自動車，造船，化学などの基幹産業に設備投資と技術革新が重点的に行われた。政治的には，単独講和条約をめぐって左右に分裂していた社会党が1955年10月に統一した。保守党も時期を同じくして11月に自民党を結成した。これで自民党と社会党による2大政党体制がはじまった[20]。

　1958年10月の臨時国会で警職法（警察官職務執行法）[21]改正案をめぐって総評は反対闘争展開の方針をとり，全労会議，中立労連，新産別および共産党を除く野党，各種市民団体などで国民会議を結成してストライキを含む反対闘争を実施した。その結果，同法案は審議されなくなり，組合側の反対闘争の成果として評価された。このことが「安保闘争」[22]を盛り上げる契機となった。安保闘争は，戦後日本の最大の社会運動で政治ストに発展した。1959年第12回「総評定期大会」においては，労働運動方針として次の項目が掲げられた。すなわち，① 安保条約改定反対，安保条約破棄，② 大幅賃上げ，最低賃金の確立，③ 合理化反対，労働時間短縮，④ 労働基本権の確立，⑤ 勤務評定，教育課程改悪反対である[23]。

　この時期の主たる労働争議は「春闘」[24]であった。総評は全国的産業別統一闘争の展開，すなわち官民労組を一体としたいわゆる春闘を1956年から開始した。春闘は，経済の好況を背景に成果を上げ，その参加規模も年々拡大した。一方，総評内では地域共闘を重視してきた路線から主要単産共闘を重視する路線が主導権を握り，パイの拡大（生産性向上）に協力しつつ，分配増（ベースアップ）を求めるという春闘方式を定着させた。この時期は，日本の経済力の強化を背景として経営者側の力が強まり，労使の力関係は拮抗するようになった。

　春闘は基本的には労使協調主義に基づく闘争であったが，激しい労働争議に発展することもあった。例えば，1957年鉄鋼労連は賃上げや退職金増額を求めてスト権を本部に集約し，共同闘争会議を結成して24-48時間ストを展開し

た[25]。これに対して鉄鋼産業経営者は，この機に鉄鋼労連の徹底的な弱体化をねらってゼロ回答のままおしきった。この争議で敗北した鉄鋼労連はその後，労使協調主義へと転換し，賃上げの一発回答方式が始まった[26]。

　高度成長によって全般的に雇用不安が解消され，人員整理は石炭鉱業を除いて起こることはなかった。経済成長とともに技術革新が進展する中，1955年には日本生産性本部[27]が設立され，生産性向上運動が本格的に推進されるようになった。しかし，戦闘的な労働組合が存在している企業では依然として労使間の対立があり，労働争議が発生した。この時期の主要労働争議としては，王子製紙，三井三池の争議があげられる。

　王子製紙争議（1958-1959年）[28]は，組合側の賃金引上げ要求に対し，団体協約の改正を求めたことから，労働組合の権利（ユニオン・ショップ制の廃止）をめぐって発生した争議である。1958年7〜12月にわたり144日間に及んだ。会社が強硬策をとった背景としては，王子製紙労働組合がレッドパージ犠牲者の復職闘争で成果を上げたことと，労働組合が連続操業を拒否していたことなど，闘争力を強化し続けていたため，経営側が労働組合の弱体化させるねらいがあった。

　労働組合は総評，紙・パルプ労連との共同闘争を確立し，賃上げの要求が受け入れられないことで無期限ストに入ったが，間もなく第二労組が結成された。第一労組の闘争に対しては紙・パ労連，総評および傘下組合の炭鉱労組の支援があり，第二労組に対しては「全労」が支援を行った。第二労組は結成直後，争議状態にいないということを会社と確認し，就労を強行しようとしたが，これをめぐって両組合員の数百名が乱闘するなどの労・労間の葛藤事件が発生した。その後，会社の就労妨害排除の仮処分申請が認められ，警官隊に守られながら第二労組が就労を強行した際にも，負傷者が多数発生する混乱となった。

　労働争議には組合員だけではなく，炭鉱婦女者協会の左派系の主婦組織も団体行動に参加し激突するなどの対立が続いたが，1958年12月9日中央労働委員会の斡旋で解決された。第一組合は勝利を宣言したが，翌年会社は第一組合員の懲戒処分，役職の剥奪，争議中の組合幹部への辞職勧告，解雇，あるいは第一組合員子弟の採用ゼロなどの攻撃を加えたので，組合からの脱退者が続出

し，第一組合は少数組合に転落した。このような状況の下で，第一労組執行部
内では平和路線をとり紛争を収拾しなければならないという意見もあり，1959
年 7 月 21 日には労使合同の平和宣言が発表され闘争は一段落した。

　1959 年の大規模な三井三池争議については，次節で詳しく取り上げる。

4. 高度成長後期の労働運動（1960－1972 年）

　高度成長後期の労働運動は，日本経済が1960年以降，本格的な高度成長段階
に入り，合理化，技術革新の推進などによる国際競争力の強化が図られ，1964
年の貿易自由化後，輸出の増加とともに貿易規模は飛躍的に拡大し，年率 10%
を超える成長を続ける中で進められた。このような経済の高度成長とそれによ
る労働条件の急速な向上や政治の安定が労使関係の安定を促進するとともに，
労使関係の安定が経済成長をより推進させる原動力となった。毎年の春闘は，
高度成長とともに成果を上げ，労働者の賃金，生活水準は急速に向上した。
1960 年以降，中立労連が一括して春闘共闘委員会に参加し，春闘規模はさらに
拡大し，全労会議，新産別傘下でも春季に賃上げ闘争を行う単産が年々増加し
た。春闘共闘委員会は，1963 年春闘で「ヨーロッパ並みの賃金獲得」などのス
ローガンを掲げ，賃金引上げ闘争に取り組んだ[29]。

　春闘は年々規模を拡大し，物価高の情勢も反映し，賃上げは 1972 年には 1 万
円台に乗り，1974 には 32.9％と戦後最高を記録した（図表 1-2）。春闘で大幅な
賃上げが実現され，賃金水準が高まったことで組合員の意識にも変化が現れ
た。生活水準の向上で労働組合に対する無関心の若者の増加，政党支持の多様
化と脱政党化などが見られた。これまで生活の貧困から階級闘争路線を支持し
ていた組合員の意識が変化し左派組合の路線と一般組合員間の意識のギャップ
は拡大した。

　労働組合内に「賃上げだけでは労働者の生活は幸せにならない」との意識が
強まり，生活関連要求が大きく取り上げられるようになった。総評は従来の政
治的課題に重点を置いた運動方針から公害，住宅，物価など国民的諸要求を重
視する方針に転換した。同盟も他の労働団体とともに共同行動をとった[30]。

　高度成長後半には，全国レベルの労働組合組織にも変化がみられ，1964 年 11
月「同盟」が，同年 5 月には IMF-JC[31] が結成された。民間産業では同盟の組

図表 1-2　民間主要企業の賃上げ状況

年	賃上げ額（円）	賃上げ率（%）
1956	1,063	6.3
1957	1,518	8.6
1958	1,050	5.6
1959	1,281	6.5
1960	1,792	8.7
1961	2,970	13.8
1962	2,515	10.7
1963	2,237	9.1
1964	3,305	12.4
1965	3,150	10.6
1966	3,403	10.6
1967	4,371	12.5
1968	5,296	13.6
1969	6,865	15.8
1970	9,166	18.5
1971	9,727	16.9
1972	10,138	15.3
1973	15,159	20.1
1974	28,981	32.9
1975	15,279	13.1
1976	11,596	8.8
1977	12,536	8.8
1978	9,218	5.9
1979	9,959	6.0

出所：大場鐘作・佐藤寛行『戦後・日本労働運動小史』日本生産性本部，1991 年，p.140。

織力が総評を上回った。同盟系組合は組合員意識が変化する中で，いわゆる「パイの理論」すなわち生産における協力，分配における対立というスローガンを掲げ，活動を展開したため左派組合に影響を与えた。

　同盟結成を前後にして労働組合の組織にも多くの混乱があった。総評及び左派組合の組織動揺が顕著で組合分裂が発生し，また，単位組合が一括して総評系組合から脱退することもあった。1960 年代初めまで，多くの民間部門企業別組合及び産別組織においても，協調的な路線を支持する勢力（右派）と戦闘的な路線を支持する勢力（左派）の組合路線をめぐる対立があった。しかし，1960 年代中頃までに組合執行部の交代や組合分裂などによって右派勢力が民

間部門の大企業組合の主導権を握り，同時に左派は少数派に転落していった。

　組合分裂過程においては，組合攻撃，暴力行為，経済的差別待遇，解雇，集団暴行などが行われた。その後，組合分裂は鎮静化しつつも高度成長が終わるまで続いた。組合分裂は企業合併と関連して労働組合内部の批判勢力によって組合分裂が発生することもあった。たとえば，1964 年 6 月三菱三重工（新三菱重工，三菱日本重工，三菱造船）が合併し，三菱重工業が発足した。合併前に組織されていた左派組合が壊滅的な打撃をうけ，三菱三重工合併により，全造船機械の各組織が少数組合に転落した。企業合併後，事業所単位に連合組織を作る協議が進んで，三菱重工支部は産業別連帯を企業連より優先する立場で反対したが，支部内から批判が起こり，長崎造船所で 1965 年 11 月第二組合が結成された[32]。このように，組織統一を推進する過程において執行部の態度に不満を持った者が執行部不信任などを通じて，独自的に執行部を選出し組合を脱退することが続いた。

　この時期 IMF–JC（金属労協）や同盟などが労使協調主義に基づいて生産性向上のための運動路線が民間企業に広がった。また，生産性向上運動をめぐって「国鉄反マル生闘争」(1971 年)[33] が発生した。1960 年代末期，国鉄の職場は荒廃しつつあり，生産性も低下しがちであった。そのため，当時の国鉄当局は日本生産性本部の協力を得て，「生産性向上運動」に取り組んだ。管理職が先頭になり運動に取り組んだが，管理職の威圧的な態度や国労（国鉄労働組合）・動労（国鉄動力車労働組合）組合員の組織的とも言える脱退・鉄労移籍工作が問題化し，国労・動労は日本社会党・日本共産党の支援も得て国鉄当局と対決する姿勢を見せ，反マル生闘争を展開した。1971 年，公労委（公共企業体等労働委員会）は，マル生運動として一部で行われた組合員に対する労組脱退工作を不当労働行為だと判断・勧告した。当局のトップが国会で陳謝することになり運動は失敗に終わった。この闘争勝利で勢いを得た国労・動労は，公共企業体職員のスト権奪還を目指して「スト権スト」へ突入した[34]。

　1962 年 4 月には，新日本窒素で賃金を労働争議が社会的に注目された[35]。1946 年，戦後の混乱と社会運動の高揚期に，当時の管理職や熟練労働者たちを中心に日本窒素水俣工場労働組合が結成された。その後，労組はレッドパージへの対応をめぐって一時分裂状態となるが，組織再編を経て 1951 年に合化労

連に加盟し，新日窒水俣労組が結成された。

　新日本窒素労働組合の最初の本格的争議は，1953年の身分制撤廃争議で工員・社員という戦前からつづく差別が，工員は日給，社員は月給という賃金支払い形態だけでなく，休日から社宅までのあらゆる労働条件にわたっていた。この争議で組合は，全従業員を社員とするという成果を勝ち取った。

　一方，1956年には水俣病[36]が公式発見され，1959年には㈱新日窒と漁業組合さらには患者との間で補償・見舞金契約が結ばれるという新たな事態が発生していた。これらの困難を解決するために，会社側は1962年の春闘回答で，同一業種並みの賃金を保証する代わりに組合は争議を行わないという「安定賃金」を提案したのである。組合はこれに対して長期にわたる闘争を決行，合化労連をはじめ全国的な支援体制を得て，大規模な争議を展開した。これに対して会社側はロックアウトで対抗した。争議は1963年1月までの183日間という長期間に及んだが，その間，組合は第一組合と第二組合に分裂した。しかし争議直後，新日窒労組（第一組合）は多数派であり強固な組織を維持していた。このため争議後，会社側は賃金差別・不当配転をはじめとする組合切り崩しが行われることになった。組合は長期抵抗路線をとり，闘争の結果，会社の切り崩し策は失敗に終わった。

5．低成長期の労働運動（1972-1990年）

　1973年の第一次オイルショックの影響で日本の高度成長が終わり，経済は戦後初のマイナス成長となり，経済構造に変化を与えた。これによって雇用情勢が悪化し，賃上げ闘争に代わって生活防衛闘争をするようになる。さらに経済が低成長・安定成長時代へと移ると労働運動も労使交渉を重視する傾向になり，労使関係の安定化が進んだ。だがそれは，生活水準の向上などと相まって，労働者の組合離れを生むことになった。数字としても，1983年に全労働組合の組織率が30％を切り，右肩下がりの状態が続いていた。

　このころから，女性労働者がパート・アルバイトとして多くの企業で活躍するようになったが，生協労連などを数少ない例外として，当時の多くの労働組合ではパート・アルバイトは組織化の対象にならなかった。このことは，1990年代以降の非正規雇用の増加のなかで，労働組合運動が労働条件の悪化に有効

な手だてをとれないまま衰退を続けることにつながった。

　1973年の第1次石油危機によって原油価格は4倍に上昇し，先進諸国はインフレと不況がスタグフレーションに突入した。1974年の消費者物価上昇率は24.4%を記録し，この年の賃上げ率は32.9%を記録した。賃金と物価の悪循環を懸念した政府は所得政策などを検討し，また，日経連は翌1975年の賃上げ率を15%以内に抑える目標を設定した。鉄鋼労連を中心とする労働側が「賃上げ自制論」を打ち出した。日本経済全体の行方をにらんで賃上げの水準を決めるべきだとする「経済整合性路線」を掲げたのだった。その結果，1975年の賃上げ率は13.1%と，日経連のガイドラインの枠内に収まり，翌年からは一桁の率が続く。

　さらに，石油危機を乗り切った日本に，ドル高を修正するための「プラザ合意」が襲った。1985年，円の相場は約2倍に跳ね上がり，輸出産業に打撃を与えた。石油危機で打撃の大きかった造船業では設備・人員とも一層の縮小を迫られ，鉄鋼業でも高炉の休廃止や人員削減が相次いだ。

　しかし，円高不況にもかかわらず日本の対外収支の黒字は拡大し，円高不況対策としての金融緩和政策によって，日本はバブル景気に入った。2度の石油危機，円高不況を乗り切った日本は世界各国から注目を浴び，同時に日本的労使関係もその原動力の一つとして見られた。1989年には「連合」が結成され，労働界の長年の課題だった労働戦線統一・再編に一応の区切りをつけた。労働運動の「戦後」は名実ともに終焉したと言ってよい。

6.　経済停滞期の労働運動（1990年−）

　90年代以降，環境変化の中で労働組合の社会的影響力の低下は著しい。労働運動は，非正規労働をめぐる問題を除けば，労使関係は安定している。バブル景気は1991年4月に終息し，以降，日本経済は長い停滞期を続けている。雇用情勢は悪化の一途をたどり，完全失業率は1995年に3%台に乗り，1998年に4%台に突入，2001年には5%を記録し，2002年には5.4%に達した。ちなみに，1960年〜75年は1%台，1976年〜1994年は2%台にとどまっていた。

　1990年代は就業形態の多様化が進行し，日本でもパート労働者や派遣労働者といったいわゆる非正規労働者は1970年以降次第にその数を増してきたが，

1990 年代以降，増加がより顕著になった。経済の低迷から収益が上がらなくなった企業が人件費コストの低減や固定費の回避を目的として非正規労働者の活用を進めたこと，また仕事と家庭との両立を希望するなど労働者側にも働きかたに対する多様なニーズが生じたことから，増加が顕著になった。

　就業形態の多様化の進展は，労使関係のありかたに大きな影響を及ぼしている。日本の場合，単位組合のうち，企業別労働組合が 9 割以上を占め，その多くが組合員を正規従業員に限定している。そのため，パート労働者など非正規労働者の低下に拍車をかける要因となっている。労働組合組織率は減少を続け，1983 年に 30％を割り，2002 には 20.2％まで低下した。パート労働者など非典型労働者が増えており，労働組合はその組織化に徹底的に遅れをとっていることが原因と見られている。連合は 2001 年に決めた運動方針で，組織化を最重点課題とすることを決めた。日本の労働運動は正規労働者中心の企業別組合を軸に進めてきたが，いまその見直しを迫られている。

　また，多くの日本企業は，企業の存続と従業員の活性化，人件費の効率化をめざして人事制度の改訂に着手している。業績主義的な人事制度の広がりは，企業による従業員の業績管理を進め，企業内の労使関係に影響をもたらすものと思われる。つまり，会社と社員の個別的な雇用関係が広がり，労働組合の存在が希薄化する方向へ向かいつつある。そして，個別的な雇用関係の比重が高まるにつれ，個々人の処遇や評価をめぐる苦情への対応の必要性が高まりつつある。就業形態の多様化と労働条件決定の個別化は，従来の使用者対労働組合の集団的労働紛争に代わる個別労働紛争の増大につながる。

　実際，労働基準監督署などに設置された相談コーナーには，個別労働紛争に関する相談が年に数万件とかつてないほど持ち込まれるようになり，何らかの対応が求められていた。そこで，2001 年 10 月から「個別労働紛争解決促進法」が施行されることとなった。この法律が施行されてから 1 年の間に，全国の総合相談コーナーに寄せられた個別労働紛争の相談は約 9 万件。このうち，助言・指導の申し出件数とあっせんの申請件数を合わせると約 4,000 件と裁判所並みの取り扱い件数になる。

　このようなことから，今後，これまでの集団的労使関係から個別的労使関係の問題が労使間の課題として重要視されることになるだろう。

Ⅲ．三井三池争議の展開と評価

　日本の労働運動史において欠かせない大規模争議として三井三池炭鉱で発生した三井三池争議が挙げられる。三井三池炭鉱は，福岡県大牟田市から熊本県荒尾市にかけて広がっていた三井鉱山系の炭鉱である（図表1-3）。1946年に三池炭鉱労働組合が結成された。1953年の争議に続いて1959-1960年にかけて，日本の労使が総力を傾けて争った三井鉱山三池鉱業所の労働争議は，組合側の敗北に終わった。三池争議の争点は，1,200人の指名解雇者に含まれた300人の

図表1-3　三池炭鉱位置図

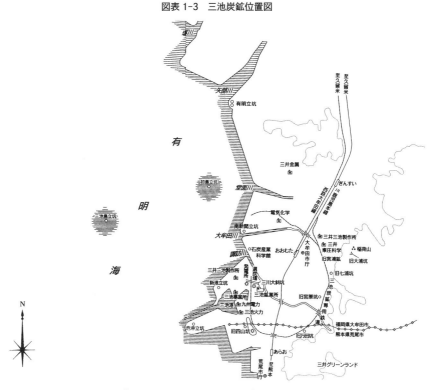

出所：三池炭鉱労働組合『みいけ炭鉱労働組合史』2002年。

職場活動家（会社側は生産阻害者）の解雇問題である。この問題をめぐって経営側と労働側の一大激突で流血事態にまで及んだ日本労働運動の象徴として評価されている。ここでは三井三池労働争議の背景と争議の争点を概観する[37]。

1. 労働争議の背景

　三井三池炭鉱の争議は，政府の主油従炭政策によって石炭産業が斜陽化する中で，経営側が発表した企業整備案をめぐって発生した争議である。日本経済の急激な拡大過程で，特に注目すべき変化は，エネルギー革命の進展である。安価で効率の高い重油が登場することによって，1950年代に石炭から石油へのエネルギー革命が行われた。石炭産業労使会談で石炭経営者は，エネルギー革命を理由に1963年までに大手18社だけで約11万人の人員削減が必要であることを明らかにした。この数は在籍人員の56％にあたる膨大なものだった。1957年下半期以降，石炭需要は急速に減少傾向が続いた。高度成長によるエネルギー需要の増加に対応するため，石炭業界と政府が長期的視点から合理化政策を推進せざるをえなくなった[38]。

　石炭協会は，1959年10月高能率炭鉱への集中生産と大手における70,000人の人員整理を通じて，コスト削減のための計画を採択した。各石炭会社は，このような新たな状況に対応するため，労働組合に対して人員整理を中心とする企業整備案を相次いで提案した。

　炭労（日本炭鉱労働組合）は，1958年10月臨時大会において「企業整備に対しては炭労の全体闘争として，長期間に粘り強く闘う」との方針を決定した。総評も闘争資金の援助など支援方針を決定し，強力な反対闘争を展開した。

　三井を除く各社はおおむね希望退職募集によってこの問題を解決した。政府も「炭鉱離職者対策臨時措置法」を制定し，炭鉱離職者の生活安定と再就業の斡旋に全力をあげて取り組んだ。三井（三池労組）では指名解雇に反対して，1959−1960年にわたり労使が総力をあげて戦う大規模な争議を展開するようになった。

2．三井三池争議の展開過程

(1)　第一次合理化反対闘争

　三井鉱山では 1950 年からすでに希望退職による人員整理が始まっていた。1953年にも石炭需要が減少していたことから，三井鉱山は経営合理化のために希望退職を募った。しかし，希望退職者が会社があらかじめ系列の鉱山に割り当てた数に達しなかったため，3,464 人に退職を勧告し，それに従わない2,700人を指名解雇した。このような会社の措置に炭鉱労働者と事務職員がともに反発し共闘態勢で指名解雇に反対し，無期限ストライキに突入した。ストライキは 113 日間に及んだ。争議結果，会社側は指名解雇を撤回，労働者側の勝利に終わった。この闘いは当時，「英雄なき 113 日間の闘いの勝利」と高く評価された[39]。その後も賃上げなどをめぐってストライキが繰り返されてきた。

　1959 年1月に三井鉱山は，経営難を理由に夏季手当の分割払い，さらに年末手当不払いなどの合理化を進めた。また，「三鉱連」[40] に対して大幅賃下げ，入替採用中止，6,000 人の希望退職募集などの第一次合理化案を提示した。三鉱連は第一次合理化提案に対し，闘争態勢確立のため六山[41] の組織態勢に取り組んだ。団体交渉で会社側は組合の要求する第一次合理化の白紙撤回を拒否し，交渉は決裂した。3月に三鉱連は，時限ストライキや早出・残業拒否など「三社連」（三井鉱山社員労働組合連合会）と提携し，24 時間ストライキを強行した。　炭労は合理化反対闘争と賃金闘争を一体不可分のものとし，同時解決を基本に全山で賃金闘争と三井の第一次合理化反対を掲げ，無期限ストライキに突入した。中労委が斡旋案を示し，次のような条件で第一次合理化は妥結された[42]。すなわち，① 希望退職の募集（会社としては 6,000 人の目標），② 福利施設工事の延期（社宅の新築，病院，浴場，保育園などの増改築中止などで一年間に約1億円の支出減），③ 社宅その他営繕工事の中止，④ 文化・体育・娯楽費の削減，⑤ 鉱山学校生徒の新規募集の中止，⑥ 入替採用の枠の縮小・廃止である。

　炭労・三鉱連・三社連は希望退職募集にあたって「あくまで本人の自由意思が尊重されなければならないこと，募集予定人員に満たなくともこれにこだわらないこと，追い打ち的な希望退職募集や強制解雇はやらないこと」などを，三井鉱山に約束させた。しかし，希望退職応募者は会社の 6,000 人の目標に対

して，1,324 人にとどまった。山野，田川，それに三社連関係では，ほぼ目標に達したが，三池ではわずか 162 人が応じた[43]。こうした中で三井鉱山は，第二次合理化に着手した。第一次合理化妥結の後，三井鉱山は三池の組合活動家に懲戒解雇を通告した。組合側は，会社との約束が守られなかったことに反対してストライキが行われた。

⑵　第二次合理化反対闘争

　三井鉱山は，8 月に三鉱連に対して第二次合理化案を提示した。その内容は三井全山で 4,580 人[44] の人員整理を中心に，入替採用の中止，鉱山学校卒業生の 2 年間採用中止，解雇に伴う配置転換など，人事関係にとどまらず，賃金関係では残業，公休出勤および特殊労働賃金の全面的削除など，広範囲にわたるものであった。

　第二次合理化案をめぐる三井鉱山と三鉱連の団体交渉は行われたものの決裂し，人員整理反対闘争はますます強められた。炭労は臨時大会で ① 職場闘争の強化，② 独走態勢の確立，③ 統一ストライキ体制の確立，④ 総評の戦いとの結合を追求することを闘争方針として決定した。総評は，日米安保条約の改正を阻止する政治的闘争に動き出した。この安保闘争と合理化反対闘争が結合され，全国的に発展させるものであった。炭労の闘争は総評の支援を受けながら展開された[45]。

　第二次合理化案は，労働者に犠牲を強いるものであった。4,580 人の人員整理は，第一次合理化の際の自発的な勇退とは違って，退職しても家庭の事情に影響の少ない者，勤務状態が悪い者，集団生活に不適な者など 7 項目の基準を設けて，希望退職ではなく実質的には指名解雇であった。

　会社側は 10 月から希望退職募集を強行し，三鉱連は 24 時間（毎週火・金曜日）ストライキを開始した。同月にはこのような状態の中で職員組合の三社連はこれまで三鉱連とほぼ同一歩調で進んできたが，三井鉱山の危機的経営状況を理由に，炭労に ① 妥結権の委譲，② 職場闘争の正常化を求めた。また，三社連の動向と時期を同じくして三池労組の一支部であった三池製作所支部が三池労組を脱退する事態が発生した。

　11 月 7 日には会社が予定数に満たなければ会社の再建は不可能であり，特に

三池は数もさることながら質的な問題を含んで解決する必要があるとした。このように会社に「質」問題をつきつけられた三鉱連は，三池労組と協議し炭労の了解も得たうえで譲歩案として3原則の収拾案を提示した。すなわち，① 三池の懲戒解雇者を含む指名解雇は絶対に認めない，② 生産体制には協力する，③ 以上が確認された場合は本人の自由意思に基づく希望退職は認めるというものであった。三池労組にとってこの3原則は大変な譲歩であった。しかし，労使トップ会談で会社側は新たに三池の職場の規律を乱す生産阻害者300人が退職しない限り，会社の再建はないこと，また，職場闘争を理由に懲戒解雇処分をした4人の他に新たに6人の処分を告げ，さらに，2,210人を指名解雇するという方針を示した。これに対して組合側は反発し，労使トップ会談が決裂されたことで，職場闘争が展開されることになった。

　その後，人員整理問題をめぐって労使代表交渉に入ったが，会社側は量・質とも譲歩しなかった。会社側は単に10人の懲戒解雇者問題にとどまらず，三池労組の職場活動家を排除しようとする狙いがあることが明らかになると，三鉱連も態度を変え，大闘争に転換した。

　交渉決裂後，11月21日に中労委が「生産阻害のもとを排除し，職場の規律を確立すること，一定期間希望退職を募集し，予定数に満たない場合は労使で協議する」という斡旋案を提示したが，労使ともこれを拒否し，炭労は長期闘争の構えをとり，三池重点闘争へと戦術を転換した。

　三井鉱山は，会社再建のための非常事態声明を発表し，組合と戦うと宣戦布告した。12月2日三池組合員1,492人に指名退職勧告を発送するとともに，11日には勧告に応じなかった1,278人に指名解雇を通告した。この中には300人の職場活動家が含まれていた。

　財界が三井鉱山の再建のため救援炭や銀行による協調融資などを全面的に支援する一方，総評は三池労組を全面的に支援したため，三井三池争議は「総資本対総労働の対決」などと呼ばれた。

(3)　三鉱連の離脱

　中労委の斡旋の失敗によって，三井鉱山労使は再び直接対立する事態となった。労使攻防戦の最大の焦点は三池における第二組合結成と炭鉱ゼネストの成

否であった。

　会社側は1960年1月25日，三池鉱業所にロックアウトを通告し，組合側も三池全山の無期限ストライキに突入した。また，これと並行して水面下では，三池労組に第二組合をつくるための働きがなされた。これは組合分裂をねらったものである。この時期第二組合結成と連動して炭労に残っていた少数の職員組合である三社連（三井鉱山社員労働組合連合会）は，三池闘争の行き過ぎを理由に，炭労から脱退するが，三鉱連の離脱に大きな影響を与えたのは3月17日の第二組合の結成であった。

　炭労は2月15日に三池労組支援のため「カンパ」[46]大会を行い，毎月600円のカンパを決議した。カンパ大会が成功し，予定通り，総評の春闘と歩調を合わせた闘争，つまり炭労ゼネストを計画していたが，三鉱連内部に動揺が起きた。その原因は3月11日に三池労組内の批判派69人の中央委員が争議の終結を求めて三池労組緊急中央委員会の開催を要求，15日に開催された同委員会でその要求が否決されるや直ちに「刷新同盟」を結成したのである。刷新同盟が結成された翌日に開催された三鉱連中央闘争委員会では，炭労ゼネスト戦術に対する批判が続出した。

　炭労は三鉱連の深刻な内部事情を考慮して，当初3月下旬に予定していた炭鉱ゼネストを4月上旬に延期した。しかし，三池で結成された刷新同盟が2,870人をもって「新三池炭鉱労働組合」という第二組合を結成した[47]。さらに，3月18日には三社連が炭労を脱退した。このような情勢の変化の中にもかかわらず，炭労はゼネストを敢行することを発表した。

　これに対して三鉱連内部では，再検討を求める反対の動きがあった。以上の動きを背景に，3月27日に開催された三鉱連中央闘争委員会は，正式に戦術転換を要請することを決定した。これを受けて労組間の意見衝突があったが，最終的にはゼネストの中止，団体交渉の開始を炭労に要請することとなった。

　この決定をうけて炭労は中央闘争委員会を開催し，①三鉱連が4月1日から予定していたストライキを中止し，会社と団体交渉を開始する，②三池の指名解雇問題は中労委に斡旋を申請する。ただし，三池のストライキは続行する。③炭労の賃金闘争も賃金だけで長期闘争に入ることは不可能なので中労委に斡旋を申請すること，以上の3点を決定した。これで炭鉱ゼネストは不発に終

わることになった。

　4 月 6 日三井鉱山の企業整備に関する中労委の第二次斡旋案が提示された。
三池労組中央委員会は拒否決定にもかかわらず，炭労執行部と会社はそれを受
諾して事実上収拾された。ところが，4 月 9 日から 17 日まで開催された炭労第
25 回臨時大会で執行部の受諾案を撤回させる事態となった。執行部案をめぐっ
て三鉱連代議員は斡旋案受諾で争議の収拾を主張したものの，他のほとんどの
代議員は斡旋案を拒否し，闘争の継続を主張した。この炭労大会が開催される
直前に，三池で三池労組と第二組合の大規模な乱闘事件や，ピケを張っていた
三池労組員が暴力団に刺殺される大事件が起きた。この事件に対する怒りが高
まる中，炭労は斡旋案拒否を決定せざるをえなかった。

⑷　ホッパー争奪戦

　一方，会社側は新労組合員による本格的な生産再開に乗り出す態度を示し
た。このため 4 月 26 日三池での炭労第一回指導委員会は，三川鉱ホッパー[48] 確
保に全力を挙げることを決め，また総評も各単産のオルグ[49] を 3,000 人以上
（当時 1,800 人）に増加することを決定するなど，三池闘争の重点は三川鉱ホッ
パーの争奪戦に移っていった[50]。

　会社側は，三川鉱ホッパー確保の仮処分申請を福岡地裁に行い，福岡地裁は
5 月 4 日旧労および支援団体員のホッパー内の立ち入り禁止と業務妨害禁止す
る旨の仮処分を行った。この処分をめぐり炭労側が約 5,000 人のピケ隊員を動
員し，阻止行動に出た。これに警察側はピケ隊員を解散させるため約 1,000 人
の警官隊を投入し，衝突が発生し，双方で多数の負傷者が出た。このような事
態に対して世論は組合側の行き過ぎを非難した。このほかにも三池労組側と警
察側の衝突事件が発生した。他方では新労組合員とその家族に対する敵対感情
も著しく，労働組合の分裂後，嫌がらせや暴行事件が多発した。

　その後，三池闘争は一時こう着状態となるものの，安保闘争が終息するや，
総評は再び三池闘争支援に力を注ぎ，7 月 5 日と 7 日に交替要員，資材搬入を
めぐる有明海の海上乱闘事件で多数の負傷者を出し，再び注目されるように
なった。

　総評と炭労は 7 月 17 日以降，連日 1 万人を動員してピケの強化を図り，警察

側も 1 万人を待機させるなど，三池炭鉱は緊迫な状況に包まれた。このような
状況の中で7月21日に仮処分執行期限を前に福岡県当局と全労そして社会党か
らも政府と中労委に対して事態収拾が求められた。

⑸　争議の解決

　政府は労使双方に対して，① 労組その他の関係者は仮処分執行妨害をやめ
地域外に退去する，② 政府は中労委に職権斡旋案を要請し事態を収拾すると
の勧告を行った。8 月 10 日中労委は労使に対して「1 カ月の整理期間経過後，
会社は指名解雇を撤回し，該当者は自発的に退職することにする」という第三
次斡旋案を提示した。会社側はこれを受諾したが，三池労組は斡旋案を拒否し
た。しかし，これ以上の闘争に限界を抱いた総評と炭労は斡旋案の受け入れを
決定した。

　10 月 29 日には炭労と会社が三池の生産再開に関する協定書を締結，また三
池労組も会社と会社再建に関する協定書を締結した。11 月 1 日に会社のロック
アウトと労組のストライキを解除した。しかし，三池労組はその後の配転問題
で会社側との交渉が決裂し，中労委の斡旋を受け，11 月 25 日に配転問題が妥
結された。それをうけて 12 月 1 日に三池組合員が一斉に就労し，全面生産再開
に入った[51]。

　三池労組が無期限ストライキに突入して生産再開まで実に 282 日に及んだ。
三池闘争の敗北はその後の総評，炭労の合理化反対闘争の方針を絶対反対から
合理化の必要性を認め，「首切り反対，生活安定」のための闘争と政策転換闘
争中心の方針に大きく転換させるきっかけとなった。

2.　三井三池争議の評価

　これまで見てきたように，三池炭鉱の争議は，階級闘争的な左派労組による
闘争に対し，経営側がロックアウトなどで真正面から対応した事例である。三
池争議は，長期かつ過激な闘争を展開したにも関わらず，結局は会社側の指名
解雇を認める結果となり，しかも自発退職の形ではあるが，左翼指導者・職場
活動家が生産阻害者のレッテルを貼られて排除された。さらに，争議過程で組
合分裂も起こった。既存労組（第一労組）に対する批判的な勢力が多数の労働

者によって第二労組を結成することで組織が分裂し，生産再開準備過程では労労間の衝突で多数の負傷者が発生することもあった。ストライキが長期化するにつれて生活苦に陥っていた組合員たちが闘争運動から離脱することで戦闘的な労組の組合員数は大幅に減少した。もちろんこれには過激な労働運動に対する社会的世論の批判が高かったことも一因である。

　三池争議は，イデオロギー労働運動がいかに労働者に悲惨な結果をもたらしたかを示すよい例といえる。三池争議はその後，労働運動の展開方式において多くの反省と示唆点を残し，闘争至上主義の総評路線に大きな変化をもたらし，政策転換闘争など現実的な路線を志向する契機となった。三池争議以後，民間企業では労使協力路線が浸透し，労使対決型の組合員は全国各地の労働組合から少数派に転落した。

　日本の労働運動は，三池争議を契機に労働組合のリーダーシップが左派から右派に移動し，労使関係構図も対決から労使協力へと転換するきっかけとなったと評価できる。

Ⅳ．組合分裂の実態と経営側の対応

　ここでは戦後，労働運動過程で組合分裂はどのように発生したか，その実態と組合分裂の下で経営側はどのように対応してきたかを考察する。

1．企業別組合と組合分裂

　企業別組合とは，企業単位ごとに組織される労働組合であり，職員・工員を含めた正規採用の全従業員を構成する一企業一組合のことを指す。欧米では企業別組合の上部団体である産業別労働組合が影響力を持つのに比べ，日本では会社側との交渉の主体が企業別組合にあることが，日本の労使関係の特徴の1つとして挙げられる[52]。

　もう1つの特徴に，労使協調体制がある。労使関係のあり方は，まずは労使双方が持つ労使関係のあり方に規定される。労使関係イデオロギーは一般的に，①労使一体主義，②労使協調主義，③労使対立主義，④階級対立主義に

分類されるが，日本はどちらかといえば「労使協調主義」が貫いている[53]。協調的労使関係は「御用組合」と批判されることもあるが，企業別組合は企業側の組織と表裏一体の関係にあるといえる。たとえば，企業別組合が経営方針を組織の末端まで浸透させる機能を実質的に持っていることや，経営陣と交渉する役割を担う労働組合幹部は，経営を考えるよい経験が積めることから，管理職へと転じていく場合が多いことなどが挙げられる。このような日本の協調的な労使関係は，戦後，企業の成長と従業員の雇用の安定，労働条件の維持とを両立させるものとして受け入れられ，定着していくことにより，日本企業の成長を支えてきた。

　このように，日本の労働組合は企業別組合が支配的であるが，経営側との闘争過程あるいは労働組合運動路線の相違を反映してしばしば組合分裂が行われてきた。組合分裂には，さまざまな類型がある。たとえば，①熟練工（壮年・年功労働者）と未熟練工（青年・一般労働者），②職制（基幹労働者）と一般労働者の対立，③学歴別及び職・工員別の対立，④職能別＝職場別の対立である[54]。組合分裂は「縦割れ」あるいは「対角線的」分裂など，組合分裂は単一ではなく複数の原因によって分裂している（図表1-4）。

図表 1-4　組合分裂の図解

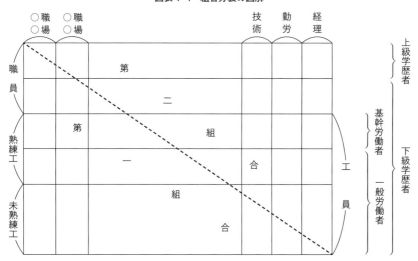

出所：藤田若雄『第二組合─統一運動の発展』日本評論社，1955 年，p.108。

　戦後，日本では労働運動過程で路線と関連して左派の第一組合と右派の第二組合とに分裂する傾向が多かった。正規従業員による同一企業内組合分裂の場合には既存の組合が相対的に左派の立場を守る少数の組合員から組織された第一労組と既存の組合の運動路線に反対し組合を脱退した右派的多数組合員から組織された第二労組に組合分裂が発生した。左派が目指すのは階級的連帯であり，右派は従業員の利害を重視する傾向がある。戦後，日本の労働争議の過程で発生した組合分裂はほとんどがこの種のものである[55]。一方，労働争議とは直接関係なく単位組織が一括して左派の上部団体を脱退して別の上部団体に加盟するといった労働組合組織の再編成も行われてきたが，この際，単位組織が

図表 1-5　分裂（組合併存）下の左派組合と右派組合の特徴

指標	通常の傾向		例外と備考
	左派組合	右派組合	
結成の順序	もとの組合の継承	あとから分裂して発生	・多数の組合に分裂する場合あり ・組合結成時に，別組合ができる場合あり ・一部のみ組織し，残余は未組織または親睦会などの場合あり ・ユニオンショップ協定による解雇を避ける分裂 ・左派からの分裂
上部団体	総評系 左派中立	同盟系 右派中立 上級団体なし	左派上部団体を批判して上部団体なしのものあり
イデオロギーとの関連	階級闘争的	非階級闘争的	（「左」の中における対立の存在），関連に程度差
企業との関係	独立性強い	親近性強い	経過中変化する場合あり
存立の条件	闘争しないと消滅のおそれ	闘争しない方が存立しやすい	
定常化後の組織人員	絶対的に小または相対的に小	絶対的に大または相対的に大	左派が相対的または絶対的に多数のことあり
職員と現場労働者の別組織化	一応無関係	一応無関係	職員組合が右派組合的なことあり
職能別組織の独立	不確定	不確定	一定の傾向はないが右または左に属する組合がある

　出所：嶺学『第一組合』お茶ノ水書房，1980年，p.96から一部修正作成。

分裂した例も少なくない。さらに，労働組合が企業内に新たに結成されるとか，労働組合の活発な運動を嫌悪した経営者が組合弱体化のため働きかけ，それによって分裂させられることもある。

　左派組合と右派組合の対照的な立場を整理すると図表 1-5 のとおりである。

2．組合分裂の現状

　組合分裂による組合の解散や新設は 1950－60 年代にかけて増加している。特に，組合分裂は 1960 年代に最も多く発生している（図表 1-6）。企業別組合でありながらも企業内に複数の組合が併存していた。

　河西宏祐（1990）の調査[56] によると，企業内複数組合が発生した契機は，一度全員加入型組合が結成された後，組合分裂によって生じた例が 90.9％ と圧倒的に多い。組合結成の準備過程でそれを知った経営側が対抗上，右派組合を結成させた例は 9.1％ にすぎない[57]。したがって，あくまで一企業一組合が望ましいとの価値観に基づいて運営されていた組合が何らかの理由で分裂して企業内に複数組合が存在していた。

　日本の一企業内複数組合の数は 2 組合の事例が 88.6％ と圧倒的に多く，3 組

図表 1-6　組合分裂による解散・新設した組合数・組合員数

年	組合分裂による解散		組合分裂による新設	
	組合数	組合員数	組合数	組合員数
1955	16	6,699	152	23,957
1956	42	4,799	168	17,597
1957	15	2,104	108	9,552
1958	26	3,130	189	19,786
1959	25	3,717	223	20,538
1960			346	37,255
1961	37	4,756	304	32,795
1962	50	5,183	381	35,189
1963	67	6,134	367	26,529
1964	89	6,300	459	35,075
1965	74	5,393	337	29,744

資料：労働省『労働組合基本統計調査』。
出所：河西宏祐『企業別組合の理論　もう一つの日本的労使
　　　関係』日本評論社，1989 年，p.45 より再作成。

図表 1-7　企業内右派組合の特徴（%）

上部団体	少数派組合	多数派維持組合	全体	従業員1-499人	500-999人	1,000人以上	争議・有	争議・無	計
同盟	51.4	71.4	54.5	41.7	44.5	68.8	40.0	60.0	100.0
無所属	35.1	28.6	34.2	41.7	33.3	25.0	57.1	42.9	100.0
同盟と無所属	2.7	0	2.3	8.3	0	0			
その他	10.8	0	9.0	8.3	22.2	6.2			
計	100.0	100.0	100.0	100.0	100.0	100.0			

出所：河西宏祐『新版少数派労働組合運動論』日本評論社，1990年，p.78。

合，4組合の事例は合計11.4%にとどまっている。組合分裂を敢行した組合は95.0%が右派組合によるものであり，左派組合が敢行した例もある。総評系組合の場合にも「左翼分裂」の例がある[58]。組合分裂時の労働争議の有無をみると，「労働争議時」が47.1%で，平時が52.9%と労働争議時よりも平時の方が多い[59]。企業内右派組合の上部団体は，「同盟」が54.5%と最も多く，組合分裂の基本的パターンが同盟による総評への組織攻撃であることがうかがえる。ただし，その割合は過半数をわずかに上回る程度で「会社組合」に近い「無所属」が3割強を占めていることが注目される。

　また，上部団体と企業規模の関係をみると，従業員500人未満の小規模では「無所属」の占める割合が多く，逆に1,000人以上の大規模では同盟の割合が高い。上部団体と分裂時の争議の有無の関係をみると，「無所属」では「争議時」が多く，同盟は「平時」に多い（図表1-7）。このようなことから，同盟の場合には大企業において，一定の準備期間を置いた後に「平時」に分裂し，小企業の場合には「争議時」に衝動的に「会社組合」的な組織が結成される傾向が強いといえる。

　組合結成から分裂までの期間は平均11.5年で，特に組合分裂が多発したのは，組合結成後5年未満が31.8%と最も多く，次いで20年以上が20.5%を占めている。組合結成後の5年は組合が徐々に活動に力を入れて労使対立主義を強める時期に相当し，20年以上になると，組合運用上のさまざまな弊害が顕在化する時期に相当し，いずれもこの時期に経営側との衝突があったからである。

　組合分裂が起こる原因はさまざまである。最も多いのは「全般的な運動方針

図表 1-8　組合分裂の原因

原因	割合（％）
組合の運動方針の対立	26.3
賃金闘争	23.7
反合理化闘争	21.1
労働協約改訂闘争	10.5
役員選挙時の対立	7.9
役員の解雇	5.3
組合の上部団体加盟	2.6
政党支持問題	2.6
計	100.0

出所：河西宏祐『新版少数派労働組合運
動論』日本評論社，1990 年，p.82。

の対立」によるもので，「闘争至上主義」「アカ・過激派」「階級的路線」などを
めぐる対立である。この場合，平時に分裂されることが多く，労働争議を伴っ
た場合には「賃金闘争」「反合理化闘争」が組合分裂の契機となることが多い
（図表 1-8）。

3．組合分裂下の経営側の対応

　これまで日本の労働運動の過程では，1940 年代後半から組合分裂による複数
組合併存という状況が現れ，1960 年代に入ってその傾向が急速に進むことに
なった。企業内に組合が分裂する場合，経営側に協力的な右派組合と非協力的
な左派組合に分裂することが多い。この 3 者の関係を示すと〈図表 1-9〉のと
おりである。当然，経営側は非協力的な組合に対しては弾圧を，協力的な組合
に対しては優遇するような差別的な対応を講じることになる。また，組合間の
主導権をめぐって対立や葛藤も予想され，複雑な労使関係になる。
　組合が分裂されると経営側による差別的な対応が目立った。それは組合に対
する差別よりも組合員個人に対する差別が多い（図表 1-10）。これは組合に対
する差別は比較的に不当労働行為として認定されやすいのに対して，組合員に
対する差別は職制との個人的関係に埋没しやすい上に，組合から離脱効果が強
いからである。
　組合に対する差別項目では，団体交渉，経営協議会，労働協約が多く，組合

図表 1-9 企業内複数組合併存下の労使関係

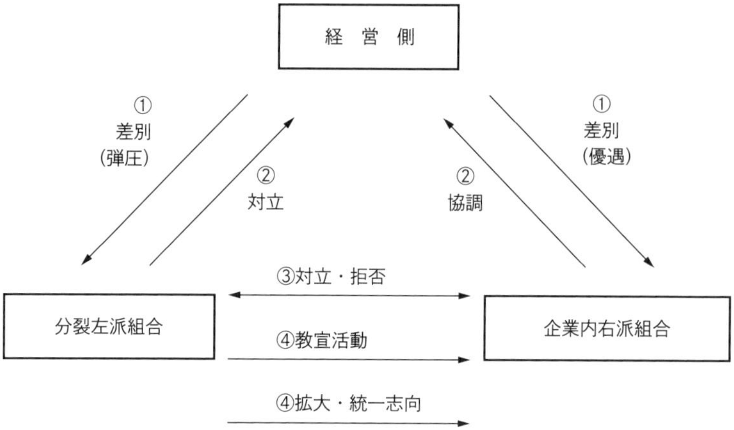

出所：河西宏祐「企業内複数組合と少数派組合」『日本労働協会雑誌』NO.212，日本労働協会，1976 年，p.17。

図表 1-10 組合分裂による差別（%）

項　目		少数派組合
労働組合	団体交渉	70.3
	経営協議会	62.2
	労働協約	64.9
	賃上げ妥結額	2.7
	賃上げ定昇・定率の比率	13.5
	一時金妥結額	2.7
	チェック・オフ	13.5
	組合事務所貸与	27.0
	組合使用の諸雑費	13.5
労働組合員	賃上げ個人配分	54.1
	一時金個人配分	45.9
	昇進・昇格	75.7
	仕事の配分	56.1
	人事考課	73.0
	社宅・寮への入居	29.7
	貸付金の利用	16.2
	会社施設の利用	24.3

出所：河西宏祐『新版少数派労働組合運動論』日本評論社，1990 年，p.82 より一部修正作成。

員に対しては，賃金や昇進・昇格，人事考課といった人事処遇に関するものが多い[60]。

　経営側の差別的な対応は，労働判例にみられる労働紛争からもうかがえる。1940年代の複数労組併存下の紛争は，大多数が使用者側の組合活動家に対する不利益扱い，すなわち分裂と関連した組合破壊と弾圧によるものが多かった。1950年代にも依然として組合分裂後，一方組合員に対する解雇事件が多く，他方では複数労組併存下のショップ制が問題となることも多かった。同時に，第一組合と第二組合との争いと暴力事態などが頻繁に発生した。1960年代には，多数派組合と締結された残業協定に反対して，少数派組合が残業を拒否する事例が相次いだ。また1960年代の特徴的な傾向は，労働組合間の差別事件の増加である。たとえば人事考課による差別，団体交渉による差別，定年差別，組合事務所の貸与差別などがその例である[61]。

V. むすび

　以上，戦後日本の労働運動の歴史と組合分裂の実態についてみてきた。戦後日本の労働運動は，政治，経済の動向が色濃く反映され，展開されてきた。左派と右派に分かれて運動路線やイデオロギーの相違によって，ナショナルセンターの結成，解散など組織の再編成や激烈な労働争議が絶えず発生した。企業内組合にも分裂が起こり，第一組合と第二組合が併存する中で，労・労間の主導権をめぐる争いも激しかった。また，組合分裂によって複数組合併存下で経営側による組合に対する差別はもちろん組合員個人に対する差別が行われた。このような差別的人事労務管理は組合員を左派組合・第一組合から離脱させ右派組合・第二組合へと転換させる経営側の意図が内在していたといえる。そのため，左派組合・第一組合は少数組合に転落し，解散・消滅していった。

　特に，三池争議を契機に労使関係構図は労使対決から労使協力へと転換するきっかけとなった。三池争議は日本の労働運動史において最も戦闘的な大規模争議としてさまざまな教訓を残して組合の敗北で終結したが，現在の協調的労使関係の形成は三池争議を経験したことによるであろう。

注

1　戦後日本の労働運動史については，① 清水慎三編『戦後労働組合運動史論』日本評論社，1982年，② 大場鐘作・佐藤寛行『戦後・日本労働運動小史』日本生産性本部，1991年，③ 労働争議史研究会編『日本の労働争議（1945-80年）』東京大学出版会，1991年，④ 厚生労働省労使関係担当参事官室『日本の労働組合　歴史と組織』日本労働研究機構，2002年，⑤ 塩田庄兵衛・藤田若雄編『戦後日本の労働争議』お茶の水書房，1977年，⑥ 日本の労働組合運動編集委員会編『日本の労働組合運動3 要求・闘争論』大月書店，1985年，⑦ 江上寿美雄「日本の労使関係と労働者教育」https://www.jil.go.jp/institute/kokusai/documents/egami.pdf（2019/9/23）に依拠している。

2　厚生労働省労使関係担当参事官室『日本の労働組合　歴史と組織』日本労働研究機構，2002年，p.7。

3　労働組合組織率は，1946年40.0%を記録し，1949年には史上最高の55.8%を記録した（河西宏祐『企業別組合の理論　もう一つの日本的労使関係』日本評論社，1989年，pp.48-49）。

4　生産管理闘争とは，労働者が使用者側の経営権の行使を一時的に奪って，組合の管理のもとに業務を行うことによって，使用者に圧力を加え，要求を貫徹しようとする争議手段である。1946年には，この闘争方法が多く採用された。

5　1947年2月1日に計画された2.1ゼネストで，官民合わせて数百万人が参加する予定だった。だが，GHQは「日本の安定のため」とこれを禁止するとともに，反政府色の強い運動に対し制限が加えられることとなった。

6　詳しくは河西宏祐『企業別組合の理論　もう一つの日本的労使関係』日本評論社，1989年，pp.124-125

7　新産別（全国産業別労働組合連合）は，1949年産別民主化同盟が組織した産業別組合の全国連合体である。戦闘的自由労働組合主義を唱え，日本共産党の影響を排除した。労働戦線における安定勢力拡大を図り，1950年日本労働組合総評議会結成に参加したが，1952年脱退した。

8　厚生労働省労使関係担当参事官室，前掲書，pp.8-9。

9　レッドパージ（red purge）とは，共産主義者を公職や企業から追放することをいう。1949年〜50年，アメリカ占領軍の指令で政府や企業が強行した日本共産党とその支持者を追放することである。推定で1万人以上が職場を奪われたといわれる。

日本共産党員とその支持者を指す。

10　労働争議の略年については，労働争議史研究会編『日本の労働争議（1945-80年）』東京大学出版会，1991年，pp.28-29。

11　第二組合とは，多くの場合，経営者に敵対的な第一組合に対し，場合によっては経営者が主導して組織させた経営者に友好的（労使協調）な労働組合のことをいう。詳しくは，藤田若雄『第二組合─統一運動の発展』日本評論社，1955年参照。

12　東條由紀彦「東宝争議（1948年）」労働争議史研究会編『日本の労働争議（1945-80年）』東京大学出版会，1991年，pp.111-158。

13　サンフランシスコ平和条約とは，第二次世界大戦後の平和条約で，日本国と連合国各国の平和条約である。この条約の発効により，連合国による占領は終わり，日本国は主権を回復した。1951年9月8日，アメリカ合衆国のサンフランシスコで講和会議が開かれ，日本国と48ヶ国によってサンフランシスコ平和条約に調印された。

14　総評賃金綱領の内容は，① 健康で文化的な生活を営むことができる賃金水準（最低手取り7万円の実現），② 戦前賃金水準2万5千円平均の即時回復，③ 全物量方式による実質賃金要求の達成，④ 最低生活保障を基礎とする合理化賃率（職階給制打破），⑤ 拘束8時間労働制の完全実施である（千葉利雄『戦後賃金運動─軌跡と展望─』日本労働研究機構，1999年，pp.133-138）。

15　民労研とは，総評内部で単独講和支持・平和4原則反対を主張する右派系組合の組織。

16 　この過程において交渉方式を中央統一交渉方式から企業別交渉方式に転換すべく主張をめぐって組合内部の路線の相違による組合分裂が起こり，新たな労組が結成された。電力労組も労働運動の路線の相違によって組織が再編された。総評の中央統一交渉ないし産業別統一交渉に反対する右派勢力が企業別交渉体制に転換すべく新たな労組を結成したのである。統一交渉は企業別の経営に格差があり現実的でないという理由であった。経営者側は個別交渉，個別賃金を主張し，交渉方式をめぐって労使対立が繰り返された。電力産業労組と炭鉱労組の争議過程で発生したそれぞれの第二労組は共通的に総評の政治的偏向を批判し，企業別労働条件の決定を目標としていたことで共通している（嶺学『第一組合』お茶ノ水書房，1980 年，pp.12-13）。

17 　全労会議は，1954 年総評を脱退した海員組合（全日本海員組合），全繊同盟（ゼンセン同盟），全映演，総同盟の 4 組織を中心に反共・労働組合主義を旗印に結成された組織である。

18 　塩田庄兵衛・藤田若雄編『戦後日本の労働争議』お茶の水書房，1977 年および労働争議史研究会編『日本の労働争議（1945-80 年）』東京大学出版会，1991 年参照。

19 　日鋼室蘭争議については，角田豊「Ⅳ日鋼室蘭争議」塩田庄兵衛・藤田若雄編『戦後日本の労働争議』お茶の水書房，1977 年。

20 　河西宏祐『企業別組合の理論　もう一つの日本的労使関係』日本評論社，1989 年，p.129

21 　この法律は，警察官が警察法に規定する個人の生命，身体及び財産の保護，犯罪の予防，公安の維持並びに他の法令の執行等の職権職務を忠実に遂行するために，必要な手段を定めることを目的とする法律である。

22 　安保闘争とは，1959 年から 1960 年，1970 年の 2 度にわたり，日本で展開された日米安全保障条約（安保条約）に反対する労働者や学生，市民が参加した大規模な反政府，反米運動のことで，火炎瓶や鉄パイプで暴力を振るう暴動・紛争を伴う政治闘争という側面を持っていた。

23 　厚生労働省労使関係担当参事官室，前掲書，p.14。

24 　春闘とは日本において毎年春（2 月）頃から行われる，賃金の引上げや労働時間の短縮などといった労働条件の改善を要求する労働運動である。春季生活闘争，春季闘争，春季労使交渉などともいう。まずは自動車や電気機器，鉄鋼などの大手製造業（各社の労働組合が金属労協（IMF-JC）に所属しているため，金属産業と呼ばれる）が口火を切って交渉し，その年の労働条件の方向性が固まる。この後で鉄道や電力会社などの非製造業が交渉に入り，いわゆる大手企業の春闘が終了する。春闘の歴史については，高梨昌『変わる春闘　歴史的総括と展望』日本労働研究機構，2002 年参照。

25 　鉄鋼争議については，松崎義「鉄鋼争議（1957・59 年）」労働争議史研究会編『日本の労働争議（1945-80 年）』東京大学出版会，1991 年，pp.161-204。

26 　河西宏祐，前掲書，pp.129-130。

27 　日本生産性本部は，「社会経済システム」（経済政策，社会政策，福祉政策等）の諸課題及び生産性に関する調査及び研究，情報の収集及び提供・普及・啓発，研究会・セミナー等の開催等を行い，社会経済システムの解決のための国民的な合意形成に努めると共に，国民経済の生産性の向上を図り，日本経済の発展，国民生活の向上及び国際社会への貢献に寄与することを目的に 1955 年に設立された。

28 　王子製紙の争議については藤田若雄「Ⅶ王子製紙争議」塩田庄兵衛・藤田若雄編『戦後日本の労働争議』お茶の水書房，1977 年。

29 　春闘スローガンの変遷をみると，1960 年は「食える賃金」，1963 年は「ヨーロッパ並みの賃金」，1966 年は「大幅賃上げ」，1974 年は「国民春闘」，1976 年は「実質賃金の確保」などが挙げられた（厚生労働省労使関係担当参事官室，前掲書，p.43）。

30 　厚生労働省労使関係担当参事官室，前掲書，p.21。

31 　IMF-JC の名称は，1964 年に「国際金属労連日本協議会」から 1975 年には「全日本金属産業労

働組合協議会」に名称変更し，1978 年には「金属労協」に略称した。

32　三菱長崎造船所の組合分裂については，上田修「三菱長船「組合分裂」」労働争議史研究会編『日本の労働争議 (1945-80 年)』東京大学出版会，1991 年，pp.299-336。

33　マル生運動とは，日本国有鉄道や郵政省において行われた生産性を向上させる運動のことをいう。生産性向上運動とも呼ばれる。この運動に関係する書類には「生」の字を丸で囲んだスタンプを押したので「マル生」と呼ばれるようになった。

34　高木郁朗「公労協「スト権奪還スト」」労働争議史研究会編『日本の労働争議 (1945-80 年)』東京大学出版会，1991 年，pp.345-382。

35　新日本窒素水俣の労働争議については，大石裕「戦後日本の社会運動におけるチッソ労働運動の位置づけ―もう一つの「水俣」」『大原社会問題研究所雑誌』No.630，2011 年，pp.14-28 および花田昌宣「新日本窒素における労働組合運動の生成と工職身分制撤廃要求―組合旧蔵資料の公開に寄せて」』『大原社会問題研究所雑誌』No.630，2011 年，pp.1-13 参照。

36　1956 年 4 月，新日本窒素水俣工場（現チッソ）が不知火海に垂れ流ししていた工場廃水により，熊本県水俣市を中心に水銀中毒患者が続出した。認定患者だけで 2 千人を超す日本最大の公害病として，その罪は今なお問われ続けられている。

37　三井三池争議については，①清水慎三「IX三井三池争議」塩田庄兵衛・藤田若雄編『戦後日本の労働争議』お茶の水書房，1977 年，②清水慎三「三池争議小論」清水慎三編『戦後労働組合運動史論』日本評論社，1982 年，③平井陽一「三井三池争議」労働争議史研究会編『日本の労働争議 (1945-80 年)』東京大学出版会，1991 年，④三池炭鉱労働組合『みいけ炭鉱労働組合史』2002 年，⑤大場鐘作・佐藤寛行『戦後・日本労働運動小史』日本生産性本部，1991 年に依拠している。

38　エネルギー政策の史的推移と合理化問題については，三池炭鉱労働組合『みいけ炭鉱労働組合史』2002 年，pp.87-90 参照。

39　同上書，pp.27-28。

40　三鉱連は，三井鉱山を構成する全国に 6 つある鉱業所の，6 つの単位労働組合からなる連合組織（企業連）で，そのうちの 1 つが九州の大牟田にある三池労組である（労働争議史研究会編『日本の労働争議 (1945-80 年)』東京大学出版会，1991 年，p.208)。

41　六山とは，三池，田川，山野，砂川，芦別，美唄である。

42　三池炭鉱労働組合，前掲書，pp.48-49。

43　同上書，p.50。

44　人員削減の目標数は，三池2,210 人，田川730 人，山野90 人，砂川560 人，芦別50 人，美唄5,640 人の合計 4,580 人である。

45　池炭鉱労働組合，前掲書，p.55。

46　カンパとは，大衆に運動を促すこと，そのための寄付を募ることを意味するが，日本においては，もっぱら寄付の意味で用いられることが多い。ここでは労働組合が活動資金を集めるという意味で使われる。

47　三池炭鉱労働組合，前掲書，pp.64-69。

48　ホッパーとは，貨車の一種で，石炭などの貨物輸送に特化した貨車のことである

49　オルグは，特に左派系の組織を作ったり拡大したりすることで，組織への勧誘行為およびそれをする人のことである。

50　三池炭鉱労働組合，前掲書，pp.75-80。

51　同上書，pp.80-86。

52　企業別組合は，アベグレンが『日本の経営』(1958 年) の中で，終身雇用，年功制とならぶ日本的経営の 3 つの特徴の 1 つとして指摘している。

53　①労使一体主義とは，労使の間に利害の対立はなく，生産においても，分配においても利害が一

致しているとするもの。②労使協調主義とは，労使の間の利害は生産において一致するが，分配において対立するとするもの。③労使対立主義とは，労使の関係は生産においても，分配においても対立するとするもの。④階級対立主義とは，労使対立主義をさらにすすめて，資本主義体制そのものの廃止を志向するもの，として定義される（河西宏祐，前掲書，p.13）。

54　藤田若雄，前掲書，pp.88-108 参照。

55　組合分裂に関する研究は，①藤田若雄『第二組合―統一運動の発展』日本評論社，1955 年，②嶺学『第一組合』お茶ノ水書房，1980 年，③河西宏祐『新版少数派労働組合運動論』日本評論社，1990 年，④河西宏祐『企業別組合の理論　もう一つの日本的労使関係』日本評論社，1989 年参照。

56　調査は 1975 年 11 月から 12 月にかけて総評加盟 8 単産内の複数組合状態にある単位組合を対象としたものである。

57　河西宏祐『新版少数派労働組合運動論』日本評論社，1990 年，p.77。

58　同上書，p.78。

59　同上書，p.79。

60　具体的な事例については，河西宏祐『新版少数派労働組合運動論』日本評論社，1990 年，pp.85-88 参照。

61　松田保彦「複数労組併存下の法律問題」日本労働法学会『複数労組併存下の法律問題』（日本労働法学会誌 54 号），総合労働研究所，1979 年，pp.25-28。

第2章
韓国の労働運動の歴史

Ⅰ．はじめに

　韓国の急速な経済成長は，政府主導による経済優先と労働運動の抑制によるところが大きい。東アジアの4龍（韓国・シンガポール・台湾・香港）の先頭走者として世界の注目を浴びるようになった韓国の高度経済成長は，「先成長・後分配」と「国家安保」の論理を掲げた政府がすべて主導する開発独裁型の成長であった。より豊かな生活を求めて成長果実の公正分配を主張する声が労働者の間で大きくなるのは当然のことであろう。

　ところが，歴代軍事政権は1961年から1986年までの間，一貫して労働運動を抑え込み，労働統制を強めてきた。当然，労働組合は民主化を要求する声を高める抵抗団体として活動し，さらに在野労働運動家も加わった。韓国の労働運動は，国家との関係に大きく規定されてきた。それは南北分断国家として「反共」を国是とする権威主義体制が長く続いたこと，1960年代から国家主導の経済開発が行われたことなどの要因のため，国家の労働政策によるコントロールが非常に強かった。

　時代の流れを変えたのは，1987年の「民主化宣言1」によってもたらされた。労働3法の改正によって労働組合活動の自由は大きく伸長され，個別労働者の権利保護も拡大された。これまで抑圧されていた労働運動はかつてなく活発化し，労働者の権利意識は高まり，政府の労働行政は「統制」から「調整」を基本とする方向へと大きく旋回した。しかし，これまで抑圧されてきた労働者の不満が噴出し，労働争議が多発するなど，混乱が続くと労働運動に対し，政府

が積極的に介入するようになった。

　1997 年のアジア通貨危機や 2008 年の世界金融危機には，深刻な経済状況に
直面し，企業業績の悪化，企業のリストラの拡大によって，労政対立，労使対
立の構図が形成され，韓国の労働運動は，主要な社会的問題として韓国経済に
大きな影響を与えてきた。

　本章では，戦後，韓国の民主化過程の中で展開されてきた労働運動を歴史的
に考察する。時代区分については，さまざまな分類ができるが，ここでは歴代
政権を基準とした[2]。それは歴代政権の労働政策が労働運動に大きく影響され
るからである。

Ⅱ．韓国の労働運動の歴史的展開

1．第 2 次大戦直後の米軍政期（1945 - 1948 年）

　日本植民地統治から解放された後，米ソの信託統治決議を経て，韓国は米軍
政が主導する資本主義体制に編入された。米軍政は資本主義体制の理念に基づ
いて自発的かつ民主的管理の現場運営・管理を実施するようになった[3]。1945
年 8 月 15 日の終戦を契機として，米軍政によって国民の自由な活動を制限して
きた植民地化の治安維持法，政治犯処罰法などが廃止され，労働運動を促進す
る法令が制定・公布されたことで，労働運動が活発に展開するようになった[4]。

　1945 年 9 月，韓国に進駐した米軍政は終戦直後の政治・経済・社会の混乱を
収拾するために，1945 年 10 月 30 日に軍政法令第 19 号の国家緊急事態宣言の
中で，「過去 40 年間存続してきた絶対的奴隷状態から労働者を救出しなければ
ならない」と強調し，労働組合の結成と罷業，怠業，職場閉鎖などの争議行為
を保障した。これを契機として，1945 年 11 月 1 日に，日本の植民地支配下で
民族独立運動と社会運動を展開してきた左派系の「朝鮮労働組合全国評議会」
（全評）が結成された。そして，結成から間もなく，「全評」には朝鮮鉱山労働
組合の結成をはじめとして，16 の産業別労働組合が全国的な規模で組織され
た[5]。

　しかし，「全評」の労働運動は，経済的闘争というより政治的闘争に集中し

ていた。「全評」は，政治的課題を革新的民主主義国家の建設であると主張し，植民地時代の親日派・民族反役者が所有していた一切の企業を工場委員会が管理する権利を獲得すべきだと主張した。また，「全評」は米軍政の韓国の統治反対，民族統一など，政治的問題を掲げ，労働闘争を展開した[6]。

　これに対し，米軍政は 1946 年 3 月，「全評」を不法組織として規定し，韓国の左翼政治家たちの支援を得て，「大韓独立労働組合総連盟」（大韓労総）を結成させ，左翼労組である全評に対抗する右翼労組として反共・反全評闘争の政治的路線を鮮明にした。そこで「全評」は，当時の共産党との緊密な関係を持ちながら米軍政の反対など政治闘争を強化するようになる。「全評」は，1946 年 6 月に東洋紡績争議，同年 7 月の京成日報印刷工場罷業，同年 9 月の鉄道労組を中心とした「全評」傘下の労組の総罷業を展開した。一方，「大韓労総」は，1946 年 9 月の「全評」の暴力闘争を伴った鉄道労組罷業に対して，警察や光復青年会とともに罷業解散や公共施設の復旧を支援するなど健全な活動を展開した。「大韓労総」は，これらの活動によって米軍政庁から認められ，組織の勢力も大きく拡大することになった。1947 年 9 月末現在，「大韓労総」傘下の労働組合数は 221，組合員数は 39,786 人であったが，「全評」傘下の労働組合数は 13，組合員数は 2,465 人にすぎなかった[7]。

　全評は，1947 年 3 月にも第 2 次総罷業闘争を展開した。その後も 1948 年 2 月に UN 韓国委員団の来韓反対罷業，同年 5 月に総選挙反対罷業，同年 11 月に米軍撤収要求罷業など，激しい闘争が展開された。これを契機に「全評」は 1947 年 3 月，米軍政布告により非合法組織とされ，1949 年には完全に解体されることになった[8]。「全評」が支配していた韓国の労働運動が「大韓労総」の支配下に至るまで労働争議は，26 人の死傷者が発生するなど，流血的な闘争であった[9]。

　以上のように，米軍政期の労働運動は，労働者の権利や利益を度外視し，政治的性格の強い労働闘争が中心となっていた。また，全評打倒，労働運動の左翼化の阻止という南北分断のイデオロギーの対立によって政治・社会運動として展開されてきた。

2. 李承晩（イ・スンマン）政権（1948 - 1960 年）

　1948 年，米軍政から権限を移譲し，樹立された韓国政府は，憲法に労働 3 権の保護を明記し，労働基準を法律として定めた。さらに，1949 年には，労働基準法，労働組合法，労働争議調停法などの草案が完成され，国会に提出する段階まで進められていた。しかし，その後，1950 年，朝鮮戦争が勃発することによって労働関係法の制定は保留された。朝鮮戦争（6.25 動乱）[10] によって，労働運動はかなり制約されたものの，戦時体制下においても 1951 年 12 月に朝鮮紡績争議，1952 年 2 月に上東鉱山争議，同年 7 月に釜山埠頭労働者の罷業などが発生した[11]。

　韓国の労働者の労働運動は，左派勢力の組織であった「全評」を打倒した右派勢力の「大韓労総」が中心となり，組織の整備と組合活動を展開するようになった[12]。しかし，当時の大韓労総は，強い政治指向的な活動や政府の介入，組合幹部間の派閥抗争などの理由によって，組合の組織化やその運動は比較的に不振であった。

　休戦協定が締結された 1953 年には，労働者が法的に保護を受けながら民主労働運動が可能となる労働組合法（1953.1.23），労働委員会法（1953.1.27），労働争議調整法（1953.1.30），労働基準法（1954.4.15）など，労働 3 権を保障した労働関係諸法が制定され，韓国の労働組合の組織とその活動に関する法的地位および根拠が初めて確立されるようになった[13]。

　労働法の制定により労働運動が法的に保障されると，労働組合の組織が拡大し，労働運動も活発化した。1953 年には大韓皮革工場，大韓石公，米軍関係荷役労働者らの労働争議，1955 年には南電労組結成闘争，ソウルバス労働組合や釜山埠頭労働組合の労働争議，1958 年には鉄道労働組合の労働争議，1959 年には繊維業界などの労働争議が発生した[14]。

　その後も大韓労総は，労働運動を活発に展開されるようになったが，労働組合の組織化やその活動に対する政府の介入や政治的な利用によって，労働組合本来の目的を果たすことができなくなった。そのため，大韓労総主導の組合活動は，組合の御用化と組合幹部間の派閥抗争，労働条件改善の限界などの理由によって，多くの問題を抱えることになった。そこで，1959 年 10 月 26 には大韓労総の指導路線に反対する勢力によって，「全国労働組合協議会」（全国労

協）が結成され，大韓労総は事実上の組織分裂とともに組合活動にも大きな影響を受けることになった[15]。

　1960 年 4 月 19 日には，3.15 不正選挙を契機に学生を中心とする 4.19 革命[16]が起き，当時の李承晩大統領が退陣に追い込まれた。李承晩政権の退陣によって大韓労総の勢力は弱まり，1960 年 5 月には労組幹部の総辞職とともに労働組合は事実上の解散状態となった。同年 11 月には「全国労働組合協議会」（全労協）との統合大会を経て新たに「韓国労働組合総連合会」（韓国労連）が全国中央組織として誕生することになった[17]。「韓国労総」は，労働組合運動の正統性回復と労働者の権益伸長，組合内民主主義の実現に重点をおいた労組活動を展開した[18]。

　以上のように，李承晩政権下の労働運動は，政治・経済・社会など多方面にわたって労使関係の正しい秩序が確立されていない環境の中で，左翼主導の労働運動として展開されてきた。また，この時期は，労働組合内の民主主義を実現する過程で組合内のイデオロギーの対立，葛藤が表出され，労働組合の運動路線をめぐる組合分裂と組織統合など，労働組合の民主化が主要な争点となっていた。

3. 朴正煕（パク・チョンヒ）政権（1961－1979 年）

　朴正煕政権は，1961 年の 5.16 軍事革命[19]によって誕生した。朴正煕政権の下で，国家主導の経済開発と労働統制が本格化した。韓国で経済開発計画が本格的に実施されたのは，1962 年からである。すなわち，1962－1966 年の第 1 次，1967－1971 年の第 2 次，1972－1976 年の第 3 次，1977－1981 年の第 4 次経済開発 5 カ年計画が実施された。これらの経済政策は，政府主導，輸出依存，外資依存，低賃金依存が特徴である。1960 年代の産業は軽工業が中心で，外国からの資本を借りて生産設備を建設し，輸入代替産業と輸出産業を重点的に育成してきた[20]。

　朴正煕政権は，国家再建最高会議布告令によって労働争議を一切禁止した。さらに，政党および社会団体も解散させることによって，「韓国労働組合総連盟」（韓国労総）をはじめとするあらゆる労働団体も解体した。その後，1961年 8 月には国家再建最高会議による「労働者の団体活動に関する臨時措置法」

が公布され，労働組合の組織活動が認められることになり，韓国労働団体再建組織委員会が設置され，新しい全国的産業別労働組合組織の結成を準備することになった[21]。

　労働組合の組織は，従来の企業別組合から産業別組合へと変更された。産業別組合組織は，主として政府主導に編成され，労働組合の組織再建および労働運動に対する政府の介入ないし制約が強化される中で，労働組合の結成および運動が展開されるようになった。1961 年 8 月 30 日に 15 の産業別労働組合によって，韓国で最初の産別労組の全国的な連合体である「韓国労働組合総連盟」（韓国労総）が設立された。1962 年 12 月には，公務員の団結権，団体交渉権，団体行動権を制限する法律を制定した。また，公務員のみの労働争議・闘争活動の制限では，労使関係の対立が急速な経済発展の阻害要因になることを懸念し，1963 年 4 月と 11 月に，労働関係諸法の改正を行い，労組の結成と労働運動に対する政府機関の介入や争議行為の制限などを強化した[22]。

　1970 年代には外国人の投資を拡大させる目的で，外国人投資企業の労働組合および労働争議に関する臨時特別法を制定した。1970 年代に入ってからも政府は経済開発を進め，鉄鋼・石油化学・造船など，大企業グループに重点的に資金を投入して重化学工業を育成してきた[23]。他方で，労働運動への抑圧を強化した。公務員や国公営企業，国民経済に大きな影響を与える企業の労働者には，団体行動権が憲法で制限された[24]。

　政府は「先成長・後分配」の経済開発計画の推進を最優先の目標としたために，労働組合活動は委縮せざるを得なかった。そんな中，労働運動に対する外部勢力の制約が加えられ，自由な労働運動が不可能な状態の下で，労働争議は 60 年代のそれとは異なる性格を見せた。朴正熙政権の労働統制が厳しくなる中で，労働者の不満は頂点に達し，労働運動が爆発的・暴力的な形で表出された。たとえば，1970 年 11 月 13 日，平和市場の組合員であった全泰壱（チョン・テイル）焼身自殺事件，同年 11 月 15 日，朝鮮ホテル焼身自殺未遂事件，1971 年 2 月 2 日，韓国会館自殺未遂事件，1973 年 12 月 9 日と 1974 年 2 月 22 日，自殺事件などがそれである。さらに，1971 年 9 月 15 日，KAL ビル放火事件や 1971 年 9 月 19 日，現代造船所の暴動事件など，低賃金や長時間労働など，劣悪な環境で働いていた労働者が声を上げ，労働争議が社会問題化した[25]。

　これらの事態に対応するため，政府は 1971 年 12 月の「国家防衛に関する特別措置法」の制定によって，団体交渉権と団体行動権が制限されるようになった。また，1971 年 12 月，国家非常事態宣言とともに 1972 年 10 月には大統領の権限を強化し終身化した「維新体制[26]」へと転換を図り，労働統制と労働運動を抑制した[27]。さらに，1973 年から 1974 年には労働関係法を改正し，労働者が集団的に権力を行使することに対して厳しく対応した[28]。

　1970 年代後半にも労働争議が続き，労働運動は，労働者だけではなく，宗教団体（都市宣教会やカトリック労働青年会）の外部の支援を受けながら展開された[29]。政府は第三者の労働運動への介入を厳しく制限した。急速な経済成長に固執して，それがもたらした矛盾に対する民衆の抵抗を抑えつけた維新体制は，1979 年 10 月 26 日（10.26 事件），大統領側近による暗殺によって崩壊した。この事件の背景には，体制を揺るがす反政府暴動をめぐって，体制内部の対立があった。すなわち，反政府運動を強硬弾圧しようとする大統領に対して，それでは体制が持たないとする穏健派との対立である。この暴動の発端となったのは，「YH 貿易事件[30]」である。10.26 事態後も舎北炭鉱や東国製鋼などで暴力的な労働争議が相次いだ[31]。

　以上のように，朴正煕政権下の労働運動は，1960 年代の経済開発第一主義と 1970 年代の維新憲法の制定や安保優先主義の政府施策によって，多くの制約を受けながら展開されてきた。特に，経済開発を優先するあまり，労働者の劣悪な処遇，犠牲を求める労働政策に対する労働者の抵抗が強く，その過程で暴力的な労働争議が多発した。この時期の労働運動は，どちらかといえば，政治闘争よりも人間としての基本的生活権を獲得するための経済的闘争が中心であった。

4. 全斗煥（チョン・ドゥファン）政権（1980 – 1987 年）

　1979 年 10 月 26 日，朴正煕大統領が射殺（10.26 事態）されると，再び軍が介入し，1980 年 5 月 17 日にクーデターによって全斗煥政権が誕生した。1980 年 5 月 18 日には，クーデターに抗議する学生デモや市民らが参加した大規模な光州事件[32] が起きた。これに対し，戒厳軍は武力鎮圧過程で多数の死傷者が発生するなど，社会的に大混乱の状態が続いた。そんな中，1980 年 10 月に新し

い政権が誕生するまでの政治的な過渡期には大規模の労働争議も多発した。た
とえば，舎北炭鉱の暴力的な労働争議（1980.4.20 - 25 日），東国製鋼の労働争
議（1980.4.28 - 30 日），東明木材の労働争議（1980.5.7 - 17 日）がそれである。
1978 年と 1979 年の労働争議件数はそれぞれ 102 件と 105 件であったのに対し
て，1980 年には 407 件にものほった。労働争議の形態も籠城（204 件），作業拒
否（98 件），示威（47 件），その他（58 件）など，多様であった[33]。

　労働争議の深刻化を背景として，1980 年 8 月と 11 月に 2 回にわたって，政
府は労使間の自律的な対話促進および協調強化の必要性を強調するとともに，
労働組合の健全化措置を断行した。全斗煥政権の下では，労働組合活動や労働
運動に対する規制は朴正熙政権下よりも強化された。その後，1980 年 12 月 31
日には，労働組合法をはじめ労働争議調整法，労働基準法，労働委員会法，な
どの労働関係諸法が改正され，労使協議会の独自の措置運営を定めた労使協議
会法も新たに制定された[34]。

　しかし，政府の労働政策の意図とは異なる形で，経済成長を背後に民主化運
動が広がる中で，学生運動家たちは，労働者が社会革命の主体となり，学生は
その支援・連帯勢力であるという考えの下，「偽装労働者」として労働現場に入
ることで労働者の組織化を図るとともに，現場闘争さらには大衆闘争を模索し
ていったため，労働運動は 80 年代前半期までのそれとは異なる新しい展開を
見せた[35]。1987 年 7 - 9 月にかけては，全国的な同時多発的に労働争議が発生し
た。前年に比べて 13.6 培（3,749 件）にものぼる膨大な数の労働争議は，激烈
な様相を帯び，「労攻・使守」の雰囲気の中で進行し，「労働総攻勢」を示した。
全斗煥政権の労働組合に対する統制が強化されると，労働運動は賃金闘争とい
う経済的闘争を切り口として，産業別・地域別労働組合が連携を図り，政治的
闘争へ転換し始めた。労働者たちは，① 低賃金と劣悪な労働条件の改善，②
労働統制の撤廃，③ 労働者の社会・系座的な地位の向上，④ 公平な成果配分を
掲げる全国的労働運動を展開した[36]。

　1988 年にはソウルオリンピックが控え，大統領直選制など民主化を求める反
政府学生デモが頻発し，オリンピックが開催できないのではとの状況に陥ると
の観測もあった。しかし，オリンピックの成功をバネに高度経済成長を誇示し
先進国入りを目指していた全斗煥政権は 1987 年，大統領の後継指名を受けた

盧泰愚に民主化宣言を発表させた。これがいわゆる「6.29民主化宣言[37]」である。1987年の民主化運動は「6月民衆抗争」と呼ばれ，韓国の民主主義の発展の第一歩となった。民主化宣言直後から労働者は「民主労働組合の設立」，「賃金引上げ」，「労働条件の改善」などを求め，全国的に労働争議やデモを展開した。労働組合結成の動きは，1987年7月，現代グループをはじめとする主要財閥大企業にも波及し，組合が結成されると罷業が本格化した。

1987年11月，政府は労働法を改正し，労組の設立規制を緩和するなど統制の自由化を示すと同時に労働運動を規制しようとした。すなわち，「既存労組と同じ組織対象」「既存労組の正常な運営を妨害する目的」の場合は新しい労働組合は作れないとする「複数組合禁止の原則」を明示し，既存の運動を逸脱する組織に対する法規制を強化した。また，「労働運動の政治活動」「第三者介入」「複数労組」のすべてが法改正によって禁止されることになった[38]。

以上のように，全斗煥政権下の労働運動は，賃金および処遇改善を重視する経済的闘争にとどまることなく，政治的闘争を重ねて展開されてきた。また，民主化を求める大学生らの社会運動と労働組合活動の自由化を求める全国的な労働争議が発生するなど，社会的に大混乱の時代であった。

5. 盧泰愚（ノ・テウ）政権（1988－1992年）

盧泰愚政権下では，1987年の「6.29民主化宣言」を受け，これまで低賃金に抑圧された労働者の権利の拡大を目指す本格的な労働闘争が活発化した。労働現場では，法の制定よりも現実が先行する形で民主化要求と賃金引き上げを中心とする労働争議が全国に広がって大混乱状態に陥った[39]。労働者の要求は生活給確保のための賃金引き上げ，生産職と事務職との賃金格差の解消など，賃金問題をめぐる利益紛争が中心であった。また，労働争議は経営者の権威主義的な姿勢による非人間的な待遇による労使間の感情対立がその原因の一つであった。

労働争議が同時多発的に発生する中，1988年10月29日には，改正憲法が公布され，新憲法の施行を前提として，労働組合法，労働争議調整法，労使協議会法が改正された。全体として，労働組合法についてみると，労働組合の設立形態の自由，労働組合の設立の簡素化，行政官庁等の介入の緩和，団体交渉権

の委任の簡素化，労働組合の役員資格制度の廃止，ユニオン・ショップ制の一部導入などが主な改正点である[40]。労働組合法の緩和によって，労働運動が活発化し，賃金交渉においても大幅な賃上げを実現した。また，既存の御用組合に代わる新組織を結成する動きも強くなった。法的には認められない組織であっても，新しい組織が現場で影響力を行使する状況も現れ，こうした「民主労組」勢力が御用組合の韓国労総に代わるナショナルセンターを結成する運動も進められた。しかし，あまりにも現場での闘争が激しくなり，経済的にも大きな支障をきたすとの理由で反労働キャンペインが起こり，90年代になると，大きな労働運動に政府による公権力が介入する動きが再び現れた[41]。

　このような状況の中で，「労・労対立」による組合分裂も現れ，運動路線の対立から強硬派と穏健派が現れた。強硬派は，前体制を継承する現政権と闘い，大衆を基盤とする体制改革を進めることを主張し，穏健派は，民主制への転換という側面を重視し，抑圧的な労働法の改正などを通じて民主化を徹底化していく方針をとることを主張した。前者が中心となって，1990年に御用労組と言われた韓国労総に代わるナショナルセンター準備組織である「全国労働者団体協議会」（全労協）が結成された。この全労協には当初456の労働組合が加盟していたが，加盟労組の罷業に全労協幹部が支援を行っていたが，「第三者介入」として逮捕されるなど，公権力の弾圧により1995年に解散された[42]。

　全労協の解散とともに，穏健派が中心となって自律的な活動を保障されるよう労働関係法の改正を掲げ，勢力結集のための民主的なナショナルセンター設立運動が展開され，1995年に「全国民主労働組合総連盟」（民主労総）が結成された。結成当時は非合法組織であったが，1997年に労働関係法の改正と共に合法的組織として認められた[43]。

　以上のように，盧泰愚政権下の労働運動は，民主化宣言を契機に労働組合の結成が本格化するとともに，経済発展の過程で低賃金に抑圧された労働者の不満が一気に噴出し，「先籠城・後交渉」という暴力的な不法労働争議という形で展開された。また，労働組合組織の再編過程で運動路線の対立から強硬派と穏健派が現れ，勢力結集のための労・労間の葛藤が強かった時代であった。

6. 金泳三（キム・ヨンサム）政権（1993−1997年）

金泳三は，民主化運動の政治家として知られているが，朴正煕―全斗煥―盧泰愚と続いた軍人出身大統領に代わり，32年ぶりの文民出身の大統領となった。金泳三政権は，民主化を推進し，先進国に跳躍することを国家目標として掲げ，国家基準に合致する法制度への転換を検討し始めた。すでに韓国は1991年にILOに加入し，OECD加盟を目指していたので，労使関係の先進化は国内的問題にとどまらない重要性があった。さらに，経済のグローバル化が進む中で，国家主導で開発を行ってきた韓国に対しても外からの自由化圧力がかかり，労働市場の柔軟化などが課題として浮上してきた[44]。

1993年のウルグアイラウンド交渉妥結により米を含む例外なき関税化を受け入れ，WTO発足（1995年）に対応して農産物の大幅な市場解放措置をとった。また，国際競争力を付けるためと称する合理化や労働基本権の制限（解雇権の拡大，臨時雇用の拡大など）を許す労働法の改正を強行した。過去の労働法制においては，団体行動権や団体交渉権などを制限して労働運動を制約する一方で，個々の労働者に対しては，恩恵的な保護が比較的保障され，厳しい罰則を伴う解雇制限も規定されていた。このような状況の中で，経済的理由による大量解雇を可能にする整理解雇制が派遣労働制とともに，労働市場を柔軟化して経済的な効率性を高める制度として導入が議論の対象となってきた[45]。

韓国経済は1970〜80年代の経済成長を続け，1995年には国民所得を1万ドル台に乗せ，1996年にはOECDに加盟した。金泳三政権は，経済繁栄を背景に「無限競争の時代」に突入したと宣言し，グローバル経済に対応した国際競争力を強める戦略をとった。1996年に政府は，「新たな労使関係による21世紀の世界一流国の建設」を打ち出し，大統領の諮問機関として労・使・公益委員からなる「労使関係改革委員会」を設置し，労働法改正に向けた議論を始めた[46]。しかし，複数労組禁止，第三者加入禁止，整理解雇制導入など，主要部分で合意に達せず，対立点を併記したまま労働関係法の改正案が1996年12月10日に国会に提出された。政府・与党は通常国会での法案処理を要求したが，野党は政府案に対し労使の立場の隔たりが大きく，特に労働側の反対が強いことを理由に，法案の処理を阻止するなど審議は難航した。その過程で新韓国党（当時与党）は1996年12月26日に単独で国会を開き，労働法改正案を強行採

決した。労働界はこれに反発，韓国労総と民主労総が連帯して「労働法改悪反対闘争」をゼネスト（総同盟罷業）で闘った。また，自動車，造船など製造業を中心に労働争議が活発化した。これに加えて，野党，各種市民団体，OECD，ILO などの国際機関もこれを批判した。その結果，この法案は先送りされた[47]。

　1997 年 1 月に与野党が労働法改正議論を再開し，同年 3 月に新労働法が制定されるに至った。その内容には，(1) 従来認めなかった複数労組について，ナショナルセンターと産別労組は 2000 年から，個別企業においては 2002 年から認めること，(2) 第 3 者介入禁止規定の削除，(3) 組合の政治活動禁止規定の削除，(4) 組合専従者への給与支給禁止，(5) 罷業中の代替労働許容，(6) 罷業中の賃金支払い義務廃止，(7) 公務員・教員への団結権付与先送り，(8) 整理解雇要件の緩和，(9) 変形労働時間制の導入などが盛り込まれた[48]。

　金泳三政権の末期には，1997 年 7 月，タイのバーツの暴落に始まるアジア通貨危機が韓国にも波及した。韓国経済の成長率はマイナス 5.8%，失業率 8.6% という激しい経済危機となった。大手 30 企業グループに数えられた多くの財閥グループや系列会社が倒産し，失業を余儀なくされた。1997 年に倒産した代表的な企業グループとしては，韓宝グループ，三昧グループ，真露グループ，大農グループ，起亜グループ，ニューコーアグループ，ヘッテグループ，韓羅グループ，双バンウルグループ，斗山グループ，極東グループ，清丘グループ，羅山グループ，東亜グループ，巨平グループなどがあげられる[49]。

　同年 11 月には，IMF（国際通貨基金）に緊急融資を要請するに至った。IMF は融資条件として，財政再建，金融機関のリストラと構造改革，通商障壁の自由化，外国資本投資の自由化，企業ガバナンスの透明化，労働市場の改革などを求めた。韓国政府は IMF の 210 億ドルを含めた 583 億 5000 万ドルの巨額な融資を受け，IMF の管理体制下におかれ構造改革を進めることを確約した[50]。政府は IMF の融資を決定したが，解決の見通しを立てられず，12 月の大統領選挙で当選した金大中がその処理に当たることになった。

　以上のように，金泳三政権下の労働運動は，労働関係法の改正をめぐって労働団体が連帯し，それを阻止するための労働争議が活発化した。政府は，労働法の改正は競争力回復のためのやむ得ない措置とし，労働争議に対しては法律に基づいて断固に対応する方針を示したため，野党と労働組合の大きな反発を

招き，労政間の葛藤が大きかった時代であった。

7. 金大中（キム・デジュン）政権（1998 - 2002 年）

　1997 年末のアジア通貨危機の最中に発足した金大中政権は，IMF によるコンディショナリティと平行して，韓国経済の四大改革を推し進めた。四大改革とは，金融部門，企業（財閥）部門，労働市場及び公共部門における 4 つの改革のことである[51]。金融部門においては，巨額の不良債権を抱えた銀行を中心とした金融システム全体について，経営基盤の健全化と業界再編のための改革が行われた。企業部門については，「ビッグ・ディール」と言われる財閥企業に対する構造改革が断行された。金大中政権は，財閥がアジア通貨危機の発生の主因であるとみなし，財閥企業に対して，① 過剰債務の解消（財務リストラ）② 過剰多角化の解消（事業リストラ）による選択と集中（いわゆる「ビッグ・ディール」）③ コーポレート・ガバナンスの強化を求めた[52]。公共部門については，公営企業の民営化と民間委託の活性化を通して，公共部門の範囲を縮小し，効率性を増大させる一方，公共組織の運営方式については顧客中心の責任経営体制を拡大し，成果概念を強化した。労働市場部門については，企業の構造調整を促進し，労働市場の柔軟性を高めるために，労働者のリストラを制度として認める整理解雇制を導入した[53]。

　経済危機克服のために政府は，とりわけ整理解雇制の導入には労働側からの大きな反発が予想され，これまで労働政策決定過程に排除されていた非合法労働団体である「民主労総」も加えた「労使政委員会」を発足させた。労使政委員会は，1998 年 1 月 15 日に経済主体（労働者・使用者・政府）が参加する社会的合意機構である。同委員会では，譲歩と理解，妥協と協力を模索し，同年 2 月 6 日に合意するに至った。その合意内容とは，整理解雇制と勤労者派遣の導入を含んだ労働市場の柔軟性の向上と労働基本権の拡大，総合的失業対策，企業の経営透明性の確保および構造調整の促進法案など，10 分野 99 項目にわたる妥協案であった[54]。その後も労使政委員会は存続していたが，その中で労働団体が影響力を発揮することはできなかった。なぜならば，金大中政権の経済政策は，市場原理を貫徹することが至上命題だったからである。

　IMF 主導の構造調整政策の結果，労働現場は混乱し，解雇反対闘争や罷業が

多発した[55]。そのような状況の中で，急進的な民主労総は，労使政委員会での政策決定過程への参加の実効性に疑問をもつようになり，1999 年 2 月に委員会から脱退した。「民主労総」は，労働者の支持を得て大統領になった金大中政権が雇用調整のための整理解雇を奨励する政策に反発し，労働者の利益を代弁する独自の政党の必要性を主張し，2000 年 1 月に民主労総を重要な支持基盤とする「民主労働党」を創設した。民主労働党は，2000 年 4 月の総選挙で全国 21 の地方区で平均 13％台の支持率，2002 年 6 月の地方選挙では 8.1％の支持率を得るなど，労働者層を中心に一定の支持基盤をもつ政党として成長した。そして，2004 年の総選挙では 10 議席を獲得し，第 3 政党の地位を獲得した。民主労働党の国会進出は，労働界側の要求事項の立法化や国会の場で議論ができる可能性を高めたという点では，労使関係に与える影響力を質的に高めたといえる[56]。

　1997 年の経済危機を乗り越えるために，痛みを分かち合う徹底的な構造改革を行った結果，1998 年のマイナス 5.4％成長から急速に回復し，1999 年には 9.5％の経済成長率を記録した。また，失業率も 1998 年に 7.0％を記録したが，2002 年には 3％台に戻した。

　以上のように，金大中政権下の労働運動は，アジア通貨危機による韓国の経済危機を克服するために，推進された整理解雇を含む労働政策をめぐって政府と対立しながら，労働者の要求を貫徹させる強硬路線で展開されてきた。また，労働団体は，労働者の利益と要求を代弁する政党を創設し，政治勢力化を図るなど，新たな労働運動を展開することになった。

8. 盧武鉉（ノ・ムヒョン）政権（2003 − 2007 年）

　労働弁護士出身の盧武鉉政権の誕生とともに，経済危機と構造調整の中で蓄積された不満とこの政権に対する高い期待感は一連の労働者闘争として現れた。たとえば，斗山重工業の労組弾圧抵抗闘争，全教組の教育行政情報システム（NEIS）[57] 拒否闘争，貨物連帯の労働 3 権認定闘争，地下鉄労組の連帯罷業，鉄道労組の 4.20 合意履行闘争，現代自動車をはじめとする大規模事業場での団体交渉関連闘争，民主労総の総罷業などが全国的に展開された。

　盧武鉉政権の労働政策の方向は，「社会統合的労使関係の構築」を掲げてい

る。2003 年 9 月 4 日に発表した「労使関係の法・制度の先進化方案（労使関係ロードマップ）とその推進に規定される。これは労使自治の原則に基づく労使双方の責任権限の明確化や労働市場の柔軟かつ安定化を図ることにより，労使紛争の最少化，労働基本権の向上及び企業の競争力強化を同時に実現していくものであった。その後，労使間で対立が大きくとりまとめに時間を要していたが，2006 年 9 月 11 日に労使政委員会で合意に至った。特に対立が大きい「企業内複数労組の導入」と「労組専従者への賃金支払禁止」については 3 年間の猶予期間（2009 年末まで）が設けられることとなった。ただし，この合意に参加していない民主労総は 11 月にゼネスト（総同盟罷業）を呼びかけていた[58]。

　社会統合的労使関係を掲げた盧武鉉政権は，罷業闘争に対して，厳しく対応することを表明し，公権力の行使と大量懲戒を行うとともに，損害賠償請求訴訟も求めた。政権初期に，公共部門の構造調整過程に労働者の参加，労使紛争に対する公権力介入の最小化など，自立と責任の労使自治主義を確立することで，社会統合的労使関係を構築するという約束は守れなかった。労働運動が激しさを増すにつれて政府も公権力行使で対応した。そのため，労政・労使関係は葛藤が深まった。労働運動過程において，韓国労総幹部の死亡や組合員の焼身自殺事件も起き，大混乱の時代であった。韓国労総と民主労総は，労働部長官の退陣を求めるとともに，労使政委員会と各種委員会からの脱退と政府に対する全面闘争を宣言した。

　そんな状況の中，非正規労働者の増加が大きな問題となった。非正規職による労働組合結成が進み，長期に及ぶ非正規職の闘争が展開されることになった。錦湖タイヤでは，正規職労組の支援を受けた構内請負労働者の闘争で数百人規模で正規職化を会社側に認めさせるという大きな成果を挙げた。また，金属労組などが全国的に，製造現場での「構内請負」が派遣勤労者保護法違反として「不法派遣摘発」闘争を労働行政，裁判所を舞台に展開することになった[59]。

　盧武鉉政権は，「非正規職保護」を公約していたことから，関連の法制定を目指したが，規制緩和を主張して労働者保護に反対する経営側と「非正規職撤廃」を主張する労働側との労使間の利害が対立した[60]。結局，「非正規職保護法」（期間制，短時間，派遣労働者）は，2006 年 11 月に制定され，2007 年 7 月

に300人以上の事業所に適用されたが，2009年7月より5人以上の事業所に拡
大して適用するようになった[61]。非正規職保護法施行以後の企業側の対応は，
雇用契約満了後，正規職への転換を避けるために，契約満了前に解雇措置を
とった。社会的に注目を集めた流通大手のニューコア・イーレンドは，法施行
前に300人の非正規労働者を集団解雇した。これに対し，労働組合は雇用保障
と正規職化を要求し，無期限罷業と籠城で対抗した。政府は公権力を行使して
無力で強制解散し，参加者を連行する事態となった。

　また，韓国ではこれまで公務員の労働3権を制限し，事実上公務員労組の結
成を禁止してきた。このため，政府は「全国公務員労働組合」(全公労)を不法
団体として規定し，幹部らを拘束するなど，強く対応してきた。公務員労組は
2002年3月23日，6万5,715人の組合員で発足した。発足と同時に法外労組だ
という理由で弾圧された。2004年12月には，国会環境労働委員会が労働3権
のうち団結権及び団体交渉権は保障されるが，団体行動権(ストライキ権)を
認めない条件で「公務員労組特別法」を通過させた[62]。これに反発して全公労
は，公務員の労働3権の保障を求め，公務員労組特別法を拒否してゼネストを
行い，3,500人余りが懲戒されて450人余りが解雇されるという事態が発生し
た。

　以上のように，盧武鉉政権下の労働運動は，労使関係の先進化を進める上
で，企業内複数労組の導入や専従者への賃金支給禁止をめぐって対立が大き
かった。また，非正規労働者の問題が大きく浮上すると，解雇をめぐって罷業
や籠城が多発し，政府の公権力を動員した強制解散にいたるほど非合法的な労
働運動が展開された。さらに，公務員の労働3権をめぐって政府との対立的な
関係も激化した。

9. 李明博（イ・ミョンバク）政権（2008－2012年）

　李明博政権の労働政策は，「労使協力宣言」や「労使和合宣言」が打ち出さ
れ，これまで対立化していた労使関係を安定化させ，労使協力を訴えて誕生し
た。これを受けて多くの事業場で労使和合・労使協力宣言が出された。この宣
言は，主に無労組や比較的に労使協調に対して柔軟な姿勢を示す韓国労総で
あって，闘争志向的性格が強い民主労総傘下にある組合は少なかった[63]。

　ところが，2008年の世界金融危機[64]を契機に，企業倒産が続出し，失業率も上昇した。政府は「法と原則が通用する労使関係」の秩序構築という政策の下で，罷業時の「無労働無賃金原則」の定着，不法争議行為に対する法治主義の確立などの立場を鮮明にした。それにも関わらず，双竜自動車では2,600人余りの構造調整の過程において労働組合が工場を占拠し，警察と物理的な衝突が起きるなど対立的な様相も現れた。一方，民主労総傘下の労組のうち，穏健合理的な労働組合運動を掲げる勢力の活動も活発した。ソウル地下鉄労組，仁川地下鉄労組など，これまで民主労総の闘争的な運動路線に問題を抱き，穏健合理的な労働運動勢力も現れた。また，現代自動車労組では闘争的な労働組合執行部を批判していた候補が委員長に当選されるなど，労組内部に変化が現れた。民主労総から脱退する労組もあった[65]。

　そんな中，労働関係法の改正をめぐって「労使政委員会[66]」で議論を重ねてきた。大きな焦点となったのが，組合専従者への給与支給禁止問題と複数組合設立の解禁であった。これらの問題をめぐって労使政の間で激しい議論が交わされた。労働組合は法改正に強く反対した[67]。韓国では，組合専従者の給与をこれまで使用者が支払ってきたが，使用者による組合専従者給与の支給は，不当労働行為に当たるとして原則的に禁止するとして，2010年1月の労働組合法改正を経て，同年7月1日から施行されるようになった。同時に，10年以上にわたる議論の末，「複数労働組合」制度も導入された。韓国ではこれまで，企業内の複数労働組合設立が禁止されており，国際労働機関（ILO）の勧告も含め，長らく制度の不備が指摘されていたところである。また，同制度の施行にあわせて，「交渉窓口の一本化」が導入された[68]。

　この問題をめぐって，両大労総と政府との労政葛藤が激化した。2011年1月韓国労総選挙では，李明博政権の労働政策に対して批判的な立場をとっていた委員長が当選すると，政府与党との政策連合の破棄を宣言するとともに民主労総に連帯を求めた。韓国労総は，その後も労働時間免除制度や複数労組などの問題点を取り上げ，労働法の改正を求め政府と葛藤関係を保っていた。さらに，上級団体への派遣の際，賃金支給をめぐって政府及び経営界と熾烈な論争を展開した。韓国労総は2011年12月に「統合民主党」の結成に直接参加し，政治的にも政府与党と対立関係を続けた[69]。

　そんな中，全国公務員労組，民主公務員労組などの公務員労組の上級団体が統合し，新たな公務員労組を設立し，民主労総に加入した。これにより再び労政間の葛藤が発生した[70]。公共部門の労使関係は，これまでも不安定であったが，政府は2008年から公共部門の先進化政策を掲げ，公共機関の業務効率化，機関統廃合，人員削減などを本格的に推進してきた。この背景には，団体協約の中に人事・経営権の侵害，組合員数に比べて専従者数の過多，有給労組活動時間，労組に対する手厚い便宜支援などの条項に対する問題が多かったため，合理的な労使関係慣行を定着していく必要があった。これらの問題をめぐって労使葛藤が増幅した[71]。

　2012年に入ると，李明博政権に積み重なっていたさまざまな労働問題が4月の総選挙前後や12月の大統領選挙以前の時期に提起され，労使葛藤が噴出した。その結果，2012年には多くの事業場で労働争議が発生するなど，再び，労働運動が活発し始めた。この労働争議は闘争的運動路線を掲げている民主労総に所属する組合がある事業場で発生することが多く，しかも大企業において起きている[72]。大規模な労働争議のうち，特に社会的に注目された事例として，双竜自動車，韓進重工業，現代自動車の労働争議があげられる。双竜自動車・韓進重工業の場合は，整理解雇撤回，現代自動車の場合は，構内請負労働者の正規職転換が主要要求事項となっていた。労働争議は長期・混迷化し，双竜自動車では22人の自殺者が発生し，韓進重工業では民主労総の女性労働組合員によるクレーン上で309日間籠城が続いた。その背景には，通貨危機を契機に整理解雇制や労働者派遣制など，労働市場の柔軟化を図るために，政府が労働関係法を導入したことで，正社員のリストラや非正規労働者の問題が浮上したからである[73]。

　韓進重工業の闘争の発端は，2011年2月会社側が170人余りの整理解雇を発表したことで，労組が整理解雇反対の罷業に突入した。韓進重工業の労働組合の整理解雇反対闘争が全国的な関心を寄せたのは，芸能人や詩人らが労組闘争に支持を表明し，市民や大学生，サラリーマンなどもこれに加わったからである。労使葛藤が深刻になると，政治界でもこの問題に関与し，国会環境労働委員会で韓進重工業社長が整理解雇者の早期復職を約束し一段落した[74]。

　現代自動車の構内請負をめぐる労使紛争は，現代自動車の構内請負労働者が

労働組合を組織し，構内請負の使用方式について問題を提起したからである。当時，非正規職であった労働者が2005年から不当解雇救済申請を求めていたが，やがて2012年2月23日大法院は，構内請負を不法派遣（偽装請負）と判決を下した。この不当解雇判決が出ると，2012年5月20日中央労働委員会も復職とともに，これまでの賃金を支払うよう決定した。大法院判決を受けて現代自動車の非正規職労働組合は，構内請負労働者全員を正規職化するよう要求した[75]。これにより政府，労組および社会的な圧力から現代自動車は，2012年9月に今後5年間構内請負労働者3,000人を新規採用形式で正規職化するとし，2012年は1,000人を正規職化すると発表した[76]。

　以上のように，李明博政権下の労働運動は，整理解雇や構内請負労働者問題，公共部門の改革など，さまざまな労働懸案問題をめぐって，労働組合が過激かつ戦闘的な労働争議を伴う労働運動を展開してきた。労働争議は，主に大企業を中心に発生し，雇用問題が労使間の大きな対立点であった。しかも，争議期間も長期間にわたり，社会的にも注目された。

10. 朴槿恵（パク・クネ）政権（2013−2017年）

　朴槿恵政権は，経済の活性化に向けた4大改革（労働市場改革，公共部門改革，教育改革，金融改革）のなかでも，公共部門改革と労働市場改革を最優先課題に位置づけて推進してきた。韓国鉄道の民営化をめぐって政府と労組側との激しい衝突が繰り広げられた[77]。鉄道労組は，民営化の阻止のために2009年にも民主労総とともに大規模な不法罷業を起こしたことがある。これに対し，会社側は，罷業参加者に罷免20人，解任149人など1万1,588人に対して懲戒処分を下した[78]。

　2013年12月，韓国の全国鉄道労働組合は，朴槿恵政権が進める鉄道民営化に真っ向から罷業闘争で立ち向かった。罷業は12月9日から30日まで22日間の長期間にわたった。政府と会社側は，これに対して強硬姿勢で対応した。すなわち，罷業参加者が期日までに復帰しない場合，復帰意思がないと見做し，それ相当の懲戒処分を下すと最終通告した。そこで組合員が次々と復帰したものの，罷業を企画し主導した組合幹部490人は，懲戒委員会で罷免・解任・停職などの懲戒処分が下された[79]。

　民営化の流れはすでに金泳三政権期にまで遡る。初めて「鉄道民営化」案が登場したのは，金大中政権期のいわゆるIMF危機のなかでだった。鉄道庁を含めた公企業の民営化を積極的に推進しようとしたその骨子は，鉄道庁と高速鉄道公団を統廃合した後，施設と運営部門を分離し，施設部門は韓国鉄道施設公団が，運営事業は民営化した韓国鉄道株式会社が受け持つ方式である。しかし，これは2002年に鉄道・電力・ガスの民営化反対共同闘争で阻止された。その後の政権においても民営化は労組の反対によって頓挫した。鉄道労組は現在，民主労総傘下の全国公共運輸社会サービス労働組合連盟に所属しており，ほぼ毎年罷業を行ってきた。民主労総の貨物連帯（組合員1万2,000人）が鉄道罷業にともなう貨物代替輸送を拒否し，物流輸送に打撃を与えた。貨物連帯は「労組弾圧中断」「鉄道民営化反対」の横断幕1,000枚を組合員に配布し，貨物車に取りつけて輸送拒否に突入した[80]。

　警察は鉄道労組幹部9人を逮捕するとして，当時，京郷新聞社社屋にある民主労総事務室に押収捜索令状もなしに強制突入した。罷業指導部はすでに退避した後で，代わって侵奪に抵抗した民主労総幹部，組合員136人が連行された。この民主労総本部に対する未曽有の強制突入は，労働界と市民運動，国民世論の公憤を爆発させる契機となった。民主労総はただちに「朴槿恵政権退陣を求める実質的な行動に突入する」として2013年12月28日に全面罷業闘争に突入すると宣言した。韓国労総も政府の暴挙に抗議し，民主労総の支持と政府との一切の対話断絶を宣言した。

　労働市場の構造改革をめぐっては，すでに労使政が労働市場の構造改革に合意（大妥協）し，決着がついていた[81]。しかし，労使政による合意（大妥協）には，成立直後から不協和音が帯びていた。焦点となったのは，労働契約の解除の事項であった。労働界からは，低成果者に対する解雇が緩和されるのではないかという懸念から反発の声が上がった。二大労総のうち民主労総は労使政委員会から脱退したが，もう一方の韓国労総は合意文に署名をした。このことに民主労総は厳しく批判するとともに，罷業などの手段で対抗することを表明した[82]。

　2015年11月14日，ソウルで大規模なデモが発生した。抗議の対象は，労働市場改革，教科書国定化，外交政策など，朴槿恵政権の一連の政策に向けら

れ，朴政権そのものに対する批判であった。その中でも労働市場改革に対しては，デモを呼びかけた二大労総の1つである民主労総は法案阻止の強い構えを見せた。朴槿恵政権は，国政指標として雇用率70%の政策を打ち上げ，その目標を達成するために労働市場の柔軟化，賃金の柔軟化を推し進めてきた。若年層の失業率が高い中で，雇用創出が当面の課題となっていたからである。政府の賃金ピーク制や成果年俸制，一般解雇ガイドラインの導入，就業規則変更要件の緩和などに関しては，労働組合や野党は強硬な反対運動を展開した。これをめぐって労使政三者間で意見対立や葛藤が生じた。

　韓国では以前から定年を60歳以上と定める法律は存在していたが，あくまで努力目標であったため，事実上，企業は自由に定年を設定することが可能であった。しかし，2014年5月，「雇用上の年齢差別禁止および高齢者雇用促進に関する法律」（高齢者雇用法）が施行された結果，60歳以上の定年制が義務化されることになった。義務化の開始時期は従業員数が300人以上の企業では2016年1月から，300人未満の企業では2017年1月からである[83]。

　日本と同様，年功序列賃金を特徴とする韓国の賃金制度の下で定年延長は，企業にとって大きな人件費負担となる。本来なら労使間の話し合いで対応していく問題であったが，対立的な労使関係の下では労使が自律的に解決できることに限界があるとして，政府が深く介入した。それが定年延長に伴う賃金ピーク制の導入である。賃金ピーク制とは，一定年齢（ピーク年齢）を超えた場合，その生産性に応じて賃金を削減する代わりに定年保障や一定期間の雇用延長を行う賃金制度である[84]。政府は，賃金ピーク制の導入を奨励するため，賃金ピーク制支援金[85]の支給も行うとしたが，賃金ピーク制については，労働組合からの大きな反発があった[86]。

　また，賃金の柔軟性を高めるため，政府は，公共部門に「成果年俸制」の導入を推し進めた。労働界は労働の厳しさが増すのに加え，短期的な実績主義にとらわれる懸念があるとして強く反対した。民主労総傘下の鉄道，地下鉄，国民健康保険公団などの労働組合は，2016年6月27日「成果年俸制」反対などを掲げ，無期限一斉罷業に突入した。同年10月から12月にかけては，鉄道労組と貨物連帯が政府の成果年俸制の一方的な導入に反対し，74日間の罷業を行った[87]。これにより貨物列車の輸送に莫大な影響を及ぼした。全国公務員労

働組合（全公労）[88] も成果年俸制に対し，攻勢的な闘争を強めた。朴槿恵大統領は，公共労組に対して国民の税金で運営され，雇用安定が保障される公共労組が成果年俸制の導入を拒否し，罷業を行うことを強く批判した[89]。労政間の葛藤はますます高まる傾向にあった。

　公共部門の成果年俸制は，幹部職に対しては 2010 年から実施されてきたものの，政府が 2016 年から適用対象の拡大，基本年俸の格差拡大，成果給の拡大などを主な内容とする指針を示した。また，政府は制度導入を強制するため，早期履行した機関に対してはインセンティブを提供する一方，未導入機関に対しては賃上げの凍結と経営評価に不利益を与え，成果給支給を制限するなどの措置をとることにした。労働界はこの指針に強く反発し，集団行動に出た[90]。

　朴槿恵政権は，教育部門の改革も進めてきた。その背景には，教育現場で歪曲された歴史教育，親北性向の理念教育が浸透していたからである。韓国では教職員による労働運動も活発であるが，民主労総傘下の「全国教職員労働組合」（全教組）は認められていない。全教組の合法性をめぐっては，2013 年 10 月，雇用労働部が法外労組であることを通報したことで労働組合が反発し，全教組は 10 月 19 日，朴槿恵政権との全面戦争を宣言した[91]。

　全教組は盧泰愚政権下の 1989 年 5 月 28 日，真の教育（民族教育，民主教育，人間化教育）実現と教職員の労働基本権保障を求め，2 万人余りの教職員の参加で設立された。しかし，法律の制約と政権による弾圧で 1,500 名余りの教師が解職され，全教組の活動は厳しい制約を受けた。その後，合法化闘争を展開し，金大中政権下の 1999 年 7 月 1 日に合法化された。ところが，全教組は教育現場で主体思想など親北性向の理念教育を行う者もおり，2005 年 5 月，全教組所属の教師が中学生 180 人をパルチザン追慕祭に動員するという事件を起こし，猛反発を招いた。また，2005 年 2 月から 2 年近くの間，「北朝鮮の先軍政治の偉大な勝利万歳」と書かれたポスターなどを全教組のホームページに掲載し，北朝鮮の体制を賛美・宣伝しているとして 2007 年 1 月 18 日，国家保安法違反で関係者が逮捕された[92]。

　朴槿恵政権末期には，大きな出来事があった。民主労総を中心とした労働界，学界，政界，市民団体などは，大統領が主要な政策や人事など国政全般に一民間人を介入させた国政壟断事件として，大規模な「ろうそく集会」を連日

開き，大統領の座から降りるようデモを繰り返してきた。ろうそく集会の圧迫
は，2016年12月9日，朴槿恵大統領に対する国会の弾劾に追い込んだ。2017
年3月10日，憲法裁判所は大統領の職権乱用，強要，公務上機密漏洩などの理
由に罷免を下した。

　以上のように，朴槿恵政権下の労働運動は，政府が推進する改革に対し，大
規模の不法罷業と公権力の行使という労・政対立の構図下で活発化した。特
に，労働組合は政治的問題に対して労働者組織の政治勢力を利用し，闘争を展
開してきた。非常識的なことを常識なことに戻すという大統領の強い意志に
よって意欲的に推進されてきた労働改革は，弾劾によって進展することはな
かった。

Ⅲ．むすび

　以上，韓国における労働運動を歴代政権の時代区分によって歴史的にみてき
た。韓国の労働運動は，政治の民主化と経済発展の段階においてそれなりの役
割を果たしながら展開してきたといえる。しかし，戦後から今日に至るまで不
安定な労使関係あるいは労政関係は続いており，特に深刻な問題は，非合法的
かつ過激な労働運動が継続的に展開されてきたことである。たとえば，労働争
議の方法として鉄パイプや火炎瓶などを用いることがその一例である。

　韓国の急速な経済成長は，政府主導による経済優先と労働運動の弾圧の成果
であるといえる。特に，韓国の労働運動の歴史の中で，最も重要なのは，労働
運動の政治勢力化である。その理由は，労働運動そのものが労働者の権益を代
弁することにとどまらず，韓国社会の民主化の過程と密接な関係をもっていた
からである。解放後，軍事政権下の経済開発計画を進める中で，労働者の権利
や労働組合活動は厳しく統制されてきたが，1987年の民主化宣言を契機にそれ
まで抑圧されてきた労働運動が活発化するとともに，政治的闘争も展開してき
た。

　歴代政権において労働組合は，労働条件をめぐる経済的な闘争から始まり，
政府の政治的問題に対して労働者組織の政治勢力を利用して，さらには大学生

や市民団体と連帯を強化しながら労働運動を展開してきた。1987年の6月抗争が労働者大闘争につながったのと同様，2016年には朴槿恵大統領の退陣を求めて総罷業や労働者大会などによって大きな成果をあげてきた。

　近年，韓国の労働運動は，実質的には韓国労総と民主労総の二大労総によって展開されている。民主労総は急進左派で階級闘争路線を指向するのに対し，韓国労総は穏健派で労使協調路線を指向し，政府と友好的な関係を保ってきた。労使政委員会においても労働法改正をめぐって改正内容に反発し，民主労総は不参加あるいは離脱することもしばしばあるが，韓国労総は協力的な姿勢を見せるなど，足並みが揃わないこともある。もちろん，時には，政府に対して共闘することもある。

　近年の労使関係をみると，低成長と両極化が深化される中，政府主導の労働改革をめぐるイシューが多い。就業規則変更による低成果者の解雇緩和，成果年俸制，労働改革法案などがそれであり，また，造船産業を中心とした産業構造調整をはじめとして最低賃金と複数労組をめぐる葛藤，教師・公務員と公共部門の労働3権の行使をめぐる労・政葛藤も注目される。企業レベルでは，賃金引き上げや賃金ピーク制，団体交渉，構造調整などをめぐる労・使葛藤が注目される。韓国では毎年大企業中心の労働争議が発生しており，しかも上部団体とも連帯し，過激な闘争の様相として現れるのが特徴である。

　今後，韓国の労働運動は労・使・政の関係の下で，労働者個々人の権益向上のための経済的闘争とともに，特定の政党との連携をとりながら政治的な闘争を強化していくことが予想される。

注
1　民主化宣言とは，1987年6月29日に，盧泰愚大統領候補が発表した政治宣言であり，正式名称は「国民の大団結と偉大な国家への前進のための特別宣言」で，6.29民主化宣言とも呼ばれる。
2　尹敬勲氏は，戦後の韓国の労働運動の発展段階を5つの時期に区分している。すなわち，①米軍政期の労働運動（1945年-1948年），②解放後の労働運動（1945年-1950年代），③経済発展期の労働運動（1960年代-1970年代），④民主化推進期の労働運動（1980年代-1992年），⑤政治的民主化の定着と労働運動（1992年-現在）である（尹敬勲「韓国の政治経済と労働運動の性格─歴史的分析を中心に─」流通経済大学『流通経済大學論集』44（2），2009年，pp.183-204）。
3　尹敬勲，前掲論文，p.192。
4　当時，労働問題を合法的・民主的に処理するため，公布された法令をみると，一般労働賃金に関する法令（1945年10月10日），労務保護に関連した暴利に関する取締法規（1945年10月30日），労働調停委員会法（1945年12月8日），労働問題に関する公共政策および労働部設置に関する法令

(1946年7月23日)，児童労働法規（1946年9月18日），最高労働時間に関する法令（1946年11月7日），未成年者労働保護法（1947年5月16日）などがある（金潤煥「労関関係」韓国経営者総協会『労働経済40年史』1989年，p.23）。

5　李元雨「韓国の労働組合と経営者団体」佐護譽・韓義泳編『企業経営と労使関係の日韓比較』泉文堂，1991年，p.163および尹敬勲，前掲論文，p.192参照。

6　金潤煥，前掲論文，p.24および尹敬勲，前掲論文，p.192参照。

7　李元雨，前掲論文，p.164。

8　金潤煥，前掲論文，p.24。

9　同上，p.24。

10　朝鮮戦争（1950年6月25日〜1953年7月27日休戦）とは，1948年に成立したばかりの朝鮮民族の分断国家である大韓民国（韓国）と朝鮮民主主義人民共和国（北朝鮮）の間で，朝鮮半島の主権を巡り北朝鮮が，国境線と化していた38度線を越えて侵攻したことによって勃発した戦争である。分断国家朝鮮の両当事国，朝鮮民主主義人民共和国と大韓民国のみならず，東西冷戦の文脈の中で西側自由主義陣営諸国と1949年10月1日に建国された成立間もない中華人民共和国が交戦勢力として参戦し，3年間に及ぶ戦争は朝鮮半島全土を戦場と化した後に荒廃させた。1953年7月27日に中朝連合軍と国連軍は朝鮮戦争休戦協定に署名し休戦に至ったが，北緯38度線付近の休戦時の前線が軍事境界線として認識され，朝鮮半島は北部の朝鮮民主主義人民共和国と南部の大韓民国の南北二国に分断された。

11　金潤煥，前掲論文，p.27。

12　尹敬勲，前掲論文，pp.193-194。

13　詳しくは，① 金潤煥，前掲論文，p.25，② 李元雨，前掲論文，p.165，③ 金亨培「労働法制」韓国経営者総協会『労働経済40年史』1989年，pp.72-74，④ 小玉敏彦『韓国工業化と企業集団─韓国企業の社会的特質─』学文社，1995年，pp.75-80参照。

14　金潤煥，前掲論文，p.28。

15　同上，p.28および李元雨，前掲論文，p.165，尹敬勲，前掲論文，p.193参照。

16　4.19革命とは，1960年3月に行われた第4代大統領選挙（3.15不正選挙）における大規模な不正選挙に反発した学生や市民による民衆デモにより，当時，第4代韓国大統領の座にあった李承晩が下野した事件のことである。

17　金潤煥，前掲論文，p.29。

18　李元雨，前掲論文，p.165。

19　5・16軍事革命とは，当時少将だった朴正煕などが起こした軍事クーデターのことである。クーデターが起こった社会的背景として，学生や革新政党を中心とする民主化運動と統一運動の高まりに対して軍部が危機感を抱いたことがあげられる。クーデターに成功した革命軍は，全国に戒厳令が敷かれ，一切の屋内集会が禁止，出版や報道に対する事前検閲が実施されるとともに，国会及び地方議会の解散，政党や社会団体の活動を禁止した。

20　詳しくは，小玉敏彦，前掲書，pp.50-61参照。

21　李元雨，前掲論文，pp.166-167。

22　李元雨，前掲論文，p.167，孫昌熹，前掲書，p.35，尹敬勲，前掲論文，p.194参照。

23　小玉敏彦，前掲書参照。

24　孫昌熹『韓国の労使関係　労働運動と労働法の新展開』日本労働研究機構，1995年，pp.34-35及び金亨培，前掲論文，pp.76-88参照。

25　この点に関しては，金潤煥，前掲論文，pp.35-36，孫昌熹，前掲書，p.36，尹敬勲，前掲論文，p.195参照。

26　維新体制とは1972年10月17日，当時の朴正煕大統領が，特別宣言なるものを発表し，国会の解

散や政党・政治集会の中止，夜間外出禁止令などを決定し，韓国全土に非常戒厳令を発して，独裁
色を強めた一連の宣布のことであり，十月維新革命ともいう。また，このときに強行的に改正され
た憲法を維新憲法，この時期を維新体制という。

27　李元雨，前掲論文，p.167 および孫昌熹，前掲書，p.35。

28　磯崎典世「韓国の労働運動」『生活経済政策』No.136，2008 年，pp.39-40 および小玉敏彦，前掲
　　書，pp.80-101 参照。

29　1970 年代の代表的な労働組合としては，72 年に結成された清渓被服労働組合，東一紡績労働組
　　合，元豊毛紡労働組合，73 年に結成されたコントロールデータ労働組合，74 年に結成された半島商
　　事労働組合，75 年に結成された YH 貿易労働組合がある（孫昌熹，前掲書，p.37）。

30　この事件は，かつら輸出会社 YH 貿易の女子労働者が，会社の廃業通告に抵抗して野党・新民党
　　の党舎に籠城していたところに，政府当局が警察を投入して強制解散させた過程で，一人の労働者
　　が死亡した事件である。

31　金潤煥，前掲論文，p.36，孫昌熹，前掲書，p.37，磯崎典世，前掲論文，p.40 参照。

32　光州事件とは，1980 年 5 月 18 日から 27 日にかけて韓国の全羅南道の道庁所在地であった光州市
　　を中心として起きた民衆の蜂起である。5 月 17 日の全斗煥らのクーデターと金大中らの逮捕を契機
　　に，5 月 18 日にクーデターに抗議する学生デモが起きたが，戒厳軍の暴行が激しかったことに怒っ
　　た市民も参加した。デモ参加者は約 20 万人にまで増え，木浦をはじめ全羅南道一帯に拡がり，市民
　　軍は武器庫を襲うと銃撃戦の末に全羅南道道庁を占領したが，5 月 27 日に政府によって鎮圧され
　　た。この事件は，5.18 民主化運動と呼ばれる。

33　金潤煥，前掲論文，p.39，孫昌熹，前掲書，pp.37-38，小玉敏彦，前掲，101-112 参照。

34　金潤煥，前掲論文，p.38，金亨培，前掲論文，pp.93-102，小玉敏彦，前掲書，pp.101-118 参照。

35　朴昌明「経済危機以降の韓国労使関係」『大原社会問題研究所雑誌』No.572，2006 年 7 月，p.18
　　および尹敬勲，前掲論文，p.194 参照。

36　尹敬勲，前掲論文，pp.195-196，小玉敏彦，前掲書，p.112，金潤煥，前掲論文，pp.41-44，孫昌
　　熹，前掲書，p.52 参照。

37　民主化宣言とは，1987 年 6 月 29 日に，韓国の盧泰愚大統領候補が発表した政治宣言である。民
　　主化宣言は 8 項目からなり，与野党合意による大統領直接選挙制への憲法改正の実施と 1988 年 2 月
　　の平和的政権交代実現と大統領選挙法の改正と公正な選挙の保障ならび政治犯の特赦が中心事項と
　　なっている。

38　磯崎典世，前掲論文，p.41 および孫昌熹，前掲書，pp.40-41 参照。

39　小玉敏彦，前掲書，p.112 および明泰淑「韓国における「文民政府」の成立と労使関係の新動向」
　　龍谷大学大学院研究紀要『社会科学』8，1994 年，pp.30-42 参照。

40　小玉敏彦，前掲書，pp.112-118 および金亨培，前掲論文，pp.106-111 参照。

41　磯崎典世，前掲論文，p.41。

42　同上，p.42。

43　同上，p.42。

44　同上，p.42。

45　同上，p.42。

46　明泰淑，前掲論文，pp.30-42 参照。

47　磯崎典世，前掲論文，pp.42-43。

48　同上，p.42。

49　労働政策研究・研修機構，前掲書，p.7。

50　高龍秀『韓国の経済システム』東洋経済新報社，2003 年，p.120。

51　高龍秀，前掲書および高龍秀「通貨危機以降の韓国における構造改革」環日本海経済研究所

『ERINA Discussion Paper』No.0201, 2002年, pp.1-18参照。

52 労働政策研究・研修機構「韓国のコーポレート・ガバナンス改革と労使関係」『労働政策研究報告書』No.10, 2004年参照。

53 詳しくは, ① 労働政策研究・研修機構, 前掲書, ② 経済産業省「アジア通貨危機後の韓国における構造改革」『平成26年版通商白書』2014年, pp.178-184, ③ 高龍秀, 前掲書, ④ 高龍秀, 前掲論文参照。

54 郭洋春「IMF体制と韓国の社会政策」『海外社会保障研究』No.146, 2004年, pp.34-35。

55 詳しくは, 朴昌明『韓国の企業社会と労使関係』ミネルヴァ書房, 2004年および朴昌明, 前掲論文参照。

56 朴昌明, 前掲論文, p.19および尹敬勲, 前掲論文, p.198参照。

57 教育行政情報システム（NEIS：National Education Information System）とは, 教育行政全般の効率性の向上, 教職員の業務環境の改善のために教育部が構築した全国単位で, 2003年4月から施行された制度である。全教組は, 個人の身上情報を合法的に収集管理するのは人権侵害であり, 記録された情報が流出された場合, 商業的に利用される恐れがある。さらに, このシステムが教師を統制または圧迫する手段になりかねないという点で導入に反対した。

58 労働政策研究・研修機構「国際フォーラム開催報告／アジアの労使関係：韓国」2006年10月および労働政策研究・研修機構「盧武鉉政権の労使関係法制改革案と労使の反応」『海外労働情報：韓国)』, 2003年12月参照。

59 脇田滋「非正規雇用問題と労働運動―韓国との比較などを通して」『Gekkan ZENROREN』2012年6月, p.30。

60 労働側は, 有期雇用や派遣労働の利用事由を限定する「入口規制」でなければ, むしろ「非正規職を法によって公認し, 固定化する」危険性を主張した（脇田滋, 前掲論文, p.30）。

61 詳しくは, 金元重「韓国における非正規労働の実態と非正規職保護法」千葉商科大学『国府台経済研究』第20巻第2号, 2010年, pp.79-94参照。

62 公務員労働組合法案の主な内容は, まず第一点目に, 公務員の団結権及び団体交渉権（団体合意権を含む）を認めるが, 団体行動権（ストライキ権）は認められない。第二点目は, 6等級以下の一般公務員および同等相当の公務員に労働組合への加入が認められる。ただし軍人や警察官等政治的に任命を受けた特別な業務にあると考えられる特別公務員は除外される。基本的に, 給料・福利厚生・その他の労働条件に関する事項が交渉の対象となる。

63 朴昌明「李明博政権下の韓国労使関係」環日本海経済研究所『ERINA Discussion Paper』No.1301, 2013年, p.11。

64 世界金融危機は, サブプライムローン問題（サブプライム住宅ローン危機）を発端とした2007年のアメリカの住宅バブル崩壊から連鎖的に発生した2008年のリーマンショック等を含む, 一連の国際的な金融危機のことである。

65 朴昌明, 前掲論文, pp.1-20参照。

66 労使政委員会とは, 1997年末, 経済危機を解決するために, 1998年1月15日に発足した利害当事者である労働者・使用者・政府間の社会的合意機構である。

67 李ジョンヒ「2016年労使関係評価と2017年展望」『月刊労働レビュー』2017年1月号, pp.17-18参照。

68 詳しくは, 朴昌明, pp.4-6参照。

69 李ソンヒ「2011年労使関係評価と2012年展望」『月刊労働レビュー』2012年1月号, p.28参照。

70 李ソンヒ「2009年労使関係評価と2010年展望」『月刊労働レビュー』2010年1・2月号, pp.36-37参照。

71 同上, pp.43-44参照。

72 朴昌明，前掲論文，pp.12-13。

73 同上，p.17。

74 李ソンヒ「2011 年労使関係評価と 2012 年展望」『月刊労働レビュー』2012 年 1 月号，p.26 参照。

75 構内請負労働者は，生産部門に約 8,134 人，その他の部門に約 4,670 人が雇用されていた。

76 裵圭植「2012 年労使関係評価と 2013 年労使関係展望」韓国労働研究院『月刊労働レビュー』2013 年 1 月号，pp.31-32 参照。

77 金元重「韓国鉄道労組の民営化反対ストライキ」『月刊労働運動』6 月号，2014 年。

78 「朝鮮日報」2013 年 12 月 28 日。

79 「朝鮮日報」2013 年 12 月 28 日および「朝鮮日報」2013 年 12 月 30 日。

80 金元重，前掲稿，2014 年。

81 労使政合意文の概要は次のとおりである。労使政委員会において 9 月 15 日，労働側代表の韓国労総（FKTU），使用者側代表の韓国経総（KEF），政府側代表の雇用労働部の各代表および労使政委員会委員長は本合意文を議決した。グローバル化，少子高齢化，産業構造の転換等，経済社会の急速な変化の中で，企業規模や雇用形態の違いによる賃金をはじめとした労働条件の格差は拡大し，労働市場の二極化という深刻な結果がもたらされている。効率的に機能しているとは言えない現在の労働市場には，根本的な革新が必要であるという共通認識のもと，韓国経済の新たな跳躍と雇用問題の解決に向け，労使政の間で熾烈な議論が展開された結果，今回の合意に至ったことが合意文の前文には記されている（労働政策研究・研修機構『海外労働情報』2015 年 12 月号）。

82 合意文には，「解雇を緩和する」という表現は含まれていないものの，労働側の激しい反発を招いた背景には，それまで政府と使用者側は「雇用の柔軟性」「解雇規制の緩和」などについてたびたび論じてきたからである。

83 労働政策研究・研修機構『海外労働情報（韓国）』2013 年 6 月号。

84 60 歳定年義務化に向けた改正高齢者雇用法において，定年の延長に当たり，「その事業又は事業場の状況に応じて賃金体系の改編など必要な措置を講じなければならない」と定めている。

85 これは事業主が労働者代表の同意を得て，定年を 60 歳以上に延長したり，定年を 56 歳以上 60 歳未満に延長し，56 歳以後から一定年齢，勤続時点または賃金額を基準に賃金を減らす制度を施行する場合，該当事業主の下で，18 カ月引き続き勤務し，ピーク賃金比で 10% 以上減額した労働者に対して年間最大 1,080 万ウォンまで支援するものであり，2018 年末までの時限措置である（労働政策研究・研修機構『2016 年海外情勢報告』p.301）。

86 裵圭植「2015 年労使関係評価と 2016 年労使関係展望」韓国労働研究院『月刊労働レビュー』2016 年 1 月号，pp.25-27 参照。

87 「朝鮮日報」2017 年 1 月 9 日および「朝鮮日報」2017 年 3 月 21 日。

88 全公労は 2007 年 10 月合法労組として認められたが，解職者を組合員から脱退させるよう求めたが，是正命令を履行しなかったことで雇用労働部より法外労組の通報を受けた。現在も全公労は法外労組のままである（李ジョンヒ，前掲論文，p.18）。

89 「韓国経済新聞」2016 年 10 月 11 日。

90 政府の公共機関に対する成果年俸制の勧告案と労組の対応については，盧グァンピョ「公共部門労使関係─公共機関を中心に」『月刊労働レビュー』2017 年 1 月号，pp.35-44 参照。

91 雇用労働部は，組合員資格のない解職教師を組合員として認定する規約を改正し，幹部として活動する退職教員 9 人を脱退させるよう是正命令を下したが，全教組がこれに応じなかったために，法外労組として通報した。現在も法外労組の状態で活動を続けている（李ジョンヒ，前掲論文，p.18 参照）。

92 全国教職員労働組合 http://ja.wikipedia.org/（2017/4/28）。

第3章
日本の労働組合と経営者団体

I. はじめに

　日本の労働組合法第2条において労働組合の定義を「労働者が主体となって自主的に労働条件の維持改善その他経済的地位の向上を図ることを主たる目的として組織する団体又はその連合団体をいう」と規定している。また，憲法第28条では「勤労者の団結する権利及び団体交渉その他の団体行動をする権利は，これを保障する」と規定されている。この権利が「労働三権」と呼ばれる，①労働者が団結する権利（団結権），②労働者が使用者と交渉する権利（団体交渉権），③労働者が要求実現のために団体で行動する権利（団体行動権）である。憲法第28条で掲げられた権利を，具体的に保障する目的で作られたものが労働組合法である[1]。

　労使関係には2つの側面がある。それは集団的労使関係と個別的労使関係である。集団的労使関係とは，「組織」と「組織」との関係のことで，いわゆる「会社」と「労働組合」の関係である。実際，会社のトップは経営者であるため，経営者と労働組合との関係とあるといっていいだろう。労使関係の当事者である労働組合と経営者は，それぞれの利益の代弁者として全国的な団体組織を作って労働問題に取り組んでいるので，労働団体と経営者団体との関係ともいえる。

　一方，個別的労使関係は，「組織」と「個人」の関係のことで，「経営者」と「労働者」の関係である。これまで日本企業は，いわゆる日本型雇用システム（終身雇用制，年功序列制，企業別組合）を基軸に，集団的な人事管理・労使関

係を重視した経営を行ってきた。しかし，グローバル化をはじめ社会・経済環境が激変する中，雇用をめぐる情勢や企業の人事政策は大きく変化し，人事管理・労使関係のあり方もこれまでの集団的・画一的な仕組みや手法では対処しきれなくなってきている。その一例が成果主義的な賃金制度の導入である。その結果，職場では個別化に伴う評価の納得性問題，解雇の問題など，個別的労働紛争が急増している[2]。

　労使関係の中核となるものは，労働組合と経営者または経営者団体との関係である。現代の労使関係においては，この両者の関係が問題となる。なぜならば，労働組合運動は，労働組合だけではなく，経営者（団体）との対抗関係において行われるからである。

　本章では，日本における労働組合と経営者団体を取り上げ，その歴史や組織状況，主要活動についてみることにしたい。

Ⅱ．労働組合の歴史[3]

　日本の労使関係において，労働組合が重要な影響力を行使する一つの勢力に成長したのは，第二次世界大戦後の「労働組合法」を初めとする労働諸立法が施行されて以降のことである。戦後，日本の労働組合運動は連合国（GHQ）の占領政策によって新たな展開をみせた。1945年9月，産業報国会が解散させられ，ついで治安警察法・治安維持法も廃止された。1945年12月に労働組合法が制定され，1946年3月に施行された。そして，同年9月には労働関係調整法が，1947年4月には労働基準法が公布された。これで「労働3法」が整えられたのである。また，新憲法も1946年11月に制定され，1947年5月に施行された。新憲法によって労働基本権が承認された。

　敗戦直後の猛烈なインフレと深刻な物資不足・食糧危機のもとで，労働基本権を保障された労働者は，つぎつぎと労働組合を結成した。1946年8月にはナショナルセンターとして「日本労働組合総同盟」（総同盟，右派，組合員数86万人）と「全日本産業別労働組合会議」（産別会議，左派，組合員数163万人）が，同年10月には「日本労働組合会議」（日労会議，中間派，組合員数30万

人）が結成された。これ以降，対立・抗争・分裂が繰り返され，いくつかのナショナルセンターが生まれることになった。

　1950年7月には「日本労働組合総評議会」（総評）が結成され，以後，この組織を中心とする労働運動の時代が長期にわたって続くことになった。総評に「全日本労働総同盟」（同盟，1964年結成），「全国産業別労働組合連合」（新産別，1949年結成）ならびに「中立労働組合連絡会議」（中立労連，1956年結成）を加えた4大組織は，労働4団体と呼ばれた。労働4団体は1989年に「連合」へと統合されることになる。労働4団体のほかに，その枠を超えた協議体として，1964年に「IMF日本協議会」（IMF・JC）が結成された。この組織は，1975年にはその名称を「全日本金属産業労働組合協議会」（金属労協，IMF・JC）へと変更した。

　1982年12月には，「共同行動を促進するための緩やかな協議体」として「全日本民間労働組合協議会」（全民労協）が結成された。この組織は，1987年11月により強力な「全日本民間労働組合連合会」（全民労協，旧・連合）へ移行した。旧「連合」の発足に伴って，同盟と中立労連は解散した。旧「連合」は，国際協調，高齢化，低成長への現実的な対応，「欧米並みの賃金」をめざす戦いから「欧米並みの生活」を実現する戦いへの転換を説き，「戦後労働運動の」総決算を唱えた。

　1988年10月25日には新産別が解散した。また，1989年11月21日には総評が臨時大会を開催し，解散し，旧「連合」と官公労組とが統一して，「日本労働組合総連合会」（新「連合」）が結成された。民間労組と官公労組が大同団結して新たな全国中央組織が発足したのである。同日，新「連合」に批判的なグループは，結集して「全国労働組合総連合」（全労連）を結成した。また，同年12月9日には，緩やかな共闘組織として「全国労働組合連絡協議会」（全労協）も結成した。

　以上のように，長期にわたって続いた「労働4団体」時代は終わりをつげ，労働界の再編・統一が成立したのである。1989年11月，新「連合」の結成によって，労働運動は新しい時代を迎え，現在に至っている。

　戦後，日本の労働組合中央組織の変遷をみると，図表3-1のとおりである。

図表 3-1　戦後労働組合中央組織の変遷

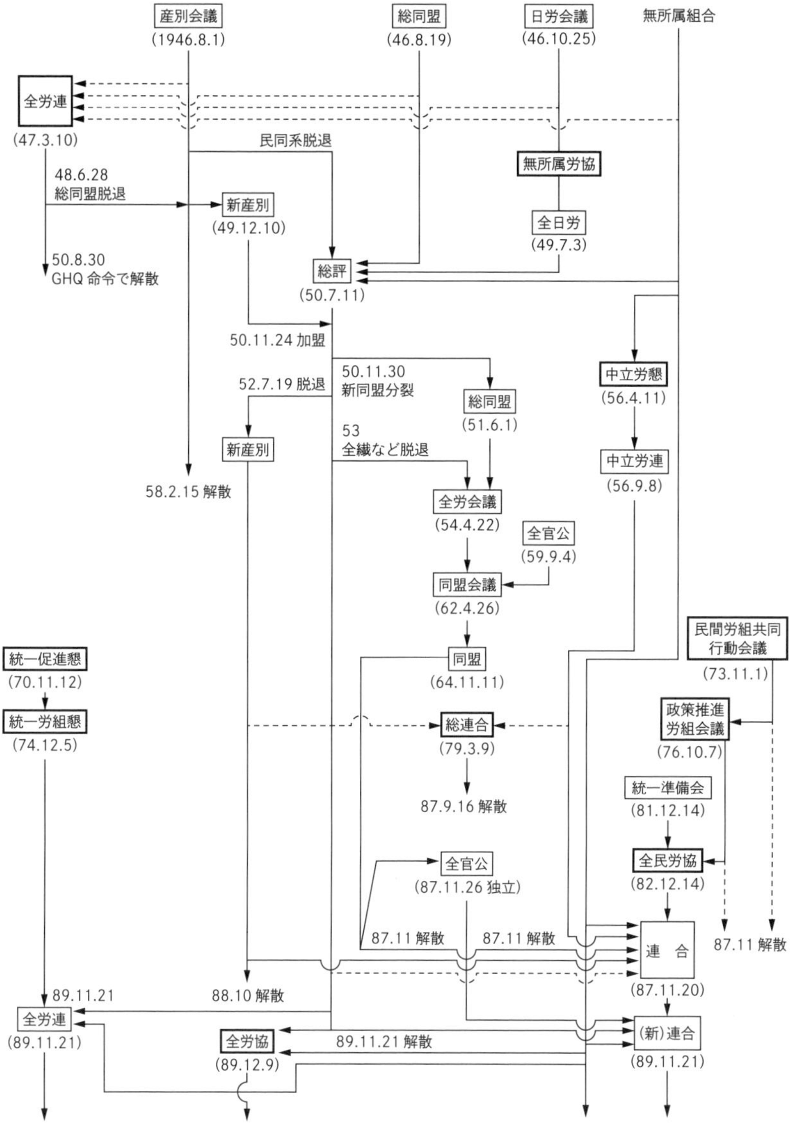

産別会議
(1946.8.1)

総同盟
(46.8.19)

日労会議
(46.10.25)

無所属組合

全労連
(47.3.10)

民同系脱退

48.6.28
総同盟脱退

新産別
(49.12.10)

50.8.30
GHQ命令で解散

無所属労協

全日労
(49.7.3)

総評
(50.7.11)

50.11.24 加盟

52.7.19 脱退

50.11.30
新同盟分裂

総同盟
(51.6.1)

中立労懇
(56.4.11)

新産別

53
全繊など脱退

中立労連
(56.9.8)

58.2.15 解散

全労会議
(54.4.22)

全官公
(59.9.4)

同盟会議
(62.4.26)

統一促進懇
(70.11.12)

同盟
(64.11.11)

民間労組共同
行動会議
(73.11.1)

統一労組懇
(74.12.5)

総連合
(79.3.9)

政策推進
労組会議
(76.10.7)

87.9.16 解散

統一準備会
(81.12.14)

全官公
(87.11.26 独立)

全民労協
(82.12.14)

87.11 解散　　87.11 解散

連合
(87.11.20)

87.11 解散

89.11.21

88.10 解散

全労連
(89.11.21)

全労協
(89.12.9)

89.11.21 解散

(新)連合
(89.11.21)

注：□□□は協議会もしくは共闘組織。
出所：岩崎馨著『産業別労働組合の組織と機能』日本生産性本部，2012 年，p.116 より引用。

Ⅲ．労働組合の組織

1．労働組合の組織形態

　日本の労働組合の組織形態は，企業別組合である。一方，欧米の労働組合は，一般に，企業を超えて横断的に組織された産業別もしくは職業別（ないし職種別）組織，または混合組織である。企業別組合は，上部団体の産業別組合に加入している。この場合，産業別組合は欧米のそれとは異なる。産業別組合は，企業別組合の連合体であり，この産業別組合の連合体であるナショナルセンターが総連合体である。このように，日本の労働組合は，企業別組合であるという点が，欧米と異なる大きな特徴をもっている。

　労働省の「労働組合基礎調査報告」によると，9割以上が企業別組織であり，職業別や産業別組織はごく少数に過ぎない（図表3-2）。

　日本の企業別組合は，特定の企業（またはその事業所）を組織単位として，

図表 3-2　組織形態別労働組合数及び組合員数

組織形態	単位労働組合		単一労働組合		構成比（%）			
					単位労働組合		単一労働組合	
	組合数	組合員数（人）	組合数	組合員数（人）	組合数	組合員数	組合数	組合員数
1975 年 合計	69,333	12,472,974	33,424	12,590,400	100.0	100.0	100.0	100.0
企業別組織	65,337	11,361,378	31,295	10,382,225	94.2	91.1	93.6	82.5
職業別組織	720	169,569	451	140,563	1.0	1.4	1.3	1.1
産業別組織	1,775	682,728	1,107	1,663,856	2.6	5.5	3.3	13.2
その他	1,501	259,299	571	403,756	2.2	2.1	1.7	3.2
1997 年 合計	70,821	12,167,594	31,036	12,284,721	100.0	100.0	100.0	100.0
企業別組織	67,688	11,093,212	30,008	10,552,939	95.6	91.2	95.8	85.9
職業別組織	888	355,027	358	383,159	1.3	2.9	1.1	3.1
産業別組織	1,416	592,374	551	1,024,492	2.0	4.9	1.8	8.3
その他	829	126,981	419	324,131	1.2	1.0	1.3	2.6

出所：労働大臣官房政策調査部『労働組合基礎調査報告』（1989 年版）大蔵省印刷局および労働省「平成 9 年労働組合基礎調査」より作成。

原則としてその企業の正規従業員のみによって組織される[4]。したがって，同一企業に所属していてもパートタイム労働者や臨時労働者など正規従業員でない労働者は，組合員になることができないのが通常である[5]。正規従業員と同じ場所で同種の仕事を行う臨時工や社外工（下請工）などは組合員になれない。また，従業員が退職すれば，自動的に組合員資格は失われる。一方，欧米の場合，労働組合の組織形態が基本的に職業別組合や産業別組合では，同一の職業や産業にとどまるかぎり，転職しても組合資格を失うことはない。このように，日本の企業別組合は，ある意味で閉鎖的かつ排他的な組織であるといえる。

　企業別組合は，同一企業の従業員であることを組合員資格とするから，ほとんどの場合，職種の別を問わず，すなわちブルーカラー（工員）もホワイトカラー（職員）も一括して同一組合に組織されている。そのため企業別組合は「工職混合組合」と称されることもある。この点も企業別組合の1つの特徴となっている[6]。

　企業別組合は，組織の運営や組合業務の遂行にあたって完全な自治権をもっているとともに，財政面でも自立の原則をとっていることが特徴である。すなわち，企業別組合の多くは，産業別，地域別の労働組合連合に加盟しているが，これら上部団体の統制権限は，欧米に比較した場合弱く，その意思決定や活動において上部団体から制約を受けることは少ない[7]。

　日本の企業別組合は，組織単位によってさまざまな形態となっている（図表3-3）。以下，主要用語を整理しておく。

(1)　単位組織組合とは，規約上労働者が当該組織に個人加入する形式をとり，かつ，その内部に独自の活動を行い得る下部組織（支部等）を持たない労働組合をいう。

(2)　単一組織組合とは，規約上労働者が当該組織に個人加入する形式をとり，かつ，その内部に下部組織（支部等）を有する労働組合をいう。

　　なお，このうち最下部の組織を「単位扱組合」，最上部の組織を「本部組合」という。

(3)　単位労働組合とは，「単位組織組合」及び単一組織組合の下部組織である「単位扱組合」をいう。

図表 3-3 企業別組合の組織構成

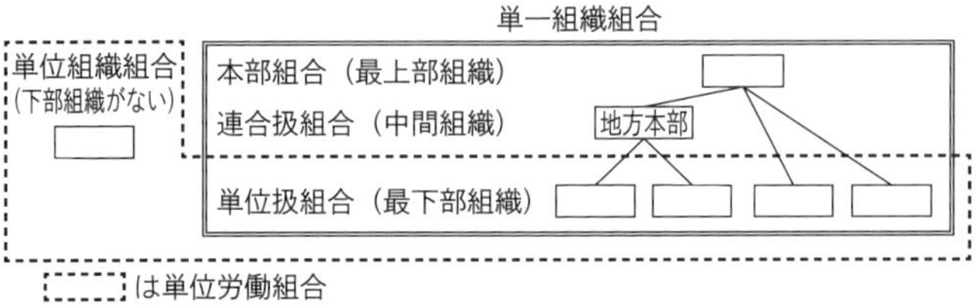

出所：厚生労働省「平成 28 年 労働組合活動等に関する実態調査 結果の概況」, p.2.

(4) 単一労働組合とは,「単位組織組合」及び単一組織組合の最上部の組織である「本部組合」をいう。

　以上のように, 日本では企業別組合が圧倒的であるが, 戦後から今日に至るまでほとんど変化していない。労働組合のこのような組織形態は, 閉鎖的労働市場, すなわち日本的な雇用慣行（＝終身雇用制）や年功制と密接に関わっている。

2. 企業別組合の組織構成

　企業別組合は, 独立の存在ではあるが, 相互に孤立しているのではなく, さまざまな形態で連合組織, 共闘組織ないしは協議体を結成している。企業別連合体（企業連）, 産業別連合体（単産）, 全国中央連合体（ナショナルセンター）などがそれである。

(1) 企業別連合体（企業連）

　企業内における労働組合連合体（企業連）とは, 複数の事業所・工場をもつ大企業の内部で, 各事業所・工場ごとに組織されている「単位組合」の連合体のことである。日本の労働組合の組織構造の中では, 企業連の地位と役割が極めて重要であり, 労働運動を動かす決定的な力を持っているのは巨大な企業連である。たとえば, 鉄鋼の新日鉄, 電機の日立, 東芝, パナソニック, 自動車のトヨタ, 日産などがそれである。巨大企業の企業連は, 事実上, 単産の扱いを受けている。

(2)　産業別連合体（単産）

　産業別連合体は，産業別に組織された労働組合の連合体のことで単産ともいう。単産の加盟単位は，企業別組合が原則であり，個人加盟ではない。なお，単産に加盟していない独立組合も存在している。労働組合（企業別労働組合または企業連）を構成員とする点で，欧米諸国に多い個人加盟の産業別労働組合とは性格を異にする。民間の代表的な産業別連合体としては，全国繊維化学食品流通サービス一般労働組合同盟（UAゼンセン），全日本自動車産業労働組合総連合会（自動車総連），全日本電機・電子・情報関連産業労働組合連合会（電機連合），日本基幹産業労働組合連合会（基幹労連）[8]，全国生命保険労働組合連合会（生保労連），全国電力関連産業労働組合総連合（電力総連）などがある[9]。

　日本の産業別組合の組織構造をみると，図表3-4のとおりである。

(3)　ナショナルセンター（全国中央組織）

　日本の労働組合は，企業別組合が同種の産業別組合に加入し，その組織が産

図表 3-4　産業別組合の組織図

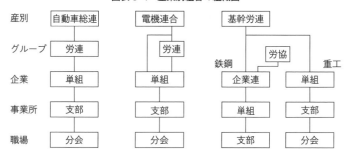

注：1）自動車総連は，トヨタ労連や日産労連が加盟単位。
　　2）電機連合は，パナソニック，日立，東芝など大手はほとんどがグループ労連として加盟している。約60万人のうち，48万人80％が25のグループ労連で加盟，残りの20％，約12万人が単組加盟である。
　　3）基幹労連のうち，新日鉄など多くの組合は企業連（企業別組合）として加盟。旧造船重機関係の三菱，IHIなどは単組（企業別組合）として加盟。
　　4）単組，労連，支部などの用語は産別によって異なり，「支部」の実態は，産別・企業別に異なる。支部が「単組」的機能をもつ組織も多い。
出所：岩崎馨編著『産業別労働組合の組織と機能』日本生産性本部，2012年，p.5より引用。

業別組合，ナショナルセンターに加入している。したがって，企業別組合，産業別組合，ナショナルセンターという三層の構造になっているのが特徴である。単産が集まって全国レベルでナショナルセンターが結成されている。前述したように，日本の労働組合は，戦前・戦後を通じて，イデオロギーの対立によって分裂を繰り返してきたが，戦後も産別対総同盟，総評対全労（同盟）の対立を軸にしてナショナルセンターが分裂し，また，そのいずれにも加盟していない無所属の組合が多数存在していた。

　現在，日本には全国中央組織として連合（日本労働組合総連合会），全労連（全国労働組合総連合），全労協（全国労働組合連絡協議会）の3つのナショナルセンターがある[10]。このうち，連合は最大の組織であり，最も影響力が強い。加盟組合員は約700万人，48の産業別組合から組織されている。連合の地方組織としては，都道府県ごとに「地方連合会」が設置されており，その下に市または県内を分割したものを単位として「地域協議会」が置かれている[11]。

　連合の主要な活動は，① 政策・制度要求闘争，② 総合生活改善闘争，③ 組織強化・拡大，④ 国際連帯活動，⑤ 政党との協力・政治活動などを主な柱としている[12]。近年の連合の運動方針をみると，かつての「春闘」を「春季生活闘争」として継承するとともに，その柱に「政策・制度の改善」「労働条件の向上」「組織の拡大・未組織労働者の組織化」の3つを掲げている。

　また，雇用・失業情勢の悪化や改正労働基準法などの動向を踏まえ，⑴ 雇用と地域を最優先した予算配分，⑵ パート労働者の均等待遇の法制化，⑶ 社会保障全体の抜本改革，⑷ 不払い残業の撲滅の4つを最重点課題としている[13]。

　さらに，上部団体や政党支持に関係なく各産業の単産などが集まって，ナショナルセンター並みの活動を行っている組織もある。たとえば，機械金属産業の単産を結集した金属労協（全日本金属産業労働組合協議会，200万人），化学エネルギー産業の単産を結集したインダストリオール・JAF（インダストリオール日本化学エネルギー労働組合協議会，43万人），交通，運輸関係の単産を結集した交運労協（全日本交通運輸産業労働組合協議会，61万人），公務労協（公務公共サービス労働組合協議会）がそれである[14]。

　労働側の労働運動の中心である春闘は，1956年から始まったもので，各産業の労働組合が春季に一斉に賃金引上げ要求を提出し，ナショナルセンター，産

図表 3-5　春闘スローガンの変遷

1957 年	『食える賃金』
1963 年	『ヨーロッパ並みの賃金』
1966 年	『大幅賃上げ』
1974 年	『国民春闘』
1976 年	『実質賃金の確保』
1977 年以降	『内需拡大，実質可処分所得の増大』
1988 年	『欧米並みの生活』
1989 年	『暮らしにゆとりと安定を』

出所：石幡信夫『日本の労働組合―歴史と組織―』
日本労働研究機構，1990 年，p.72。

業別連合組織の指導・調整のもとに企業と交渉を行い，回答を引き出す方式である。これは全体としての労働組合の交渉力の強化，賃金引上げ水準の社会的平準化を図っていくとの観点から労働組合が採用した戦術である（図表 3-5）。その後，春闘は日本特有の賃金交渉方式として定着し今日に至っている[15]。

Ⅳ. 労働組合の現状

1. 労働組合組織状況

　戦後，労働組合法の制定により，日本の労働組合の組織化は急速に進み，労働組合数は 1945 年の 509 組合から 1946 年 17,266 組合，1947 年 23,323 組合，1948 年 33,926 組合，1980 年には 72,693 組合まで大幅に増加した。しかし，その後，労働組合数は減少に転じ，2018 年現在は 50,740 組合となっている。

　労働組合員数も 1945 年の 38 万人から 1946 年 492 万人，1947 年 569 万人，1948 年 667 万人，1995 年は 1,249 万人へと急増した。しかし，その後，労働組合員数は減少に転じ，2018 年現在，999 万人となっている（図表 3-6）。

　労働組合組織率（雇用者数に占める労働組合員数の割合）は，1949 年に 55.8％の高水準を記録したものの，1956 年頃から 1975 年頃までは 33-34％程度で安定していた。しかし，その後は再び減少傾向にあり，2003 年には遂に 20％を切ることになり，2018 年現在の組織率は 17.0％まで低下している（図表 3-7）。これは労働組合の影響力が一段と低下していることを意味する。組織率を

図表 3-6　労働組合数と労働組合員数の推移（単位労働組合）

年	労働組合数	労働組合員数	年	労働組合数	労働組合員数
1945	509	381	2002	65,642	10,707
1946	17,266	4,926	2003	63,955	10,437
1947	23,323	5,692	2004	62,805	10,209
1948	33,926	6,677	2005	61,178	10,034
1949	34,688	6,655	2006	59,019	9,961
1950	29,144	5,773	2007	58,265	10,002
1955	32,012	6,166	2008	57,197	9,988
1960	41,561	7,516	2009	56,347	10,006
1965	52,879	10,069	2010	55,910	9,988
1970	60,954	11,481	2011	55,148	9,897
1975	69,333	12,472	2012	54,773	9,830
1980	72,693	12,240	2013	54,182	9,821
1985	71,499	12,319	2014	53,528	9,777
1990	72,202	12,193	2015	52,766	9,825
1995	70,839	12,495	2016	51,967	9,883
2000	68,737	11,425	2017	51,325	9,915
2001	67,706	11,098	2018	50,740	9,996

注：1945〜1947 年は「労働組合調査」，1948〜1982 年は「労働組合基本調
　　査」，1983 年以降は「労働組合基礎調査」の数値である。
出所：日本生産性本部『2018 年版　活用労働統計』2018 年および厚生労働
　　省「労働組合基礎調査」より作成。

国際比較でみると，アメリカ 10.3％，カナダ 26.3％，イギリス 23.5％，ドイツ 17.0％，イタリア 35.7％となっている。欧米ではアメリカが最も低く，イタリアが最も高い[16]。

　労働組合組織率の低下の原因については，さまざまな点が指摘されている。すなわち，第 1 に，大企業の雇用量が減量経営によって著しく減少したこと，また企業の海外進出による国内雇用の減少もひびいていること，第 2 に，雇用量の増加しているサービス業，卸・小売業などでは，もともと労働組合が弱いこと，またそれ以外の業種でも雇用の増えている中小零細企業には組合が存在しないこと，第 3 に，雇用の増えているパート，とくに女性パートは組合に加入しないこと，また派遣労働者なども組合に入っていない者が大多数であること，第 4 に，各企業で非組合員である管理職の比重が増加したことが挙げられる[17]。この他にも組織率の低下理由として，企業グループ内人事異動も指摘されている。日本の企業は，子会社・関連会社，下請企業からなる企業グループ

図表 3-7　労働組合組織率の推移

（単位：%）

年	組織率	年	組織率	年	組織率
1945	3.2	1970	35.4	1995	23.8
1946	41.5	1971	34.8	1996	23.2
1947	45.3	1972	34.3	1997	22.6
1948	53.0	1973	33.1	1998	22.4
1949	55.8	1974	33.9	1999	22.2
1950	46.2	1975	34.4	2000	21.5
1951	42.6	1976	33.7	2001	20.7
1952	40.3	1977	33.2	2002	20.2
1953	36.3	1978	32.6	2003	19.6
1954	35.5	1979	31.6	2004	19.2
1955	35.6	1980	30.8	2005	18.7
1956	33.5	1981	30.8	2006	18.2
1957	33.6	1982	30.5	2007	18.1
1958	32.7	1983	29.7	2008	18.1
1959	32.1	1984	29.1	2009	18.5
1960	32.2	1985	28.9	2010	18.5
1961	34.5	1986	28.2	2011	18.1
1962	34.7	1987	27.6	2012	17.9
1963	34.7	1988	26.8	2013	17.7
1964	35.0	1989	25.9	2014	17.5
1965	34.8	1990	25.2	2015	17.4
1966	34.2	1991	24.5	2016	17.3
1967	34.1	1992	24.4	2017	17.1
1968	34.4	1993	24.2	2018	17.0
1969	35.2	1994	24.1		

出所：日本生産性本部『2018年版　活用労働統計』2018年および
厚生労働省「労働組合基礎調査」より作成。

　を形成しており，出向や転籍といった従業員の異動領域も企業内労働市場を超え，企業グループに拡大していることである。たとえば，関連企業への出向者が非組合員扱いになる場合と出向者が出向先に転籍し，かつ出向（転籍）先に組合がない場合が考えられる[18]。
　組織率だけでなく組合員数も減少している。厚生労働省「平成28年　労働組合活動等に関する実態調査 結果の概況」によると，組合員数が減少した理由（複数回答）をみると，「定年退職」68.1％が最も高く，次いで「自己都合退職」55.2％，「正社員の採用の手控え」33.8％，「在籍する組合員の脱退」21.8％など

となっている[19]。このように，組合員数が減少している中，組織拡大を重点課題として「取り組んでいる」労働組合は31.9％，「取り組んでいない」は66.0％となっている。産業別に「取り組んでいる」をみると，「医療，福祉」70.0％，「教育，学習支援業」56.3％，「運輸業，郵便業」54.5％となっている。

　労働組合の組織拡大に取り組まない理由（複数回答）としては，「ほぼ十分な組織化が行われているため」が50.8％と最も高く，次いで「組織が拡大する見込みが少ないため」（27.4％），「他に取り組むべき重要課題があるため」（19.2％）などがあげられている。組織拡大の取り組み対象として最も重視している労働者の種類についてみると，「新卒・中途採用の正社員」47.1％が最も高くなっており，次いで「パートタイム労働者」17.8％，「有期契約労働者」14.4％，「在籍する組合未加入の正社員」13.7％などとなっている[20]。

　以上のようなことから，日本の企業では労働組合の組織化に消極的であることがわかる。

2. パートタイム労働者の労働組合組織状況

　パートタイム労働者や派遣労働者，アルバイトなど就業形態の多様化が進んでいる。いわゆる非正規労働者と呼ばれる労働者は，厚生労働省の調査によると，2018年に38.1％を占めている。そのうち，パートタイム労働者が最も多い。非正規労働者に対する労働組合による組織化は，これまで積極的ではなかった。その背景には，日本の労働組合組織が企業別組合であり，正社員のみが組合員になれる事情がある。

　しかし，近年においては，パートタイム労働者の組織化が徐々に進みつつある。厚生労働省の調査をみると，パートタイム労働者の労働組合員数は，129万6千人で，全労働組合員数に占める割合は13.0％となっている。また，推定組織率（雇用者数に占めるパートタイム労働者の労働組合員数の割合）は2000年の2.6％から2018年には8.1％と増加傾向にあるものの，パートなど非正規労働者の組織化が進んでいないのが実情である（図表3-8）。

3. 産業別・企業別の労働組合組織状況

　まず，労働組合員数（単位労働組合）を産業別にみると，「製造業」が262万

図表 3-8　パートタイム労働者の労働組合員数及び推定組織率の推移（単位労働組合）

年	パートタイム労働者の労働組合員数（千人）	全労働組合員数に占める割合（%）	短時間雇用者数（万人）	推定組織率（%）
1993	156	1.2	798	2.0
1994	168	1.3	836	2.0
1995	184	1.5	864	2.1
1996	196	1.6	889	2.2
1997	218	1.8	923	2.4
1998	240	2.0	957	2.5
1999	244	2.1	993	2.5
2000	260	2.3	1,017	2.6
2001	280	2.5	1,042	2.7
2002	292	2.7	1,097	2.7
2003	331	3.2	1,098	3.0
2004	363	3.6	1,107	3.3
2005	389	3.9	1,172	3.3
2006	515	5.2	1,218	4.3
2007	588	5.9	1,218	4.8
2008	616	6.2	1,232	5.0
2009	700	7.0	1,317	5.3
2010	726	7.3	1,291	5.6
2011	776	7.8	—	—
2012	837	8.5	1,332	6.3
2013	914	9.3	1,392	6.6
2014	970	9.9	1,439	6.7
2015	1,025	10.4	1,469	7.0
2016	1,131	11.4	1,517	7.5
2017	1,208	12.1	1,537	7.9
2018	1,296	13.0	1,601	8.1

注：「パートタイム労働者」とは，正社員・正職員以外で，その事業所の一般労働者より１日の
　　所定労働時間が短い労働者，１日の所定労働時間が同じであっても１週の所定労働日数が少
　　ない労働者又は事業所においてパートタイマー，パート等と呼ばれている労働者をいう。
出所：日本生産性本部『2018 年版　活用労働統計』2018 年および厚生労働省「労働組合基礎調
　　査」より作成。

7 千人（全体の 26.3%）と最も多く，次いで，「卸売業，小売業」が 146 万 8 千
人（同 14.7%），「運輸業，郵便業」が 84 万 2 千人（同 8.4%）などとなってい
る。推定組織率は，「電気・ガス・熱供給・水道業」が 60.9% と最も高く，次い
で「複合サービス事業」（48.9%），「金融業，保険業」（43.1%），「公務」
（36.9%），「鉱業，採石業，砂利採取業」（26.4%），「製造業」（26.1%），「運輸

図表 3-9　産業別労働組合数（単位労働組合）

産業	労働組合員数 （千人）	雇用者数 （万人）	推定組織率 （%）
総計	9,996	5,940	—
農業，林業，漁業	10	65	1.6
鉱業，採石業，砂利採取業	5	2	26.4
建設業	828	420	19.7
製造業	2,627	1,007	26.1
電気・ガス・熱供給・水道業	170	28	60.9
情報通信業	355	206	17.2
運輸業，郵便業	842	330	25.5
卸売業，小売業	1,468	963	15.2
金融業，保険業	750	174	43.1
不動産業，物品賃貸業	33	113	2.9
学術研究，専門・技術サービス業	144	191	7.5
宿泊業，飲食サービス業	299	366	8.2
生活関連サービス業，娯楽業	130	188	6.9
教育，学習支援業	471	289	16.3
医療，福祉	507	818	6.2
複合サービス事業	269	55	48.9
サービス業（他に分類されないもの）	186	397	4.7
公務（他に分類されるものを除く）	838	227	36.9
分類不能の産業	65	100	

出所：日本生産性本部『2018 年版　活用労働統計』2018 年および厚生労働省「労働組
合基礎調査」より作成。

業，郵便業」（25.5%）順となっている（図表 3-9）。

　一方，民営企業の労働組合員数は 865 万 3 千人で，これを企業規模別にみ
ると，1,000 人以上規模が 565 万 7 千人（全体の 65.4%）と 6 割以上を占め，
300〜999 人規模が 115 万 4 千人（同 13.3%），100〜299 人規模が 60 万 2 千人
（同 7.0%）などとなっている。推定組織率をみると，企業規模全体では 15.9%
を占めており，1,000 人以上が 41.5% となっている（図表 3-10）。

　以上のように，日本の労働組合組織は，労働組合数の約 3 割が製造業に集中
しており，金融・保険，公務等のホワイトカラー産業の占める割合が高いこと，
大企業中心に組織化が進んでいることが特色といえる。

図表 3-10　企業規模別労働組合員数及び推定組織率（単位労働組合）

規模	労働組合員数（千人）	雇用者数（万人）	推定組織率（％）
計	8,653	5,436	15.9
1,000 人以上	5,657	1,364	41.5
300–999 人	1,154	1,496	11.7
100–299 人	602		
30–99 人	188	2,495	0.9
29 人以下	26		
その他	1,026	—	—

注：1)「計」は，企業規模不明を含む。
　　2)「その他」は，複数企業の労働者で組織されている単位労働組合及び企業規模不明
　　　の単位労働組合の労働組合員数を含む。
出所：日本生産性本部『2018 年版　活用労働統計』2018 年および厚生労働省「労働組合基
　　　礎調査」より作成。

4．主要団体への加盟状況

　労働組合の主要団体別に，産業別組織を通じて加盟している労働組合員数（単一労働組合）をみると，連合（日本労働組合総連合会）が 686 万 1 千人（全労働組合員の 68.1％），全労連（全国労働組合総連合）が 53 万 6 千人（同 5.3％），全労協（全国労働組合連絡協議会）が 9 万 7 千人（同 1.0％），金属労協（全日本金属産業労働組合協議会）が 200 万人（同 19.9％），インダストリオール・JAF（インダストリオール日本化学エネルギー労働組合協議会）が 42 万 7 千人（同 4.2％），交運労協（全日本交通運輸産業労働組合協議会）が 59 万 9 千人（同 5.9％），公務労協（公務公共サービス労働組合協議会）が 113 万 2 千人（同 11.2％）となっている（図表 3-11）。このように，全国中央組織として日本の労働組合の最大の組織は，「連合」で影響力も強く，加盟組織も多数を占めていることがわかる（図表 3-12）。

5．労働組合の財政

　労働組合活動には，財政が必要であり，組織を支える柱である[21]。組合財政は，組合員が拠出する組合費によって成り立っている。日本の労働組合の財政は，企業別組合へ労働組合員が納入する組合費である。産業別連合体（単産）は，

図表 3-11　主要団体別労働組合員数（単一労働組合）

主要団体	労働組合員数（千人）	全労働組合員数に占める割合（％）
全労働組合員数	10,070	100.0
連合	6,861	68.1
全労連	536	5.3
全労協	97	1.0
金属労連	2,000	19.9
インダストリオール・JAF	427	4.2
交通労協	599	5.9
公務労協	1,132	11.2

注：1）「全労働組合員数」は，主要団体に加盟していない労働組合員数も含む。
　　2）複数の主要団体に加盟している労働組合員は，それぞれ主要団体に重複して集計している。
　　3）単一組織組合とは，規約上労働者が当該組織に個人加入する形式をとり，かつ，その内部に下部組織（支部等）を有する労働組合をいう。
出所：厚生労働省「平成 30 年　労働組合基礎調査の概況」および日本生産性本部『2018 年版　活用労働統計』。

図表 3-12　主要団体の加盟組織

主要団体	加盟組織
連合	UA ゼンセン（1,767），自動車総連（781），電機連合（570），JAM（370），基幹労連（263），JP 労組（244），生保労連（234），電力総連（212），情報労連（200），運輸労連（149），私鉄総連（109），フード連合（109），JEC 連合（107），損保労連（95），JR 連合（83），サービス連合（47），交通労連（46），JR 総連（42），ゴム連合（41），航空連合（41），紙パ連合（27），全電線（25），印刷労連（22），全国ガス（22），セラマックス連合（20），全自交労連（17），全銀連合（15），ヘルスケア労協（14），全国農団労（14），自治労（785），日教組（230），国公連合（80），全水道（19）
全労連	日本医労連（155），生協労連（64），全労連・全国一般（21），建交労（20），自交総連（13），福祉保育労（11），全労連自治労連（142），全教（66），国公労連（63）
全労協	都労連（32）
その他の主要団体	全建総連（587），市銀連（94），化学総連（54），光学労協（48），日建協（34），航空労協（27），全農協労連（23），新聞労連（22），印刷関連（16），全信連（15），日本私大教連（15），全大教（14），全港湾（11），全日教連（19）

注：1）「その他の主要団体」とは，連合，全労連及び全労協に加盟していない主要団体を示す。
　　2）（ ）内は労働組合数で単位は千人である。
出所：日本生産性本部『2018 年版　活用労働統計』2018 年および厚生労働省「平成 30 年　労働組合基礎調査の概況」。

図表 3-13　1 人当たり平均月組合費

(単位：%)

| 区　分 | 計 | 1 人平均月組合費階級 | | | | | | | | | | | 1 人平均月間組合費 (円) |
		1,000 円未満	1,000 円以上2,000 円未満	2,000 円以上3,000 円未満	3,000 円以上4,000 円未満	4,000 円以上5,000 円未満	5,000 円以上6,000 円未満	6,000 円以上7,000 円未満	7,000 円以上8,000 円未満	8,000 円以上9,000 円未満	9,000 円以上	不明	
計〈企業規模〉	100.0	5.6	13.6	17.7	16.2	18.5	13.0	5.6	3.2	1.0	0.8	4.8	3,574
5,000 人以上	100.0	2.0	11.8	16.9	8.8	18.6	14.2	10.7	4.3	2.7	1.5	8.6	4,142
1,000～4,999 人	100.0	2.4	8.1	11.0	20.1	21.9	16.5	9.1	3.6	0.7	1.1	5.4	4,162
500～999 人	100.0	4.1	11.0	17.9	18.8	21.5	12.2	4.6	3.2	1.7	0.0	4.8	3,646
300～499 人	100.0	4.7	13.6	17.6	23.4	18.2	14.4	3.9	2.1	—	0.7	1.4	3,362
100～299 人	100.0	9.7	17.5	23.1	16.0	13.9	11.2	1.5	3.9	0.2	0.6	2.5	3,097
30～99 人	100.0	13.3	22.6	20.4	14.2	18.0	7.1	0.3	—	0.1	—	3.9	2,509

出所：厚生労働省「平成 28 年　労働組合活動等に関する実態調査　結果の概況」。

傘下の企業別組合からの会費である納入金（上納金と呼ばれている）で運営されている[22]。ナショナルセンターの場合には，傘下の単産からの会費が主たる収入源となっている。企業別組合へ納入される組合費は，賃金の一定割合を納入する定率制あるいは定額制などがある。この組合費は，労使間で協定を締結して，給与からの天引きによって集金（チェック・オフ）するところが多い[23]。

　1 人当たり平均月組合費をみると，3,574 円である。1 人当たり平均月組合費を企業規模別にみると，企業規模が大きくなるほど組合費はおおむね高くなっている。また，1 人当たり平均月組合費を階級別でみると，「4,000 円以上 5,000 円未満」が最も高く 18.5％を占めている（図表 3-13）。

　企業別組合に納入された組合費の支出項目としては，専従役員への人件費が主たる費目であり，また単産や地域連合体への上納金の割合が高い。このほか，定期総会等の機関会議費，組織活動費，教育宣伝費などがある。

　2015 年実施した連合総研の「第 18 回労働組合費に関する調査報告」によると，一般会計収入決算額は，単純平均で 3 億 1,899 万円である。一般会計の支出の内訳をみると，「人件費」（35.4％）が最も多く，約 3 分の 1 を占めている。これについで多い支出が「活動費」（22.0％）である。「人件費」と「活動費」を合わせると一般会計の支出全体の過半数を占めている。そのほか，「上部団体費（産業別組織）」や「上部団体費（企業連）」といった「上部団体費」，これ

図表 3-14　組合費の支出内訳

(単位：%)

上部団体費 （産業別組織）	上部団体費 （企業連）	その他の 関係団体費	交付金	人件費	活動費	その他
9.3	3.6	0.9	17.6	35.4	22.0	11.2

出所：連合総研『第 18 回労働組合費に関する調査報告書』2016 年，p.11。

　に「その他の関係団体費」，「交付金」を加えた組織活動関係費が合わせて 3 割強を占めている（図表 3-14）。

　労働争議の際の賃金カットを補償するためのストライキ資金は，賞与支給時などの際に臨時徴収して，積み立てるケースが多い[24]。単産への上納金は，企業別組合の組合費の 1-2 割程度である。多くの組合が単産に加盟せず，独立組合として存在しているのも，単産の指導方針に合わないという理由に加えて，この上納金の支払いを避けるという理由の場合もある[25]。

6．労働組合の執行委員数

　労働組合の運営に当たる役員は，選挙によって選ばれるが，規模が大きい組合の場合には，役員は組合活動に専念する専従役員（専従者）であるのが普通である[26]。企業別組合においては，専従役員は企業に籍を置いたまま，休職して組合活動に専念している場合が一般的である。組合役員は，その企業の正規従業員に限られ，役員をやめれば企業の一従業員に戻ることとなる[27]。

　上部団体である単産やナショナルセンターなどの全国組織の役員のほとんどは，有力な企業別組合からの出向者で占められているが，そのような場合でも企業籍を保持したまま役職に就いているのが普通である。企業別組合の専従役員や上部団体への出向者に対する給与は，企業別組合が負担する[28]。

　厚生労働省の調査によると，労働組合の執行委員は男性が圧倒的に多い。また，1 労働組合当たり平均執行委員数は 9.8 人となっている[29]。執行役員数を規模別でみると，規模が大きいほど数が多く，5,000 人以上では 23.6 人となっている（図表 3-15）。組合専従者の範囲は，労働協約その他労使間協定によって合意され定められる。執行委員長，副執行委員長および書記長の組合三役の範囲に限る例が多いが，1949 年の改正労働組合法では有給在籍専従制を禁じ，以

図表 3-15　1 労働組合平均執行委員数

区　分	執行役員数の性別割合（％）			1 労働組合平均執行委員数（人）		
	計	男	女	計	男	女
計	100.0	81.9	18.1	9.8	8.0	1.8
＜労働組合員数規模＞						
5,000 人以上	100.0	84.8	15.2	23.6	20.0	3.6
1,000–4,999 人	100.0	83.6	16.4	16.7	13.9	2.7
500–999 人	100.0	83.2	16.8	14.2	11.8	2.4
300–499 人	100.0	77.9	22.1	12.4	9.7	2.7
100–299 人	100.0	83.0	17.0	9.8	8.1	1.7
30–99 人	100.0	81.0	19.0	7.5	6.0	1.4

出所：厚生労働省「平成 28 年　労働組合活動等に関する実態調査 結果の概況」。

来，専従者の給与は組合側が支払うことになり，使用者との関係でも休職扱い
とするのが慣行となった。

7．労働組合活動

　労働組合活動は，労働条件をはじめとして多岐にわたる。これまで重点をお
いてきた事項（複数回答主なもの 5 つまで）をみると，「賃金・賞与・一時金」
が 91.5％と最も高く，次いで「労働時間（労働時間の適正把握を含む）・休日・
休暇」78.3％，「組合員の雇用の維持」43.2％などとなっている。

　今後重点をおく事項（複数回答主なもの 5 つまで）についても，「賃金・賞
与・一時金」が 80.3％と最も高く，次いで「労働時間（労働時間の適正把握を
含む）・休日・休暇」68.3％，「組合員の雇用の維持」41.3％などとなっている
（図表 3-16）。

Ｖ．経営者団体

　労働組合が労働者の共通の利益を代表するのと同じ意味において，経営者団
体（＝使用者団体）は経営者（＝使用者）の共通の利益を代表する。労働組合
の発展とともに，とりわけこの団体との関係において，経営者団体もまた強化
される。

図表 3-16 組合活動における重点課題（複数回答）

（単位：％）

事　項	これまで重点を おいてきた事項	今後重点をおく 事項
計	100.0	100.0
労働条件		
賃金・賞与・一時金	91.5	80.3
退職給付（一時金・年金）	16.6	18.3
労働時間（労働時間の適正把握を含む）・休日・休暇	78.3	68.3
組合員の雇用の維持	43.2	41.3
配置転換・職種転換・出向	7.4	7.9
昇進・昇格	9.8	9.3
定年制，継続雇用制度（勤務延長・再雇用）	19.7	23.4
教育訓練	9.5	10.7
職場の安全衛生（メンタルヘルスを含む）	37.3	40.5
セクハラ対策，パワハラ対策	13.5	14.4
男女の均等取扱い	4.0	7.3
育児休業制度・介護休業制度・看護休暇制度	22.1	21.1
企業内福利厚生	23.0	22.6
正社員以外の労働者の労働条件	15.2	18.9
経営参加		
企業の適正行動に関する監視，経営者へのチェック[1]	14.3	15.7
経営方針，事業計画，企業再編，その他の経営参加	11.3	12.8
組合員サービス		
組合が提供する福利厚生（共済など）	19.9	16.2
組合員教育学習活動・文化活動[2]	11.9	11.7
政治・経済・社会活動		
国・地方公共団体等への政策制度要求	5.4	6.1
社会活動，地域活動[3]	5.0	4.9
その他	2.2	2.3
不明	0.7	2.0

注：1）企業内部における法令遵守（不正防止・倫理徹底など）等，また，経営者へのチェッ
　　　ク・監査等をいう。
　　2）組合教育，社会経済等に関する一般教育，一般教養教育，レクリエーション活動等を
　　　いう。
　　3）環境問題への取組やボランティア活動等の社会や地域に貢献する活動をいう。
出所：厚生労働省「平成 28 年　労働組合活動等に関する実態調査　結果の概況」。

　第二次大戦前の日本においては，日本工業倶楽部，日本経済連盟会，日本商
工会議所および全国産業団体連合会という 4 つの主要経営者団体が存在してい
た[30]。第 2 次大戦後，経営者団体は全国別，地域別，業種別の各レベルにおい

て組織的に整備された。全国的連合体としては，財界4団体と呼ばれる経済団体連合会（経団連），経済同友会（同友会），日本経営者団体連盟（日経連），日本商工会議所（日商）をあげることができる。この他にも全国中小企業団体中央会（全国中央会，1956年発足）がある[31]。このうち，日経連は労働問題及び労使関係についての経営者団体の思想や主張の代弁者として，また調査・研究の実施や政策の形成と指導・推進の役割を果たすものとして，労使関係にもっとも密接なつながりをもつ中央団体としての地位を占めてきた。日経連の傘下には，地域組織として関東経営者協会，関西経営者協会などの地方別経営者団体，そのもとに各府県別経営者団体が組織されている。日経連は経団連と2002年に統合し，新たに日本経済団体連合会（日本経団連）として発足し，現在に至っている。ここでは，3つの主要経営者団体を取り上げ，その歴史と組織，主要活動について概観する。

1. 日本経済団体連合会

　日本経済団体連合会（以下「日本経団連」は，2002年，経済団体連合会（以下「経団連」，1946年8月発足）が日本経営者団体連盟（以下「日経連」，1948年4月発足）を統合して，2002年5月発足した経済団体である。もともと，経団連は日本の経済政策に対する財界からの提言及び発言力の確保を目的として結成された組織であり，日経連は労働問題を大企業経営者の立場から議論・提言する目的で結成された組織であって，「経営者よ正しく強かれ」を掲げ，健全な労使関係の確立を目的としていた[32]。加盟企業のほとんどが両者で重複しており，日経連は労使間の対立の収束とともに役割を終えつつあるとの理由から統合された。

　日本経団連は，2018年5月31日現在，会員企業1,376社，団体会員156団体，特別会員31で合計1,536から構成されている。団体会員の中には地方別経済団体47団体が含まれている。日本経済の有力企業が多く加盟しているため，その利害が社会問題に対する見解や主張に反映されている。「経団連成長戦略」などの経済発展，企業利益増加を図る政策・提言を行うなど，政界・経済界に大きな影響力を持った組織と言われている。

　日本経団連は，「財界総本山」，経団連会長は「財界総理」と呼ばれることも

ある。その使命は，総合経済団体として，企業と企業を支える個人や地域の活
力を引き出し，日本経済の自律的な発展と国民生活の向上に寄与することにあ
る。このために，経済界が直面する内外の広範な重要課題について，経済界の
意見を取りまとめ，着実かつ迅速な実現を働きかけている。同時に，政治，行
政，労働組合，市民を含む幅広い関係者との対話を進めている。さらに，会員
企業に対し「企業行動憲章」の遵守を働きかけ，企業への信頼の確立に努める
とともに，各国の政府・経済団体ならびに国際機関との対話を通じて，国際的
な問題の解決と諸外国との経済関係の緊密化を図っている[33]。

　日本経団連の組織と活動は実に多岐にわたっている。政策分野ごとに39の
委員会が設けられている。政策委員会は，大きく ① 経済・法制関係（7つの委
員会）② 産業関係（7つの委員会）③ イノベーション関係（7つの委員会）④
環境・エネルギー関係（2つの委員会）⑤ 社会関係（6つの委員会）⑥ 労働関
係（2つの委員会）⑦ 対外関係（4つの委員会）に分かれている。これらのう
ち，労使関係に関わる委員会としては，経営労働政策特別委員会があり，ここ
では春季労使交渉・協議における基本方針の策定，賃金決定のあり方の検討を
行っている。また，雇用政策委員会があり，高齢者や障害者の活躍推進，適材
適所への労働移動の促進，採用選考のあり方の検討活動を行っている。そして
労働法規委員会があり，労働時間法制，労働安全衛生対策・雇用均等施策の推
進活動を行っている。

　この他にも日本経団連は，北米，欧州，アドア・大洋州，中南米，中東・ア
フリカ，ロシア・NIS といった地域別・国別の23委員会がほぼ全世界を網羅す
る形で作られている[34]。

2. 経済同友会

　経済同友会（以下，同友会）は，1946年に発足された日本の経営者団体の1
つである。他の財界団体が業種別，企業別に組織されているのと異なり，経営
者が個人の資格で加入する会員制組織である。当初は新しい経営理念で第2次
世界大戦後の経済再建を目指す若手経営者の集まりであったが，今日では各自
の企業の特殊利害を超えた国民経済的見地から，財界としての建設的意見や要
望を表明することによって，それらを国の経済政策に反映させることを目的と

する点に特色がある。

　この団体は，経営者の研究集団としての性格を強く持ち，経営者の意識・理念の問題を重視している。同友会は，毎年，経済問題を中心とする様々な問題について積極的な提言を行ってきている[35]。全国都道府県にそれぞれの地域名を冠した経済同友会が設立され，自主的活動を展開している。2018 年 7 月現在，会員数は，1,438 名である。

　経済同友会の主要活動は，次のとおりである。
1．経済・経営・社会問題に関する調査・研究，審議，立案，建議
2．海外経済界・国際経済団体との共通課題の意見交換，協力
3．本会の事業に関する情報発信並びに政策実現にむけた関係者との議論
4．会員相互の理解，研鑽
5．その他，本会の目的達成に必要な事業

3．日本商工会議所

　日本商工会議所（以下，日商）は，日本各地の商工会議所を会員として組織された団体で，日本経済団体連合会・経済同友会と並ぶ「三大経済団体」の一つである。日本最初の商工会議所である「商法会議所」は，明治 11（1878）年に東京，大阪，神戸で設立された。その後，全国の主要都市に相次いで設立され，明治 25（1892）年に 15 の商業会議所がその連合体として「商業会議所連合会」が結成された。

　そして大正 11（1922）年 6 月に「商業会議所連合会」を改編し，常設の機構・事務局を持つ「日本商工会議所」が誕生した。それ以後，名称・組織の変更など様々な変遷があり，戦後の 1954 年に現行「商工会議所法」に基づき特別認可法人として改編され，今日に至っている。同法によれば，商工会議所は「その地区内における商工業の総合的な改善発達を図り，兼ねて社会一般の福祉の増進に資すること」を目的としている。このような目的をもって全国各地に設けられている商工会議所（原則 1 都市 1 会議所）の連合体が日本商工会議所である。

　日商の主要活動としては，政策提言，中小企業振興，地域振興，国際交流，調査・研究，情報化推進，検定試験，広報など，広範囲にわたっている[36]。日

本経団連が大企業を代表しているのに対して，日商は地域経済や中小企業の立場を強く反映している。2016年4月現在，全国で515商工会議所がそれぞれの地域で活動している[37]。

Ⅵ．むすび

　以上，日本における労働組合と経営者団体を取り上げ，その歴史や組織状況，主要活動についてみてきた。戦後，日本の労働組合の歴史をみると，イデオロギー対立によってナショナルセンターの組織の結成・分裂を繰り返しながら複雑な様相を見せていたが，1989年には組織統合がなされ，より強い組織基盤を築き上げた。一方，経営者団体も労働側に対抗するために，日経連が1948年に設立されて労働問題や労使関係についての経営者の代弁者として役割を果たしてきた。2002年には経団連と日経連が統合し，「日本経団連」に改称された。労使団体の組織改編によって，新たな労使関係の構図ができた。

　日本の労働組合組織は，企業別組合であり，正社員のみが組合員に加入でき，大企業を中心に組織化が進んでいることが特徴である。労働組合組織率は年々減少傾向にあり，特に，パートやアルバイト，派遣など非正規労働者と呼ばれる労働者は急増しているが，その組織化は進んでいない。労働組合活動の活性化のためには，非正規労働者の組織化が必要であろう。

　現在，日本の労使関係は良好な関係にあるが，企業経営を取り巻く環境変化の中で，今後も利害関係にある労使が協調的かつ安定的な労使関係を維持していくことができるかが注目される。

注
1　労働組合法で定める労働組合であるために，以下の事項を労働組合規約に定めておく必要がある。① 労働組合の名称，② 組合事務所の所在地，③ 組合員の全員が差別の取り扱いを受けないこと，④ 組合員は誰も，どんな場合も，人種や宗教，性別，身分などの違いで，組合員としての資格を奪われないこと，⑤ 役員の選挙は，組合員（または代議員）の直接無記名投票で行うこと，⑥ 総会は，少なくとも毎年1回開くこと，⑦ 組合費の経理状況を少なくとも毎年1回組合員に公表すること（公認会計士などの監査人の証明が必要），⑧ ストライキは，組合員（または代議員）の直接無記名投票により過半数の同意がなければ行わないこと，⑨ 規約改正をするときは，組合員の直接無記名投票により過半数の支持がなければできないこと，である。

2　個別的労働紛争のケースについては，村杉靖男『企業内の労使関係』（改訂増補版）日本生産性本部，2016 年，第 8 章参照。

3　日本の労働組合の歴史については，① 石幡信夫『日本の労働組合—歴史と組織—』日本労働研究機構，1990 年，② 岩崎馨『日本の労働組合—戦後の歩みとその特徴—』日本生産性本部，2015 年，③ 佐護譽「日本の労働組合と経営者団体」，佐護譽・韓義泳編『企業経営と労使関係の日韓比較』泉文堂，1991 年，笹島芳雄『現代の労働問題』（第 3 版）中央経済社，2002 年，pp.209-212 に依拠している。

4　企業別組合については，白井泰四郎（1968）『企業別組合』中公新書および仁田道夫「企業別組合に何ができるか—歴史から学ぶ」『日本労働研究雑誌』No.591，2009，pp.4-14。

5　岩崎馨『日本の労働組合—戦後の歩みとその特徴—』日本生産性本部，2015 年，p.50。

6　この点については，笹島芳雄『現代の労働問題』（第 3 版）中央経済社，2002 年，pp.204-205，白井泰四郎『労使関係論』有斐閣，1980 年，pp.49-59，村杉靖男『企業内の労使関係』（改訂増補版）日本生産性本部，2016 年，pp.25-28 参照。

7　厚生労働省労使関係担当参事官室編著『日本の労働組合—歴史と組織』（第 2 版），日本労働研究機構，2002 年，p.100。

8　基幹労連は，日本の主要な基幹産業である金属産業のうち，鉄鋼，造船，非鉄鉱山，航空・宇宙，産業機械，製錬，金属加工，情報関連・物流産業のほか，多くの関連業種で働く仲間が結集した産業別労働組合である。

9　日本の産業別組合の組織や運営については，① 岩崎馨編著『産業別労働組合の組織と機能』日本生産性本部，2012 年，② 岩崎馨『日本の労働組合—戦後の歩みとその特徴—』日本生産性本部，2015 年，③ 厚生労働省労使関係担当参事官室編著『日本の労働組合—歴史と組織』（第 2 版），日本労働研究機構，2002 年参照。

10　日本のナショナルセンターの詳細については，厚生労働省労使関係担当参事官室編著『日本の労働組合—歴史と組織』（第 2 版），日本労働研究機構，2002 年参照。

11　岩崎馨『日本の労働組合—戦後の歩みとその特徴—』日本生産性本部，2015 年，pp.12-16。

12　具体的な取り組みについては，厚生労働省労使関係担当参事官室編著『日本の労働組合—歴史と組織』（第 2 版），日本労働研究機構，2002 年，pp.128-133 参照。

13　連合ホームページ https://www.jtuc-rengo.or.jp/。

14　詳しくは，岩崎馨編著『産業別労働組合の組織と機能』日本生産性本部，2012 年および厚生労働省労使関係担当参事官室編著『日本の労働組合—歴史と組織』（第 2 版），日本労働研究機構，2002 年参照。

15　石幡信夫『日本の労働組合—歴史と組織—』日本労働研究機構，1990 年，p.69。

16　イタリアは 2015 年の統計である。日本生産性本部『2018 年版　活用労働統計』2018 年，p.192。

17　岩崎馨『日本の労働組合—戦後の歩みとその特徴—』日本生産性本部，2015 年，p.5。

18　この点については，佐藤博樹・藤村博之・八代充史『新しい人事・労務管理』（第 3 版），2017 年，pp.246-247 参照。

19　厚生労働省「平成 28 年　労働組合活動等に関する実態調査　結果の概況」p.5。

20　厚生労働省「平成 28 年　労働組合活動等に関する実態調査　結果の概況」，p.7。

21　詳しくは，岩崎馨『日本の労働組合の現状と課題—組合リーダーと組合財政—』社会経済生産性本部，2000 年，第 6 章参照。

22　欧米の職業別組合や産業別組合では，全国本部が下部組織である地域支部や工場支部に対して統制力を保持し，下部組織の自治権は限られたものでしかない。組合財政についても，組合費の水準は全国本部で決定され，全国本部に納入され，下部組織に配分されることになる。笹島芳雄『現代の労働問題』（第 3 版）中央経済社，2002 年，p.205。

23　笹島芳雄『現代の労働問題』（第3版）中央経済社，2002年，p.213。

24　罷業資金の現状については，連合総研『第18回労働組合費に関する調査報告書』2016年参照。

25　笹島芳雄『現代の労働問題』（第3版）中央経済社，2002年，p.214

26　詳しくは，岩崎馨『日本の労働組合の現状と課題─組合リーダーと組合財政─』社会経済生産性本部，2000年，第4章参照。

27　笹島芳雄『現代の労働問題』（第3版）中央経済社，2002年，p.204。

28　笹島芳雄『現代の労働問題』（第3版）中央経済社，2002年，pp.212-213。

29　執行役員とは，組合員の選挙等により労働組合の運営に当たっている者をいう。

30　経営者団体の歴史については，佐護譽「日本の労働組合と経営者団体」，佐護譽・韓義泳編『企業経営と労使関係の日韓比較』泉文堂，1991年，pp.145-147。

31　全国中央会の主要事業としては，① 都道府県中央会の指導及び連絡，② 中小企業組合等の設立・指導，③ 組合等の運営指導，④ 中央会指導員並びに組合等の人材養成，⑤ 組合等に対する各種助成，⑥ 中小企業施策の普及，⑦ 中小商業・サービス業の振興，⑧ 中小企業及び組合等の情報化の推進，⑨ 官公需受注施策の推進，⑩ 中小企業及び中小企業の組織に関する調査・研究及び情報の提供などがある（全国中央会ホームページ https://www.chuokai.or.jp/chuo/chuo-02.htm）。

32　1975年から2005年までの春闘においてパターンセッターとなってきた金属産業の労使の動向を踏まえ，日本経営者団体連盟（日経連）及び日本経済団体連合会（日本経団連）の果たしてきた役割を考察したものとして，高瀬久直「春闘と経営者団体─日経連・日本経団連とIMF-JCを中心に」法政大学大原社会問題研究所『大原社会問題研究所雑誌』№715，2018年，pp.15-28参照。

33　日本経済団体連合会 http://www.keidanren.or.jp/（2018/3/3）。

34　同上。

35　経済同友会 https://www.doyukai.or.jp/（2018/3/3）。

36　日本商工会議所 http://www.jcci.or.jp/（2018/3/3）。

37　同上。

第4章
韓国の労働組合と経営者団体

Ⅰ．はじめに

　労使関係とは，一般に，企業経営に必要とされる労働力の需要側としての使用者（経営者）ないし使用者（経営者）団体と労働力の供給側としての労働者ないし労働組合との関係であり，個別的労使関係と集団的労使関係を包括する概念として理解されている。しかし，このような関係以外の政府や第三者との関係までも含む概念として規定される場合もある。各国の労使関係は，それぞれの国の政治・経済や社会構造に影響されることが多い。労使関係の当事者である労働組合と経営者団体は，それぞれの利益の代弁者として全国的な団体組織を作って労使問題に取り組んでいる。

　韓国の労働組合法第2条では，労使関係当事者に対する用語を次のように定義している。すなわち，①「勤労者」とは，職業の種類を問わず賃金・給料その他これに準ずる収入によって生活する者をいう。②「使用者」とは，事業主，事業の経営担当者又はその事業の勤労者に関する事項について事業主のために行動する者をいう。③「使用者団体」とは，労働関係に関して，その構成員である使用者に対し調整し，又は規制することができる権限を有する使用者の団体をいう。④「労働組合」とは，勤労者が主体となって自主的に団結し，勤労条件の維持・改善その他勤労者の経済的・社会的地位の向上を図ることを目的に組織する団体又はその連合団体をいう。

　本章では，韓国における労使関係の中核となる労働組合と経営者団体を取り上げ，その歴史や組織形態，主要活動についてみることにしたい。

Ⅱ．労働組合の歴史

　韓国の労働組合が生成した歴史的な背景やその活動は，西欧の先進諸国のそれとは多少異なる。韓国において近代的な労働組合が初めて設立されたのは，1920 年代以降のことである。1920 年代以降には，全国的な労働組織として労働組合団体の結成が本格化することになった。1920 年 4 月，全国的組織として「朝鮮労働共済会」が初めて結成されたものの，1922 年 10 月，労働組合内部の不和や当時の社会運動勢力間の対立と葛藤によって解散した。解散と同時に，同年 10 月には解散に関与した勢力によって「朝鮮労働連盟会」を新たに結成した。この組織は，個人資格としての加入は認めず，各職業別または地域別労働組合の連合体として組織された[1]。

　1924 年には，労働者及び農民団体を対象とする「朝鮮労農総同盟」が結成され，当時の労働者，農民階層の解放および新しい社会建設を目的として組合運動を展開した。この組織は，当時の日本帝国主義の強力な弾圧や組合内部の派閥間の激しい対立によって，組合活動は弱まり，解散することになった。1927 年，朝鮮労働総同盟は，労働総同盟と農民総同盟に分裂し，労働総同盟は社会主義知識人を中心に組織された。しかし，この組織の活動も日帝の弾圧によって集会が禁止されるなど，多くの制約を受けられた[2]。

　このように，1920 年代に設立された全国的な労働組合のほとんどは，純粋な労働者の自主的組織ではなく，当時の社会主義を支持する知識人団体の性格が強く，その運動も労働者・農民の解放や平等の実現に重点が置かれていた。

　1930 年代以降も日本統治下の第二次世界大戦までに法律によって労働組合の結成や活動が厳しく制限された。

　1945 年 8 月 15 日の終戦を契機として，第二次世界大戦後の韓国における労働組合は，組織を再編成するとともに，その活動も活発に展開されるようになった。終戦直後の政治的・経済的・社会的混乱の中で，米軍政に反対する政治闘争が激化した。1945 年 11 月には，日帝下で民族独立運動と社会運動を展開してきた労組勢力を中心に，全国組織として左翼労組である「朝鮮労働組合

全国評議会」（全評）が結成された[3]。また，これに対抗するために，1946 年 3月には，右翼民族陣営指導者を中心として「大韓独立労働組合総連盟」（大韓労総）が結成された。大韓労総は，反共・反全評闘争の政治的路線を明確に打ち出し，米軍政の支持の下で活動が行われた[4]。

　以上のような歴史的な背景の下で，韓国の労働組合は，結成・分裂・解散を繰り返しながら発展してきた[5]。

Ⅲ. 労働組合の組織形態

1. 企業別組合

　韓国の労働組合の組織形態は，日本と同様に企業別組合である。第二次世界大戦後の政府樹立とともに制定された労働組合法によって，企業別組合として出発したが，その後，1960 年代の労働組合法の改正によって産業別組合へと変更された。企業別組合は，1970 年代まで維持されたが，1980 年 12 月の労働組合法の改正によって，再び，企業別組合へと変更され，今日に至っている。しかし，企業別労働組合がもつ問題点も指摘され，労働団体は，産業別労働組合への転換を図る動きが 1990 年代にあった。その結果，1998 年 2 月に全国医療産業労組から産業別労働組合への転換が始まり，2000 年 3 月に全国金融産業労働組合，2001 年 2 月に全国金属労働組合，2006 年には全国運輸産業労働組合が設立された。産業別労働組合への組織転換には，制約条件も多く，また，経営側の反対によって，労使交渉は産業別にほとんど行われず，多くの課題が残されている[6]。

　雇用労働部の「全国労働組合組織現況」によると，2017 年末，労働組合の組織形態は，企業別労働組合が全体の 6,239 組合のうち，5,615 組合（90.0％）と圧倒的に多く，産業別労働組合は 163 組合と少ない。しかしながら，産別労組は組合数では少数であるが組合員数は企業別組合の組合員数を上回っている（図表 4-1）。

　また，企業別組合は労働者の労働組合加入について，正規社員を対象とするところが多く，組合員身分について一定の制限を置いている。2014 年雇用労働

図表 4-1　労働組合の組織形態

組織形態	組合数	組合員数
計	6,239	2,088,540
企業別労働組合	5,615	907,007
超企業，地域・業種別労働組合	399	140,941
産業別労働組合	163	1,040,592
産業別連盟	58	—
総連盟	4	—

出所：雇用労働部「全国労働組合組織現況」2018年。

部の「団体協約実態調査7」によると，組合員の身分について特に規定を設けていないが全体で55％と最も多い。しかし，団体協約に非正規職を組合から排除する規定を設けているが43％を占めており，非正規職を含むはわずか2％にとどまっている。非正規労働者は労働組合から排除されるため，非正規労働者や中小企業の労働者の賃金や労働条件は労働協約の対象にならず，雇用形態別・企業規模別の賃金格差が拡大することになる。

　非正規職を排除する規定を設けている場合，上級団体別でみると，韓国労総（48％）が民主労組（41％）より多少多い。組合員規模別では100–299人と300–499人規模で非正規職を排除する傾向が多少強い。また，公共部門（23％）に比べて民間部門（48％）のほうが非正規職を排除する割合が高い（図表4-2）。このように，韓国では多くの企業が団体協約において正規職のみに組合員資格を与えていることがわかる。

　また，組合員資格は，経営側の立場にある課長クラス以上の管理職に対しては，与えないところが多い。団体協約に組合員に使用者を排除する規定を置いているか，置いているならその範囲についてみると，多くの場合，団体協約に使用者の排除規定を設けており，その範囲は約5割が「課長クラス以上」の中間管理者となっている。特に規定を設けていないところは34％である（図表4-3）。このような傾向は，労働組合の上級団体別，組合員規模，部門別においても大きな違いはない。

　韓国と日本は同じ企業別組合でありながら，組織構造には差異がある。日本の企業別組合は，ブルーカラーもホワイトカラーも同一組合に組織される「工職混合組合」であるのに対し，韓国の企業別組合は，ブルーカラー（生産技能

図表 4-2　組合員の身分

（単位：%）

区　分		全体	組合員の身分		
			非正規職排除	非正規職含む	規定なし
全体		100.0	43	2	55
上級団体	韓国労総	100.0	48	2	50
	民主労総	100.0	41	1	58
	国民労総	100.0	27	0	73
	未加盟	100.0	36	2	62
組合員規模	99 人以下	100.0	38	2	60
	100-299 人	100.0	49	1	50
	300-499 人	100.0	52	2	46
	500-999 人	100.0	45	2	53
	1,000 人以上	100.0	33	0	67
部門	公共	100.0	23	0	77
	民間	100.0	48	2	51

出所：雇用労働部『団体協約実態調査』2014 年。

職）中心に組織されている。

　1989 年に行われた韓国労総の調査によると，高卒事務職の組合加入資格を認めない団体協約が 40%，大卒事務職に関しては 48.5% となっている[8]。また，丁怡煥（1992）の調査においてもほぼ同様の結果を示している（図表 4-4）。このように，団体協約でホワイトカラーの組合加入資格を認めていないケースが，ほぼ半数を占めていることがわかる。

　たとえ，団体協約で工職混合組合が認められとしても実際にホワイトカラーが組合に加入している例は少ない[9]。このように，韓国の企業別組合はブルーカラーを中心に組織された労働組合が圧倒的に多いことが特徴である。その根底には，「学歴身分制」による人事処遇の差別があるからである[10]。

　では韓国の企業別組合がブルーカラー中心になった理由としては，① 組合が結成される時点でホワイトカラーとブルーカラーとの間に賃金およびその他の処遇に大きな格差，② ホワイトカラーとブルーカラーの昇進可能性の相違，③ 頭髪と服装の画一的強制に代表される統制中心の労務管理，④ ホワイトカ

図表 4-3　使用者排除の規定（複数回答）

（単位：%）

区　分		使用者排除の規定有無			
		労組法上使用者に準ずる者	中間管理者（課長クラス）以上	その他	規定なし
全体		24	49	23	34
上級団体	韓国労総	23	51	23	32
	民主労総	28	48	25	31
	国民労総	13	47	33	40
	未加盟	23	46	23	39
組合員規模	99 人以下	19	43	19	44
	100–299 人	22	52	27	28
	300–499 人	28	56	28	24
	500–999 人	22	52	23	31
	1,000 人以上	26	42	20	42
部門	公共	15	36	33	41
	民間	26	52	21	32

出所：雇用労働部『団体協約実態調査』2014 年。

図表 4-4　事務職労働者の労働組合加入資格の有無

区　分		規模計	300 人未満	300–999 人	500 人以上
高卒事務職	組合資格あり	59.8	50.8	58.7	71.6
	組合資格なし	40.2	49.2	41.3	28.4
大卒事務職	組合資格あり	51.5	44.9	50.0	60.4
	組合資格なし	48.5	55.1	50.0	39.6

出所：白弼圭『韓国労使関係の新構造』日本経済評論社，1996 年，p.183。
　　　萩原　進「韓国労使関係の歴史的展開と現状の基本問題」法政大学大原社会
　　　問題研究所編『現代の韓国の労使関係』御茶ノ水書房，1998 年，p.20。

ラーおよび社会一般のブルーカラーに対する蔑視風潮，などがブルーカラーの
ホワイトカラーに対する対立意識を深化させ，ブルーカラー中心の労働組合が
結成される背景となった[11]。

　一方，韓国にはホワイトカラーを中心に組織されたホワイトカラー労働組合
も存在する。銀行，保険，観光などのホワイトカラーが大半を占めている業種

には，労働組合が組織されている。金融労連が代表的である。

2．ショップ制度

　労働組合は，使用者との団体交渉において有利な労働条件の獲得を主な目的とする団体である。したがって，組織をできるだけ拡大し，労働力の独占性をできるだけ高めようとする欲求を持っている。労働組合が組織の維持・拡大のためにとる手段にはいろいろある。特に，使用者に対して組織に加入しない労働者を雇用してはいけいとか，解雇するような内容を団体協約に拘束力を持たせる方法が歴史的に発展してきた。

　韓国の労働組合法では勤労者がある労働組合に加入してはいけないまたは脱退することを雇用条件とするか，特定の労働組合の組合員になれることを雇用条件とする行為を不当労働行為と規定している。

　2014年雇用労働部の「団体協約実態調査」によると，68.1％が団体協約にショップ制度の規定を設けており，何の規定もない場合は31.9％を占めている（図表4-5）。このように，韓国では労働組合のある事業場の約3分の2がショップ制度の規定を設けていることがわかる。ショップ制度の形態をみると，オープンショップ制が35.1％と最も多く，次いでユニオン・ショップ制26.5％となっている[12]。クローズドショップ制は0.1％とほとんど存在しない。

　上級団体別でみると，韓国労総（33.4％）が民主労総（28.2％）よりユニオン・ショップ制を採用している割合が多少高い。規模別では規模が大きいほどユニオンショップ制の採用が多く，規模が小さいほどオープンショップ制の採用が多い。部門別では公共部門に比べて民間部門の方がユニオンショップ制の割合が高い。

　団体協約にユニオン・ショップ制を規定している場合，労働組合脱退者に対する処遇については，87.2％が規定がない。規定がある場合，解雇を行う規定を設けているは8.7％にとどっている[13]。このように，ユニオン・ショップ制は厳格に適用されていないのが現状である。

3．全国中央組織（ナショナル・センター）

　韓国には，全国中央労働組合組織として韓国労働組合総連盟（韓国労総），

図表 4-5　ショップ制度の規定有無と形態

（単位：%）

区　分		全体	ショップ制度					
			採用後，一定期間または入社後，必ず組合加入（ユニオン・ショップ）	組合員のみを従業員として採用（クローズド・シップ）	組合加入および脱退自由（オープン・ショップ）	入社と同時に組合員。但し，工場，管理者，事務所等は本人の意思によって加入可能	その他	規定なし
全体		100.0	26.5	0.1	35.1	3.6	2.8	31.9
上級団体	韓国労総	100.0	30.3	0.3	32.1	3.1	2.1	32.1
	民主労総	100.0	23.9	0.0	39.1	4.3	2.9	29.7
	国民労総	100.0	20.0	0.0	33.3	6.7	13.3	26.7
	未加盟	100.0	21.5	0.0	38.2	3.7	3.1	33.5
組合員規模	99 人以下	100.0	21.5	0.0	38.9	4.7	2.0	32.9
	100–299 人	100.0	24.3	0.7	39.5	2.0	2.6	30.9
	300–999 人	100.0	28.8	0.0	34.0	3.2	5.1	28.8
	500–999 人	100.0	30.6	0.0	29.8	1.7	1.7	36.4
	1,000 人以上	100.0	28.2	0.0	32.2	6.0	2.0	31.5
部門	公共	100.0	17.4	0.0	34.8	5.3	2.3	40.2
	民間	100.0	28.6	0.2	35.1	3.2	2.9	30.1

出所：雇用労働部の『団体協約実態調査』2014 年。

韓国全国民主労働組合総連盟（民主労総），全国労働組合総連盟（全国労総）の3つの主要ナショナルセンターがある。この他に公共サービス労働組合総連盟（公共労総）[14] がある。これらの中で，組織力からみると，韓国のナショナルセンターは韓国労働組合総連盟（韓国労総），韓国全国民主労働組合総連盟（民主労総）の2つといっていい。韓国労働組合総連盟（韓国労総）は，対話重視とされる保守派として，韓国全国民主労働組合総連盟（民主労総）は，闘争重視とされる組合と分類されることがある。日本に比べ活動は激しく，保守派の韓国労総もゼネストを度々展開している。

　ナショナルセンターに加盟する産業別組織の分野は，金属，化学，金融，交

通・運輸，建設，公務などである。

(1) 韓国労働組合総連盟（韓国労総）

　韓国における労働組合のナショナルセンターである。韓国労総は民主労総とともに韓国の労働運動の2大軸を成している労働組合連合団体である。民主労総に比べて相対的に穏健な路線という評価を得ている。韓国労総の母体は1946年に結成された大韓独立促成労働総連盟（大韓労総）である。解放以降，韓国労働界の主流は左派労働団体の朝鮮労働組合全国評議会（全評）であった。全評は人民共和国の建設，信託統治の支持などを主要政策に掲げていた。このような左翼的性向に反発して右派の労働組合団体である大韓労総が結成された。

　1953年に労働組合法の公布に伴って労組の解散と再組織の過程で大韓労働組合総連合会と自由労働組合連盟という2つの勢力に分裂された。その後，大韓労総に反対する全国労働組合協議会が組織されるなど，組合内の争いがあった。1950年代から大韓労総は親政府的な活動を積極的に推進した。そのため，1960年の4.19学生デモを契機に，同年11月に全国労働組合協議会と大韓労働組合総連合会（1954年発足）が統合して韓国労働組合総連盟（韓国労連）が結成された。しかし，1961年5月の5・16軍事クーデターによって実権を握った朴正煕は，既存の労働組合を一旦解散させ，その上で労使協調・反共を基調としたナショナルセンター「韓国労働組合総連盟」を同年8月30日に改めて発足された[15]。

　韓国労総の組合員数は，2017年現在，872,923人で全体の41.8%を占めており，最大の組織である。単位労働組合数は2,448で全体の39.2%を占めている[16]。

　韓国労総の傘下には27の産別連盟が加盟している。主要組織としては，自動車労連，公共労連，金属労連，化学労連，出版労連，繊維流通労連，金融産業労働組合，医療産業労連，食品産業労連，公務員連盟などがある（図表4-6）。

(2) 全国民主労働組合総連盟（民主労総）

　韓国の労働組合のナショナルセンターの一つである。世界的にも有数の戦闘的労働組合として知られている。元々，韓国の労働組合のナショナルセンターとして軍政が育てた労使協調路線の韓国労働組合総連盟（韓国労総）が存在し

図表 4-6　韓国労総傘下の加盟組織状況

加盟組織	組合数	組合員数		
		計	男性	女性
全国繊維流通労働組合連盟	73	11,024	7,026	3,998
全国鉱産労働組合連盟	5	2,061	1,970	91
全国公共産業労働組合連盟	31	39,478	30,374	9,104
全国外国機関労働組合連盟	14	10,902	8,640	2,262
全国 IT 事務サービス労働組合連盟	32	38,150	29,327	8,823
全国港運労働組合連盟	40	21,889	21,124	765
全国海上産業労働組合連盟	53	14,274	14,242	32
全国金融産業労働組合	1	101,990	49,658	52,332
全国タバコ人参労働組合	1	5,893	4,524	1,369
全国化学労働組合連盟	458	69,763	57,301	12,462
全国金属労働組合連盟	489	129,021	97,776	31,245
全国出版労働組合連盟	20	855	701	154
全国自動車労働組合連盟	94	78,863	1,081	77,777
全国連合労働組合連盟	376	65,137	51,230	13,907
全国観光サービス労働組合連盟	78	19,396	9,525	9,871
全国郵政労働組合	1	27,944	21,084	6,860
全国タクシー労働組合連盟	272	82,234	81,388	846
全国ゴム産業労働組合連盟	13	10,382	9,846	536
韓国鉄道社会産業労働組合	1	5,150	2,453	2,697
全国アパート労働組合連盟	5	1,268	1,267	1
全国公共労働組合連盟	92	41,852	28,494	13,358
全国医療産業労働組合連盟	11	8,337	1,532	6,805
全国食品産業労働組合連盟	49	10,474	7,479	2,995
全国私立大学校労働組合連盟	25	4,634	3,137	1,497
韓国公務員労働組合連盟	4	2,171	1,379	792
韓国建設産業労働組合	1	12,857	12,846	11
全国建設プラント産業労働組合連盟	6	3,473	3,290	183

出所：雇用労働部「全国労働組合組織現況」2018 年。

た。しかし，1987 年の民主化宣言以降，これまでの韓国労総が経営側と政府の立場に妥協する御用労組という批判から，民主労組の必要性を掲げて 1995 年11 月 11 日に結成された[17]。結成当時，862 の単位労組が民主労総に加入し，組合員数は 42 万人に達した。結成当時は非合法的組織であったが，労働関係法の改正とともに合法的な組織として 1999 年 11 月 22 日に正式にナショナルセンターとして認可された。

民社労総の結成は，韓国の労働運動に大きな変化をもたらした。妥協的な性向をもつ韓国労組の影響力が弱化した反面より強硬で闘争的な性向をもつ民主労総の影響力が増大した。民主労働党が第 17 代国会に国会議員を輩出したことで民主労総の位相はもっと高まった。

2017 年現在，民主労総には 1,926 の単位労組が加入しており，組合員数は711,143 人で全体の 32.8％を占めている。また，民主労総傘下には，全国建設産業労働組合連盟，全国公共運輸労働組合連盟，全国金属労働組合，全国保健医療労働組合，全国事務金融労働組合連盟など，13 の組織が加盟している（図表4-7）。また，地域本部は 16，地区協議会は 41 となっている。

民主労総の主要活動としては，産別労組運動，非正規職問題，政治活動に集約される。民主労総は集会と示威中心の団体行動による闘争方式に対して批判を受けている。特に政治闘争中心の労働運動に対しては，国民からの支持を得ていない。

(3) 全国労働組合総連盟（全国労総）

全国労総は，韓国労総と民主労総の 2 大労総に次ぐ第 3 労総として，2015 年に誕生した。全国労総は，2 大労総とは理念的に異なる保守労総を掲げて誕生した。政府の労働市場改革に対して，2 大労総は闘争と罷業で対抗するのに対して，全国労総は対話と和合の協力的な立場をとっている。

2017 年現在，組合員数は 32,771 人で全体の 1.6％を占めている。全国労総傘下の加盟組織としては，全国建設技能人労働組合，全国運輸労働組合連盟の 2つがある（図表 4-8）。

図表 4-7 民主労総傘下の加盟組織状況

加盟組織	組合数	組合員数		
		計	男性	女性
全国建設産業労働組合連盟	18	78,572	74,263	4,309
全国公共運輸社会サービス労働組合連盟	67	114,299	94,643	19,656
全国教職員労働組合	1	53,470	18,043	35,427
全国金属労働組合	1	146,291	146,291	―
全国大学労働組合	1	5,780	3,750	2,030
全国サービス産業労働組合連盟	87	52,689	43,622	9,067
全国保険医療産業労働組合	1	45,006	17,506	27,500
全国事務金融労働組合連盟	72	65,377	37,107	28,270
全国民主環境施設一般労働組合連盟	3	4,808	3,770	1,038
全国情報経済サービス労働組合連盟	12	5,769	3,336	2,433
全国言論労働組合連盟	2	11,990	9,990	2,000
全国女性労働組合連盟	4	3,133	668	2,465
全国民主化学繊維労働組合連盟	33	17,448	16,146	1,302

出所：雇用労働部「全国労働組合組織現況」2018年。

図表 4-8 全国労総傘下の加盟組織状況

加盟組織	組合数	組合員数		
		計	男性	女性
全国建設技能人労働組合	1	13,000	12,500	500
全国運輸労働組合連盟	18	440	435	6

出所：雇用労働部「全国労働組合組織現況」2018年。

Ⅳ. 労働組合の現状

1. 労働組合数・組合員数の推移

　2017年現在，労働組合は6,239組合，組合員は2,088千人である。特に，1987年6.29民主化宣言以降，労働組合と組合員数が大幅に増加している（図表4-

図表 4-9　労働組合数・組合員数の推移（単位労働組合）

年	労働組合数	組合員数 （千人）	組織率 （％）	年	労働組合数	組合員数 （千人）	組織率 （％）
1977	538	954	25.4	1999	5,637	1,481	11.9
1978	552	1,054	24.9	2000	5,698	1,527	12.0
1979	553	1,088	24.4	2001	6,150	1,569	12.0
1980	2,618	948	21.0	2002	6,506	1,606	11.6
1981	2,141	966	20.8	2003	6,257	1,550	11.0
1982	2,194	984	20.2	2004	6,017	1,537	10.6
1983	2,238	1,009	19.4	2005	5,971	1,506	10.3
1984	2,365	1,010	18.1	2006	5,889	1,559	10.3
1985	2,534	1,004	16.9	2007	5,099	1,688	10.8
1986	2,658	1,035	16.9	2008	4,886	1,666	10.5
1987	4,086	1,267	18.5	2009	4,689	1,640	10.1
1988	5,598	1,707	19.5	2010	4,420	1,643	9.8
1989	7,861	1,932	19.8	2011	5,120	1,720	10.1
1990	7,698	1,887	18.4	2012	5,177	1,781	10.3
1991	7,656	1,803	17.2	2013	5,305	1,848	10.3
1992	7,531	1,735	16.4	2014	5,445	1,905	10.3
1993	7,147	1,667	15.6	2015	5,794	1,939	10.2
1994	7,025	1,659	14.7	2016	6,164	1,966	10.3
1995	6,606	1,615	13.8	2017	6,239	2,088	10.7
1996	6,424	1,599	13.3				
1997	5,733	1,484	12.2				
1998	5,560	1,402	12.6				

出所：雇用労働部『2018 年版　雇用労働白書』および「全国労働組合組織現況」より作成。

9）。労働組合組織率をみると，1977 年 25.4％をピークに持続的に減少推移を見せており，2010 年には初めて一ケタ 9.8％を記録したものの，2011 年は複数労組制度の施行等の影響で再び 10％台を回復した[18]。2017 年現在の組織率は 10.7％となっている（図表 4-10）。労働組合組織率の低下は韓国だけでなく世界的な趨勢でもある。

　韓国の労働組合組織率が低い原因としては，労働組合の中心的な組織形態が企業別組合であることが挙げられる。企業別組合には，二つの点において組織力の限界性が存在する。一つは，企業別組合は大企業正規職の組織力が高い半面，中小企業への組織化が低迷しているという点である。もう一つは，非正規労働者の組織率が極度に低い点である。2015 年の場合，正規職の組織率が 12.3％であるのに対し，非正規職の組織率は 2.8％にすぎない。

図表 4-10　労働組合組織率の推移

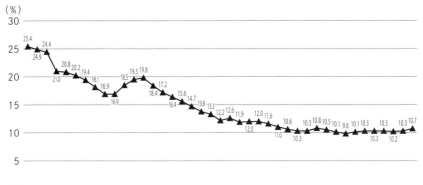

出所：雇用労働部『2018 年版　雇用労働白書』および「全国労働組合組織現況」より作成。

　正規職組合は非正規職の組織化に消極的もしくは否定的なケースが多く，非正規職が独自に組合を結成しようとすると企業側が組合結成を阻止するために非正規職を解雇するリスクが高まる[19]。そのため，非正規職の組合組織化は正規職よりもはるかに厳しい困難を伴うのである[20]。

　ナショナルセンターの 2017 年の労働組合組織状況をみると，韓国労総に加入している労働組合は，2,448 組合，組合員は 872,923 人で全体の組合数の 39.2％，組合員数の 41.8％となっている。民主労総に加入している労働組合は 382 組合，組合員 711,143 人で全体の組合数の 6.1％，組合員数の 34.0％である。全国労総に加入している労働組合は，14 組合，組合員は，32,771 人で全体の組合数の 0.4％，組合員数の 0.7％である。公共労総に加入している労働組合は，54 組合，組合員は 25,091 人で全体の組合数の 0.8％，組合員数の 1.2％である。上級団体に加入していない未加盟労働組合は，3,341 組合，組合員は 446,612 人で全体の組合数の 53.6％，組合員数の 21.45％である（図表 4-11）。

　ここで注目されるのは，民主労総傘下の組合数は韓国労総に比べて少ないにも関わらず，民主労総の組合員数が相対的に多いのは，現代自動車をはじめとする大規模事業場が加入しているからである。また，公共労総は，組織率は低いが，公共部門の労使関係において強い力を発揮している[21]。

　企業規模別の組織率は，組合員 500 人以上の大規模以上の労働組合が 479 組

図表 4-11　ナショナルセンターの労働組合数・組合員数

区　分	労働組合数	組合員数	全体の組合員数に占める組合員比率（％）
韓国労総	2,448	872,923	41.8
民主労総	382	711,143	34.0
全国労総	14	32,771	1.6
未加盟労組	3,341	442,612	21.4
公共労総	54	25,091	1.2
計	6,239	2,088,540	

出所：雇用労働部『2018 年版　雇用労働白書』。

図表 4-12　労組規模別組合数・組合員数

区　分	計	50 人未満	50-99 人	100-299 人	300-499 人	500-999 人	1,000 人以上
労働組合数	6,177 (100.0)	3,363 (56.3)	973 (15.1)	1,093 (17.0)	269 (4.1)	233 (3.7)	246 (3.9)
組合員数	2,088,540 (100.0)	56,294 (2.7)	68,588 (3.3)	182,248 (8.7)	103,666 (4.9)	164,752 (7.9)	1,512,992 (72.5)

出所：雇用労働部「全国労働組合組織状況」2018 年。

合，組合員 1,677 千人で全体組合数の 7.6％，組合員数の 80.4％となっている。また，組合員 50 人未満の小規模労働組合は，3,363 組合，組合員 56 千人で全体の組合数の 56.3％，組合員数の 2.7％を占めている（図表 4-12）。

　このように，労働組合は大企業を中心に組織されていることがわかる。労働組合員数も規模が大きいほど多い。中小企業の労働組合組織率が低いのは，労働組合運動の中心勢力である大企業労組は，自社組合員の待遇改善のみに要求を偏らせがちであり，自社以外の労働者の待遇改善については関心が薄いため，中小企業に組合組織化をもたらす効果が存在しないからであろう。

　中小企業の労働組合加入率を引き上げるためには，産業別労働組合体制を構築し，産別労組の産業別交渉に使用者の参加を義務化を課すなど，労働法体系を変える必要があろう。

2．組織形態別の労働組合数・組合員数

　組織形態別に組織状況をみると，企業別労組の数は2017年現在，5,218組合，組合員数は839,725人となっている。これに対し，超企業労組[22]は576組合で，組合員数は1,099,020人となっている（図表4-13）。超企業労組数の推移をみると，2006年431組合，2007年345組合，2008年317組合，2009年335組合，2010年346組合，2011年474組合，2012年515組合，2013年547組合，2014年560組合，2015年576組合へと年々増加傾向にある[23]。

　また，全体の組合員数のうち，超企業労組の組合員数は，2006年の618千人から2015年には1,099千人まで持続的に増加し，全体の組合員数の56.7%を占めている（図表4-14）。

　超企業労組の組織化の程度は，上級団体によって差があるが，民主労総と全

図表4-13　組織形態別の労働組合数・組合員数

区　分	組合数	組合員数
企業別労組	5,218	839,725
超企業労組	576	1,099,020
合計	5,794	1,938,745

出所：雇用労働部「全国労働組合組織現況」2018年。

図表4-14　超企業労働組合の組合員数の推移

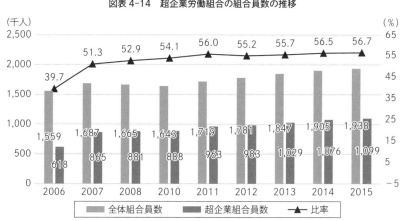

出所：雇用労働部「全国労働組合組織現況」。

図表 4-15　主要団体別超企業労働組合の組合員数

(単位：人，%)

区　分		韓国労総		民主労総		全国労総		未加盟	
		組合員数	比率	組合員数	比率	組合員数	比率	組合員数	比率
合計	1,938,745	843,442	100.0	636,249	100.0	13,451	100.0	445,603	100.0
企業別労組 組合員数	839,725	454,790	53.9	104,430	16.4	440	3.3	280,065	62.9
超企業労組 組合員数	1,099,020	388,652	46.1	531,819	83.6	13,011	96.7	165,538	37.1

出所：雇用労働部「全国労働組合組織現況」2018 年。

国労総が超企業労組の組織化が高く，韓国労総と未加盟労組は相対的に低いのが特徴である。韓国労総は企業別労組に所属している組合員が全体の組合員の53.9%（454,790 人）を占めているのに対して，民主労総は超企業労組に所属している組合員が全体の組合員の 83.6%（531,819 人）を占め，対照的である（図表 4-15）。

3. 公共部門の労働組合の組織状況

(1) 公務員労働組合

憲法第 33 条では，公務員たる労働者は，法律の定める者に限って，団結権，団体交渉権及び団体行動権を有する。また，労働組合法第 8 条には，労働者は自由に労働組合を組織し若しくはこれに加入することができる。但し，公務員については別に法律で定める。

国家公務員法第66条では，公務員は，労働運動その他公務以外の仕事のための集団的行為を行ってはならない。但し，事実上の労務に従事する公務員は除外とする（地方公務員法第 58 条も同様）。ここで「事実上の労務に従事する公務員」とは，情報通信部及び鉄道庁所属の現業機関及び国立医療院の作業現場において労務に従事する技能職公務員及び雇用職公務員であって，以下に該当しない者に限る。

1. 庶務・人事及び機密業務に従事する者
2. 経理及び物品出納事務に従事する者
3. 労務者の監督事務に従事する者

4. 保安業務規程に基づく保安目標施設の警備業務に従事する者
5. 乗用自動車及び救急車の運転に従事する者

　また，労働争議調整法第12条では，国及び地方自治団体に従事する労働者について，国及・地方自治団体及び防衛産業に関する特別措置法に基づき，指定された防衛産業業体に従事する労働者は争議行為を行うことができないと，争議行為を制限している[24]。

　主要国の公務員の労働基本権を比較すると，図表 4-16 のとおりである。

　以上のように，公務員は国民全体に対する奉仕者として職務遂行において公共性，中立性が要求されることを勘案し，一般勤労者と同一の労働基本権を与えてはいないが，公務員の勤務条件など，最小限の労働基本権の保障の必要に応じて 2006 年 1 月 28 日に「公務員労組法」が施行された。

　公務員労組法施行以後，公務員労組組織率は，持続的に増加傾向にある。2015 年から地方自治団体を中心に団体交渉の重要性が増すにつれて地域別単位労組設立申告が増加傾向にあり，組合員加入も急増している。2017 年現在，公務員労働組合は 155 組合，組合員は 203,558 人で，労働組合加入対象の公務

図表 4-16　主要国の公務員の労働基本権の保障状況

区　分		団結権	団体交渉権	団体行動権
アメリカ	連邦公務員	認定	認定（ただし，賃金等法定勤労条件事項に関しては制限）	不認定
	州政府公務員	認定	認定可否及びその範囲が州ごとに異なる	許容可否及びその範囲が州ごとに異なる
イギリス	一般公務員	認定	認定	認定
	警察公務員	単一団体のみに加入可能	認定	刑事罰対象
日本	一般公務員（国家，地方）	職員団体	協議，建議権	不認定
	現業公務員	認定	認定（予算制約）	不認定
ドイツ	管理	認定	不認定	不認定
	事務労務員	認定	認定	認定
韓国	一般公務員	認定	認定	不認定
	現業公務員	認定	認定	認定

出所：雇用労働部「全国公務員労働組合組織現況」。

図表 4-17　公務員労働組合の組織現況

年	労働組合数	組合員数	組織率
2006	78	63,275	21.8
2007	98	173,125	59.7
2008	95	215,537	72.1
2009	95	158,910	53.1
2010	96	164,147	55.6
2011	99	165,566	56.1
2012	110	164,683	55.8
2013	122	179,615	60.9
2014	125	184,260	61.6
2015	144	192,831	64.1
2016	150	198,505	65.5
2017	155	203,558	65.7

出所：雇用労働部『2018 年版　雇用労働白書』お
よび「全国公務員労働組合組織現況」各年。

員の 31 万人強のうち，65.7％が公務員労働組合に加入している。公務員労組の組織率は，2006 年に 21.8％から 2008 年には 72.1％とピークに達した後，減少に転じ，2013 年から再び上昇し続けている（図表 4-17）。

　民間部門と公務員部門間の組織率に差があるのは，公務員の場合，職種が比較的に統一されていて結束力が高く，組織化が容易であるためと考えられる。

(2)　教員労働組合

　教員は，基本的に公務員とほぼ同一の法律が適用され，労働組合及びその組合員は，ストライキ，怠業又はその他の業務の正常な運営を妨げる一切の争議行為をしてはならないと規定している。しかし，教員の経済的，社会的な地位向上のため，教員の団結権と団体交渉権を認める「教員労組法」が 1999 年 1 月 29 日に施行された。

　2017 年現在，教員労働組合は 14 組合，組合員数は 7,459 人で，教員労働組合の加入対象の 415,795 人の 1.8％が労働組合に加入している。2003 年の教員労組は，12 万人（32.0％）で最大の組織率を記録したが，その後，持続的に減少傾向にある。その背景には，2016 年 1 月 21 日にソウル高等法院の判決で全国教職員労働組合（全教組）が法外団体であるとして法的な地位を失ったためであ

図表4-18 教員労働組合の組織状況

年	労働組合数	組合員数	組織率
2002	2	118,435	32.8
2003	2	120,060	32.0
2004	2	105,000	27.3
2005	2	106,209	27.0
2006	9	104,280	25.8
2007	9	98,649	24.0
2008	10	92,877	22.2
2009	11	82,324	20.7
2010	11	75,425	19.0
2011	11	74,465	18.0
2012	11	69,656	17.3
2013	10	68,748	16.8
2014	10	60,120	14.5
2015	10	60,284	14.5
2016	10	7,291	1.8
2017	14	7,459	1.8

注：2016年以後，組合及び組合員数は，法的地位を
失った全教組を除いた数値。
出所：雇用労働部『2018年版　雇用労働白書』およ
び「全国教員労働組合組織現況」各年。

る。2016年以後は，全国教職員労働組合が労働組合から除外され，2015年対比
2016年以後は教員労組の組織率が急減した（図表4-18）。

　全教組は1989年に真の教育（民族教育，民主教育，人間化教育）実現と教職
員の労働基本権補償を求め，2万人余りの教職員の参加で結成された[25]。しか
し，法律の制約と政権による弾圧で1,500名余りの教師が解職され，全教組の
活動は厳しい制約を受けた。結成当時は非合法組織であったが，合法化闘争を
展開し，1999年「教員の労働組合設立及び運営等に関する法律」制定によっ
て，合法的な教員労働組合の地位を取得したが，2013年，雇用労働部は，退職
教員を組合員として認める規約を改正しなかったとして，全教組に対して「法
外労組」通告を行い，非合法化された。政権交代により全国教職員労組は合法
的な労組として再び認定される見込みである。

図表 4-19　公共機関の労働組合組織状況

（単位：カ所，人，％）

区　分	総計	中央公共機関				地方公企業		
		計	公企業	準政府機関	その他公共機関	計	公社	公団
公共機関数	482	332	35	89	208	150	61	89
有労組機関数	325	233	35	78	120	92	42	50
勤労者数（A）	334,877	284,086	112,292	79,490	92,304	50,791	33,765	17,026
組合員数（B）	230,897	192,691	86,830	62,061	43,791	38,206	27,471	10,735
組織率（B/A）	68.9	67.8	77.3	78.1	47.4	75.2	81.3	63.0

出所：雇用労働部『2018 年版　雇用労働白書』。

(3)　公共機関の労働組合

　2017 年末基準，「公共機関運営に関する法律」による中央公共機関および「地方公企業法」による地方公企業には，482 機関に総数 334,877 人の勤労者が従事しており，このうち，230,897 人が労働組合に加入し，組織率は 68.9％を占めている。公共機関の労働組合組織状況を具体的にみると，中央公共機関が 233 機関（労組数 299 組合），地方公企業 92 機関（労組数 138 組合）となっている。全体の組合員数は 230,897 人である（図表 4-19）。

　雇用労働部（2018）による主要団体別に公共機関の所属の組合員数をみると，韓国労総所属の組合員数が 96,466 人（41.8％），民主労総所属組合員数は 102,625 人（44.4％），上級団体に加入していない未加盟組織の組合員数は，31,806 人（13.8％）となっている。

Ⅴ．経営者団体

　韓国の「労働組合及び労働関係調整法」第 2 条では，「使用者団体とは，労働関係に関して，その構成員である使用者に対し調整し，又は規制することができる権限を有する使用者の団体をいう」と規定している。経営者団体（使用者団体）は，経営者の権益を代表する団体組織である。同時に，集団的労使関係を構成する一方の当事者である。したがって，経営者団体には，集団的労使関

係のもう一方の当事者である労働組合との友好関係の促進とともに，団体交渉
の効率化や労使関係の維持発展のための積極的な役割が必要とされる。

　韓国の経営者団体には，全国経済人連合会，韓国経営者総協会，大韓商工会
議所，韓国貿易協会，中小企業協同組合中央会があり，経済5団体と呼ばれて
いる。ここでは，韓国の労使関係において経営者団体としての影響力の大きい
全国経済人連合会，韓国経営者総協会，大韓商工会議所を中心に紹介する[26]。

1．韓国経営者総協会

　韓国経営者総協会（韓国経総）は，韓国労働組合総連盟（韓国労総）に対抗
して，1970年に設立された経営者の代表的な団体である。日本の旧日経連に当
たる。その目的は，労使間の協力体制の確立と企業経営の合理化，そして合理
的な労使関係の方向を定立し，産業平和の定着と経済発展に寄与することで設
立された。2018年現在，会員数は403社である。また，仁川経営者協会，釜山
経営者協会など全国の15の地方経営者協会がある。

　同協会は，戦後1960年代本格化した労働運動に対応するために設立された
が，特に，当時の① 賃金引き上げをめぐる労働運動の激化，② 労働問題に関
する企業経営者の認識不足，③ 1969年の繊維協会の激しいストライキに直面
して，労使協調機関の創立が必要であるという認識，④ 労働組合の全国中央組
織である韓国労働組合総連盟に対抗する組織として，経営者の全国組織が必要
であるという認識，などの状況を背景として設立されたのである[27]。

　韓国経営者総協会は，主要活動として次のような事業を行っている。
① 労働法制定・改定対策事業
② 国会および政党立法対策事業
③ 雇用政策事業
④ 社会福祉政策事業
⑤ 人的資源管理事業
⑥ 教育・研修事業
⑦ 労使安定化対策事業
⑧ 賃金および労働時間対策事業
⑨ 安全保健政策事業

⑩ 国際協力事業
⑪ 出版・広報事業
⑫ 透明経営大賞・労使協力大賞表彰

　韓国経営者総協会の組織機構は，1970年の創立当時に1室2部5課7委員会で出発したが，2018年現在は，2院，6本部，1センター，2室から編成されている。また，労使関係委員会，人的資源委員会，社会政策委員会，安全保健委員会，外国投資企業労使関係委員会，企業倫理委員会とする6つの委員会をおいている[28]。

　韓国経営者総協会の会員は，一般会員，団体会員，特別会員に区分されている。一般会員は法人事業体（経営者），団体会員は地方経営者協会（15団体），業種別団体，総合経済団体および関連研究団体とし，特別会員は本会の特定事業に参与する事業体となっている[29]。

　このような韓国経営者総協会は，合理的な労使交渉慣行の確立，労使協力の安定的な労使関係の実現に力を注いでいる。

図表4-20　韓国経営者総協会の組織図（2018年）

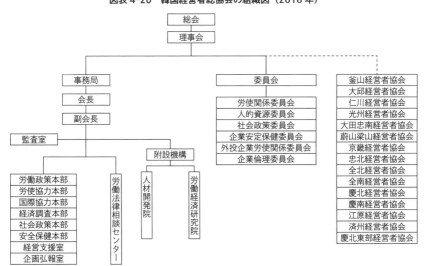

出所：韓国経営者総協会ホームページより作成。

韓国経営者総協会の組織図は，＜図表4-20＞のとおりである。

2. 全国経済人連合会

　全国経済人連合会（全経連）は，1961年に13人の経済人によって韓国経済人連合会として設立されたが，1968年の臨時総会で全国経済人連合会と改称された。日本の経団連に当たる。全経連は，民間経済人の自発的意思によって設立された団体で，自由企業主義の哲学と民間主導経済運営の原理を追求する経済人の求心体として，経済人と経済各部門の連携を図るとともに産業・経済全般にわたって意見の実現と実践のために努力し，さらに主要産業の開発と国際経済の交流を促進することによって国民経済の健全な発展に寄与することを目的として設立された[30]。

　これらの目的を達成するために全国経済人連合会は，次のような活動を遂行している。

① 産業および経済各部門の経済政策，行政，諸法規の改善に関する意見の政府への建議

② 企業の海外進出と国際経済協力のための外国経済団体との関係強化や民間外交活動の展開

③ 経済人の知識・経験・資本を動員した産業の開発，科学技術の振興，先進経営理論と技法の導入促進

④ 国内外経済に関する調査研究

⑤ 健全な経済・社会風土の醸成のための企業の社会性認知と社会各界の関係強化の努力

2013年には「企業経営憲章」を制定し，以下の7大原則を宣言した。

1. 企業本来の役割を果たしながら雇用創出，福祉の好循環構造を構築し，成長の果実を全国民が恩恵を受け，幸福な社会を築き上げることに先頭に立ちます。

2. 企業活動とともに企業倫理を最優先価値に捉え，透明経営，遵法経営を実践し，信頼される企業となります。

3. 協力企業，中小企業および小商工人との相互信頼関係の構築を通じてす

べての経済主体が，共に同伴成長できる健康な企業生態系を具現します。

4. 消費者に有益で安全な製品とサービスを提供し，取引関係に伴う十分な情報提供および保護を通じて消費者の権益を増進します。

5. 労働者の労働環境の改善と差別のない職場文化の拡散のため努力し，相互信頼する労使関係を構築していきます。

6. 企業の社会的責任を果たすために，環境問題の解決，社会貢献の拡大，地域社会の発展に積極的に参加します。

7. 企業は本憲章に対し，責任意識を持って実践し，経営陣は憲章を具現するために積極的に取り組みます。

3. 大韓商工会議所

　大韓商工会議所（大韓商議）は，大・中小企業商工業者や商工団体を会員とする総合経済団体で，全国の各地方商工会議所の運営および事業を調整し，その意見を代表することによって，韓国の商工業の振興に寄与することを目的として設立された。

　韓国で近代的商工会議所の始まりは，1884年に設立された漢城商工会議所である。その後，1946年には朝鮮商工会議所，1948年には現在の大韓商工会議所へと名称が変更された。1952年は商工会議所法が制定・公布され，法的地位が確立し，1953年は大韓商工会議所および24の地方商工会議所が公法人として認可された。

　2017年3月現在，65の地方商工会議所がある[31]。全経連が大都市，大企業中心の団体であるとすれば，商工会議所は地方の中小商工人が広く組織されている団体である。

　大韓商工会議所の主要活動は，以下のとおりである。

　① 経済懸案および業界実態に関する調査研究
　② 会員企業の権益代弁と商工業界の当面問題の打開のための建議や答申
　③ 商工業振興のための会議・研修・経営相談
　④ 国際通商の振興と民間交流拡大のための国際協力
　⑤ 産業人力の養成のための職業教育
　⑥ 事務技能のための普及のための国家技術資格検定

⑦ 商工業に関する公共事業および各種の情報提供

⑧ 政府と業界間の橋渡しの役割，⑨ 地域社会の開発のための支援

　商工会議所法令によって地方商工会議所は設立と同時に当然ながら正会員となり，商工業と関連した業務を行う非営利法人や団体の中央会またはこれに準ずる機関と業種別事業者団体を特別会員としている。

Ⅵ．むすび

　以上，韓国における集団的労使関係の両当事者である労働組合と経営者団体を取り上げ，その歴史，組織形態，主要活動を中心に考察してきた。韓国の労働組合は，歴史的に政治・社会的背景の下で，組織の結成・分裂・解体を繰り返し，今日に至っている。韓国の労働組合は日本と同様，企業別組合を特徴としており，組合員資格は主に正規職に限定されることが多い。また，ブルーカラー中心に組合が組織されており，課長クラス以上の管理職に対しては，組合加入を認めていない。ショップ制については，オープン・ショップまたはユニオン・ショップ制を採用しているところが多い。

　企業別労働組合を取りまとめるナショナルセンターは，3つ組織されているが，組織力からみると，韓国労総と民主労総の2大労総の勢力が大きく，韓国の労働組合運動の中心的役割を果たしている。労働組合組織率は，低迷状態にあり，2017年現在，10.3％にとどまっている。公務員や教員労働組合の組織率は，民間企業のそれと比べてはるかに高く，労使関係においても大きな影響力を行使している。

　一方，韓国の経営者団体は，全国経済人連合会，韓国経営者総協会，大韓商工会議所，韓国貿易協会，中小企業協同組合中央会があり，経済5団体と呼ばれている。このうち，労働問題や労使関係において最も影響力が大きい団体は，韓国経営者総協会である。集団的労使関係における団体交渉の効率化や労使関係の維持発展のための積極的な役割を果たしている。

　韓国では，毎年，ストライキが反復しており，不安定な労使関係が続いている。今後，グローバル競争の中で，協力的な労使関係を築くことが大きな課題

となっている。

注

1　李元雨「韓国の労働組合と経営者団体」佐護譽・韓義泳編『企業経営と労使関係の日韓比較』泉文堂，1991 年，pp.160-161。

2　同上，pp.161-162。

3　全評は，1947 年 3 月，米軍政布告により非合法組織とされ，1949 年に完全解体された。

4　李元雨「韓国の労働組合と経営者団体」佐護譽・韓義泳編『企業経営と労使関係の日韓比較』泉文堂，1991 年，pp.163-164。

5　詳しくは，安熙卓「韓国の労働運動の歴史的展開」九州産業大学『経営学論集』第 28 巻第 1 号，2017 年，pp.1-25。

6　詳しくは，趙性載「産別労組および産別交渉の実態と評価」禹宗杬編『韓国の経営と労働』日本経済評論社，2010 年，pp.89-118 参照。

7　本調査は，韓国労働研究院に委託したもので，727 社の団体協約書を分析したものである。

8　萩原　進「韓国労使関係の歴史的展開と現状の基本問題」法政大学大原社会問題研究所編『現代の韓国の労使関係』御茶ノ水書房，1998 年，p.20。

9　白弼圭『韓国労使関係の新構造』日本経済評論社，1996 年，p.183。

10　この点については，安熙卓「韓国企業の社員区分と社員等級制度」安熙卓『韓国企業の人的資源管理―その特質と変容―』文真堂，2011 年，pp.9-30 および金鎔基「韓国の重工業大工場における人事制度改革」法政大学大原社会問題研究所編『現代の韓国労使関係』御茶ノ水書房，1998 年，pp.125-144 参照。

11　白弼圭『韓国労使関係の新構造』日本経済評論社，1996 年，p.183-184 および金元重「韓国労使関係の変遷と構造的特質」法政大学大原社会問題研究所編『韓国労使関係の展開と現状』総合労働研究所，1997 年，p.24。

12　ユニオン・ショップ制において問題となるのが，この規定による使用者の解雇義務を果たして認めるかどうかである。この点については，議論が分かれている。詳しくは，雇用労働部『団体協約実態調査』2014 年，pp.290-292 参照。

13　雇用労働部の『団体協約実態調査』2014 年，p.294。

14　公共労総は，公共部門の労働組合で 2016 年 12 月 6 日に結成された。公共労総の傘下には，全国統合公務員労働組合，全国地方公企業労働組合連盟，国家公務食労働組合連盟，教師労働組合連盟，全国郵便局労働組合，公共医療連盟などから構成されている（公共サービス労働組合総連盟ホームページ http://kcpu.org/）。

15　韓国労働組合総連盟ホームページ http://www.inochong.org/

16　雇用労働部「全国労働組合組織現況」。

17　民主労総の発足背景と活動については，金在源『韓国の労働問題と労使関係定立方案』韓国経済研究院，1996 年，pp.367-375 参照。

18　韓国では，2010 年 1 月の「労働組合及び労働関係調整法」（1997 年制定）の改正では，従来は許容されていなかった一つの事業又は事業所における複数の労働組合の組織や加入が自由にできるようになった（複数労働組合制度。2010 年 7 月施行）。

19　詳しくは，李秉勳「韓国における非正規雇用に対する労働組合の影響」立命館大学『人文科学研究所紀要』第 99 号，2003 年，pp.149-182 参照。

20　朴昌明「＜トピックス＞韓国労働社会の二極化　第 18 回　韓国の労使関係 ①『労働組合の組織力』」『東洋経済日報』http://www.toyo-keizai.co.jp/news/topics/2016/18_18.php（2016/12/02）。

21　公共部門労使関係については，盧グァンピョ「公共部門労使関係―公共機関を中心に」『月刊労

働レビュー』2017年1月号，pp.31-47および朴英凡・李相徳『公共部門の労使関係』韓国労働研究院，1990年参照。

22 超企業労組とは，一般企業の労働者が通常加入する個別企業労組とは異なり，企業または事業場単位を超えて地域・産業・職種などを組織単位として組織された単位労組を言う。すなわち，超企業労組とは，産別労組，地域別・業種別労組を含む概念である。

23 雇用労働部「全国労働組合組織現況」2016年，p.15。

24 公務員労組加入が排除される公務員とは，① 他の法律適用（事実上，労務に従事する公務員，国・公立教員），② 公務員労組法の適用除外（5級以上公務員，特定職公務員，政務職公務員），③ 公務員労組法上の加入制限対象（6級以下のうち，指揮監督，業務総括者，労組との関係において行政機関の立場に立つ者，労働関係の調整，監督等の業務従事者）である。

25 全国教職員労働組合ホームページ https://www.eduhope.net/。

26 金元重「韓国労使関係の変遷と構造的特質」法政大学大原社会問題研究所編『韓国労使関係の展開と現状』総合労働研究所，1997年，pp.28-33参照。

27 詳しくは，韓国経営者総協会『韓国経総20年史』1990年参照。

28 韓国経営者総協会ホームページ http://www.kefplaza.com/。

29 韓国経営者総協会『韓国経総20年史』1990年 pp.275-277。

30 全国経済人連合会ホームページ http://www.fki.or.kr/。

31 大韓商工会議所ホームページ http://www.korcham.net。

第5章
日本の団体交渉と労使協議制度

Ⅰ. はじめに

　日本においても欧米諸国におけるのと同様に，労働諸条件は多くの場合，労使間の交渉によって決められている。労使交渉の形態は団体交渉と労使協議に大別される。労使関係の中核となるものは，現代資本主義社会においては，労働組合または労働者団体とこれに対応するところの経営者または経営者団体との間の関係である。すなわち，労使関係においては，なによりもまず労働組合と経営者の関係が問題となるのである。

　日本の労使関係の中心をなしているのは企業レベルの労使関係である。企業レベルの労使関係において最も重要な役割を果たしているのは，団体交渉と労使協議制である。団体交渉も労使協議も雇用・労働条件，それと関わる労使間の諸問題・諸課題について労働者の代表と使用者・経営者が話し合うものである。

　労働者が労働組合等の組織を結成し，使用者側と団体交渉する権利は，憲法28条において保障されている。したがって，団体交渉を正当な理由がなくて拒むことは不当労働行為として禁止されている。また団体交渉において雇用・労働条件等の問題に関して，労使の利害対立の解決が困難な場合に，労働組合などが自らの要求を通させようとするためにストライキ等を行う権利（団体行動権）も憲法その他の法律によって保障されている[1]。

　一方，日本において労使協議制は，法律に裏付けられた団体交渉とは異なり法的根拠は持っていない。これは労使間で独自に結ばれた労働協約に基づいて

労使協議機関を設け，経営課題を協議するものである。今日の企業別組合による労使関係では，労使間の問題や課題を協議し解決する主要な場は，団体交渉ではなく労使協議となっているといっても過言ではない。このように，企業別組合を特徴とする日本の労使関係は，欧米諸国では見られない独特な労使関係が形成されている。

　本章では，日本の団体交渉と労使協議制度の現状把握をとおしてその特質を明らかにしたい。

Ⅱ．団体交渉制度

1．団体交渉の主体

　団体交渉（collective bargaining）とは，労働者の自主的組織である労働組合が経営者（＝使用者）ないし経営者団体と雇用・労働条件について交渉を行うことである。すなわち，個々の労働者が自己の労働条件について使用者と個別に取引するのに代えて，多数労働者が団結して代表者を選出し，この代表者を通じて集合的に取引を行うものである[2]。

　団体交渉の主体は「当事者」と「担当者」の二つに区別される。団体交渉の「当事者」とは，団体交渉の自らの名において遂行し，その成果としての労働協約の当事者たるものである。団体交渉の使用者側当事者は，使用者団体または使用者である。労働組合側は，単位労働組合および連合団体（上部団体）が原則的に当事者である[3]。

　これに対し，団体交渉の「担当者」とは，団体交渉を現実に担当する者であってこれについては，交渉権限のみを有する場合，妥結権限まで有する場合，さらに協約締結権限をも有する場合がある。団体交渉の使用者側担当者は，個人企業における個人，会社企業における代表者（取締役）が団体交渉の担当者として交渉をし，これを妥結させ，協約を締結する。代表者以外の者（労務担当役員，人事部長，工場長，事業所長など）がこれらのことを成しうるかについては，当該企業組織内において管理・決定権限の配分に応じて団体交渉権限がどのレベルの管理者にどのように配分されているかに依存する[4]。

　一方，労働組合側担当者は，労働組合の代表者または労働組合の委任を受けた者である。労働組合の代表者は通常は組合委員長であり，その代表者以外の労働組合の委任を受けた者は，当該組合の組合役員や組合員，または他の組合役員，地域の労働団体の役員，弁護士など，いかなる者でも良い[5]。

2．団体交渉の形態

(1)　団体交渉の諸形態

　団体交渉の形態としては，交渉レベルによって全国交渉，産業別交渉，地域別交渉，職業別交渉，企業別交渉，およびこれらの形態の組み合わせなどがある。団体交渉が実際にどのような方式で行われるかは，労働組合の組織形態や労使関係のあり方に規定される。一般に欧米においては，労働組合が企業の枠を超えた産業別組織形態をとっていることから，団体交渉も産業別団体交渉方式となっている[6]。これに対して，日本においては，労働組合の組織形態が企業別組合であることから企業別組合とこれに対応する個々の使用者（＝経営者）との企業別交渉が圧倒的に多い。

　労働省の調査（1992 年）によると，団体交渉に労働組合側交渉委員として，企業外上部組織の役員が出席した組合の割合はわずか 2.7% にすぎない。また，使用者側交渉委員として，外部の使用者団体役職員・系列会社の役職員が出席した例も同じく 2.7% となっている[7]。このように，日本においては，団体交渉はその企業の労使の間だけで行われるのが普通であり，外部の組織（労働側としては単産や地域組織など，使用者側としては使用者団体）が団体交渉に加わることはきわめて稀であるといえる。しかし，法律上は，団体交渉を行う権限は，労使ともに第 3 者に委任することができる（労働組合法第 6 条）。実際，労働組合側が上部団体に交渉権を委任する事例はしばしばみられる。特に，交渉事項が賃金である場合には，賃金水準の平準化を図るために，この問題に限って上部団体に交渉権限を委任する場合が少なくない。また，上部団体そのものが自ら独自の団体交渉権に基づいて団体交渉に加わる場合もある。

　近年，青年ユニオンや管理職ユニオンなどの合同労組は，非正規労働者などをひとり組合員として組織し，その労働者が雇用されている企業と交渉を行うことで，個別・具体的な問題解決を図っているが，こうした交渉形態は従来の

企業内交渉の枠を超えるものとして注目される[8]。

　また，日本に支配的な企業別交渉については，企業の壁（組合意識より従業員意識の方が強いこと，企業の支払い能力その他経営上の特有な事情）を乗り越えがたいとの弱点が古くから指摘され，組合運動において産業別交渉への志向がなされた。この企業別交渉の限界を克服するため，企業別交渉と産業別交渉の中間に位置する様々な交渉形態を生み出した。たとえば，① 企業別交渉への上部団体役員の参加，② 共同交渉，③ 集団交渉，④ 対角線交渉，⑤ 統一交渉がその例である[9]。

(2)　複数組合下の団体交渉

　複数組合が存在する場合，団体交渉方式として，「排他的交渉代表制」と「複数組合交渉代表制」があるが，その法的取扱いは国によって大きく異なる[10]。

　第1に，アメリカでは排他的交渉代表制がとられており，適正な交渉単位において過半数の組合員の支持を得た労働組合のみが交渉権を取得し，しかもその組合がその交渉単位の全組合員のために排他的な交渉権を取得する。これに対し，日本ではそのような制度はとられておらず，労働組合は自己の組合員についてのみ団体交渉権をもつとともに，組合員をごく少数しか持たなくても団体交渉権を認められる。すなわち，事業場に併存する複数組合はそれぞれが団体交渉権を持つ複数組合交渉代表制がとられている。

　第2に，アメリカでは団体交渉結果の取り扱いについて，排他的交渉代表たる組合は当該交渉単位における労働条件の権限を独占するので，そのような組合も使用者に対して誠実交渉義務を課されている。これに対し，日本では，団体交渉義務は使用者にのみ課されており，労働組合には課されていない。

　第3に，アメリカの排他的交渉代表制においては，各交渉単位において使用者と多数組合との間の統一的交渉が保障される反面，交渉単位の決定と代表組合の選定について複雑な手続きとルールが設定されている。また，組合が交渉代表資格の取得をめざす過程で，それを阻止しようとする使用者との間に厳しい対決や紛争が生じがちである。さらに，労働者の職種その他の利害関係の違いを考慮して交渉単位が細分化される傾向もある。

　これに対し，日本の複数組合交渉代表制においては，使用者は併存する複数

組合との競合的交渉を強いられ，また使用者による複数組合の交渉上の取り扱いの違いをめぐって，労使紛争や労労紛争も生じやすい。しかしながら，組合の交渉資格取得は簡単であり，それをめぐる対決や紛争は生じにくい側面もある[11]。

(3)　春闘方式

　日本の団体交渉の中心をなしてきたのは賃金をめぐる団体交渉である。特に，賃上げ（ベース・アップ）交渉は，1955 年以降，春闘として行われている[12]。春闘とは，「春季闘争」の略であり，毎年春（2 月頃）に各産業別の労働組合が，経営側に対して賃金引き上げを統一的に要求する運動のことである。通常，春闘の始まりは，自動車，電機機器及び鉄鋼などの大手製造業が交渉した後に，その年の賃金相場の方向性が固まり，その後大手私鉄や電力会社などの非製造業が交渉に入り，大手企業の春闘は終了する。また，大手企業の春闘終了後，中小企業の交渉が本格化し，おおよそ 3 月中にその年の春闘が終了する。

　春闘は，1955 年日本労働組合総評議会（総評）の主導により，民間 8 単産（産業別単一組合：炭労，私鉄総連，合化労連，電産，紙パ労連，全国金属，化学同盟，電機労連）の共闘で開始され，その後，1956 年公労協，1960 年には中立労働組合連絡会議（中立労連）が参加するようになった。このため，事実上組織労働者の大半が結集し，日本の賃金変動の重要な要因として定着してきた[13]。しかし，賃金変動に大きな影響を及ぼしてきた春闘は，労働組合の組織率低下や成果主義賃金制度の導入等により，これまでの主目的だった賃上げだけでなく，雇用関係維持や労働時間短縮も主目的の一部となっている。それらに伴い，連合では「春季生活闘争」，日本経営者団体連盟（日経連）では「春季労使交渉」と呼び名を変えるに至っている[14]。

　日本的な賃上げ方式としての春闘方式は，高度経済成長の時代には有効に機能した。しかし，第一次石油ショック（1973 年）後の低成長・安定成長のもとで春闘方式の限界も露呈し，「春闘の終焉」が言われるようになった[15]。1991 年春闘は「暮らしにゆとり，豊かさ」（連合）をスローガンに掲げ，生活水準の向上を求めた。春闘が果たした役割と効果は，まず第 1 に，労働者の賃金が毎年，

着実に上昇したことである。春闘が定着・発展した1961年から1975年までの間の15年間にわたり，1963年のただ1回を除いて2ケタの大幅賃上げ率が記録され続けた。オイルショックを境に，1ケタに転ずるものの，1991年までは5%前後の持続的な賃上げが続いた。第2に，賃金格差の縮小である。賃金格差の縮小は当然のことながら日本社会の格差縮小に寄与した。国民のほとんどが自分の生活を中流だと認識した「総中流時代」は，春闘の効果が果たしてきた役割に大きく基因するものといえる[16]。

3．団体交渉の対象事項

　団体交渉の対象となる事項については，団体交渉が義務付けられる事項である「義務的団交事項」と，団体交渉の当事者が任意に団体交渉のテーマとして取り上げる「任意的団交事項」に分けられる。義務的団交事項とは，「団交を申し入れた労働者の団体の構成員たる労働者の労働条件その他の待遇や団体的労使関係の運営に関する事項であって，使用者に処分可能なもの」と解されていて，労働組合の団体交渉要求を使用者が正当な理由なく拒否した場合には労働組合法第7条第2号の不当労働行為となる[17]。

　また，団体交渉の対象とならない事項については，会社組織に関すること，管理者の人事，設備の更新，生産の方法などの経営・生産に関する事項は，任意的団交事項として使用者が団体交渉に応じる場合は別であるが，労働組合法が保護する団体交渉の対象とされない。ただし，経営・生産に関する事項についても労働条件その他の待遇に影響ある場合には，その面から義務的団交事項とすることができる。団体交渉の対象となる具体的な事項としては，次のようなものが挙げられる[18]。

① 労働条件その他の待遇

　「労働条件」とは，労働者が労働を行う上での契約上の条件ないし約束事であり，「その他の条件」とは，労使関係における労働者のその他の経済的取扱いといったものである。たとえば，月例賃金・一時金・退職金，労働時間，休憩・休日・休暇，安全衛生，教育訓練などが代表的なものである。

② 人事に関する事項

　組合員の配置転換，懲戒，解雇などの人事の基準や手続きは，労働条件その他の待遇に関する事項であり，義務的団交事項となる。また，人事考課の基準，手続き，その具体的適用も原則として義務的団交事項である。たとえば，年俸制，業績賞与，職務グレード制など，評価に大きく依存する賃金・人事制度における評価の基準・枠組みがこれに属する。

③ 経営・生産に関する事項

　新機械の導入，設備の更新，生産の方法，工場の移転，経営者・管理者の人事，会社組織の変更，業務の下請け化などの経営・生産に関する事項は，一般に労働条件や労働者の雇用そのものに関係（影響）ある場合にのみその面から義務的団交事項となる。

④ 団体的労使関係の運営に関する事項

　ユニオン・ショップ，組合活動に関する便宜供与やルール，団体交渉の手続きやルール，労使協議手続き，争議行為に関する手続きやルールなど，労働組合と使用者ないしその団体間の関係を運営する上での諸事項も義務的団交事項となる。

4. 団体交渉の開始手続と団体交渉拒否の救済
(1) 団体交渉の開始手続

　使用者には労働者の代表者と誠実に交渉に当たる義務がある。使用者は単に組合の要求や主張を聞くだけでなく，それらについて必要によっては論拠を示したり必要な資料を提示する義務がある。また，労働組合が争議行為を実施していても使用者には誠実交渉義務がある。団体交渉の開始に当たっては，交渉の当事者・担当者（交渉委員）および交渉事項が明確にされることが最小限必要であり，組合は通常これらを「団体交渉申入れ書」において明らかにする。使用者がこれらの事項について異議があり，労使間の話し合いで解決されえない場合には，当事者はあっせんや不当労働行為救済手続きによって解決をはかることができる[19]。

　また，団体交渉をいつ，どこで，どの程度の時間行うかも双方において取り決められる必要がある。この話し合いも両者の合意がまとまらなければ，あっせんや不当労働救済手続きで解決をはかることができる。使用者が交渉の日時・場所・時間についての条件を出し，それに固執している場合には，不当労働行為救済手続きでは，条件の合理性を中心として使用者の態度の妥当性が判定される。団体交渉の開始前に，それとは別個のものとしての労使協議手続きを経なければならないことを協約で定め，または慣行化していることがある。このような場合においても使用者の団体交渉開始義務が生ずることとなる[20]。

(2)　団体交渉拒否の救済

　使用者が団体交渉を正当な理由なく拒否したり，団体交渉に応じながら誠実な交渉を行わなかったりする場合には，労働組合法の禁止する団体交渉拒否の不当労働行為がなされたとして労働委員会に救済申し立てを行うことができる[21]。労働委員会は，申し立てを審査してそれが理由ありと判定するときは，当該事項に関する団体交渉に応ぜよ（または誠意をもって応ぜよ）との命令や使用者の掲げる当該理由によって団体交渉を拒否してはならないとの命令などを具体的事案に応じて発する[22]。

　また，労働組合は，労働委員会に対し，団交拒否紛争を労働関係調整法上の「労働争議」であるとして，同法上のあっせんの申請を行うことができる。使用者によって正当な理由なしに団体交渉を拒否された労働組合は，労働委員会に対し，救済を求めるほかに，裁判所に対しても直接に法的救済を求めることもできる[23]。

Ⅲ．団体交渉の現状

　日本で団体交渉が一般化したのは，第二次世界大戦後のことである。小規模ではあれ，労働運動はそれよりずっと前から展開されていた。しかし，第二次世界大戦前においては，労働運動はさまざまな厳しい制約を受けており，労働組合は量的にも質的にも弱体であり，団体交渉を通して雇用・労働条件の改善

を実現するだけの力は持っていなかった。

　以下では，厚生労働省の調査を基に団体交渉の実態をみることにする。

(1)　団体交渉の有無と交渉形態

　使用者側との間で行われた団体交渉の状況をみると，「団体交渉を行った」
が67.8％，「団体交渉を行わなかった」が32.2％となっている。企業規模別でみ
ると，1,000人以上の大企業に比べてそれ以下の規模において団体交渉を行っ
たという割合が高いのが注目される。「団体交渉を行った」労働組合について
交渉形態（複数回答）をみると，「当該労働組合のみで交渉」が87.7％と最も多
く，次いで「企業内上部組織又は企業内下部組織と一緒に交渉」11.4％，「企業
外上部組織（産業別組織）と一緒に交渉」3.0％などとなっている（図表5-1）。

　過去3年間に団体交渉を行わなかった単位労働組合について，その理由をみ
ると，「上部組織が団体交渉を行うことになっているから」が52.6％と最も多
く，次いで「労使協議機関で話合いができたから」（27.3％），「団体交渉を行う
案件がなかったから」（17.0）％順となっている。企業規模別でみると，規模が
小さいほど「労使協議機関で話合いができたから」が多く，逆に規模が大きい

図表 5-1　団体交渉の有無及び交渉形態別割合

(単位：%)

区　分	計	団体交渉を行った	交渉形態（複数回答）					団体交渉を行わなかった
			当該労働組合のみで交渉	企業内上部組織又は企業内下部組織と一緒に交渉	企業外上部組織（産業別組織）と一緒に交渉	企業外上部組織（地域別組織）と一緒に交渉	その他	
計	100.0	67.8 (100.0)	87.7	11.4	3.0	1.6	0.9	32.2
5,000人以上	100.0	45.2 (100.0)	80.6	22.8	1.4	0.3	0.7	54.6
1,000–4,999人	100.0	59.8 (100.0)	85.6	17.1	2.8	0.7	0.7	40.1
500–999人	100.0	79.9 (100.0)	83.4	16.0	0.9	—	0.1	20.1
300–499人	100.0	78.3 (100.0)	92.0	6.2	2.8	1.1	0.2	21.7
100–299人	100.0	84.4 (100.0)	93.2	3.2	2.1	2.2	0.6	15.6
30–99人	100.0	78.4 (100.0)	90.1	4.2	9.5	5.8	4.0	21.6

出所：厚生労働省「平成27年　労使間の交渉等に関する実態調査 結果の概況」。

ほど「上部組織が団体交渉を行うことになっているから」が多く規模間に差が見られる（図表5-2）。

(2) **団体交渉の頻度**

　過去3年間に団体交渉を行った単位労働組合について，団体交渉の1年平均の回数をみると，「4回以下（「1～2回」29.2%，「3～4回」31.3%の計）」が60.5%と最も多く，次いで「5～9回」24.3%，「10～19回」10.4%，「20回以上」2.0%となっている。企業規模別でみると，5,000人以上では団体交渉の回数が少なく，それ以下の規模において団体交渉の回数が多い傾向が見られる（図表5-3）。

(3) **団体交渉の所要時間**

　過去3年間に団体交渉を行った単位労働組合について，団体交渉の1回平均の所要時間をみると，「1～2時間未満」が49.0%と最も多く，次いで「1時間未満」23.5%，「2～4時間未満」18.1%，「4時間以上」6.5%となっている。企業規模別でみると，規模間の大きな違いはない（図表5-4）。

図表 5-2　団体交渉を行わなかった理由

（単位：%）

区　分	団体交渉を行わなかった	理　由			
		団体交渉を行う案件がなかったから	労使協議機関で話し合いができたから	上部組織が団体交渉を行うことになっているから	その他
計	100.0	17.0	27.3	52.6	1.3
5,000人以上	100.0	13.8	14.7	71.1	0.3
1,000–4,999人	100.0	10.2	18.1	68.2	0.1
500–999人	100.0	20.8	31.3	47.1	0.3
300–499人	100.0	7.1	41.3	40.4	11.1
100–299人	100.0	17.9	55.3	23.9	0.4
30–99人	100.0	52.1	34.9	3.5	7.6

出所：厚生労働省「平成24年　団体交渉と労働争議に関する実態調査」。

図表 5-3　団体交渉の回数

(単位：%)

区　分	団体交渉を行った	1-2 回	3-4 回	5-9 回	10-19 回	20 回以上
計	100.0	29.2	31.3	24.3	10.4	2.0
5,000 人以上	100.0	53.2	19.4	14.8	6.8	2.6
1,000–4,999 人	100.0	23.8	30.9	25.6	10.3	2.8
500–999 人	100.0	24.2	33.7	26.8	8.8	2.8
300–499 人	100.0	34.9	28.5	17.0	15.1	1.3
100–299 人	100.0	19.7	36.2	31.3	11.8	1.0
30–99 人	100.0	32.9	33.8	20.2	9.2	1.9

出所：厚生労働省「平成 24 年　団体交渉と労働争議に関する実態調査」。

図表 5-4　団体交渉の所要時間

(単位：%)

区　分	団体交渉を行った	1 時間未満	1-2 時間未満	2-4 時間未満	4 時間以上
計	100.0	23.5	49.0	18.1	6.5
5,000 人以上	100.0	24.4	47.5	17.2	7.3
1,000–4,999 人	100.0	18.9	43.5	20.6	9.4
500–999 人	100.0	14.7	52.4	16.0	13.6
300–499 人	100.0	22.5	49.1	17.1	7.8
100–299 人	100.0	30.0	47.6	20.9	1.4
30–99 人	100.0	24.0	58.7	12.0	4.6

出所：厚生労働省「平成 24 年　団体交渉と労働争議に関する実態調査」。

⑷　労使間の交渉状況

　過去 3 年間に「何らかの労使間の交渉があった」事項をみると，「賃金額」70.1%，「賃金制度」55.6%，「職場環境に関する事項」52.1% などとなっている。また，「何らかの労使間交渉があった」事項のうち「使用者側と話合いが持たれた」事項をみると，「所定外・休日労働」98.1%，「賃金制度」97.4%，「所定内労働時間」96.7% などとなっている（図表 5-5）。

⑸　労使間の諸問題を解決するために今後最も重視する手段

　単位労働組合が労使間の諸問題を解決するために，今後最も重視する手段をみると，多い順に「労使協議機関」50.9%，「団体交渉」41.9%，「苦情処理機

図表 5-5　労使間の交渉状況

(単位：%)

区　分	何らかの労使間の交渉があった	使用者側と話合いが持たれた	交渉形態	
			団体交渉	労使協議機関
賃金・退職給付に関する事項	83.5	96.9	64.5	35.3
賃金制度	55.6	97.4	58.0	31.7
賃金額	70.1	96.1	65.4	31.6
退職給付（一時金・年金）	34.5	91.4	50.8	33.2
労働時間・休日・休暇に関する事項	70.9	96.0	47.4	38.3
所定内労働時間	36.0	96.7	48.0	31.2
所定外・休日労働	42.0	98.1	45.3	38.1
休日・休暇	43.9	95.1	46.1	32.0
育児・介護・看護休暇制度	34.7	92.9	37.0	36.3
雇用・人事に関する事項	62.6	91.0	41.3	45.9
要員計画・採用計画	30.5	83.6	29.9	40.9
雇用の維持・解雇	22.8	93.4	30.3	39.0
配置転換・出向	24.6	76.0	18.6	33.8
昇進・昇格・懲戒処分	35.3	79.7	23.2	31.8
人事考課制度	30.3	82.9	31.2	29.1
定年制・再雇用・勤務延長	37.7	88.5	38.1	40.6
職場環境に関する事項	52.1	92.4	34.5	40.4
健康管理に関する事項	42.9	90.6	29.6	41.7
経営に関する事項	32.3	83.7	27.2	43.1
企業組織の再編・事業部門の縮小等	18.9	75.9	24.4	37.9
教育訓練に関する事項	25.8	91.1	32.4	47.9
福利厚生に関する事項	42.0	91.2	37.6	41.5
男女の均等取扱いに関する事項	16.5	87.7	33.2	36.3
労働協約の解釈・疑義に関する事項	17.3	94.3	27.6	28.4

出所：厚生労働省「平成 27 年　労使間の交渉等に関する実態調査 結果の概況」。

関」1.0％，「争議行為」0.7％となっている。企業規模別でみると，中小企業ほど団体交渉の割合が高く，逆に大企業ほど労使協議機関の割合が多く企業間に対照的である（図表 5-6）。

図表 5-6　労使間の諸問題を解決するために今後最も重視する手段

（単位：%）

区　分	計	争議行為	団体交渉	労使協議機関	苦情処理機関	その他
計	100.0	0.7	41.9	50.9	1.0	3.9
5,000 人以上	100.0	1.1	31.7	60.3	0.8	4.7
1,000–4,999 人	100.0	0.2	36.2	59.5	1.5	2.2
500–999 人	100.0	—	40.8	48.7	1.9	6.2
300–499 人	100.0	0.1	48.2	48.4	0.6	2.6
100–299 人	100.0	0.8	48.7	42.9	0.7	3.6
30–99 人	100.0	1.6	51.6	39.8	0.1	4.7

出所：厚生労働省「平成24年　団体交渉と労働争議に関する実態調査」。

Ⅳ. 労働協約

1. 労働協約と労使協定

　労働協約とは，「労働組合と使用者またはその団体との間の労働条件その他に関する協定であって，書面に作成され，両当事者が署名または記名押印したもの」と定義づけられる[24]。

　すなわち，労働協約は，賃金，労働時間などの労働条件や団体交渉，組合活動などの労使関係のルールについて，労働組合と使用者が書面でとりかわした約束事である。

　労働協約と労使協定の相違点は，労働協約は，労働組合と会社とが結ぶ契約であるのに対し，労使協定は，過半数労働組合や従業員代表と会社が結ぶ契約である。したがって，労働組合がない場合は労働協約は成立しない。基本的には労働協約を交わした労働組合加入員にのみ適用されるが，条件により組合員以外への拡張適用されることがある。労働組合がなくても労使協定は成立し，労使協定は，組合員かどうかは関係なく該当する労働者全てに適用される。

　日本では，労働組合の組織形態が企業別組合であり，団体交渉や労使協議も主として各企業において行われるので，労働協約も個々の使用者と企業別組合間の企業別協約として締結されるのが通常である。労働協約には，労働条件や労使関係のルールを体系的・包括的に設定したものと賃上げ，一時金，労働時

間短縮，退職金，労働組合のための便宜供与，交渉のルール・手続き等々の特定事項に関する個別的協定として締結されるものとがある[25]。労働協約の事項は多岐にわたっている。労使の自律的な交渉によって合意に至ると，労働協約が作成される。一般的に，労働協約の内容は産業や組合の規模・性格によって異なる。

　厚生労働省の「平成23年労働協約等実態調査結果の概況」により労働協約の対象事項を整理すると，概ね図表5-7のとおりである。

図表 5-7　労働協約の対象事項・内容

対象事項		内　　容
労働組合に関する事項	組合組織に関する事項	非組合員の範囲，唯一交渉団体，組合の企業施設利用
	組合活動に関する事項	就業時間中の組合活動，組合の企業施設利用，組合専従者の取扱い，チェック・オフ
	団体交渉に関する事項	団体交渉事項，団体交渉の手続き・運営，交渉委任禁止
	争議に関する事項	争議調整，争議行為の予告，争議行為の不参加者，争議行為中の遵守事項（スキャップ禁止等）
労働条件に関する事項	人事等に関する事項	昇格，懲戒処分，定年制，出向，解雇，教育訓練，再雇用又は勤務延長，配置転換，海外勤務
	賃金に関する事項	基本給体系・金額，手当種類・金額，時間外割増賃金率，賞与・一時金，賃金の最低額，初任給，昇給，退職給付（一時金，年金）
	労働時間・休日・休暇に関する事項	所定労働時間，所定外労働時間，変形労働時間制，みなし労働時間制，週休二日制，週休以外の年間休日，連続休暇，年次有給休暇，育児休業制度，介護休業制度，看護休暇制度
	福利厚生に関する事項	業務上災害の法定外補償，住宅管理制度
	安全衛生に関する事項	健康診断，安全衛生教育，健康情報の取扱い
その他の事項	経営等に関する事項	新技術導入に伴う事前協議 新分野進出に伴う事前協議 事業の縮小・廃止に伴う事前協議 事業所の移転（国内）に伴う事前協議 事業所の移転（海外）に伴う事前協議
	苦情処理機関	

出所：厚生労働省「平成23年労働協約等実態調査結果の概況」に基づき作成。

2. 労働協約の機能と成立要件

　労働協約の機能には，大きく3つの機能がある。第1に，労働条件その他の労働者の待遇の基準を設定してこれを一定期間保障する機能（労働条件規制機能），第2に，労働組合と使用者間の諸関係に関するルールを設定する機能（労使関係統治機能），第3に，使用者の経営上の諸権限に対する労働組合の諸種の関与（労使協議制，人事への事前協議・同意制など）を制度化する機能（経営規制的機能）がある。企業別協約が支配的な日本ではこれらが認められている[26]。

　また，労働協約をどのように取り扱うかという法的取扱いの類型は，3つに大別される。

　第1は，労働協約をその遵守が当事者の誠意に委ねられた「紳士協定」として取り扱う主義である。すなわち，ここでは，労働協約の運営は完全に労使の自治に委ねられ，法はこれに対し一切の関与を行わない。イギリスの協約法制はこの典型である。

　第2は，労働協約を協約当事者間の契約として把握し，それに契約としての限度で法的効力を認める主義である。ここでは，労働協約は協約当事者（使用者または使用者団体と労働組合）間の債権債務関係を設定する効力をもつが，使用者と個々の労働者間の労働契約を規律する法的効力まではもたない。

　第3は，協約当事者を規律する契約としての効力を与えるのみならず，個々の労働契約をも直接規律する効力を与える主義である。ドイツの協約法制はこの典型である。日本の協約法制は，ドイツ型協約法制に強い影響を受けている[27]。

　労働協約の成立要件は，労働組合法に規定されている。労働協約を締結できる法律上の能力または地位を協約能力といい，このような能力を有している者を労働協約の当事者という。したがって，協約当事者の双方または一方がこのような能力を有していない場合には，労働条件などに関する協定を締結したとしても労働協約として認められない。労働協約の当事者となりうるものは，「労働組合と使用者またはその団体」である。労働協約の労働組合側の当事者は，単位労働組合および連合団体（上部団体）が原則的に当事者であり，使用者側の当事者は，使用者または使用者団体である[28]。

3．労働協約の効力

　労働協約の事項は，その性格によって使用者と労働者の個別的労使関係を直接的に規律する部分と使用者と労働組合の集団的労使関係と関連する部分や使用者と労働者および労働組合の両者に同時に適用される部分とに区別され，それぞれの効力も異なる。労働協約はもともと協約当事者間の契約ではあるが，労働組合法によって前者を「規範的効力」といい，後者を「債務的効力」という[29]。

　労働協約のうち，「労働条件その他の労働者の待遇に関する基準」について定めた部分を規範的部分と称される。規範的部分の範囲は，賃金，労働時間，休日，休暇，安全衛生，職場環境，災害補償，服務規律，懲戒，人事，休職，解雇，定年制，教育訓練，福利厚生などが含まれている基準協約内容である。このような労働協約の規範的部分は，労働条件の改善を目的とする労働協約の主要機能を実現するための部分であるため，規範的部分がない協約は協約とは言えないほど重要な意味をもつ。労働協約上の規範的部分については，強制法規と同様に労働者個人の労働条件を規律する効力が与えられており，これを規範的効力という。規範的効力の適用を受ける者は，労働組合にあっては協約当事者である労働組合の組合員のみである[30]。

　一方，債務的部分は，労働協約のうち，集団的労使関係と関連して協約当事者間の権利・義務に関する事項を定めた部分である。すなわち，① 非組合員の範囲，② ユニオン・ショップ，③ 組合活動に関する便宜供与やルール（在籍専従，組合事務所，掲示板，組合休暇など），④ 団体交渉の手続きやルール（委任禁止条項，団体交渉の時間・手順など），⑤ 労使協議制，⑥ 争議行為の制限（平和義務，平和条項[31]）などである。協約当事者は，労働協約の規定の全般につき契約当事者としてそれを遵守し履行する義務を負う。そこで一方当事者は，他方当事者が協約規定に違反したり，それを実行しなければ，その履行を請求し，または不履行（違反）によって生じた損害の賠償を求めることができるのが原則である[32]。

4. 労働協約の現状

(1) 労働協約の締結有無・締結レベル

　労働組合と使用者（または使用者団体）の間で締結される労働協約の締結状況をみると，労働協約を「締結している」が91.4%，「締結していない」が8.6%となっている。企業規模別では，規模が大きいほど，労働協約を「締結している」とする労働組合の割合が概ね高くなっている。また，労働協約を締結している労働組合について労働協約の締結レベルをみると，「当該労働組合において締結」71.4%，「上部組織において締結」23.0%，「当該労働組合及び上部組織双方において締結」5.0%となっている（図表5-8）。

(2) 労働協約の事項別締結状況

　労働協約を締結している労働組合について「労働協約の規定がある」事項をみると，「組合活動に関する事項」が80.4%と最も多く，次いで「組合組織に関する事項」70.2%，「団体交渉に関する事項」（65.5%），「労働争議に関する事項」（54.5%）順となっている（図表5-9）。

図表 5-8　労働協約の締結の有無及び労働協約の締結レベル

（単位：%）

区　分	計	労働協約を締結している	当該労働組合において締結	上部組織において締結	当該労働組合及び上部組織双方において締結	労働協約を締結していない
計	100.0	91.4 (100.0)	71.4	23.0	5.0	8.6
5,000 人以上	100.0	97.5 (100.0)	41.3	47.5	10.5	2.5
1,000–4,999 人	100.0	93.3 (100.0)	64.1	28.7	7.2	6.7
500–999 人	100.0	91.6 (100.0)	74.6	22.8	1.9	8.4
300–499 人	100.0	90.8 (100.0)	85.5	13.1	1.4	9.2
100–299 人	100.0	85.1 (100.0)	93.9	3.3	2.4	14.9
30–99 人	100.0	87.5 (100.0)	95.5	3.0	0.2	12.5

出所：厚生労働省「平成23年　労働協約等実態調査　結果の概況」。

図表 5-9　労働協約の事項別規定の有無（単位労働組合）

(単位：%)

区　分	労働協約の規定あり	規定のある事項（複数回答）		いずれの規定もなし
組合組織に関する事項	70.2	非組合員の範囲	64.1	19.5
		ユニオン・ショップ	80.0	
		唯一交渉団体	44.9	
組合活動に関する事項	80.1	就業時間中の組合活動	82.9	23.0
		組合の企業施設の利用（組合事務所の場合を除く）	68.6	
		組合事務所の供与	66.3	
		組合専従者の取り扱い	60.3	
		チェック・オフ	71.3	
団体交渉に関する事項	65.5	団体交渉事項	91.4	23.0
		団体交渉の手続き・運営	81.9	
		交渉委任禁止	27.2	
労働争議に関する事項	54.5	争議調整	67.5	32.7
		争議行為の予告	88.1	
		争議行為の不参加者	58.6	
		争議行為中の遵守事項	57.7	

注：1)「ユニオン・ショップ」とは，従業員は原則としてすべて労働組合に加入しなければならないということをいう。
　　2)「唯一交渉団体」とは，使用者は当該労働組合を唯一の交渉団体と認め，他の団体との交渉を行わないということをいう。
　　3)「チェック・オフ」とは，使用者が組合員の賃金から定期組合費，臨時組合費，その他労働組合の徴収金を天引き控除し，労働組合へ直接渡すことをいう。
　　4)「争議調整」とは，争議行為を行う前に労働委員会における「あっせん」，「調停」及び「仲裁」やその他第三者による調整を行うことをいう。
出所：厚生労働省「平成27年　労使間の交渉等に関する実態調査　結果の概況」より作成。

⑶　包括協約の有無，有効期間

　労働協約には，労働条件や労使関係のルールを体系的・包括的に定める包括的協約や特定事項のみを定める個別的協約がある。労働協約を締結している労働組合のうち「包括協約がある」とする労働組合は65.5％となっており，さらにそのうち「有効期間の定めがある」のは64.3％となっている。企業規模別で

図表 5-10　包括協約および有効期間の有無

(単位：%)

区　　分	計	包括契約がある			包括契約がない
			有効期間の定めがある	有効期間の定めがない	
計	100.0	65.5　(100.0)	64.3	30.5	34.3
5,000 人以上	100.0	75.9　(100.0)	70.4	24.5	23.8
1,000–4,999 人	100.0	67.0　(100.0)	70.7	24.6	32.8
500–999 人	100.0	57.2　(100.0)	77.3	19.5	42.2
300–499 人	100.0	63.2　(100.0)	48.1	37.3	36.8
100–299 人	100.0	61.0　(100.0)	56.8	40.1	38.9
30–99 人	100.0	57.3　(100.0)	53.2	43.5	42.5

出所：厚生労働省「平成 23 年　労働協約等実態調査 結果の概況」。

は，規模が大きいほど「包括協約がある」とする割合と「有効期間の定めがある」とする割合が概ね高くなっている（図表 5-10）。

(4)　労働協約等の運営状況

①　人事事項への労働組合の関与

　一般組合員（組合役員を除く）の人事に関する事項について，労働組合の関与状況をみると，何らかの方法（「同意」，「協議」，「意見聴取」，「事前通知」，「事後通知」，「その他の関与」を合わせたものをいう）で「関与している」労働組合の割合は，「解雇」（73.0％），「懲戒処分」（71.0％），「配置転換」（65.1％）の順で高くなっている。また，労働組合の関与の程度が大きいもの（「同意」，「協議」，「意見聴取」の計）の割合をみると，「解雇」（45.7％），「懲戒処分」（43.4％）が比較的に高い。

　採用計画について，労働組合の関与状況をみると，何らかの方法で「関与している」労働組合は，「正社員の採用計画」が 54.1％，「正社員以外の採用計画」が 44.5％となっている[33]。

②　就業時間中の組合活動

　就業時間中の組合活動の取り扱いについて，組合大会等の定期の会合では，「届出，通知等をすればできる」が 49.3％と最も多く，次いで「許可，承認等の

図表 5-11　就業時間中の組合活動の取扱い

（単位：%）

区　分	計	許可，届出等を要しないでできる	届出，通知等をすればできる	許可，承認等のあった場合できる	全くできない
＜組合大会等定期の会合＞ 　　　計 就業時間中の組合活動について	100.0	9.9	49.3	26.2	12.9
労働協約の規定あり	100.0	10.1	50.9	27.2	10.3
労働協約の規定なし	100.0	10.8	45.6	22.1	21.1
＜教宣活動等日常の組合活動＞ 　　　計 就業時間中の組合活動について	100.0	14.7	39.5	29.4	14.0
労働協約の規定あり	100.0	11.9	42.1	32.5	11.7
労働協約の規定なし	100.0	23.2	30.4	23.1	21.9

出所：厚生労働省「平成 23 年　労働協約等実態調査 結果の概況」。

あった場合できる」26.2%，「全くできない」（12.9%），「許可，届出等を要しな
いでできる」（9.9%）順となっている。教宣活動等日常の組合活動では，「届
出，通知等をすればできる」が 39.5% と最も多く，次いで「許可，承認等の
あった場合できる」（29.4%），「許可，届出等を要しないでできる」（14.7%），
「全くできない」（14.0%）順となっている（図表 5-11）。

　就業時間中の組合活動について労働協約の規定の有無別にみると，「組合大
会等定期の会合」，「教宣活動等日常の組合活動」のいずれの場合も，「届出，通
知等をすればできる」，「許可，承認等のあった場合できる」において，労働協
約の規定がある労働組合の方が高くなっている。

③ 組合費のチェック・オフ

　組合費のチェック・オフの状況をみると，組合費のチェック・オフが「行わ
れている」労働組合は 91.0%，「全く行われていない」労働組合は 7.7% となっ
ている。企業規模別でみると，規模が大きいほどチェック・オフの実施率が高
いが，規模が小さい企業においても 8 割以上を占めている（図表 5-12）。

図表 5-12　組合費のチェック・オフ実施状況

（単位：％）

区　分	計	チェック・オフが 行われている	チェック・オフが 行われていない
計	100.0	91.0	7.7
5,000 人以上	100.0	93.6	5.2
1,000–4,999 人	100.0	97.4	1.7
500–999 人	100.0	93.4	5.9
300–499 人	100.0	91.1	8.4
100–299 人	100.0	86.0	11.7
30–99 人	100.0	83.7	14.8

出所：厚生労働省「平成 23 年　労働協約等実態調査 結果の概況」
より再作成。

Ⅴ．労使協議制度

1．労使協議制の機能

　労働者の待遇に関する不満やその他労使関係の運営をめぐって生ずる諸問題を労働組合と使用者が自主的に交渉して解決する手続きは，団体交渉にとどまらない。その他代表的なものとしては労使協議制がある。労使協議制とは，「労働者の代表と使用者が企業経営上の諸問題，とりわけ労働者の雇用・労働条件や生活上の利害関係に直接・間接に影響する諸問題について，情報や意見を交換する常設機関」である[34]。

　労使協議制は，団体交渉を補完する労使間の自主的手続きであり，労使が紛争の発生を回避する目的で設置されることが多い。労働組合が存在しない企業においても経営者と労働者間に労使協議機関を設置している場合がある。労使協議には，企業レベルのものだけでなく，産業，業種，地域，さらには全国レベルのものもある[35]。

　日本では企業レベルの労使協議が最も普及している[36]。企業レベルの労使協議制度は，経営協議会，労使協議会，労使懇談会，生産協議会，生産委員会，工場委員会などと企業によって名称も多様である（図表 5-13）。

図表 5-13　労使協議機関の名称

（単位：社）

	企業単位		事業所単位		職場単位	
名称	労使協議会	190	事業所労使協議会	53	職場懇談会	62
	経営協議会	73	労使懇談会	35	職場協議会	17
	労使懇談会	52	支部労使協議会	26	職場経営協議会	8
	中央労使懇談会	32	労使協議会	23	生産委員会	5
	中央経営協議会	26	事業所経営協議会	19		
	中央協議会	15	地方労使懇談会	14		
	労働協議会	13	地方経営協議会	10		
回答数		401		180		92

資料：日本生産性本部編『日本の労使協議制―その実態と課題―』日本生産性本部，1976 年。
出所：佐護　譽『人事管理と労使関係―日本・韓国・台湾・ドイツ―』泉文堂，1997 年，p.16。

　労使協議制のあり方は，国によってかなり異なっている。すなわち，この制度は，労働者が自主的につくる場合もあるが，法律に基づいているところや労働協約に基づいて個別企業内に設置されているところもある。日本では，労組組合の圧倒的部分が企業別組合であるため，労使協議制度は，通例，企業ごとの労使協定（とくに労働協約）によって個別企業を単位として設けられる合同協議機関の形態をとっている[37]。

　企業・事業所レベルでの代表的な労使協議制としては，① 団交前段的労使協議制（団体交渉の開始に先立って情報開示・意向打診などを行うためのもの），② 団交代替的労使協議制（団交事項を労使協議によって解決するためのもの），③ 経営参加的労使協議制（団交事項とは区別された経営・生産事項を協議するためのもの），④ 人事の事前協議制（協約上の人事協議条項に基づき行われるもの）などがある[38]。

　企業別組合の締結している労働協約の多くが労使協議を前段的手続とした団体交渉によって，または労使協議手続のみによって締結されており，労使協議制は企業別労使関係の運営において中心的な手続となっている。労使協議の付議事項の協議の程度については，「説明・報告」，「意見聴取」，「協議」，「同意」などの区別がなされており，対象事項の性質によって使い分けられている[39]。

2. 労使協議制の現状

(1) 労使協議機関の設置状況

　まず，労使協議機関の設置率をみると，社会経済生産性本部の「労使協議制度に関する調査報告」(1999) では，94.4% が労使協議機関を設置しており，日本経団連の「労使コミュニケーションに関するアンケート集計結果」(2005) では，81.6% となっている。しかし，厚生労働省の2014年調査では，40.3% と他の調査と比べてかなり低いが，これは調査対象の違いによるものと考えられる（図表5-14）。しかし，厚生労働省の調査を企業規模別でみると，5,000人以上の企業が74.7%，1,000-4,999人が66.0%，300-999人が52.8% と半数以上の企業が労使協議機関を設置している。

　労使協議機関がある企業の労使協議機関の設置根拠をみると，「労働協約」が60.4%，「就業規則」が24.0% となっている。企業規模別では，規模が大きいほど労働協約によって設置されているところが多く，規模が小さいほど就業規則によって設置されているところが多い（図表5-15）。

　労使協議機関の設置目的については，組合側，企業側いずれも複数回答の場合では，「経営への従業員（組合員）の意思の反映，参加意識の向上」，「労働条件の向上」，「労使間の情報の共有」，「経営の円滑な運営，事業の発展」が労使協議機関設置企業の7～9割を占めている。しかし，主要なもの一つを回答する単数回答の場合には，組合側の5割弱が「労働条件の向上」が，企業側の5割弱が「企業の円滑な運営」が，それぞれ設置目的であるとしている[40]。

(2) 労使協議機関の設置単位・時期

　労使協議機関を設置している企業に対し，その設置レベルをみると，「企業

図表5-14　労使協議機関の設置率

社会経済生産性本部調査 （1999年）	日本経団連調査 （2005年）	厚生労働省調査 （2014年）
94.4%	81.6%	40.3%

　　出所：① 社会経済生産性本部の「労使協議制度に関する調査報告」(1999)，
　　　　　② 日本経団連の「労使コミュニケーションに関するアンケート集計結果」
　　　　　(2005)，③ 厚生労働省「平成26年　労使コミュニケーション調査　結果の
　　　　　概況」2014年。

図表 5-15 労使協議機関の設置根拠

（単位：％）

区　分	労使協議機関「あり」計	労働協約	就業規則	その他の文書	慣行
計	100.0	60.4	24.0	4.4	10.3
5,000 人以上	100.0	75.5	13.5	1.3	9.7
1,000-4,999 人	100.0	80.3	11.4	1.6	6.8
500-999 人	100.0	54.2	27.7	9.8	8.3
300-499 人	100.0	46.0	30.9	5.6	13.4
100-299 人	100.0	38.7	36.9	7.5	16.9
30-99 人	100.0	29.3	56.5	4.2	10.0

出所：厚生労働省「平成16年労使コミュニケーション調査結果の概況」。

単位」（100％）がほとんどであり，その他に「事業所単位」（65.8％）あるいは「職場単位」（28.6％）の労使協議機関を設けている[41]。このように，労使協議では，全社レベルの協議が必要不可欠になっていることを示している。

　全社レベルの労使協議機関の設置時期をみると，「1950年以前」が9.8％，「1950年代」10.7％，「1960年代」18.8％，「1970年代」22.8％と70年代までが半数以上を占めている[42]。これらの時期は，戦後労使紛争が頻発していた時期でもあり，労使が労使関係の安定化を図るために意思疎通を模索していたからであろう。

(3) 労使協議機関の開催形態・開催回数

　労使協議機関の開催形態をみると，「定期及び必要の都度開催」が46.3％と最も多く，次いで「定期開催」（34.0％），「必要の都度開催」（19.7％）と，定期的な開催が進んでいることを示している。また，過去1年間，専門委員会を含む開催回数をみると，年に「20回以上」が32.6％と最も多く，次いで「10-19回」（28.9％），「5-9回」（21.3％），「1-4回」（17.1％）と，開催頻度が多くほぼ月1回以上のペースとなっていることを示している（図表5-16）。

　労使協議機関の開催時間は，就業時間内とするものが9割を占めている。協議時間については，「2時間程度」が約半数を占めている。開催の申し入れは，「定期開催」でない場合では「労使双方ともに可能」とするところが9割弱を占めている[43]。

図表 5-16　労使協議機関の開催形態・開催回数

開催形態	割合（%）	開催回数	割合（%）
定期及び必要の都度開催	46.3	20 回以上	32.6
定期開催	34.0	10–19 回	28.9
必要の都度開催	19.7	5–9 回	21.3
		1–4 回	17.1
		0 回	0.0

出所：日本経団連「労使コミュニケーションに関するアンケート集
計結果」2005 年。

(4)　労使協議等の参加者

　労使協議機関は，従業員側委員と使用者側委員とで構成されている。労働組合側から出席する代表者の地位について，組合側・企業側のいずれの回答においても事前折衝の段階では，「三役等」の組合が9割，次いで「執行委員長等」の出席する組合が6割，「執行委員」の出席する組合が3割となっている。また，労使協議機関の段階では，「三役等」「執行委員長等」の出席する組合が97％以上，「執行委員長等」の出席する組合が95％以上，「執行委員」が出席する組合が8～9割存在する。一方，出席人数については，事前折衝の段階では，1～4名と比較的少数であるのに対して，労使協議は10名以上と大人数で行うところが多い[44]。

　次に，使用者側委員についてみると，出席する使用者側委員の地位に関しては，組合側・企業側のいずれの回答においても，まず事前折衝の段階では，「労務担当部課長担当職」が出席するとする企業が9～10割，「取締役」が出席するとするものが3割，「常務取締役」とするものが2割となっており，出席人数は1～4名とするところが8割強となっている。労使協議の段階になると，「労務担当部課長等」が出席するとする企業が9割，「取締役」「常務取締役」が出席するとする企業が7割，「専務取締役」「社長」が出席するとする企業が6割となっている。一方，出席人数については，労務担当部課長等，取締役，常務取締役を中心に10名以上としているところが多い[45]。

　日本経団連の調査によると，労使協議の会社側の出席者は図表5-17のとおりである。

図表 5-17　労使協議の会社側出席者

（単位：%）

出席者		経営方針	労働条件	安全衛生	福利厚生
社長		54.6	25.1	10.4	9.9
人事労務担当	副社長・専務・常務	32.1	30.8	17.6	19.4
	取締役・執行役員	27.9	28.8	20.6	22.7
	部長・課長	24.2	26.6	23.9	25.3
人事労務担当以外	副社長・専務・常務	47.1	24.8	17.1	11.0
	取締役・執行役員	42.4	25.1	18.9	13.6
	部長・課長	31.2	23.3	29.3	16.2

出所：日本経団連「労使コミュニケーションに関するアンケート集計結果」2005 年。

⑸　労使協議機関の付議事項とその取扱い

　労使協議機関に付議する事項は，多岐にわたっているが，その中でも「労働時間・休日・休暇」（92.6%），「勤務態様の変更」（88.3%），「職場の安全衛生」（88.2%），「福利厚生」（87.4%），「賃金・一時金」（86.3%）が比較的に多くなっている。付議事項とする場合の取扱いは，「説明報告」と「協議」の割合が比較的高く，特に「説明報告」では，経営の基本方針が54.9%，生産・販売等の基本計画が45.1%，会社組織機構の新設改廃が42.8%となっている。「協議」では，職場の安全衛生が52.9%，労働時間・休日・休暇が47.5%，勤務態様の変更が43.9%となっている（図表5-18）。

　労使協議機関がある企業について，1年間に成果があったかどうかをみると，「成果があった」が60.6%，「成果がなかった」が1.2%，「どちらともいえない」が36.6%となっている[46]。

Ⅵ．団体交渉と労使協議の関係

　労使交渉の形態としては，労使協議の他に団体交渉がある。企業レベルの労使関係を中心とする日本の労使関係においては，団体交渉はそのほとんどが企業別組合による企業別交渉であるから，労働組合が組織されており，かつ労使協議機関も設けられている企業においては，団体交渉と労使協議の制度的関係

図表 5-18　労使協議機関の付議事項とその取扱い

(単位：%)

区　　分		付議事項である計	同意	協議	意見聴取	説明報告	付議事項でない
経営に関する事項	経営の基本方針	71.1	4.4	6.2	5.7	54.9	28.8
	生産，販売等の基本計画	67.0	4.5	9.1	8.3	45.1	32.8
	会社組織機構の新設改廃	66.0	3.8	11.4	8.0	42.8	33.9
	新技術応用機器の導入等生産事務の合理化	53.1	4.9	12.5	10.1	25.6	46.8
人事管理に関する事項	採用・配置基準	59.8	5.2	14.1	9.9	30.5	40.1
	昇進，昇格基準	65.5	9.0	17.0	12.4	27.1	34.4
	配置転換，出向	69.5	13.1	20.1	11.1	25.2	30.4
	教育訓練計画	64.3	8.7	14.6	16.4	24.5	35.6
	一時帰休・人員整理・解雇	72.7	20.6	38.5	2.9	10.6	27.2
労働条件に関する事項	定年制	78.1	24.4	33.8	3.6	16.3	21.8
	勤務態様の変更	88.3	24.9	43.9	6.3	13.3	11.6
	労働時間・休日・休暇	92.6	27.4	47.5	5.5	12.2	7.3
	育児休業制度・介護休業制度	81.3	21.8	38.5	5.6	15.4	18.5
	賃金・一時金	86.3	25.8	42.2	3.8	14.5	13.6
	時間外労働の賃金割増率	78.6	23.8	37.8	3.2	13.8	21.2
	退職手当・年金基準	80.1	21.2	38.8	3.6	16.4	19.8
その他の事項	職場の安全衛生	88.2	11.4	52.9	10.8	13.1	11.7
	福利厚生	87.4	14.8	41.2	13.4	18.1	12.4
	文化・体育・レジャー活動	69.9	10.8	31.5	11.7	15.8	30.0

出所：厚生労働省「平成 16 年　労使コミュニケーション調査結果の概況」。

あるいは機能別区別が問題となる。

　団体交渉と労使協議は，労使間で労働条件などの諸問題を労使が対等の立場で話し合うという点では，共通点を持っている。では，両者の間にはどこに相違点が認められるのか。たとえば，ドイツの場合は，団体交渉と労使協議（＝共同決定の一環）は明確に区別されている[47]。交渉の主体（＝当事者）もレベルも対象事項も異なっている。日本においてはどうか。まず，団体交渉と労使協議の相違点を形式的にみると，つぎのような違いがある[48]。

① 団体交渉は，憲法上の団体交渉権の保障（第 28 条：労働基本権）に基づいて労働組合法上の保護と助成を受けているが，労使協議制度は，法律による何らの規制も受けない労使間の自主的機関である。

② 団体交渉は，争議権を背景としており，労働組合は団体交渉が妥結しない場合には，争議行為に訴えることができる。これに対して，労使協議機関は諸問題を解決し，紛争の発生を事前に防止することを目的とする自主調整機関であり，これには争議権は認められていない。話し合いの背景に争議権があるかどうかが決定的な相違点の一つである。

③ 労使協議機関の性格上，労働者側委員は，従業員でなければならない。団体交渉の場合，交渉委員は従業員に限定されない。

④ 労使協議の対象事項によって区別することも一応は可能である。団体交渉と労使協議の関係について，その対象項目に着目して，労使関係の二つの側面から区別されている。すなわち，労使関係は，本来「対立的側面」（＝経営—労働組合関係）と「協力的側面」（＝経営—従業員関係）という二つの側面を持つ。このような労使関係の二面性に起因して，団体交渉は労使間の利害対立事項を，労使協議は利害共通事項をそれぞれ取り扱うことになる[49]。

　日本の労働組合法には，団体交渉の対象事項を明確に定めた規定はない。そのため特定の事項が法律上団体交渉事項であるかどうかがしばしば紛争になっている。注目すべきことは，団体交渉の対象となっている事項が同時に労使協議の対象事項になっている場合もあるということである（図表5-19）。すなわち，同一の事項が，ある場合には団体協議の場で，ある場合には労使協議の場で取り上げられているのである[50]。

　以上のように，実際には利害対立事項が労使協議の場で取り上げられる場合にもしばしばあり，また利害対立事項と利害共通事項を明確に区別することも困難である。それ故に，対象事項の相違による区分は一応のものでしかないといってよい。なぜならば，両者は重複している場合が多いからである。日本においては，団体交渉と労使協議の対象事項を明確に区別することは不可能であり，したがってまた対象事項によって団体交渉と労使協議を明確に区別することも不可能である。

　ところで，労使協議機関と団体交渉の付議事項の取り扱いが実際，どのように行われているのか。労使協議機関と団体交渉の関係は，3つのタイプに分けられる。すなわち，

① 分離型：それぞれ別の制度が設けられていて労使協議機関では団体交渉事

図表 5-19　対象事項別団体交渉と労使協議機関の話し合い

(単位：％)

事　項		労使協議機関あり計	労使協議機関において話し合い	団体交渉において話し合い
賃金	賃金制度	100.0	28.0	37.9
	賃金額（基本給・諸手当・賞与・一時金）の改正	100.0	25.3	52.8
	個別組合員の賃金額	100.0	12.1	11.2
	退職給付（一時金・年金）制度	100.0	21.0	20.3
	その他の賃金に関する事項	100.0	23.2	23.9
労働時間	所定内労働時間	100.0	27.6	23.3
	所定外・休日労働	100.0	37.4	24.1
	休日・休暇（週給2日制，連続休暇含む）	100.0	35.1	23.4
	その他の労働時間に関する事項	100.0	35.2	20.2
雇用・人事	要員計画・採用計画	100.0	27.1	12.1
	配置転換・出向	100.0	23.6	7.8
	人事考課制度	100.0	24.8	12.1
	希望退職者の募集・解雇	100.0	7.4	4.2
	定年制	100.0	17.1	14.8
	勤務延長・再雇用	100.0	24.4	17.7
	個別組合員の昇進・昇格・懲戒	100.0	17.3	6.3
	経営環境悪化時のもとでの雇用確保の方策	100.0	15.8	9.7
	その他の雇用・人事に関する事項	100.0	21.8	10.4
安全衛生	職場環境	100.0	44.7	17.9
	健康管理	100.0	41.7	14.1
経営方針	企業組織の再編・事業部門の縮小	100.0	18.6	7.6
	業務委託（アウトソーシング・請負）	100.0	12.2	4.1
	その他の経営方針に関する事項	100.0	25.8	11.5
正社員以外の労働者	正社員以外の労働者（派遣労働者を除く）の労働条件	100.0	15.0	14.1
	正社員以外の労働者（派遣労働者を除く）の活用	100.0	14.2	6.7
	派遣労働者の活用	100.0	8.7	2.4
その他	教育訓練	100.0	24.6	9.1
	福利厚生	100.0	34.3	17.3
	育児休業制度・介護休業制度	100.0	25.8	20.1
	男女の均等扱い	100.0	13.6	7.3
	労働協約の解釈・疑義	100.0	19.5	9.5

出所：厚生労働省「平成 24 年　団体交渉と労働争議に関する実態調査」より再作成。

図表 5-20　労使協議機関と団体交渉の付議事項の取り扱い

区　分	企業数	比率（%）
完全分離方式（分離型）	79	25.2
団体交渉で取り扱う事項も労使協議で扱う（連結型）	133	42.5
特に区別せず，労使協議で処理（混合型）	95	30.4
その他	6	1.9
合計	313	100.0

出所：梅崎修・南雲智映「交渉内容別に見た労使協議制度の運用とその効果―「問題探索型」労使協議制の分析―」『日本労働研究雑誌』No.591, 2009 年，p.30。

項は取り扱わない。
② 連結型：それぞれ別の制度が設けられているが，団体交渉事項については労使協議機関で先ず予備的な話し合いを行う。
③ 混合型：2 つの制度を特に区別せず 1 つの機関で団体交渉事項も処理する。
　労使協議機関と団体交渉で取り扱う内容を区別しているかどうかをみると，「完全分離方式」（分離型）をとっているのは 25.2%である。これに対して，「団体交渉で取り扱う事項も労使協議で扱う」（連結型）のが 42.5%，「特に区別せず，労使協議で処理」（混合型）するのが 30.4%となっており，約 73%が労使協議制と団体交渉を明確に分けていないことがわかる（図表 5-20）。この調査結果から，日本の労使協議は企業内団体交渉の予備折衝あるいは前段階的な色彩が強くなっているといえる。

Ⅶ．むすび

　以上，日本の労使関係における団体交渉と労使協議制度の現状と特質をみてきた。日本の団体交渉はそのほとんどが企業別組合によって企業レベルで行われている。また，労働組合が組織されている企業のほとんどは労使協議機関も設置されており，企業経営全般について労使間に頻繁に話し合いが行われている。さらに，労働組合と労使協議機関が併存している企業においては，団体交渉の主体と労使協議のそれとはほとんど同じである。そのために，団体交渉と

労使協議で取り扱う事項も両者の区別が明確でなく，境界が曖昧となっている。労使協議は団体交渉の前段階として予備的な話し合いの場といえる。労使間の諸課題・諸問題への円滑な対応を行うために，団体交渉と労使協議という場が区別して設定され，各対象に応じて適切な形式，考え方のもとで解決がはかられるという意味では，両者は相補的かつ一体的に機能しているということができる。

　労使が利害対立的な事項を事前に話し合うことで紛争の発生を防止するという点で，労使協議制度は日本の労使関係において重要な役割を果たしてきたと評価できる。

　今後も日本の団体交渉は労使協議によって代替され，労使関係の安定や協力的な労使関係を築いていくものと考えられる。

注

1　土屋直樹「団体交渉と労使協議」日本労働政策研究・研修機構『日本労働研究雑誌』No.657，2015 年，p.66 および菅野和夫『労働法（第 8 版）』弘文堂，2009 年，pp.471-472。
2　菅野和夫，前掲書，p.518。
3　同上，pp.525-526。
4　同上，p.533。
5　同上，p.531。
6　日本ではわずかな例として，全日本海員組合と 4 つの船主団体間の交渉が唯一の産業別交渉形態を採っている（菅野和夫，前掲書，p.521）。
7　佐護譽『人事管理と労使関係―日本・韓国・台湾・ドイツ―』泉文堂，1997 年，p.10。
8　合同組合については，河本　毅『合同組合と上部団体』日本法令，2009 年参照。
9　各交渉形態の概念は次のとおりである。
　① 企業別交渉への上部団体役員の参加は，上部団体の役職員が傘下の企業別組合から交渉権限の委任を受けて企業別交渉に参加する交渉形態。② 共同交渉は，企業別組合とその上部団体とが，それぞれの団体交渉権に基づいて共同で使用者と交渉に当たる形態。③ 集団交渉は，産業別組合の統制下にいくつかの企業別組合と各企業との交渉を同一テーブルで同時に行う交渉形態。④ 対角線交渉は，産業別上部団体が単独で個々の使用者と交渉する形態。⑤ 統一交渉は，同一の業種ごとに経営者側と労働組合側が足並みをそろえて団体交渉する形態。統一交渉は，産業別統一交渉が一般的で複数の労働組合が要求を統一することにより労働組合の交渉力が増すほか，経営者にとっても同業種間で情報交換して回答水準をすり合わせることができるため，自社だけが同業他社より不利な回答をする事態を避けられる利点がある。日本では 1960 年代から春闘で，電機や鉄鋼・造船業界などが導入した。最近は同一業種内で企業間の業績格差が顕著になっているため，統一交渉から離脱する企業も多い。団体交渉の諸形態については，白井泰四郎・花見忠，・神代和欣『労働組合読本』（第 2 版）東洋経済新報社，1986 年，p.175 および菅野和夫，前掲書，pp.522-523 参照。
10　菅野和夫，前掲書，p.521。
11　同上，p.521。
12　春闘については，① 久谷與四郎「「春闘」の意味と役割，今後の課題」『日本労働研究雑誌』

No.597，2010 年，② 久谷與四郎「春闘が果した役割とこれからの賃金決定」日本の賃金の 2000 プロジェクト編『日本の賃金戦後の軌跡と新世紀の展望』社会経済生産性本部・生産性労働情報センター，2001 年。③ 小島健司『春闘の歴史』青木書店，1975 年，④ 太田薫『春闘の終焉─低成長下の労働運動』中央経済社，1975 年参照。

13 久谷與四郎（2010），前掲論文，pp.84-85 および久谷與四郎（2001），前掲論文，pp.237-242。

14 平成不況の中で主要大企業は「ベアゼロ，定昇のみ」の回答が多く，賃上げの春闘は期待できない状況が続いた。

15 矢加部勝美「歴史的に見た春季賃金闘争」日本の賃金の 2000 プロジェクト編『日本の賃金戦後の軌跡と新世紀の展望』社会経済生産性本部・生産性労働情報センター，2001 年，pp.221-236 および太田薫，前掲書，1975 年。

16 久谷與四郎（2010），前掲論文，pp.85-86。

17 菅野和夫，前掲書，pp.533-534。

18 同上，pp.534-536。

19 同上，p.539。

20 同上，pp.539-540。

21 労働委員会の審査・命令をめぐる諸問題については，宮里邦雄『労働委員会　審査・命令をめぐる諸問題』労働教育センター，1990 年参照。

22 菅野和夫，前掲書，pp.540-541。

23 同上，pp.541-543。

24 同上，p.545。

25 同上，p.545。

26 同上，pp.545-546。

27 同上，p.546。

28 同上，pp.548-549。

29 同上，p.552。

30 同上，pp.557-559。

31 平和義務とは，協約当事者が労働協約の有効期間中に当該労働協約で既定（解決済）の事項の改廃を目的とした争議行為を行わない義務を言う。また，労働協約においては，労使間で紛争が生じた場合に一定の手続き（一定期間の協議，あっせん，調停，予告など）を経なければ争議行為に訴えないことを定める場合があり，そのような協定を平和条項と呼ぶ（菅野和夫，前掲書，p.562）。

32 菅野和夫，前掲書，pp.560-562。

33 厚生労働省「平成 23 年　労働協約等実態調査 結果の概況」。

34 白井泰四郎『現代日本の労務管理第 2 版』東洋経済新報社，1992 年。

35 企業を超えた労使協議制度については，日本生産性本部編『労使協議制の新たな発展─産業・地域・企業の現状と成果─』日本生産性本部，1980 年参照。

36 日本の労使協議の歴史的変遷については，久本憲夫「日本の労使交渉・労使協議の仕組みの形成・変遷，そして課題」『日本労働研究雑誌』No.661，2015 年，pp.4-14 参照。

37 佐護譽『人事管理と労使関係─日本・韓国・台湾・ドイツ─』泉文堂，1997 年，p.15。

38 菅野和夫，前掲書，p.524。

39 同上，p.524。

40 酒井祐太郎「日本における労使協議制の現状に関する考察」『埼玉女子短期大学研究紀要』第 7 号，1996 年，p.135。

41 社会経済生産性本部調査（1999）「労使協議制の現状と課題」。

42 同上。

43　酒井祐太郎，前掲論文，p.137。

44　同上，p.135。

45　同上，p.135。

46　厚生労働省「平成 26 年労使コミュニケーション調査 結果の概況」

47　ドイツの団体交渉と労使協議については，次を参照。① ガウグラー／カーデル・佐護　譽・佐々木常和『ドイツの労使関係』中央経済社，1990 年，② 佐護譽『人事管理と労使関係—日本・韓国・台湾・ドイツ—』泉文堂，1997 年。

48　佐護譽，前掲書，pp.23-24。

49　同上，p.24。

50　同上，p.24。

第6章
韓国の団体交渉と労使協議制度

I．はじめに

　労使関係における労働者側と使用者側との関係は二つに区分される。一つは，労使対立を前提とした団体交渉制度であり，もう一つは労使協力を前提とした労使協議制度である。一般に，団体交渉制度と労使協議制度は，企業経営上の意思決定過程に労使双方の代表が参加し，直面する諸問題に関して対等な立場で平和的に交渉・協議・決定する労使関係の中心機構であるといえる。また，両者は労使間の意見を調整する民主的な統合機構であり，労使紛争の未然防止や産業平和の維持発展のために必要とされる先行的過程であるというところに共通点がある。

　しかし，両者の関係を明確に区分することは困難であるが，労使間の交渉対象事項や交渉方法・手続きなどにおいて，次のように区分することができる。すなわち，団体交渉制度は賃金・労働時間など労働条件に係わる労使間の利害対立事項を対象とする集団的な労使交渉・決定過程であり，労働協約の締結または更新のための必須過程である。一方，労使協議制度は企業経営・生産などの問題に係わる労使間の利害共通事項を対象とする労使協議機関であり，労使協力関係の強化を目指す諮問機構的な性格をもつものである。

　本章では，韓国における団体交渉制度と労使協議制度の現状とその特質について考察する。

Ⅱ. 韓国の団体交渉制度

1. 団体交渉制度の確立

　韓国の団体交渉制度は，第二次世界大戦後の1953年に「労働組合法および労働関係法」の制定によって初めて確立された[1]。その後，政府の労働政策の変化や数回にわたる労働組合法の改正があり，多くの制約を受けながら今日に至っている。

　韓国では，1971年12月27日に公布された「国家防衛に関する非常措置法」によって，団体交渉権や団体行動権は厳しく制約されていた。労働組合運動に対する制約が多少緩和されたのは，労働組合法および労働関係法の大幅な改正（1980年）と国家防衛に関する非常措置法が廃止（1981年）されてからである。特に，このような状況は，1987年の「6.29民主化宣言[2]」を契機として大きく変化した。この民主化宣言以降の急激な労使紛争の深刻化や労働組合の「先罷業・後交渉」という不法な団体交渉が展開される中で，1987年11月に労働組合法が改正され，団体交渉制度の規定もかなり明確になった[3]。

　韓国の憲法第33条1項では，労働条件の向上のための労働者の自主的な団体交渉権を保障している。また，労働組合法第1条では，労働者の労働条件の維持・改善および福祉増進による経済的・社会的な地位の向上と国民経済の発展に寄与することを目的とした労働者の自主的な団体交渉権を保障しており，労働組合法第2条においても労働組合の団体交渉のための正当な行為に対して，刑事上の免責を規定している。さらに，労働組合法第33条1項では，「労働組合代表者または労働組合より委任を受けた者は，その労働組合または組合員のための使用者や使用者団体と労働協約の締結その他の事項に関して交渉する権限を有する」と規定し，労働組合の交渉権限を明文化している[4]。

　一方，労働組合法第33条5項では，「使用者または使用者団体は労働組合の代表者または労働組合より委任を受けた者との誠実な団体協約締結を正当な理由なく，拒否または回避することはできない」と使用者側の誠実な交渉義務を規定している。さらに，同法第39条3項では，労働組合の代表者または労働組

合より委任を受けた者との労働協約締結，その他の団体交渉を正当な理由なく，拒否または回避する使用者の行為を不当労働行為として禁止するとともに，使用者の誠実な交渉義務を規定している[5]。

　以上のように，韓国の団体交渉制度は，憲法および労働組合法の法的保護規定によって，労使双方の権限や義務の関係がかなり明確にされている。

2.　団体交渉の構造

　団体交渉の構造とは，どのような労使の組織がいかなる集団を代表して，だれを相手に，どのような事項について交渉するか，という問題である。ここでは，団体交渉の主体，対象，方式，手続きについて概観する。

⑴　団体交渉の主体

　団体交渉の主体ないし当事者は，労働側としては労働組合，使用者側としては使用者または使用者団体である。団体交渉における労使代表交渉委員の構成に関する労働組合法の規定は次のとおりである。労働組合側の代表は，単位労働組合の代表者または単位労働組合より委託を受けた者であるが，交渉を委任する場合には単位労働組合の総会または代議員会の議決を経て，当該労働組合が加入している上部団体である労働組合または上部団体より交渉委員として指名された者に委任することができる[6]。また，団体交渉を委任する際には，委任団体の名称，代表者，委任事項などを使用者または使用者団体および行政官庁に報告しなければならない。

　一方，使用者側の代表は，使用者（法人企業の場合は代表理事，個人企業の場合は事業主個人）と使用者団体（労使関係の構成員である使用者を調整または規制することができる権限をもつ使用者の団体）の代表である（労働組合法第4条，第5条）[7]。

　団体交渉の主体は以上のとおりであるが，実際の団体交渉は労働組合側と使用者側の代表とともに労使交渉委員として指名や委任された者の参加によって行われることが多い[8]。

　団体交渉委員の構成をみると，韓国では団体交渉委員は，労使同数の代表交渉委員によって構成されている。団体交渉委員会の議長は，労使代表委員の輪

番制によって決められ，労使双方の代表委員は，団体交渉過程への参加が義務づけられている。また，労使双方は幹事1名をそれぞれ選出し，団体交渉に必要な事前の準備，交渉事項記録，交渉後の措置などの業務を担当することになっている[9]。

(2) 団体交渉の対象

　団体交渉の対象となる事項の範囲を明確に規定することはきわめて困難である。なぜならば，労働組合側は団体交渉の対象事項の範囲を賃金と労働条件に限定せず，その他のさまざまな事項まで拡大すべきであると主張し，使用者側は賃金および労働条件に交渉の範囲を限定すべきであると主張するなど，労使の主張は対立しているからである。

　韓国の団体交渉対象事項に関する労働組合法では，「労働組合または組合員のための団体協約の締結とその他の事項」と規定しており（第33条1項），労働組合と組合員のための具体的な交渉対象事項の内容については明確には表現していない。また，同法第1条も「労働者の労働条件の維持改善および福祉増進を目的とする」労働組合の団体交渉権は保障しているが，その目的達成のための団体交渉対象事項の範囲は明確にしていない。このような不明確な規定は団体交渉対象事項の範囲をめぐる労使間の紛争要因にもなっている。かくして，労使間の自主的な合意による具体的な交渉事項の決定が必要となる[10]。

　韓国労働組合総連盟と韓国経営者総協会がそれぞれ主張している団体交渉対象事項の範囲をみると，次のとおりである。

　まず，韓国労働組合総連盟が規定している団体交渉対象事項は，① 労働組合活動に関する事項，② 人事に関する事項，③ 賃金および労働条件に関する事項，④ 労働時間に関する事項，⑤ 安全・保健・災害に関する事項，⑥ 経営成果の公正な分配に関する事項，⑦ 生産，機械速度および作業強度に関する事項，⑧ 工場閉鎖，休業，合弁，分割，下請，事業の拡大および縮小に関する事項，⑨ その他団体交渉に該当する一切の事項である。このように韓国労働組合総連盟は，労働条件をはじめとする経営・生産・人事に関する多くの事項まで団体交渉の対象としており，かなり広範囲にわたっている[11]。

　一方，韓国経営者総協会が団体交渉標準案第52条に規定している団体交渉

の範囲は，① 賃金および労働条件に関する事項，② 作業施設および環境に関する事項，③ 福利厚生に関する事項，④ 組合活動に関する事項，⑤ 団体協約の改廃に関する事項となっている[12]。このように労使双方による団体交渉の対象事項をめぐっては大きな隔たりがある。

(3) 団体交渉の方式

　団体交渉の方式とは，団体交渉の主体が選択し，実行する団体交渉の技術的・形態的側面での方法や形式を言う。団体交渉の方式は，労働組合と使用者間の合意によって決定される。したがって，労働関係当事者のうち，ある一方が特定の交渉方式で交渉するよう主張し，これを受け入れるよう相手に要求したとしても相手がその交渉方式を受け入れなければならない義務はない。たとえば，ある産業別労働組合が当該産業の使用者らに集団交渉に応じるよう要求したとしても使用者らは集団交渉を拒否し，個別交渉を主張することができる。また，使用者の主張が合理的な根拠なしに団体交渉を拒否しているとは思わない限り不当労働行為に当たらない。ただし，特定の方式の団体交渉を行うことを団体協約にあらかじめ規定または合意した場合には，その団体協約あるいは合意が有効である限り，労使関係当事者はその合意を遵守して合意された団体交渉の方式によって交渉を実施しなければならない[13]。

　団体交渉の方式を分類する方法としてはいろいろあるが，交渉の主体や団体交渉の戦術などによって分類できる[14]。まず，団体交渉の主体からみると，次のような方式がある。

① 企業別交渉（個別交渉）

　企業別交渉とは，特定の事業場内の労働組合と使用者との間で行われる団体交渉である。企業別支部・分会など超企業単位労働組合の企業別傘下組織が単位労働組合の委任を受けて独自的に相手の個別事業場の使用者と行う団体交渉も企業別交渉に含まれる。

　個別事業または事業場単位の団体交渉であるから団体交渉を進行する過程では原則的に団体交渉窓口単一化手続きを経なければならない[15]。もちろん当該企業または事業場の労使関係当事者が任意で窓口単一化の手続きを経ないで団

体交渉を行ったからといって団体交渉が無効になることはない。企業別交渉は個別企業が持つ特殊性を反映して具体的で詳細な事項に関する交渉を行うことができるメリットがある。一方，個別事業または事業場の特殊な状況に集中するため，産業や地域全体の問題を度外視ないし当該企業の利益のみを追求する恐れがあるというデメリットもある[16]。

　韓国の労働組合の組織形態は，企業別組合が一般的であるため，団体交渉は個別企業の使用者と当該企業の企業別組合によって行われる場合がほとんどである。

② 対角線交渉

　対角線交渉とは，産業別または地域別労働組合など超企業単位労働組合と個別事業場の使用者との間で行われる団体交渉である。対角線交渉は，超企業単位労働組合に対応する使用者団体がないか有名無実で，所属使用者らに対する統制権を喪失した場合または個別事業場に特殊な事情があって労使双方が了解した場合に採択される。団体交渉を行う目的が団体協約を締結するためのものかまたは団体協約締結目的以外の事項に関するものかに関係なく対角線交渉の方式が利用できる。すなわち，団体交渉対象事項が団体交渉の解釈・適用に関するものや組合員の人事に関する事項であっても対角線交渉方式で団体交渉が可能である。

　超企業単位労働組合の他に連合団体である労働組合も団体交渉の主体となれることから，産業別連合団体も対角線交渉の方式で所属単位労働組合の委任を受け，その単位労働組合の使用者と交渉することができる。

　対角線交渉は，労働組合の影響力がある主要事業または事業場の使用者を選択するかまたは交渉力が脆弱で労働組合側の主張を比較的に容易に貫くことができると判断される事業または事業場の使用者を選択し，模範協約を締結した後，これを同一産業または地域内の他の使用者らに受け入れさせるよういわゆる「パタ―ン交渉」の手段として活用されることもある[17]。

③ 共同交渉

　共同交渉とは，企業別単位労働組合から委任を受けた連合団体である労働組

合と当該企業別単位労働組合または産業別労働組合など超企業単位労働組合と
当該超企業単位労働組合傘下の支部・分会が共同で，個別使用者と交渉する団
体交渉方式である。

　団体協約の締結を目的とした交渉だけでなく，団体協約の解釈・適用に関す
る事項，組合員の人事に関する事項など，団体協約の締結が目的でない団体交
渉も共同交渉の形態として行うことができる。企業別交渉を実施しながら産業
別労働組合に所属している者が交渉委員として参加したり，連合団体に所属し
ている者が交渉委員として参加するのも共同交渉の1つの類型といえる。

　共同交渉の場合にも企業別単位労働組合または超企業単位労働組合の支部・
分会などが，連合団体である労働組合または超企業単位労働組合とともに使用
者に団体交渉を要求すると，労働組合及び労働関係調整法第29条の2以下の規
定により団体交渉の窓口単一化手続きが開始される[18]。

④ 集団交渉

　集団交渉とは，同一の地域または同一の業種に属するなど，お互いに密接な
共同の利害関係をもつ企業別単位労働組合が，その労働組合に対応する使用者
らと団体交渉を行う方式である。企業別単位労働組合が連合団体など，上級団
体に所属していないか上級団体が組織されていない場合に行われる交渉方式で
ある。

　集団交渉は，同一地域または同一業種に共通した事項に対する団体協約を締
結するために行われる場合が多い。個別企業の特殊な事項に関する団体交渉
は，対角線交渉や個別交渉，共同交渉などの方式で行うのが合理的である。

　集団交渉方式では，団体交渉の当事者が企業別単位労働組合であるから当該
労働組合が「労働組合及び労働関係調整法」第29条以下の窓口単一化規定によ
り所属事業または事業場で交渉代表労働組合の地位を確保しておかなければな
らない。

　もしある特定事業場に集団交渉に参加した労働組合の他に交渉に参加してい
ない他の労働組合が存在しており，両労働組合が交渉窓口の単一化を行わない
と個別交渉で合意をしたならば，共同の利害関係に対する統一的交渉という集
団交渉の目的を達成することは困難である。このような状況においては使用者

が集団交渉方式を拒否する可能性が高い[19]。

⑤ 統一交渉

　統一交渉とは，産業別または地域別労働組合など，超企業単位労働組合とそれに対応する産業別または地域別使用者団体が当事者となって団体交渉を行う方式である。労働組合が産業別または地域別に組織されており，傘下の組織に対する統制力を確実に確保していると同時に，使用者らが使用者団体を通じて団体交渉に応じるよう圧迫できる十分な勢力を形成しているとき，可能な交渉方式である。しかし，超企業単位労働組合が存在しているとしても使用者団体が所属している使用者らに対する統制力を喪失した場合や大多数の使用者が脱退して使用者団体の存在が有名無実化した場合には，集団的対角線交渉方式の団体交渉は可能であるが，統一交渉方式は採択するのが難しい。

　統一交渉は労働組合が交渉力を強く行使することができることと，当該産業または地域全体に共通した問題に関して統一的な交渉と解決が可能であるというメリットがある。一方，当該産業または地域に共通した事項に関する交渉のみが可能であるため，個別企業がもつ特殊性を反映した交渉を行うのが困難で補充交渉として企業別交渉が伴われざるを得ないデメリットがある。

　実際，韓国の民主労総傘下の全国金属労働組合や韓国労総傘下の全国金融産業労働組合などが統一交渉を実施しているが，主要要求事項と共通の賃上げ率などについてのみ交渉を行っているものの，支部・分会レベルの具体的な賃上げ率やその他労働条件については，各支部・分会レベルの交渉で行われるようにしている。統一交渉においては，原則的に交渉窓口の単一化手続きは適用されないが，事業または事業場単位の補充交渉が行われるためには，当該事業または事業場内で交渉窓口の単一化手続きを経なければならない[20]。

　つぎに，団体交渉の戦術・戦略からみた場合，次の２つの形態がある。

① パターン交渉

　パターン交渉とは，労働組合が産業や地域全般にわたって影響力のある主要産業または事業場の使用者を選択または交渉力が脆弱で労働組合側の主張を比較的に容易に貫くことができると判断される事業または事業場の使用者を選択し，団体交渉を行い，模範団体協約を締結した後，その団体協約の内容や水準

を同一産業または同一地域内の他の使用者らが締結する団体協約に受け入れても
もらう交渉方式である。

　パターン交渉方式においては，団体協約の締結のための団体交渉が行われる
期間中は，他の事業または事業場では団体交渉を開始せず，その結果を待つの
が一般的である。

　パターン交渉は，主に産業別または地域別の超企業単位労働組合が個別使用
者らを相手に団体交渉を行う対角線交渉または集団的対角線交渉方式の団体交
渉が行われる場合に，労働組合側が選択できる交渉戦略の一つである[21]。

② 集中交渉

　集中交渉とは，団体交渉に臨む労働組合と使用者が迅速な団体交渉の進行と
終了のため，当事者が合意した期間の間に，通常の場合より多くの回数の団体
交渉を集中的に行うことである。集中交渉は，特定の交渉議題に関する迅速な
合意が必要であるという労使間の認識が一致した場合に可能である。集中交渉
は，主に迅速な交渉妥結とその妥結結果に伴う早い団体協約の締結のために行
われる[22]。

⑷　団体交渉の手続き

　団体交渉の実施手続きは，交渉の対象や方式によって多少異なるが，一般的
な実施手続きは，次のような 4 段階に区分される[23]。

① 団体交渉の準備段階

　これは団体交渉の円滑な進行に必要な労使双方の交渉委員会の構成，交渉対
象事項，交渉時期，交渉場所などに関する交渉準備段階である。特に，労使の
交渉委員の数や資格要件，幹事および交渉代表の選出，就業時間内の団体交渉
活動や賃金保障，交渉開催時期，交渉場所の整備，その他の交渉対象事項など
に関する労使双方の合意が必要とされるが，以前の団体協約で明確に規定して
おくことも可能である。

② 団体交渉の開始段階

　これは交渉を申請・要請する段階，すなわち団体交渉開始の日時，場所，出

席交渉委員の名簿，交渉案などに関する内容を文書または口頭で相手方に通知する段階である。団体交渉の要請は一般に，7日前までに文章で知らせることが必要であり，団体交渉の要請を受けた相手方は3日前までに応諾の可否を通知しなければならない。また，団体交渉の対象事項については，具体的内容と根拠となる資料の提供が必要である。同時に，労使の交渉委員は交渉事項の体系化と交渉方向の設定，交渉の円滑な進行のための合理的な交渉戦略の策定や具体的な対策を講ずることになる。

③ 団体交渉の実施段階

　これは労使双方の交渉案として提出された事項について，その根拠の説明や関連資料の提出を行い，相手方の提案に関する自身の意見や代案を提示しながら交渉を実施する段階である。この段階では，労使双方の要求事項別に交渉する個別交渉方式とすべての要求事項を総括して交渉する一括交渉方式があるが，交渉対象事項の性格や内容に応じた交渉方式の活用が必要となる。また，団体交渉の効率的な運営のためには，実務会議，縮小会議，調整委員会，小委員会，分科委員会といった会議方法の活用が必要となる場合もある。

④ 団体交渉の妥結段階

　これは団体交渉実施の結果，労使双方の交渉代表が交渉案について最終妥結する段階である。労使双方の合意によって妥結した交渉内容は，団体協約として文章化され，労使双方が署名捺印して行政官庁に提出することになっている。
　団体協約の署名捺印は，労使双方によって行われる。

(5)　複数組合下の団体交渉

　「労働組合および労働関係調整法」第29条の2（交渉窓口の単一化手続き）では，一つの事業または事業場において，組織形態に関係なく勤労者が設立したり，加入したりする労働組合が二つ以上ある場合は，労働組合は交渉代表労働組合を定めて交渉を要求しなければならないと規定している。ただし，第2項によって交渉代表労働組合を自律的に決定する期限内に，この条で定める交渉窓口の単一化手続きを経ないことに使用者が同意する場合は，その限りでは

ないとしている[24]。

① 複数組合の認定と交渉窓口一本化制度の導入

　2011 年から許容された事業所内の複数組合の認定とともに，交渉窓口の一本化制度が導入された。交渉窓口一本化制度とは，1 つの事業または事業場で組織形態に関係なく，労働組合が 2 つ以上存在する場合，労働組合は，交渉代表組合を決めて交渉を要求しなければならないというものである。すなわち，一つの事業（場）内に組織されている労組は原則的に組織対象が重複しているため，組織形態に関係なく交渉を単一化（1 社 1 交渉）するということである。ただし，使用者が交渉代表組合の自律的決定期間内に個別交渉に同意した場合は，個別交渉が可能である。自律的交渉代表労組の決定期限は，交渉を要求した労働組合が確定または決定した日から 14 日目にまでを期限とする。自律的決定期間内に交渉代表組合の決定が失敗した場合，参加組合の組合員全体の過半数で組織された労働組合が交渉代表組合となる。2 つ以上の労働組合が委任または連合などの方法で組合員全体の半数以上になる場合も過半数組合に含まれる[25]。

　過半数組合が存在しない場合は，参加労働組合が共同で構成した交渉代表団を交渉代表組合とするが，この代表団には，組合員数が参加労働組合の組合員全体の 10％以上の労働組合のみが参加できる。そしてこのような共同交渉代表団が構成されなかった場合，労働委員会は当該労働組合の申請により，組合員の割合を考慮して交渉団の構成を決定することができる[26]。

　決定された交渉代表組合は，交渉を要求したすべての労働組合または組合員のために（事業場の全労働者ではない）使用者と交渉することができる。この排他的交渉地位が確立されると，使用者は交渉代表組合ではない労働組合の団体交渉要求を拒否できる。また，交渉代表組合と使用者は，参加労働組合またはその組合員間に合理的な理由なく差別してはならないと，法律により使用者と交渉代表組合双方に公正代表義務が課されている[27]。

　交渉代表組合の地位は，使用者と締結した最初の労働協約の有効期間が 2 年である場合はその期間満了日まで，2 年以内の場合には労働協約の効力発生日を基準に 2 年になる日まで維持されるとし，交渉代表たる地位が一時的なもの

ではないと規定している[28]。

② 団体交渉の交渉窓口一本化手続

　韓国の窓口一本化における交渉代表は，アメリカの排他的交渉代表のように交渉単位内の非組合員を含む全従業員を代表するのではなく，単に参加組合の全組合員を代表するものである。したがって，一定の単位内の全従業員を当然に代表するという従業員代表機能を持つものではない。ただし，事業場内の参加組合の組合員数が全従業員の過半数になる場合には，少数組合が協約を締結していない限り，一般的拘束力による協約の拡張適用が可能となる[29]。

　従前は，1つの過半数組合が協約を締結した場合にこのような拡張適用が可能であったが，窓口一本化制度の下では，複数の組合が参加して事業場の過半数となる場合にも，当該交渉代表組合の協約について拡張適用が可能となる。そして，交渉窓口一本化により交渉代表組合は少数組合をも代表する結果，使用者は少数組合からの団体交渉要求を拒むことができることとなった[30]。

　団体交渉において，交渉窓口一本化手続の導入によって事業所内に複数組合が存在する場合，特に過半数組合が存在する場合は，少数組合はその団体交渉権が制限される[31]。

(6) 団体協約の締結と効力[32]
① 団体協約の作成

　韓国の「労働組合および労働関係調整法」第29条（交渉および締結権限）では，「労働組合の代表者は，その労働組合または組合員のために使用者または使用者団体と交渉し団体協約を締結する権限を有する」としている。団体協約は，労使双方が署名捺印した書面をもって作成する。労使は協約締結日から15日以内に行政官庁に申告しなければならず，行政官庁は協約内容のうち違法な部分に対しては労働委員会の議決を得て是正を命ずることができる。

② 団体協約の効力

　団体協約とは，労使間に組合員の勤労条件などの個別的な勤労関係と，使用者と労働組合間の集団的な労使関係に適用する規律を定めた協定である。個別

的な勤労関係を定めた勤労条件と勤労者の待遇に関する部分は，就業規則と勤労契約よりも優先して適用される。従って，団体協約で定める事項より劣った就業規則と勤労契約は無効になり，その部分は団体協約に従うことになる。

③ 団体協約の有効期間

　団体協約の有効期間は2年を超過することができない。労使は2年を超過しない期間内で有効期間を定めなければならず，その期間の定めがない場合には，有効期間は2年になる[33]。また，協約効力の満了後，新たな協約が締結されない場合には，特約がなければ既存協約の効力を3月間延長適用して協約更新の猶予期間を設けている。労使が合意して新協約が締結されるときまで，既存の協約を適用するとの団体協約の自動延長条項に合意し，これを認めて解除しようとする場合には，6カ月前に相手方に通告することによって既存の協約を解除することができる。

④ 団体協約の効力拡張

　団体協約は，一般的にその締結当事者である労働組合の組合員に対して効力を及ぼすものであるが，一定の要件のもとでその効力範囲を事業場全体に拡げる制度（全地域に拡大する制度もあるが，特殊な場合であるので省略する）をもっている。

　「労働組合および労働関係調整法」第35条（一般的拘束力）では，「一つの事業または事業場に常時使用されている同種の勤労者の半数以上が，一つの団体協約の適用を受けることになったときは，当該事業または事業場に使用されるほかの同種の勤労者に対しても，当該団体協約が適用される」と規定している。

3. 団体交渉制度の現状
(1) 団体交渉委員の選出方式

　団体交渉の前に労働組合は，組合員の意見を収斂して賃金引き上げ要求案を作って交渉委員を確定する。韓国労働研究院（1990）の「労働組合実態調査」によると，団体交渉委員の選出は，総会または代議員大会で選出」する労働組合が45.4%で最も多く，次いで「委員長が任命」(28.8%),「常務執行委員会で

選出」（18.9％）順である。

　産業別労働組合連盟別でみると，金融・保険・事務金融労組連盟傘下労組では，50.0％が委員長が任命しており，自動車・タクシー労組連盟と鉱山労働組合連盟傘下労働組合は，それぞれ61.5％，60.0％が総会または代議員大会で交渉委員を選出している（図表6-1）。

　また，韓国生産性本部の調査（1989）によると，団体交渉における労使の交渉委員数は平均それぞれ10名以内となっている。労働組合側の交渉委員の選出方法については，「労働組合の執行部と代議員会の協議によって選出する方式」が38.1％と最も多く，次いで「労組執行部の協議で単独決定する選出方式」（23.8％），「労組委員長の指名による選出方式」（16.7％）の順となっている。一方，使用者側の交渉委員は，事業主ないし代表理事の指名による方法が多く，一般に人事・労務担当の理事および部・課長が選出されている[34]。

　また，同調査によると，選出された労働組合側の交渉委員が使用者側との団体交渉において行使できる意思決定権ないし妥結権の所在については，交渉委員の協議による決定方式を採用している労働組合の割合が43.9％となっている。多くの労働組合において団体交渉権を行使した交渉委員が同時に妥結権も行使していることがわかる。

　しかし，使用者との団体交渉の内容については，労働組合の総会や代議員会

図表 6-1　団体交渉委員の選出方式

（単位：％）

区　分	委員長が任命	総会・代議員大会で選出	常務執行委員会で選出	その他の会議で選出	計
金属労働組合連盟	26.9	42.4	22.1	8.5	100.0
繊維労働組合連盟	23.3	33.3	40.0	3.3	100.0
化学・ゴム労働組合連盟	33.8	45.1	16.4	4.7	100.0
鉱山労働組合連盟	20.0	60.0	16.0	4.0	100.0
通信・港湾・海員労組連盟	32.3	41.9	19.4	6.5	100.0
自動車・タクシー労組連盟	24.9	61.5	6.1	7.5	100.0
金融・保険・事務金融労組連盟	50.0	14.6	33.3	2.1	100.0
その他	27.2	42.2	21.4	9.2	100.0
全体	28.8	45.4	18.9	6.9	100.0

出所：朴徳済・朴基性『韓国の労働組合（Ⅱ）』韓国労働研究院，1990年，p.103。

の投票を通して決定するという妥結方式を採用している労働組合も 28.0% あり，交渉委員への交渉権の委任と妥結権を分離して運用している労働組合も少なくない。また，団体交渉の結果が労働組合委員長によって確定されるという妥結方式も 22.2% を占めている[35]。このように，団体交渉の最終妥結権が労組委員長に帰属している場合も少なくないことがわかる。

(2)　団体交渉の方式

　団体交渉は，賃金引き上げのための交渉と賃金以外の事項に関する協約締結のための交渉に分かれる。団体交渉の方式は，労働組合の組織形態や労使慣行などによってかなり異なったものとなる。企業を超えて横断的に組織された産業別組合や職業別組合が一般的な西欧諸国における団体交渉方式と企業別組合が基本となっている日本や韓国のそれとは大きく異なっている。

　韓国労働研究院（1990）が実施した「労働組合実態調査」によると，韓国で実施されている団体交渉（賃金交渉）方式は，企業別交渉方式を採用している労働組合の割合が 57.2% と最も多く，地域別・業種別の共同交渉方式は 27.8%，工場または事業所別交渉方式は 15.0% となっている（図表 6-2）。産業別労働組合連盟別に交渉方式の割合をみると，企業別交渉は金融・保険・事務金融労組連盟（67.6%）で，地域別・業種別の共同交渉は自動車・タクシー労組連盟

図表 6-2　団体交渉の方式

（単位：%）

区　分	地域別・業種別共同交渉	企業別交渉	工場または事業所別交渉	計
金属労働組合連盟	12.4	67.9	19.7	100.0
繊維労働組合連盟	36.5	46.0	17.5	100.0
化学・ゴム労働組合連盟	15.6	62.4	22.0	100.0
鉱山労働組合連盟	30.8	61.5	7.7	100.0
通信・港湾・海員労組連盟	33.3	55.6	11.1	100.0
自動車・タクシー労組連盟	67.6	28.1	4.3	100.0
金融・保険・事務金融労組連盟	19.6	76.1	4.3	100.0
その他	16.8	67.6	15.6	100.0
全体	27.8	57.2	15.0	100.0

出所：朴徳済・朴基性『韓国の労働組合（Ⅱ）』韓国労働研究院，1990 年，p.101。

（67.6％）で，工場または事業所別交渉は化学・ゴム労組連盟（22.2％）で，それぞれ最も多く採用されている[36]。

　また，団体交渉における交渉対象の処理方式をみると，賃金事項と賃金以外の事項を分離して交渉・妥結する方式を採用している労働組合が79.0％を占めているのに対して，賃金項目と賃金以外の項目を包括して交渉する労働組合は21.1％にすぎない[37]。これは労働組合法上の賃金に関する団体協約の有効期限（1年）と賃金以外のそれの有効期限（2年）の差異に起因しているものと考えられる。

　さらに，賃金および賃金以外のあらゆる事項を一括して交渉する方式を採用している労働組合の割合が最も高い産業別労働組合連盟は，通信・港湾・海員労働組合連盟（36.7％），自動車・タクシー労連（28.0％）である。これに対して，二つの交渉を分離して別々に交渉する方式を採用している労働組合の割合が高い産業別労働組合連盟は，化学・ゴム労組連盟（85.5％），鉱山労連（84.6％）である[38]。

⑶　団体交渉の回数

　団体交渉の実施段階において，交渉開始後団体協約の締結までに行われた団体交渉の回数に関する韓国労働研究院（1990）の「労働組合実態調査」によると，「3-5回」が37.2％で最も多く，次いで「6-10回」が30.2％である。調査対象の労働組合全体の平均団体交渉回数は7.5回となっている。また，労働組合員規模別でみると，労働組合員100名未満の規模における平均団体交渉回数

図表 6-3　団体交渉の回数

（単位：％）

区　分	1-2 回	3-5 回	6-10 回	11-15 回	16-20 回	21 回以上	計	平均
100 人未満	14.8	41.6	28.4	9.5	1.6	4.1	100.0	6.9 回
100-299 人	10.4	35.1	31.8	15.6	3.3	3.8	100.0	7.6 回
300-999 人	10.1	32.8	36.1	11.8	3.4	5.9	100.0	8.1 回
1,000-4,999 人	17.8	33.3	20.0	17.8	4.4	6.7	100.0	8.0 回
5,000 人以上	0.0	41.7	25.0	16.7	0.0	16.7	100.0	10.2 回
全体	12.2	37.2	30.2	12.7	2.9	4.7	100.0	7.5 回

　出所：朴徳済・朴基性『韓国の労働組合（Ⅱ）』韓国労働研究院，1990 年，p.108。

は「6.9 回」であり，5,000 名以上の規模では「10.2 回」となっている（図表 6-
3）。このように，規模が大きいほど団体交渉回数が多いが，これは組合員数が
多いほど労働組合の力が強く，組合員の要求が多様で彼らの意思を一つに集約
するのが相対的に困難であるからであろう。

　交渉回数は罷業の有無にも関係する。罷業が起きるということは労使の意見
格差がなかなか縮まらないことであり，これは交渉回数を増大させる可能性が
高い。また，労使の交渉結果を組合員または代議員の賛否にはかる場合もそう
でない場合より賃金交渉の回数が多くなる可能性が高い。韓国労働研究院の調
査をみると，罷業があった労組の賃金交渉回数は平均 9.0 回と罷業がなかった
労組の平均 6.2 回より多い。また，交渉結果を組合員または代議員の賛否には
かる労組の平均賃金交渉回数は 7.3 回で，そうでない労組の平均 6.5 回より多
い[39]。

⑷　団体交渉における労使の態度

　団体交渉における労使当事者の態度は，団体交渉の成否に直接的な影響を及
ぼすものである。韓国でしばしばみられる使用者の権威主義的態度や労働組合
側の強圧的・闘争的態度は団体交渉の阻害要因となる。団体交渉においては何
よりも信義と誠実の原則に立って平和的に交渉するという労使双方の基本姿勢
の確立が必要である。

　韓国の労働組合法では，労働組合の正当な団体交渉権と使用者の誠実な交渉
対応義務を規定している。また，韓国経営者総協会の「団体協約標準案」第 51
条も次のように規定している。すなわち，① 団体交渉は信義にしたがって誠実
かつ平和的に行うべきであり，正当な理由なしに当事者の一方がそれを拒否す
ることはできない，② 労使双方は団体交渉の範囲外の事項に対しては交渉を
要求してはならない，③ 当事者の一方に対して暴力・脅迫・監禁などで身体の
自由を拘束したり私生活の安定を脅かしたりしてはならないとし，団体交渉に
おける労使双方の誠実な態度を要求している[40]。

　韓国の団体交渉における労使双方の態度について，韓国生産性本部が 1989
年に実施した調査結果によると，使用者側回答の 79.4% が労働組合の交渉態度
に失望した経験があると回答している。その主な理由としては，「労働組合側

の非現実的・無条件的な要求」が60.9％と最も多く，次いで「形式論理だけに集中して本質的な問題を解決しようとしない思考の硬直性」（20.5％），「労働組合側の実利だけの要求で名分を無視する態度」（14.9％）の順となっている[41]。

　一方，使用者の態度に対する労働組合側の不満理由をみると，労働組合側は使用者に対して「どのように説明しても納得しない相手である」との回答が28.0％と最も多い。

　以上のように，団体交渉における労使双方の態度や主張には大きな認識のギャップが認められる。これは団体交渉に臨む労使の認識不足や相互不信の態度に起因しているといえる。

(5)　団体交渉をめぐる紛争

　韓国では，1987年の「6.29民主化宣言」以後の民主化過程において，きわめて激烈な労使紛争と「先罷業・後交渉」の不法な団体交渉を経験した。その主な要因は，賃金および労働条件の改善をめぐる労使間の対立にあったといえる。1987年から1989年の3年間に発生した7,238件の労使紛争の中で，賃金引き上げ問題に係わる紛争が4,301件で全体の59.4％を占めており，その他の紛争要因としては，団体協約924件（12.8％），労働条件改善723件（10.0％），解雇242件（3.3％），賃金未払い163件（2.3％），不当労働行為134件（1.9％），休廃業・操業短縮61件（0.8％），その他690件（9.5％）となっている[42]。これらの中で特に賃金および労働条件をめぐる労使紛争が5,203件（71.9％）と非常に高い割合を占めている。このように，当時の団体交渉における労使間の主要対象事項は，賃金および労働条件であったことが指摘できる。

　1990年代に入ると，労使紛争は沈静化して1990年から1992年までの3年間に発生した労使紛争は791件である。労使紛争の内容としては，賃金引き上げが433件（54.7％），団体協約154件（19.5％），その他123件（15.5％）である。さらに1994年には労使紛争は発生件数はわずか121件と減少しており，賃金引き上げが52件（43.0％），団体協約40件（33.1％）となっている[43]。

　このように1990年代に入ってからは，労使紛争発生の2大原因は賃金引き上げと団体協約が中心で，賃金と労働協約をめぐる諸問題が団体交渉の主な対象事項となっていたことがわかる。

Ⅲ．韓国の労使協議制度

1．労使協議会法の成立

　韓国では日本と異なり，常時従業員30人以上の労働者を有する企業は，「労使協議会」という法的機関を設立することが法的に義務付けられている[44]。使用者が労使協議会の設置を拒否または妨害した場合には罰則が適用される。労使協議会は，勤労条件の決定権がある事業または事業場単位に設置し，一つの事業に従事する全体勤労者数が30人以上の場合には，当該勤労者が地域別に分散していてもその主たる事務所に設置しなければならない。一つの事業に地域を異なる事業場がある場合には，その事業場においても設置することができる[45]。

　労使協議会は，朴正煕政権（1960〜1979年）の下で，1963年の労働組合法の改正時に導入され，1980年には労使協議会法が制定された。1980年の労使協議会法は，協議会の設置を強制し，争議権を持たない労使協議会との団体交渉を実質的に意図していた。その後，1997年の改正で「勤労者参与及び協力増進に関する法律」（以下，「勤参法」という）に名称が変更され，現在に至っている。労使協議会は，労働者と使用者の参加と協力を通じて労使共同の利益を増進し，産業平和を維持しながら企業の健全な発展を図ることを目的としている（勤参法1，3条）。すなわち，労働者の集団的利益代表のための機構だけでなく，協力的労使関係をその目的とするものである[46]。労働組合が勤労者団体の力により労使間の相互利害の対立的な部分を獲得することを主な目的としているならば，労使協議会は労使が相互の共同利害事項を相互の協力を通じて獲得することを目的としている点で違いがある。

　労使協議会は，対立的な労使関係を止揚して協助的な側面を強化するため，生産性の向上や勤労者福祉の増進など団体交渉で扱わない事項を主な協議の対象にしており，労働組合が組織されてない事業場では労使間の対話の窓口としての機能ももっている。使用者は，労使協議会を通じて勤労者の実質的な協助と参与の幅を拡大し，労使問題だけではなく，経営全般にわたり勤労者への理

解を図り，勤務意欲を高めて企業の競争力と生産性を向上させることに活用することができる。

労使協議会は，当初，主に労働組合の代替機関として位置づけられていたが，特に労働組合が未組織の事業所において，労働者の利益を代表する補完的役割を果たすことが期待されている。労使協議会と労働組合との関係については，韓国の法体系の下では，労使協議会の法的性格は，労働組合とは根本的に異なる。労働組合は憲法上の保護を享有する自主組織であるのに対し，労使協議会は，法律に基づく機関である。労使協議会の権限は勤参法によって形づくられており，法律に規定された限度に限られる[47]。

韓国における労使協議機関の名称としては，「労使協議会」が最も多い（図表6-4）。この他にも労使委員会，労使懇談会，生産性協議会，経営協議会などがあるものの，少数に過ぎない。前述したとおり，韓国では1980年に労使協議会法が公布・制定されたが，ほとんどの企業で労使協議会という名称に統一されていることがわかる。

2. 労使協議会の構成と選出

勤参法第6条第1項により労使協議会は，労働者と使用者を代表する同数の委員によって構成し，その数は各3人以上10人以内となっている。選出方法については，労働者を代表する委員は，直接・秘密・無記名投票により選出されるが，過半数で組織された労働組合がある場合には，労働組合の代表者とその

図表6-4　労使協議機関の名称

（単位：%）

区　　分	大企業	中小企業	計
計	100.0	100.0	100.0
労使協議会	91.3	82.5	87.5
労使委員会	2.7	2.5	2.6
労使懇談会	4.0	8.3	5.9
生産性協議会	—	1.7	0.7
経営協議会	0.7	0.8	0.7
その他	1.3	4.2	2.6

出所：佐護誉『人事管理と労使関係―日本・韓国・台湾・ドイツ』泉文堂，2006年，p.134。

労働組合が委嘱する者が労使協議会の委員となる[48]。

　一方，使用者委員は，該当事業または事業場の代表者とその代表者が委嘱する者である。任期は3年で再任が可能であり，非常任・無報酬で活動する。労使協議会への出席およびこれに直接関連のある時間に関しては勤労したとみなされる[49]。

3. 労使協議会の運営と協議事項

　労使協議会の主な目的は，労働者と使用者の双方が参加と協力を通じて労使共同の利益を増進することである。そのために，使用者と労働者は相互の信頼に基づき互いに誠実に協議に臨むべきとされている。労使協議会は，3カ月ごとに定期的に会議を開催することを法的に義務付けられており，使用者委員側が議長となる。労使協議会は公開が原則で，会議は労使委員過半数の出席で開催され，出席委員の3分の2以上の賛成で議決される（勤参法15条）。また，労働組合の団体交渉及びその他のすべての活動は，この勤参法による影響を受けない。

　労使協議会で協議したとしても，それは団体交渉とは異なるため，当該事項を改めて団体交渉の対象とすることは可能である。また，労使協議会で合意ないし議決されなかった（決裂した）としても，そのことを実質的な団体交渉が決裂したと主張して争議行為に訴えることもできない[50]

　勤参法では，労使協議会の組織と運営に関する事項を定めた「労使協議会規定」を制定して，協議会設置日から15日以内に雇用労働部長官に提出しなければならない。また，労働者委員の選出時の介入・妨害の禁止，労働者委員の業務のための場所使用，協議会出席時間などの基本的な便宜を使用者が提供するよう義務づけられている。

　労使協議会は，労使間の協力的労使関係を目的とした機関であるので，その「協議事項」は非常に広範に規定されている。具体的には，以下の事項が労使協議会の会議における協議事項である[51]。

　　・生産性向上と成果の配分
　　・労働者の採用・配置及び教育訓練
　　・労働者の苦情処理

・労働安全衛生その他の作業環境の改善と労働者の健康増進

・人事・労務管理の制度改善

・配置転換・再訓練・解雇などの雇用調整に関する一般原則

・作業および休憩時間に関する事項

・賃金の支払方法や賃金構造，賃金体系などの改善

・新機械・新技術の導入や労働過程の改善

・就業規則の制定及び改正

・従業員持株制や労働者の財産形成に関するその他の支援

・職務発明に関連する労働者の報償等に関する事項

・労働者の福祉増進

・事業所内の労働者監督設備の設置

・女性労働者の母性保護及び仕事と家庭生活の両立支援に関する事項

・労使協力に関するその他の事項

4．労使協議制度の現状

(1)　労使協議会の設置有無

　労使協議会はどれくらい設置されているのか。現在の勤参法では，常時勤労者30人以上の事業または事業場単位で必ず労使協議会を設置する強制されている。2005年を基準に労使協議会設置状況をみると，設置率は93.5％となっている（図表6-5）。規模別でみると，50-99人の比較的小規模の事業場に労使協

図表 6-5　労使協議会の設置有無

(単位：％)

規　　模	労使協議会なし	労使協議会あり	計
50-99 人	11.9	88.1	100.0
100-299 人	6.8	93.2	100.0
300-499 人	6.2	93.8	100.0
500-999 人	7.5	92.5	100.0
1,000 人以上	1.7	98.3	100.0
全体	8.5	93.5	100.0

出所：労働部『労使協議会運営実態調査及び改善方案研究』2007年，p.154。

図表 6-6 労働組合有無による労使協議会の設置率

(単位:%)

区　分	労使協議会の設置		計
	労使協議会なし	労使協議会あり	
労働組合なし	11.4	88.6	100.0
労働組合あり	7.1	92.9	100.0
全体	9.1	90.9	100.0

出所:労働部『労使協議会運営実態調査及び改善方案研究』2007
年,p.155。

図表 6-7 労使協議会設置事業場の推移

年	カ所
1998	26,249
1999	26,509
2000	27,802
2001	29,626
2002	30,420
2003	31,821
2004	34,867
2005	35,968
2006	40,018
2007	40,133
2008	42,689
2009	46,005
2010	46,702
2011	47,621
2012	47,456
2013	47,302
2014	49,730
2015	51,034
2016	51,047

出所:雇用労働部ホームページ『労使
協議会設置現況』

図表 6-8　労使協議会の必要性

（単位：%）

区　分		労働組合あり	労働組合なし	全体
労使協議制 の必要性	相当大きい	8.0	9.7	9.2
	概ね大きい	41.3	35.7	37.4
	普通	37.3	38.9	38.4
	大きくない	10.7	13.4	12.6
	まったくない	2.7	2.3	2.4
計		100.0	100.0	100.0

出所：大韓商工会議所「労使協議会運営実態と改善方案実態調査」
2006 年。

議会が設置されていない比率が 11.9% に達している。規模が大きくなるほど労使協議会の設置率が増加しており，1,000 人以上のほとんどの事業場では労使協議会が設置されていることがわかる[52]。労働組合が組織された事業場は，当然ながら労使協議会を設置するであろうし，非労働組合事業場は労働組合を代替しようという努力があるため，事業場の規模が大きくなるほど労使協議会の設置率は増加すると推測される。しかし，まだ全体の 8.5% が設置していないと回答したことに注目する必要がある。

　次に，労働組合有無による労使協議会の設置率をみると，労働組合がある場合に労使協議会の設置率が相対的に高い（図表 6-6）。これは比較的に大規模事業場の労働組合の結成率がより高いことに起因するものと考えられる。

　韓国では，1998 年から労使協議会の設置対象が，常時労働者 50 人以上から 30 人以上企業に拡大された。雇用労働部の統計によると，労使協議会を設置した事業場の総数は着実に増加している。1998 年労使協議会の総数は，26,249 事業場だったのが 2016 年現在は 51,047 事業場に大幅に増加した（図表 6-7）。

　大韓商工会議所（2006）の調査によると，労使協議会の設置の必要性については，労働組合の有無に関わらず，調査対象企業の 8 割以上が肯定的に評価している（図表 6-8）。

⑵　労使協議会の開催回数

　労使協議会は定期的に開催することになっており，必要があれば臨時会議を

図表 6-9　労使協議会の開催方法

（単位：％）

定期的開催	非定期的随時開催	必要時に開催
32.0	65.1	2.8

出所：金　勲「韓国労使協議会の現状と課題」韓国労働研
　　　究院『企業レベルの労使協議制度に関する国際シンポ
　　　ジウム』1992年，p.16。

開催することができる（勤参法第12条）。労使協議会の平均開催回数は，2005
年基準では4.64回となっている。労働組合が結成されている場合は相対的にそ
の回数が多少多い[53]。労使協議会の開催方法としては，定期的開催よりも非定
期的随時開催が圧倒的に多くなっている。必要時に開催する回答は2.8%にと
どまっている（図表6-9）。

(3)　労使協議会の付議事項

　労使協議制の決定方式は，労働組合の発言権の程度によって，「合意」，「協
議」，「意見聴取」，「説明」，「報告」などに分かれる。韓国労働研究院の調査に
より労使協議会の主要付議事項とその取扱いをみてみよう。調査結果による
と，労使協議会法で「協議事項」と規定されている諸事項の中で，労働者福祉
施設・制度，労使紛争予防，労働者苦情処理，安全・保険・作業環境について
は，協議（45%程度），さらには合意（30%強）が行われている。

　これに対して，労使協議会法で「報告事項」と規定されている諸事項につい
ては，意見聴取や説明にとどまっている。これらの事項は「取り扱わない」と
いう回答も20%を超えている（図表6-10）。

　労使協議会で取り上げられる協議事項をみると，「労働者の福祉増大」が
27.0%と最も多く，次いで「労働者の苦情処理」（19.4%），「作業環境の改善と
健康増進」（10.2%），「生産性向上」（10.1%），「人事制度改善」（8.1%）順と多
岐にわたっている（図表6-11）。

(4)　労使協議会の成果と課題

　大韓商工会議所が2006年に実施した調査[54]によると，労使協議会の開催の成

図表 6-10　労使協議会の付議事項とその取扱い

(単位：％)

労使協議会の付議事項	付議事項の取扱い				
	合意	協議	意見聴取	説明	取扱わない
<協議事項> ・生産性向上の推進	11.1	31.0	26.2	18.1	13.7
・労働者の福祉施設と制度	33.6	44.3	13.6	5.8	1.8
・労働者の教育訓練・能力開発	5.5	13.1	23.6	27.6	30.2
・労使紛争の予防	40.7	41.8	8.4	2.9	6.2
・労働者の苦情処理	35.6	45.3	15.1	1.8	2.2
・安全・保険と作業環境	26.8	47.5	13.2	8.9	3.6
・人事労務管理制度 （昇進・昇格）	6.1	12.5	13.2	23.6	44.6
<報告事項> ・経営計画	4.3	7.6	25.1	39.8	22.9
・生産計画	11.0	16.2	14.7	37.9	20.2
・人員運用計画	8.5	21.3	18.0	31.3	21.0
・会社の業績と財務状態	3.6	8.3	20.9	56.7	10.5

出所：金　勲「韓国労使協議会の現状と課題」韓国労働研究院『企業レベルの労使協議制度に関する国際シンポジウム』1992 年，p.23.

図表 6-11　労使協議会の協議事項

区分	福祉増大	苦情処理	作業環境改善及び健康増進	生産性向上	人事制度改善	労使協調	賃金支払方法	採用・教育訓練	配置転換・解雇	作業マニュアル改正	作業・休憩時間	職務発明及び報償	新技術・作業改善	従業員持ち株制・財産形成	監視設備追加	計
比率(%)	27.0	19.4	10.2	10.1	8.1	6.4	6.3	3.9	2.1	2.0	2.0	1.5	0.5	0.4	0.1	100.0

出所：大韓商工会議所「労使協議会運営実態と改善方案実態調査」2006 年。

果として「福利厚生の向上」が 36.9% と最も多く，次いで「労使関係の安定」
（20.8%），「賃金引上げ」（11.8%），「雇用安定」（11.2%）順と一定の成果がみら
れる（図表6-12）。

　労使協議会がうまく運営しているかについては，全体的にみると肯定的な評
価比率が高く，使用者側の 82.1%，労働者側の 78.4% となっている。労働組合
の有無でみると，労働組合がある企業が労働組合のない企業より，労使ともに
相対的に多少高い比率で労使協議会がうまく運営されていると評価している
（図表6-13）。

　また，韓国労働研究院（1992）の調査によって，労使協議会の活性化および
非活性化の原因についての回答をみると，「労使協議会がうまく運営されない
原因」として，使用者側は，「形式的運営」（31.4%），「労働者側の無理な要求」
（20.2%），「労使間の相互不信」（17.1%），「労使相互の無関心」（14.3%）などを
挙げている。一方，労働者側は，「使用者側の不誠実」（37.8%），「形式的運営」

図表 6-12　労使協議会開催の成果

区　分	生産性向上	技術革新	離職率の減少	賃金引上げ	福利厚生の向上	雇用安定	労使関係の安定	その他
比率(%)	10.3	1.2	4.5	11.8	36.9	11.2	20.8	3.3

出所：大韓商工会議所「労使協議会運営実態と改善方案実態調査」2006 年。

図表 6-13　労使協議会の運営評価

（単位：%）

区　分		労働組合有無				全体	
		労働組合なし		労働組合あり		使用者側	労働者側
		使用者側	労働者側	使用者側	労働者側		
労使協議会はうまく運営されているか	上手く運営されている	78.0	75.2	85.2	80.8	82.1	78.4
	上手く運営されていない	22.0	24.8	14.8	19.1	17.9	21.5
計		100.0	100.0	100.0	100.0	100.0	100.0

出所：労働部『労使協議会運営実態調査および改善方案研究』2007 年，p.194。

図表 6-14　労使協議会の活性化・非活性化の原因

（単位：％）

区　分	項目	使用者側	労働者側
労使協議会がうまく運営されない原因	労使双方の無関心	14.3	10.8
	使用者側の誠意なし	2.9	37.8
	労働者側の非協調	5.7	—
	労働者側の無理な要求	20.0	2.7
	労使間の相互不信	17.1	16.2
	運営技法の不足	8.6	8.1
	形式的運営	31.4	23.0
	政府の消極的指導	—	1.4
労使協議会がうまく運営される原因	相互信頼	80.7	74.0
	使用者側の積極的関心	13.0	11.3
	労働者側の積極的協調	5.0	13.7
	政府の積極的指導	1.3	1.0

出所：金　勲「韓国労使協議会の現状と課題」韓国労働研究院『企業レベルの労使協議制度に関する国際シンポジウム』1992年，p.33。

（23.0％），「労使間の相互不信」（16.2％）などを挙げている。逆に，「労使協議会がうまく運営される原因」としては，「労使の相互信頼」が使用者側80.7％，労働者側74.0％と労使ともに圧倒的に多い（図表6-14）。

　以上の調査結果から，韓国の労使協議会の運営は労使双方から比較的に肯定的に評価されているものの，労使間に今後克服すべき課題も多いことがわかる。

Ⅳ. 団体交渉と労使協議の関係

　韓国では1980年労使協議会法制定以後，団体交渉と区別される労使協議会の独自的機能と領域が強調されている。団体交渉と労使協議会を区分する見解は，団体交渉は労働3権を通じて使用者を相手に自分たちの労働条件を自主的に形成していくことであるのに対して，労使協議会は企業経営の主体の立場から経営と関連ある事項を労使が共同で決定していく制度といえる。

　団体交渉における交渉と労使協議会での協議は，次の点において違いがある。第一に，団体交渉の主体は，労働者の自主的な団結体である労働組合であ

るが，労使協議会の労働者委員は，従業員全体から選出される従業員代表であること，第二に，団体交渉は超企業的に行われることもあるが，労使協議会は常に企業単位で行われること，第三に，団体交渉が決裂されると争議行為が可能であるが，労使協議会は協議が決裂されたからといって争議行為ができないこと，第四に，団体交渉の対象は労使間の利害関係が互いに対立する事項がほとんどであるが，労使協議会の協議対象は労使間の共通の利害関係に関することも協議されうることで区別される[55]。

　日本と同様に，企業別組合を基本とする韓国においては，労働組合が組織されている企業においては，団体交渉と労使協議の関係が問題となる。団体交渉と労使協議の関係としては，3つのタイプに区別される。① 団体交渉と労使協議を明確に区別する（労使協議では団体交渉事項は取り扱わない）「分離型」，② 団体交渉と労使協議は別の制度として設けられているが，団体交渉事項については労使協議でまず話し合いを行い，合意に達しない場合に団体交渉に移行する「連結型」，③ 労使協議で団体交渉事項も取り扱う「代替型」がそれである[56]。

　韓国労働研究院の調査によると，「連結型」が38.4%と最も多く，次いで「代替型」37.0%，「分離型」24.6%順となっている（図表6-15）。これは労働組合の組織単位と労使協議会の設置単位が企業または事業場単位に重複している場合が多く，実際には両者間に多様な機能的関係が設定され，運営されていることを示すものとして注目される。

　また，団体交渉と労使協議会の関係を企業規模別でみると，労働組合の結成

図表 6-15　団体交渉と労使協議会の関係

（単位：社，%）

規　模	分離型	連結型	代替型
全体	68　(24.6)	106　(38.4)	102　(37.0)
300 人未満	7　(9.3)	14　(18.7)	54　(72.0)
300–999 人	23　(25.8)	37　(41.6)	29　(32.6)
1,000 人以上	38　(33.9)	55　(49.1)	19　(17.0)

出所：金　勲「韓国労使協議会の現状と課題」韓国労働研究院『企業レベルの労使協議制度に関する国際シンポジウム』1992 年，p.20。

率が低い中小企業の場合，労使協議会が実際，団体交渉の機能を代替する「代替型」の割合（72.0%）が高く，規模が大きくなるほど「連結型」や「分離型」の割合が高い。ここで注目されるのは，大企業において「分離型」（33.9%）よりは「連結型」（49.1%）の割合が相対的に高いことである。これは規模が大きいほど労使協議会と団体交渉の関係が相互補完的に運営されているからであろう。

　労働組合がある企業を対象に，労使協議会の案件と労働組合から要求があった交渉事項との差異に対しては，「概ね同一である」（40.0%）と「多少の差がある」（38.0%）の回答が多く，「かなり差がある」（14.7%）と「完全に区別される」（2.0%）の回答は相対的に少ない（図表6-16）。したがって，労使協議会で取り上げられる労使協議会の案件と団体交渉事項との間には大きな違いがないことがわかる。

　団体交渉と労使協議会の望ましい関係としては，使用者側は「労使協議のみで十分」という見解が46.6%で最も多く，次いで「団体交渉との補完が望ましい」という見解が38.4%を占めている。これに対して，団体交渉と労使協議を完全に分離または団体交渉のみで労使間の問題を解決すべきであるという見解

図表6-16　労使協議会の案件と団体交渉事項との区別程度

区　分	完全に同一である	概ね同一である	多少差がある	かなり差がある	完全に区別される	その他	合計
比率（%）	4.7	40.0	38.0	14.7	2.0	0.6	100.0

出所：大韓商工会議所「労使協議会運営実態と改善方案実態調査」2006年。

図表6-17　団体交渉と労使協議会との望ましい関係に対する労使双方の見解

（単位：社，%）

区　分	労使協議のみで十分	団体交渉との補完が望ましい	分離運営が望ましい	団体交渉で十分
全体	205（37.2）	253（45.9）	56（10.2）	37（6.7）
使用者側	130（46.6）	107（38.4）	25（9.0）	17（6.1）
労働者側	75（27.6）	146（53.7）	31（11.4）	20（7.4）

出所：金　勲「韓国労使協議会の現状と課題」韓国労働研究院『企業レベルの労使協議制度に関する国際シンポジウム』1992年，p.20。

は 15.1% にすぎない（図表 6-17）。

　一方，労働者側は，「団体交渉との補完が望ましい」が 53.7% と最も多く，「労使協議のみで十分」は 27.6% にとどまっており，団体交渉と労使協議の関係を捉える労使間の見解に大きな隔たりがあることがわかる。

V．むすび

　以上，韓国における企業レベルの労使関係制度として，団体交渉制度と労使協議制度を取り上げ，現状とその特質について論述してきた。

　韓国の団体交渉制度は，労働組合の組織形態が日本と同様，企業別組合であるため，団体交渉も企業別交渉が一般的である。また，2011 年から 1 企業に複数組合が認められたことで，団体交渉が問題とされたが，複数組合下での団体交渉は交渉窓口を一本化し，組合員全体の過半数で組織された労働組合が交渉代表組合となって，団体交渉が行われるようになった。その団体交渉の結果は，団体協約として締結され，他の組合員にも適用されることとなっている。

　一方，韓国の労使協議制度は，日本におけるそれとは異なっており，法律によって労使協議機関の設置が義務付けられている。労使協議機関で取り上げられる事項と団体交渉事項との間には，重複している場合が多く大きな違いがない。団体交渉の前段階という意味合いが強い。労使協議制度は，韓国の労使関係において団体交渉とならんで重要な役割を演じている点は日本と同様である。

　韓国の労使協議会の運営は，労使双方から比較的に肯定的に評価されているものの，労使間に今後克服すべき課題も多い。

注

1　この点に関しては，韓国経営者総協会『労働経済 40 年史』1989 年，pp.72-74，李元雨「韓国の団体交渉制度と労使協議制度」佐護譽・韓義泳編著『企業経営と労使関係の日韓比較』泉文堂，1991 年，第 8 章，佐護譽『人事管理と労使関係―日本・韓国・台湾・ドイツ』泉文堂，2006 年，第 4 章参照。

2　民主化宣言とは，1987 年 6 月 29 日に行われた韓国の政治的・社会的制度改革および経済的分配制度の民主化実現のための宣言のことである。

3　李元雨，前掲稿，p.214。

4　同上，pp.214-215。

5　佐護譽，前掲書，p.118。

6　労働組合法第 33 条 1 項。

7　佐護譽，前掲書，p.119。

8　同上，p.119。

9　李元雨，前掲稿，p.216。

10　李元雨，前掲稿，p.219。

11　韓国労働研究院『団体協約の内容と課題』1989 年，p.148 および韓国労働組合総連盟『団体協約分析結果』1991 年 p.161 参照。

12　韓国労働研究院『団体協約の内容と課題』1989 年，p.149。

13　李準熙『団体交渉法論』新潮社，2017 年，pp.327-328。

14　詳しくは，次の文献を参照。① 李準熙『団体交渉法論』新潮社，2017 年，② 任鐘栗『労働法』博英社，2017 年，③ 金亨培『新しい労働法』博英社，2016 年。

15　労働組合及び調整法第 29 条の 3 第 1 項は，「交渉代表の労働組合を決定しなければならない単位は，一つの事業または事業場とする」とし，交渉窓口の単一化手続きを経て交渉代表の労働組合を決定する単位は，原則的に事業または事業場単位であることを規定している。

16　李準熙，前掲書，pp.328-329。

17　同上，pp.329-330。

18　同上，pp.330-331。

19　同上，pp.331-332。

20　同上，pp.332-334。

21　同上，pp.337-339。

22　同上，p.339。

23　李準範『現代労使関係論』博英社，1991 年，pp.336-348 および佐護譽『人事管理と労使関係―日本・韓国・台湾・ドイツ』泉文堂，2006 年，pp.125-126 参照。

24　複数組合併存下での団体交渉の具体的な手続きについては，李準熙，前掲書，pp.342-360 参照。

25　車東昱「韓国の労働法制における労働者の集団的意思反映構造」『日本労働研究雑誌』No.79，2017 年，p.54。

26　同上。

27　同上。

28　同上。

29　同上。

30　同上。

31　同上。

32　この点については，任鐘栗『労働法』博英社，2017 年および金亨培『新しい労働法』博英社，2016 年参照。

33　雇用労働部の「団体協約実態調査」(2014) によると，71.8% が団体協約の有効期限を 2 年としており，2 年未満は 21.3% である。

34　李元雨，前掲稿，p.217。

35　同上，p.217。

36　朴徳済・朴基性『韓国の労働組合（Ⅱ）』韓国労働研究院，1990 年，p.101。

37　同上，p.100。

38　同上，p.100。

39　同上，pp.107-108。

40　韓国労働研究院『団体協約の内容と課題』1989 年，p.148 および韓国労働組合総連盟『団体協約

分析結果』1991年, p.161。

41 韓国生産性本部『韓国の産業社会と労働文化』1989年, pp.164-166。

42 韓国経営者総協会『労働経済40年史』1989年, p.71。

43 同上, p.71。

44 労使協議会の具体的な設置・運営については, 雇用労働部『労使協議会運営マニュアル』2011年参照。

45 車東昱, 前掲稿, p.56および李哲洙・李多惠, 前掲稿, p.77。

46 同上。

47 勤参法5条は, 労使協議会の活動が労働組合の憲法上の権利を侵害し得ないことを確認するために,「労働組合の団体交渉やその他の全ての活動は, この法律により影響を受けない」と規定している(李哲洙・李多惠, 前掲稿, p.77)。

48 車東昱, 前掲稿, p.56および李哲洙・李多惠, 前掲稿, p.78。

49 同上, p.56及びp.78。

50 同上, p.57およびp.78。

51 ジェトロソウル事務所『韓国の労働問題マニュアル』2014年, pp.111-112および李哲洙・李多惠, 前掲稿, p.78。

52 労使協議制度の事例については, 佐護譽『人事管理と労使関係─日本・韓国・台湾・ドイツ』泉文堂, 2006年, pp.143-151参照。

53 労働部『労使協議会運営実態調査及び改善方案研究』2007年, p.157。

54 本調査は, 従業員30人以上で労使協議会が設置されている500社を対象としたものである。対象企業のうち, 労働組合がある企業が150社, 労働組合がない企業が350社である。

55 李準熙, 前掲書, pp.116-117。

56 金勲, 前掲稿, p.19。

第7章
日本の労働争議と紛争解決システム

Ⅰ. はじめに

　労働争議とは，労働者が自らの労働条件の向上を目指して行う様々な活動の一つであるが，労働争議は，広い意味では労働者と使用者の間に発生するすべての紛争をさす。それは，労働者個人と使用者との間に発生する個別的紛争と労働組合ないし労働者集団と使用者ないし使用者団体との間に生ずる集団的紛争の両者を含むが，一般的には集団的紛争を指して労働争議と呼ぶ[1]。労働争議が起こるのは，労使双方の利害が対立し，話し合いや交渉による解決が少なくとも一時的に不可能になるか，あるいはそうした事態が予想されるためである。通常，労働争議は団体交渉が決裂した結果起こるものである[2]。

　戦後の日本では，労働組合と経営側との労使交渉において，1955年に「春闘」と呼ばれる方式が開始され，1960年代以降に定着をみた。この「春闘」方式とは，日本で主流の企業別組合（特定の企業や事業所ごとに，その企業の従業員のみを組合員とする労働組合）によって行われる企業ごとの賃金交渉を毎年春に足並みを揃えて短期集中的に行うものである。自動車や電機，鉄鋼といった製造業の有力な労組が先導交渉の賃上げ相場のパターン・セッターとなり，そこで獲得された賃上げ相場を他の産業の賃金交渉やさらには労働組合に組織されていない中小企業の労働者の賃金水準にも波及させることを狙った戦術である。

　労働争議は，団体交渉における妥協の試みをすべて尽くした上で，しかもなお労使が合意に到達しない場合にはじめてストライキその他の争議行為に入る

のである。日本の労働争議件数は，戦後増加傾向にあったが，とくにバブル経済崩壊以降，労働争議は減少傾向に転じている。バブル経済崩壊後，長期不況の下で正規労働者のリストラや非正規労働者の雇い止めをめぐる労働問題が深刻となったにもかかわらず，社会的に注目されるような労働争議は発生していない。それに代わって個別労働紛争の増加が目立つ。

　本章では，日本の労働争議と個別労働紛争の現状，紛争解決システムについて考察したい。

Ⅱ．労働争議の法的側面

1．労働争議と紛争行為の定義

　労使関係において労働者が労働条件や作業環境などに不満をもち，使用者にその改善を要求したが受け入れなかったりあるいは使用者の賃金切り下げの提案に労働者が反対したりしたときには，労使間に主張の不一致で紛争が起こりうる。紛争の内容がとくに当事者間の労働関係に関連しているとき，これを労働争議と呼ぶ。すなわち，労働争議とは，労働者の団体と使用者または使用者団体との間に，労働関係に関する紛争が起こっている状態をいう[3]。

　一方，労働争議に際して，労使両当事者があくまでもその主張を貫徹するために行う行為であって，業務の正常な運営を阻害するものを争議行為と呼ぶ。したがって，労働条件に不満があるからといって労働者が個別的に休業したり，怠業したりすることは争議行為とはいえない。また，労働者の団体が要求貫徹のために集団的な行為をしても，それがたとえば，休憩時間中の組合大会や休日のデモのように業務の正常な運営を阻害しないものであるときは，争議行為にならない[4]。

　労働関係調整法第6条では「労働争議とは，労働関係の当事者間において，労働関係に関する主張が一致しないで，そのために争議行為が発生している状態又は発生する虞がある状態をいふ」と規定している。また，第7条では「争議行為とは，同盟罷業，怠業，作業所閉鎖その他労働関係の当事者が，その主張を貫徹することを目的として行う行為及びこれに対抗する行為であって，業

務の正常な運営を阻害するものをいふ」と定義づけている。

　ところで，労働争議は紛争の対象によって，利益紛争と権利紛争に大別される。利益紛争は，賃上げや労働時間の短縮といった新しい労働条件の設定をめぐる経済関係の紛争をいい，権利紛争は，協約の解釈適用をめぐる権利関係の紛争をいう。一般に，権利関係の紛争は，最終的に訴訟を通じて裁判で解決することができる。しかし，賃上げのような経済関係の紛争は当事者間の自主的な交渉によって解決されるのが望ましいが，労働委員会などの第三者に依頼して解決を図らざるを得ないこともある[5]。

　日本の労使関係においては，この利益紛争と権利紛争の区別が明確に意識されていないのが実態である[6]。

2. 争議権の保障

　日本の憲法28条は，団結権，団体交渉権とならんで団体行動権（争議権）を保障している[7]。団体行動権が憲法で保障されているため，争議行為を合理的な理由なしに制限・禁止することはできず，争議行為の保障により争議行為は原則として違法なものとして取り扱われない。また，労働組合と労働者は争議行為に関して法律上の責任を負わない。すなわち，正当な争議行為に関しては民事上および刑事上の免責が認められている。民事上の免責とは，使用者または第3者の損害賠償の請求は一切認められず，また契約違反を理由に解雇その他の不利益処分を受けないことを意味する。一方，刑事免責とは，争議行為を刑事上の犯罪として処罰しないことを意味する。もちろん，暴力の行使は，いかなる場合においても労働組合の正当な行為とはみなされない[8]。

　労働争議が暴力を伴われる場合は，政府による警察権力を介入させることがあるが，その恐れがない限り，政府は労働争議に対して中立的な立場を堅持しなければならない。労働争議に介入し調整を行う場合は，労働争議調整機関である労働委員会を通じて行うことが原則となっている[9]。

　以上のように，憲法によって労働争議権は保障されているものの，国家公務員及び地方公務員や公共企業の争議権については，国家・地方公務員法及び国営企業・地方公営企業労働関係法によって争議行為を行うことが禁止されている[10]。

3. 労働争議の正当性

　団体行動権（争議権）は憲法で保障されているが，争議行為がいかなる目的・手段・態様をとっても常に正当とされるということを意味するものではない。争議行為として正当性が認められない行為としては，① 山猫スト（組合員の一部集団が，組合所定機関の承認を得ないで独自に行うストライキ），② 政治スト（国又は地方公共団体の機関を直接の名宛人として，労働者の特定の政治的主張の示威又は貫徹を目的として行うストライキ），③ 同情スト（労働者が自己の労働関係についての要求を提起せずに，既に使用者と争議状態にある他の労働者の要求の実現を支援する目的で遂行するストライキ），④ 団体交渉を経ない争議行為，⑤ 予告を経ない争議行為，⑥ 平和義務・平和条項[11] 違反の争議行為などがある[12]。

　このように，争議権は，憲法で保障されているが，それは無制約の権利として保障されているのではない。正当な争議行為のみが法的な保護を受けうるのである。争議行為の正当性の評価は，① 争議行為を制限ないし禁止している法令に違反しないかどうか，② 争議権を享有しうる労働者の団結であるかどうか，③ 当該争議行為が目的の点で正当であるかどうか，④ 手段・態様の点で正当であるかどうかといった角度からなされる[13]。

　労働争議は，労働者の権利として，これまで多様な争議戦術や争議行為の形態が発展してきた。労働者の争議行為としては，次のような種類がある[14]。

① 同盟罷業（ストライキ）

　ストライキとは，争議行為のうち最も典型的なもので，労働組合の統制の下に労働者が労働力の提供を拒否する行為である。通常，労働組合がストライキを行う場合は，事前にストライキを行うかどうかについて投票を行い，組合員の意志を確認する（スト権の確立投票）。スト権の確立は，組合員または組合員の直接無記名投票によって選挙された代議員の直接無記名投票の過半数による決定を経なければ開始することができない[15]。

　ストライキには，組合員全員が参加する全面ストと組合が一部の組合員のみに行わせる部分スト，組合がストに直接参加する組合員を個々に指名する指名ストがある。部分ストは全面ストに対比される争議戦術で，一部の工場や一部の職場だけがストライキを行い，組合の方は賃金カットを受ける経済的損失を

少なくしながら全面ストと同じ作業停止の効果をもつものである。指名スト
は，部分ストの一形態で組合員のうち数名，あるいは1人を指名してストを行
わせるものである。たとえば，航空機乗務員が出発直前に指名ストに入れば，
その被害は莫大であり，利用者に対して多大な迷惑をかけることになる[16]。ま
た，労働争議には時間的範囲によって，無期限スト，時限ストなどがある。

② 怠業（サボタージュ）

　怠業とは，労働者が団結して労働力を質的・量的に不完全な状態で提供する
行為をいう。一応労務が提供されている点でストライキと区別される。怠業に
は，労働の能率を低下させることにとどまる消極的な怠業（スローダウン）と
不完全な労務の提供により故意に廃品を作ったり，生産設備に損傷を与えたり
する積極的な怠業（サボタージュ）がある。業務に関連する法令を遵守すると
称して形式的に業務を行い，意識的かつ故意に業務の運営を阻害し，あるいは
勤務能率を低下させる遵法闘争は，怠業に該当する。

③ 生産管理

　生産管理とは，労働組合が，使用者の意思に反し，企業の施設器材の全部ま
たは一部を事実上自己の支配下に置き，これに対する使用者の支配を排除して
企業の管理運営を行う行為のことである。

④ 職場占拠

　職場占拠とは，ストライキなどに際して，単に労務の提供を拒否するだけで
なく，座り込みなどの方法によって職場を占拠する行為のことである。

⑤ ピケッティング

　ピケッティングとは，争議中の労働組合がスト破りを防ぐために組合員が職
場を見張って他の労働者を入れさせないようにし，ストライキなどの実効性を
確保する行為のことである。

　一方，使用者の争議行為としては，ロック・アウト（作業所閉鎖）がある。
ロック・アウトとは，使用者が作業所を閉鎖して，労働者の提供する労務の受
け入れを拒否する行為のことである。ロック・アウトが正当である場合には，
使用者は賃金支払義務を免れることができる[17]。

4. 労働争議の調整

　労使関係において利害対立や不満が生ずることは不可避であるが，それが紛争として顕在化する前に当事者間において予防することができれば，紛争解決に伴う時間や費用の面でのさまざまなデメリットを回避することができる。また，実際に紛争が発生した場合でも，同様の意味で当事者間において自主的に解決することが望ましい。しかし，労働関係紛争が企業内において解決できない場合は，公的機関による解決が必要となる[18]。

　まず，日本では，労働法規の実施を監督する労働基準監督機関（厚生労働省の労働基準監督局，各都道府県労働局・労働基準監督署）が事実上紛争解決機能を果たしている。これら監督機関は，国の直属機関としてすべて厚生労働大臣の直接管理下にある。労働基準監督機関は，労働基準法の遵守についての監督や取締を責務としているが，労働関係紛争が労働基準法の違反の形をとる場合には，罰則を課したり，是正勧告などの行政指導を通じて使用者に法違反を是正させることにより，結果的に紛争の解決を図る。

　また，集団的労使紛争については，「労働委員会」という専門的行政委員会がその機能を果たしている。労働委員会は，労働関係調整法上の争議調整と労働基準法上の不当労働行為救済の権限によって，集団的労使関係の専門的な紛争解決機関としての役割を果たす。労使の紛争は，社会公共の利益にも大きな影響を及ぼすので，各国とも労働争議の調整制度を設置し，労使の自主的解決に努めている。日本においては，労働争議が当事者間で解決できないときは，当事者の申請に基づいて，労働委員会が斡旋・調停・仲裁の方法により解決を図ることになっている[19]。

　労働委員会は，労働組合法に基づき設置された機関で，中央労働委員会（国の機関），都道府県労働委員会（都道府県の機関）の2種類が置かれている。労働委員会は，公益を代表する委員（公益委員），労働者を代表する委員（労働者委員），使用者を代表する委員（使用者委員）のそれぞれ同数によって組織されている[20]。

　日本の労働関係調整法では，労働争議についての当事者間の自主的な解決を援助するため，労働委員会による斡旋・調停・仲裁などの争議調整制度を設けている。労働委員会による調整方法は，次のとおりである[21]。

① 斡旋

　斡旋は，労働委員会の会長が指名する斡旋員が紛争当事者の間に立って，双方の主張の要点を確かめ，事件が解決するよう調整を行うことである。斡旋は，関係当事者の双方または一方の申請によって行われるが，労働委員会の会長が必要と認めたときには，申請がなくても行われる。斡旋が合意に達すれば，当事者間に争議解決の協定が結ばれ，労働協約としての効力をもつことになる。

② 調停

　調停は，労働委員会の委員の中から，労・使・公益の三者構成の調停委員会を組織し，当事者双方の意見を聞いて調停案を作成した後，その受諾を双方に勧告するという調整方式である。調停は，一般の民間企業においては，任意調停の建前がとられており，労使双方が申請するか，あるいは協約の定めに基づいて関係当事者のいずれかが申請した場合にのみ開始される。調停委員会は，双方の意見を聞いたうえでその受諾を勧告する。当事者双方がこれを受諾すれば，争議解決の協定が成立したことになるが，双方または一方が拒否すれば調停は不成立ということになり，調停案はなんらの効力も生じない。すなわち，調停案を受諾するかどうかは，当事者の自由にまかされている。

③ 仲裁

　仲裁は，労働委員会の会長が指名する3人の委員からなる仲裁委員会が争議解決の条件を定める裁定をなすことによって，争議を解決させようとする方式である。仲裁裁定は，労働協約と同じ効力をもつものとして，関係当事者を法的に拘束する。すなわち，労使は仲裁委員会が提示した案を必ず受託しなければならない。したがって，拘束力としては，仲裁が最も強い。

　以上の労働委員会による労働争議の調整手続きを比較すると，図表7-1のとおりである。

図表 7-1　労働委員会による労働争議の調整

区　分	斡旋	調停	仲裁
開始事由 (当事者申請)	一方申請 双方申請	双方申請 協約に基づく一方申請 公益事業に係る一方申請	双方申請 協約に基づく一方申請
労働委員会側 調整主体	斡旋員	調停委員会 (公労使委員三者構成)	仲裁委員会 (公益委員で構成)
解決案の提示	提示することもある	原則提示	原則提示
解決案の受諾	任意	任意	労働協約と同一の効力を 持って当事者を拘束

出所：中央労働委員会ホームページ http://www.mhlw.go.jp。

Ⅲ．労働争議の現状

1．労働争議の現状

⑴　労働争議の推移

　日本の労働争議件数は，戦後増加傾向にあって特に 60 – 80 年代に最も多かった。それ以降，労働争議は減少傾向に転じている。当時の労働損失日数も長くストライキが長期間続いていた。2017 年の労働争議をみると，「総争議」の件数は，358 件で比較可能な 1955 年以降，最も少ない。このうち，「争議行為を伴う争議」の件数は 68 件，行為参加人員は，18 千人にとどまっており，安定的な労使関係が維持されている（図表 7-2）。

　労働争議の減少推移は，労働組合の使用者側との労使関係の維持に関する認識にも現れている。厚生労働省の 2015 年の調査により使用者側との労使関係の維持についての認識をみると，「安定的に維持されている」（42.7％），「おおむね安定的に維持されている」（46.4％），「どちらともいえない」（6.2％），「やや不安定である」（2.8％），「不安定である」（0.9％）となっている。このように，安定的である認識が 89.1％であるのに対して不安定は 3.7％にとどまっている（図表 7-3）。

　企業規模別に「争議行為を伴う労働争議」をみると，争議があった全体の企

図表 7-2　労働争議の推移

年	総争議	うち争議行為を伴った争議		半日以上同盟罷業および作業所閉鎖				
	総件数	件数	行為参加人員（千人）	件数	行為参加人員（千人）	労働損失日数（千日）		
						計	同盟罷業	作業所閉鎖
1955	1,345	809	1,767	659	1,033	3,467	3,307	160
1960	2,222	1,707	2,335	1,063	918	4,912	4,810	2,746
1965	3,051	2,359	2,479	1,542	1,682	5,669	5,475	247
1970	4,551	3,783	2,357	2,260	1,720	3,915	3,770	163
1975	8,435	7,574	4,614	3,391	2,732	8,016	7,974	62
1980	4,376	3,737	1,768	1,133	563	1,001	998	3
1985	4,826	4,230	1,355	627	123	264	257	7
1990	2,071	1,698	699	284	84	145	140	4
1995	1,200	685	222	209	38	77	73	4
2000	958	305	85	118	15	35	33	2
2005	708	129	27	50	4	6	6	―
2010	682	85	21	38	2	23	23	―
2011	612	57	9	28	2	4	4	―
2012	596	79	12	38	1	4	4	―
2013	507	71	13	31	2	7	7	―
2014	495	80	28	27	15	20	20	―
2015	425	86	23	39	13	15	15	―
2016	391	66	16	31	2	3	3	―
2017	358	68	18	38	8	14	14	―

出所：厚生労働省「平成 29 年労働争議統計調査の概況」および日本生産性本部『2018 版活用労働統計』より作成。

図表 7-3　労働組合の労使関係についての認識

（単位：%）

区　分	計	安定的		どちらともいえない	不安定	
		安定的に維持されている	おおむね安定的に維持されている		やや不安定である	不安定である
計	100.0	42.7	46.4	6.2	2.8	0.9
5,000 人以上	100.0	60.6	34.2	3.0	1.5	0.3
1,000–4,999 人	100.0	49.9	42.6	3.2	3.4	0.3
500–999 人	100.0	34.2	54.1	7.1	3.0	0.5
300–499 人	100.0	48.3	46.6	2.6	1.2	1.1
100–299 人	100.0	28.1	54.7	10.2	4.0	1.6
30–99 人	100.0	29.2	52.0	12.1	3.0	1.9

出所：厚生労働省「平成 29 年　労使間の交渉等に関する実態調査 結果の概況」。

図表 7-4　企業規模別労働争議

企業規模	争議行為を伴う争議			半日以上の 同盟罷業 （企業数）	半日未満の 同盟罷業 （企業数）
	企業数	行為参加人員 （人）	労働損失日数 （日）		
計	222	17,612	14,741	92	154
1,000 人以上	58	4,046	1,043	16	46
300–999 人	39	2,399	1,555	19	21
100–299 人	62	2,100	1,184	27	48
99 人以下	45	344	206	23	27
その他	18	8,723	10,753	7	12

注：(1) 1 組合が複数企業の労働者で組織されている合同労組については，1 合同労組を 1 企
　　　業として計上し，企業規模別には，1 つの企業のみを相手に交渉をしている場合に
　　　は，当該企業の企業規模により計上し，複数企業を相手に交渉をしている場合には，
　　　「その他」に計上している。
　　(2)「争議行為を伴う争議」には，「同盟罷業」のほかに「作業所閉鎖」，「怠業」及び「そ
　　　の他」の形態を含む。
出所：厚生労働省「平成 29 年労働争議統計調査の概況」。

業数は 222 社で，100–299 人規模が 62 件と最も多い。しかし，争議参加人員や
労働損失日数は規模が大きいほど多い。また，半日以上または半日未満の同盟
罷業についてみると，100–299 人規模が多い（図表 7-4）。

(2)　争議行為と第三者機関の関与

　過去 3 年間に「労働争議があった」労働組合について，争議行為と第三者機
関の関与の状況をみると，「争議行為のみで第三者機関の関与がなかった」
（55.6%）が最も多く，次いで「争議行為と第三者機関の関与があった」
（25.5%），「第三者機関の関与のみで争議行為がなかった」（19.0%）となって
いる（図表 7-5）。

　次に，過去 3 年間に「労働争議がなかった」労働組合について，その理由
（複数回答 主なもの 3 つまで）をみると，「対立した案件がなかったため」
（53.6%）が最も高く，次いで「対立した案件があったが話合いで解決したた
め」（38.5%），「対立した案件があったが労働争議に持ち込むほど重要性がな
かったため」（11.6%）となっている（図表 7-6）。

図表 7-5　過去 3 年間の争議行為と第三者機関の関与の状況

(単位：%)

区　　分	計	労働争議が あった	争議行為と第三者機関の関与の状況			労働争議が なかった
			争議行為と 第三者機関 の 関 与 が あった	争議行為の みで第三者 機関の関与 がなかった	第三者機関 の関与のみ で争議行為 がなかった	
計	100.0	1.7	25.5	55.6	19.0	98.1
5,000 人以上	100.0	2.2	20.3	51.9	27.8	97.7
1,000-4,999 人	100.0	2.5	30.7	53.8	15.5	96.9
500-999 人	100.0	1.9	38.1	42.8	19.1	97.6
300-499 人	100.0	0.5	32.3	54.8	12.9	99.5
100-299 人	100.0	0.9	29.5	59.3	11.2	99.0
30-99 人	100.0	1.6	5.3	76.7	18.0	98.4

注：過去 3 年間とは，平成 26 年 7 月 1 日から平成 29 年 6 月 30 日までをいう。
出所：厚生労働省「平成 29 年　労使間の交渉等に関する実態調査結果の概況」

図表 7-6　過去 3 年間に労働争議がなかった理由（複数回答）

(単位：%)

区　分	労働争議がなかった計	対立した案件がなかったため	対立した案件があったが話合いで解決したため	対立した案件があったが労働争議に持ち込むほど重要性がなかったため	労使関係の悪化を懸念したため	労働争議に持ち込むことによる企業収益の悪化が見込まれるため	労働争議に持ち込むことによる社会的影響，批判を考慮したため	労働争議に持ち込んでも成果が得られないと判断したため	上部組織のみで又は下部組織のみで労働争議を行ったため	労働争議に持ち込むことに組合員の同意が得られなかったため	その他
計	100.0	53.6	38.5	11.6	8.4	4.6	2.7	9.0	3.3	1.2	3.9
5,000 人以上	100.0	51.7	41.6	4.6	2.4	2.2	4.2	4.9	7.8	0.8	5.6
1,000-4,999 人	100.0	52.0	37.0	13.7	11.6	3.4	1.1	8.0	3.4	2.4	4.5
500-999 人	100.0	55.3	34.7	11.9	5.7	4.0	2.2	8.3	5.5	0.7	3.9
300-499 人	100.0	55.6	42.1	11.5	10.3	1.9	1.9	4.3	0.4	2.2	1.4
100-299 人	100.0	45.8	40.7	16.0	11.4	8.0	4.7	15.0	1.4	0.5	4.1
30-99 人	100.0	70.0	32.7	11.7	8.1	7.0	0.5	11.1	0.2	0.2	2.0

出所：厚生労働省「平成 29 年　労使間の交渉等に関する実態調査 結果の概況」。

(3)　労働組合団体別の労働争議

　全国労働組合中央組織（ナショナルセンター）別に「争議行為を伴う争議」件数をみると，「連合」は 6 件，「全労連」は 41 件，「全労協」は 5 件である。

図表 7-7　労働組合団体別の労働争議の状況

区　分	争議行為を伴う争議			うち半日以上の同盟罷業		
	件数	行為参加人員 （人）	労働損失日数 （日）	件数	行為参加人員 （人）	労働損失日数 （日）
計	68	17,612	14,741	38	7,953	14,741
連合	6	231	210	4	198	210
全労連	41	11,158	1,722	24	1,678	1,722
全労協	5	932	52	2	52	52
その他	19	6,209	12,797	9	6,065	12,797

注：1）主要団体の「その他」とは，連合，全労連及び全労協に加盟していない労働組合をいう。
　　2）複数の団体に重複加盟している労働組合があるため，件数，行為参加人員，労働損失日数の計とそれぞれの加盟主要団体の数値の合計とは必ずしも一致しない。
　　3）「争議行為を伴う争議」には，「同盟罷業」のほかに「作業所閉鎖」，「怠業」及び「その他」の形態を含む。
出所：厚生労働省「平成 29 年労働争議統計調査の概況」。

争議参加人員は，「全労連」が 11,158 人と最も多く，労働損失日数も全労連が 1,722 日と最も多い。半日以上の同盟罷業においても同様である（図表 7-7）。

(4)　労働争議の主要要求事項

　労働争議を主要要求事項別にみると，「賃金」に関する事項が 181 件（総争議件数の 50.6％）と最も多く，次いで「経営・雇用・人事」に関する事項が 122 件（同 34.1％），「組合保障及び労働協約」に関する事項が 117 件（同 32.7％）となっている（図表 7-8）。

(5)　労働争議の解決方法

　争議行為に対して労働委員会のような第三者機関が関与することはあっても，厚生労働省の調査によると，労働委員会が関与した場合，労働争議の解決方法は斡旋段階で解決されるのがほとんどであり，調停はごく少数で，仲裁は全くないのが実情である。2017 年の「総争議」358 件のうち，解決方法をみると，「労使直接交渉による解決」が 42 件（解決又は解決扱い件数の 14.1％），「第三者関与による解決」が 101 件（同 33.9％），「その他（解決扱い）」が 155 件（同 52.0％）である。なお，「第三者関与による解決」をみると，労働委員会関与の「斡旋」が 98 件（同 32.9％）で最も多い（図表 7-9）。

図表 7-8　労働争議の主要要求事項

主要要求事項	件数	割合（％）
計	358	100.0
組合保障及び労働協約	117	32.7
・組合保障及び組合活動	110	30.7
・労働協約の締結，改訂及び効力	12	3.4
賃金	181	50.6
・賃金制度	13	3.6
・賃金額（基本給・諸手当）の改定	62	17.3
・賃金額（賞与・一時金）の改定	38	10.6
・個別組合員の賃金額	13	3.6
・退職金（退職年金を含む）	11	3.1
・その他の賃金に関する事項	67	18.7
賃金以外の労働条件	46	12.8
・所定内労働時間の変更	3	0.8
・所定外・休日労働	5	1.4
・休日・休暇（週休二日制，連続休暇を含む）	6	1.7
・その他の労働時間に関する事項	4	1.1
・育児休業制度・介護休業制度	—	—
・教育訓練	—	—
・職場環境・健康管理	24	6.7
・福利厚生	6	1.7
経営・雇用・人事	122	34.1
・解雇反対・被解雇者の復職	66	18.4
・事業の休廃止・合理化	7	2.0
・人事考課制度（慣行的制度を含む）	4	1.1
・要員計画・採用計画	12	3.4
・配置転換・出向	19	5.3
・希望退職者の募集・解雇	2	0.6
・定年制（勤務延長・再雇用を含む）	7	2.0
・パートタイム労働者・契約社員・派遣労働者の活用	2	0.6
・パートタイム労働者・契約社員の労働条件	7	2.0
・その他の経営及び人事に関する事項	8	2.2
その他	8	2.2

注：1）1労働争議につき労働者側から提出された要求のうち，主なもの2つまでを主要要求事項として取り上げているため，主要要求事項「計」（総争議件数）と個々の要求事項の数値の合計は必ずしも一致しない。
　　2）「組合保障及び労働協約」，「賃金」等の太字で書かれている各区分の件数は，2つの主要要求事項が同一の区分内にある労働争議は1件として計上しているので，各区分内の事項の件数の合計とは必ずしも一致しない。
出所：厚生労働省「平成29年労働争議統計調査の概況」。

図表 7-9　労働争議の解決方法

（単位：件数）

年	総争議	労使交渉による解決	第三者関与による解決	労働委員会関与			その他（解決扱い）
				斡旋	調停	仲裁	
2011	612 (100.0)	97 (20.3)	178 (37.2)	175 (36.6)	3 (0.6)	0 (－)	203 (42.5)
2012	596 (100.0)	96 (18.5)	209 (40.2)	206 (39.6)	3 (0.6)	0 (－)	215 (41.3)
2013	507 (100.0)	92 (23.3)	145 (36.7)	140 (35.4)	5 (1.3)	0 (－)	158 (40.0)
2014	495 (100.0)	123 (28.3)	136 (31.3)	130 (29.9)	5 (1.1)	0 (－)	176 (40.5)
2015	425 (100.0)	60 (16.6)	129 (35.7)	123 (34.1)	4 (1.1)	0 (－)	172 (47.6)
2016	391 (100.0)	46 (14.0)	115 (35.1)	109 (33.2)	4 (1.2)	1 (0.3)	167 (50.9)
2017	358 (100.0)	42 (14.1)	101 (33.9)	98 (32.9)	3 (1.0)	0 (－)	155 (52.0)

注：(1)「その他（解決扱い）」には，不当労働行為事件として労働委員会に救済申し立てがなされた労働争議，労働争議の当事者である労使間では解決方法がないような労働争議（例えば，支援スト，政治ストなど）及び解決の事情が明らかでない労働争議等が含まれる。
　　(2)（　　）内は，構成比である。
出所：厚生労働省「平成 29 年　労働争議統計調査の概況」。

図表 7-10　労働争議継続期間別解決件数

区　分	計	30 日以内					31-60 日	61-90 日	91 日以上
			1-5 日	6-10 日	11-20 日	21-30 日			
解決件数（件）	289	91	9	7	34	41	66	63	78
割合（％）	100.0	30.5	3.0	2.3	11.4	13.8	22.1	21.1	26.2

出所：厚生労働省「平成 29 年　労働争議統計調査の概況」。

　労働争議の解決状況を労働争議継続期間別にみると，「30 日以内」が 91 件（解決件数の 30.5％）と最も多く，次いで「91 日以上」が 78 件（同 26.2％），「31〜60 日」が 66 件（同 22.1％），である（図表 7-10）。

(6)　争議行為開始の予告

　争議行為開始の際の予告状況についてみると，争議行為開始の際の使用者側に対する予告について「取り決めている」64.5％，「取り決めていない」34.6％となっている。また，「取り決めている」労働組合について予告方法をみると，「文書」86.5％，「口頭」10.4％となっている（図表 7-11）。予告内容については「日時又は期間」79.8％，「目的（要求事項）」72.2％が多くなっている。その他

図表 7-11　争議行為開始予告の取決めの有無，予告方法

(単位：%)

区　分	計	争議行為開始の際の使用者側に対する予告について取り決めている	予告方法		争議行為開始の際の使用者側に対する予告について取り決めていない
			文書	口頭	
本部組合及び単位労働組合　計	100.0	64.5 (100.0)	86.5	10.4	34.6
＜労働組合の種類＞					
本部組合	100.0	77.8 (100.0)	90.9	6.4	21.5
単位労働組合	100.0	63.6 (100.0)	86.1	10.8	35.5
支部等の単位扱い組合	100.0	68.8 (100.0)	89.7	7.2	29.9
単位組織組合	100.0	57.0 (100.0)	80.8	16.2	42.5

注：1.「本部組合」とは，「単一組織組合」のうち，最上部組織をいう。
　　2.「単位労働組合」とは，「単位組織組合」と「単位扱組合」をいう
　　3.「単位扱組合」とは，「単一組織組合」のうち，最下部組織をいう。
　　4.「単位組織組合」とは，規約上労働者が当該組織に個人加入する形式をとり，かつ，その内部に独自の活動を行うことができる下部組織（支部等）を持たない労働組合をいう。
出所：厚生労働省「平成 27 年　労使間の交渉等に関する実態調査　結果の概況」。

図表 7-12　争議行為開始の際の予告期間

(単位：%)

区　分	計	24時間以内	24時間を超え48時間以内	2日を超え3日以内	3日を超え7日以内	7日を超え10日以内	10日超	期間の定めはない	不明
本部組合及び単位労働組合　計	100.0	10.7	21.1	10.0	10.9	3.7	4.7	27.7	11.0
＜労働組合の種類＞									
本部組合	9.3	9.3	32.5	14.4	7.9	3.5	5.5	16.3	10.5
単位労働組合	10.8	10.8	20.2	9.7	11.2	3.7	4.7	28.7	11.1
支部等の単位扱い組合	11.2	11.2	21.3	7.6	11.6	4.4	5.1	26.6	12.1
単位組織組合	10.3	10.3	18.5	12.8	10.5	2.6	4.1	31.8	9.5

出所：厚生労働省「平成 27 年　労使間の交渉等に関する実態調査　結果の概況」。

に「場所」(55.9％)，「争議行為の種類」(54.9％)，「規模（参加人員）」(48.4％)である。

　争議行為開始の際の使用者側に対する予告について取り決めている労働組合における予告期間をみると，「期間の定めはない」27.7％が最も多く，次いで「24 時間を超え 48 時間以内」21.1％などとなっている（図表 7-12）。

2. 労働争議減少の背景

　労働組合が経営側と交渉をして要求を貫徹するための手段として使われるのがストライキである。しかし，国際比較でみると，前述のように，日本の場合，ストライキ件数はかなり少ないのが実状である。労働争議が減少している背景としては，次のようなさまざまな要因が指摘されている[22]。

(1)　労使交渉の制度化と情報の共有化

　日本は，戦後，石炭から石油へとエネルギー政策の転換をめぐって「三井三池争議」のような激しい労使対立があった[23]。この経験から労使は賃上げや雇用調整の問題を団体交渉や労使協議によって解決する手法を習得した。団体交渉では，賃金や雇用・人事，労働時間などが協議され，賃金以外の広範な事項が労使協議機関で話し合われることが多い。

　1955 年からはじまった春闘による賃上げ交渉が広く普及し，多くの労使がほぼ一斉に賃上げ交渉を行うという短期集中的な団体交渉が定着した。もちろん賃上げをめぐる労働争議はあったものの短期間のストライキで妥結することが多く，深刻な労使対立に発展するケースは稀であった。

　また，個別企業の労使交渉においては，賃上げ交渉の春闘に加えて，幅広い人事問題について，年間を通じて頻繁に協議する労使協議制が制度化されている[24]。労使協議制においては，問題が発生するたびに協議の場が持たれ，労使が解決策を探るという努力が積み重ねられた。

　労使協議制が定着している企業では，経営側と労組との協議において，従業員の賃金のみならず，企業の経営方針全般や人事配置，社員教育，福利厚生など幅広い事項がテーマとされ，経営側からの情報提供も積極的に行われている。労使協議制のもとでは，企業の生産性を高めることなどを目的に，経営側と労組側の双方が正面対決を避け，協調的で安定的な労使関係を構築することが了解されているのである[25]。

　このように，日本でストライキが減少してきた背景には，労使が協議の場を活用して，情報の共有化を進め，信頼関係に基づいた安定的労使関係を構築してきたからであろう。

⑵　労働組合指導者の属性と労働教育

　日本において労働争議が少なく，安定的な労使関係が定着してきた背景には，労働組合指導者の属性がかなり変わってきたことも大きく影響している。戦後，労働組合指導者の多くは，中卒や高卒者が中心で粘り強く交渉するよりも，ストライキなどの争議行為によって要求を通そうとする傾向が強かった。これに対して，組合員の高学歴化が進み，学歴や経歴の面で企業の経営者層と近い者が組合幹部となり，場合によっては，役員に登用されることも稀ではなかった。そのため，経営側と労働組合側の事情がよくわかり，労使との間の意思疎通が容易となっていたことも労働組合がストライキという実力行使に出ることを抑制する要因となっていたと考えられる[26]。

　また，日本では労使関係の安定化を図るため，健全な労働組合を育成してきたことである。その大きな役割を果たしてきたのが日本生産性本部である。日本生産性本部は，現在も労組幹部政策懇談会や労組指導者のためのセミナーなど，労使関係の教育を実施している。これによって労組指導者は生産性運動や組合運営の民主化に力を注いできた。企業もまた従業員に，正しい労使関係観を習得させるための教育を通じて意識改革を図ってきた。経営者も健全な労働組合を育成するために，労働組合に対する認識を変え，経営のパートナとして尊重してきた。このようなことが労働争議を抑制したと考えられる[27]。

⑶　組合活動の多様化と成果主義賃金の普及

　これまでの組合活動は，賃金，労働時間といった基本的な労働条件を重点事項としていたが，近年，次第に重点事項が多様化してきている。従来の組合活動の重点事項は，賃金・一時金，労働時間・休日など基本的な労働条件であった。しかし，近年の組合活動の重点事項は，経営参加や退職金，定年延長・勤務延長，生涯生活設計福祉ビジョンなどであり，トータルな労働者生活の安定といったことに重点を移しつつある[28]。

　また，雇用の流動化が進展する労働市場の変化とともに，企業の成果主義賃金の導入によって，一律の定期昇給などが廃止され，部門や個人の業績が賃金に強く反映されるという賃金決定の個別化が進展している。そのため，雇用の維持と個別企業および個人の賃金格差が拡大してきたため，横並びの賃上げ水

準を決定する春闘が形骸化してきている。こうした団体交渉の希薄化が労働争議の減少要因の一つであると考えられる。

⑷　組合員意識と一般社会の反応

　日本の企業別組合にとって，とりわけ重要なのはストライキについての組合員の意識である。ストライキを積極的に肯定する組合員であっても企業別組合の組合員が一般的にもっている所属企業との一体感，企業の存続と繁栄に対する強い関心がある以上，ストライキはやむを得ないとしても所属企業の競争力を損なったり，企業の収益状況に致命的な打撃を与えるようなストライキであってはならないとする考え方は根強い。この背景には，やはり特定企業への長期雇用慣行があり，労働者の雇用機会の確保と労働条件の維持・改善の可能性は，所属企業の安定した存続とその競争力の拡大による繁栄にかかっているからである[29]。

　また，日本においてストライキを制約する最も重要な条件として，ストライキに対する一般社会の反応である。日本では，ストライキに対する一般社会の違和感は強い。特に，国民の税金によって支えられている国営の場合はとくにそうである。かつて国鉄は，ストライキにより市民の生活に影響を与えることで，団体交渉を有利に進めようとした。交通機関を停止するようなことを行ったことにより国民的反感は強く，支持を得られなかった[30]。

Ⅳ. 個別労働紛争の増加と紛争解決システム

1. 個別労働紛争の増加

　1990年代半ば以降，バブル崩壊後の長期経済低迷における雇用情勢の悪化や人事管理の個別化，いわゆる非正規雇用の増加を背景として，集団的労使紛争の減少の一方で，個別的労使紛争の増加傾向が顕著であり，特にリーマンショック以降，高水準に推移している。

　個別的労使関係については，後述する「個別労働関係紛争の解決の促進に関する法律」が2001年に施行されるのと同じ時期より，個別労働紛争に関する労

図表 7-13　相談件数の推移

(単位：件数)

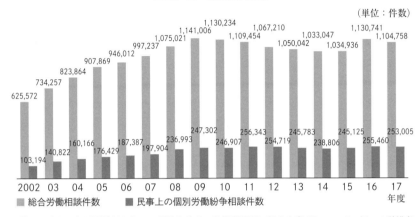

注：民事上の個別労働紛争とは，労働条件その他労働関係に関する事項についての個々の労働者
　　と事業主との紛争である。
出所：厚生労働省『個別労働紛争解決制度の運用状況』各年度。

働相談は急激に増加をみせてきた[31]。各都道府県労働局の総合労働相談コーナーに寄せられた相談件数は，制度発足以降右肩上がりに増え，2009 年度は 1,141,006 件と過去最高となり，それ以降は，やや減少はしているものの，2017 年は 1,104,758 件と依然として，高水準を示している（図表 7-13）。これらの相談のうち，労働基準法違反等にかかわらない民事上の個別労働紛争に関する相談も急増し，2011 年度は 256,343 件をピークとし，それ以降も高止まり状態となっている。このような傾向は労働組合に頼れず，個人で紛争解決を迫られるパートや派遣労働者などの非正規労働者の増加が背景にあると推測される[32]。

　2017 年度の民事上の個別労働紛争に関する相談内容は，「いじめ・嫌がらせ」が 23.6％で最も多く，次いで，「自己都合退職」（12.8％），「解雇」（10.9％），「労働条件の引き下げ」（8.5％）と続いている（図表 7-14）。特に注目されるのが，解雇や労働条件の引き下げは減少傾向にあるものの，「いじめ・嫌がらせ」による相談が増加し，紛争内容も多様化している[33]。また，退職勧奨は若干減少しているものの，一部では仕事を与えずに実質的な企業内失業にするといった退職強要が疑われる相談内容が含まれていることが考えられる。今や個別労働紛争は，集団的労使紛争とならぶあるいはそれ以上に重要かつ深刻な紛争と

図表 7-14 民事上の個別労働紛争相談の内訳

(単位：%)

年度	解雇	雇止め	退職勧奨	採用内定取り消し	自己都合退職	出向・配置転換	労働条件の引下げ	その他の労働条件	いじめ・嫌がらせ	雇用管理等	募集・採用	その他
2008	25.0	4.8	8.4	0.7	6.2	3.5	13.1	10.1	12.0	1.5	1.3	13.4
2009	24.5	4.8	9.4	0.7	5.9	3.5	13.5	9.8	12.7	1.4	1.1	12.6
2010	21.2	4.9	9.1	0.7	7.2	3.2	13.1	10.4	13.9	1.7	1.1	13.4
2011	18.9	4.5	8.8	0.7	8.5	3.3	12.1	12.3	15.1	1.8	1.0	13.1
2012	16.9	4.4	8.5	0.6	9.8	3.2	11.2	12.4	17.0	2.0	1.1	12.8
2013	14.6	4.3	8.5	0.6	11.0	3.2	10.0	12.6	19.7	2.0	1.0	12.6
2014	13.4	4.2	7.5	0.6	11.9	3.3	9.6	12.4	21.4	1.8	1.0	13.0
2015	12.7	4.0	7.4	0.5	12.7	3.3	8.9	12.5	22.4	1.8	1.0	12.8
2016	11.8	4.0	7.1	0.6	13.0	3.0	8.9	12.6	22.8	2.0	1.0	13.1
2017	10.9	4.7	6.8	0.6	12.8	3.0	8.5	12.9	23.6	2.1	0.9	13.2

出所：厚生労働省『平成 29 年度個別労働紛争解決制度の運用状況』各年度。

なっていることがわかる。

　具体的な個別労働紛争の申出事例は図表 7-15 のとおりである。

2. 個別労働紛争の解決システム

　一般に社内の個別労働紛争は，企業内で上司あるいは人事労務担当者を通じての自主的な処理で対応されることが多く，その他労使の代表からなる苦情処理機関によって解決する場合もある。ところが，社内だけでは解決しない問題が多くなり，社外での紛争処理制度の重要性が増した。社外における紛争解決システムとしては，2001 年に「個別労働関係紛争解決促進法」が施行され，2001 年に都道府県労働局の下に「個別労働紛争促進制度」が設けられるようになった。さらに，2004 年には，労働審判法が制定され，地方裁判所の下に「労働審判制度」が導入され，2006 年 4 月より施行されるようになった[34]。

　以下では，この二つの制度について概観する。

(1) 個別労働紛争解決促進制度

　日本では個別労働紛争を解決するための労働法制上の特別な解決システムが

図表 7-15　個別労働紛争の申出事例（助言・指導の場合）

事例	事案の概要
いじめ・嫌がらせ	申出人は，派遣労働者として勤務しているが，派遣先の上司から「ふざけてんじゃねえぞ」や「お前はこの地域の恥だ」等の人格を否定するような暴言を日常的に受けた。派遣元は派遣先の仕事を多く請け負っているため，今後の契約のことを考えて嫌がらせをやめるよう派遣先に働きかけてくれない。今後も働き続けたいと考えているため，職場環境の改善を求めたいとして，助言・指導を申し出たもの。
解雇	申出人はパート労働者として勤務しているが，突然社長から，事業の効率化と経営上の問題を理由に時給を下げ，シフトも減らすと言われた。経営上の理由と言われたものの，同僚の時給に変更はないため不公平だと思い社長に抗議した。すると社長より，1ヶ月後に辞めてくれと言われ，解雇予告を受けた。解雇されることに納得ができないため，解雇予告を取り消してほしいとして助言・指導を申し出たもの。
自己都合退職	申出人は，正社員として勤務していたが，体調を崩し，有給休暇を取得した上で退職するため，会社の就業規則に従って，上司に退職の意思を伝えたが，「代わりの人がいないので無理です」と言われ，受け入れてもらえなかった。退職の意思は強かったので退職日の1ヶ月前に退職届を提出したが，受け取ってもらえなかった。希望の退職日に退職できるよう話合いを行いたいとして，助言・指導を申し出たもの。
労働条件の引下げ	正社員として働いていたが，他部署の人員不足を理由に配置転換となり，会社の経費削減のために昇給のない準社員に変更された。準社員となることに納得できないと考えたため撤回を求めたが，応じてもらえなかった。これまで長年正社員として働いてきたことや，今後の生活のためにも従来通りの労働条件で働き続けたいとして助言・指導を申し出たもの。
雇止め	申出人は1年の有期労働契約及び6ヶ月の有期労働契約を更新し，合計15年以上勤務していたが，平成29年に有期労働契約を更新した際の雇用契約書において，新たに契約期間の上限が示され，事業主から，平成25年4月以降の契約期間が5年を超えると無期契約に転換しなければならなくなるが，今後業務縮小予定であることを考えると無期契約に転換することは困難なため，平成30年3月31日で雇止めにすると説明を受けた。業務縮小予定とのことであるが，新たに労働者を雇い入れている部署もあるため，今後も働き続けるため，雇止めの撤回を求めたいとして助言・指導を申し出たもの。

出所：厚生労働省「平成29年度個別労働紛争解決制度の施行状況」pp.16-18より抜粋。

なかったが，2001年に「個別労働関係紛争の解決の促進に関する法律」（以下，個別労働紛争解決促進法）が制定され，(1)都道府県労働局における総合労働相談制度，(2)都道府県労働局長による助言指導および(3)紛争調整委員会によるあっせんという三つの要素からなる個別労働紛争解決促進制度が創設され

た[35]。この制度は，解決までに長時間を要する民事訴訟に紛争処理を持ち込む前に，迅速かつ適正な紛争解決を図ることを目的としたものである（図表7-16）。

　まず，都道府県労働局長は，個別労働紛争の未然防止と自主的な解決の促進

図表7-16　個別労働紛争解決促進制度の概要

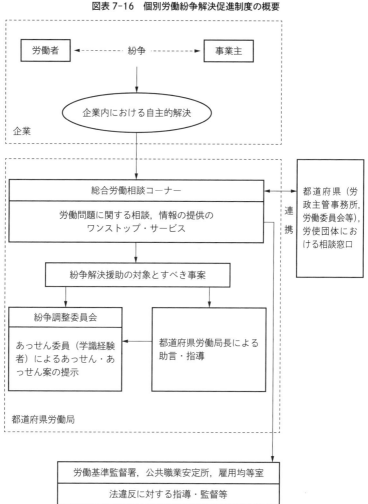

出所：山川隆一「日本における労働紛争の解決最近の展開とその背景，および将来の展望」『日本労働研究雑誌』No.548，2006年，p.64より引用。

のため，労働者や事業主等に対して情報の提供，相談その他の援助を行う。これを行う場所は総合労働相談コーナーと呼ばれ，同コーナーは，いわゆるワンストップサービスとしての機能を果たし，労働関係についての相談等を広く受付けているが，労基法・職安法・均等法などの法令違反とみられる事案は所轄の行政機関の処理に委ねることとしている[36]。

　次に，都道府県労働局長は，個別労働関係紛争に関し，当事者の一方または双方から解決のための援助を求められた場合，当該紛争の当事者に対して，法令や判例等に照らして必要な助言または指導をすることができる[37]。

　さらに，都道府県労働局長は，当事者の双方または一方から申請があった場合，必要があると認めるときには，紛争調整委員会によるあっせんを行わせる。あっせんは，紛争調整委員会が指名するあっせん委員が当事者の間に立って，話し合いを促進することを目的とする非公開の調整手続である。紛争調整委員会は，各都道府県労働局に置かれ，学識経験者から任命される委員により組織されている。あっせんは当事者の合意に基づく紛争解決手続であり，相手方が手続に参加する意思を有しない場合などには手続は打ち切られる[38]。

(2) 労働審判制度

　労働審判制度は，裁判所において訴訟よりも短い期間で労働関係のトラブルの実情に即した柔軟な解決を図ることを目的としたものである（図表7-17）。欧州諸国とは異なり，日本には，通常裁判所とは別の労働裁判所は存在しない[39]。従来は，労働事件についても通常事件と同じ手続を利用する他はなかったが，個別労働紛争の急増の背景のもとで，労働審判制度が創設されている[40]。

　労働審判制度は，地方裁判所において裁判官である労働審判官と労働関係につき専門的知識経験をもつ2名の労働審判員（労使それぞれの出身）が労働審判委員会[41]を構成し，個別労働関係事件について，3回以内の期日で審理を行い，調停により事件を解決できない場合には，合議により解決案（労働審判）を定める制度である[42]。

　労働審判委員会は，こうした迅速な審理により当事者間の権利関係と手続の経過を踏まえつつ，多数決により事案の実情に即した内容の審判を定める。当事者が審判に異議を申し立てなければ審判は確定するが，異議の申し立てがあ

図表 7-17　労働審判制度の概要

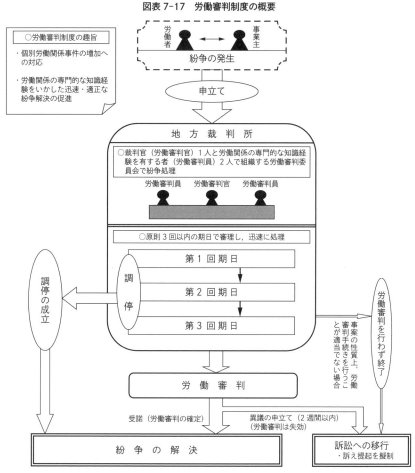

出所：山川隆一「日本における労働紛争の解決最近の展開とその背景，および将来の展望」『日本
　　　労働研究雑誌』No.548, 2006 年，p.63 より引用。

ると審判は失効する。しかし，異議の申立てがあった場合，事件は当然に通常
訴訟に移行する[43]。

　このような個別の労働関係の紛争処理における新たな公的紛争処理機関の創
設は，バブル経済崩壊以降の労働現場における労働紛争の急増を意味する象徴
でもある。こうした紛争処理は企業にとって多大な労力を要する。さらには，

図表 7-18　労働審判事件の新受件数（事件の種類別）

(単位：件数)

区　分		2006年	2007年	2008年	2009年	2010年	2011年	2012年	2013年	2014年
非金銭	計	463	780	1,078	1,793	1,693	1,814	1,818	1,720	1,591
	地位確認	418	719	1,022	1,701	1,633	1,747	1,731	1,670	1,529
	その他	45	61	56	92	60	67	87	50	62
金銭	計	414	714	974	1,675	1,682	1,772	1,901	1,958	1,825
	賃金等	266	441	620	1,059	1,100	1,179	1,255	1,456	1,342
	退職金	66	126	114	205	161	162	170	114	96
	その他	82	147	240	411	421	431	476	388	387
合計		877	1,494	2,052	3,468	3,375	3,586	3,719	3,678	3,416

注：1.　件数は，2014年12月末現在のもので，2015年3月集計による最高裁行政局調べの概数値である。
　　2.　2006年から労働審判開始。
　　3.　申立てが，非金銭と金銭両方に該当する場合は非金銭に，金銭で賃金等と退職金両方に該当する場合は，賃金等にそれぞれ計上。
出所：品田幸男「労働審判制度の概要と課題：制度開始10年目を迎えて」『法律のひろば』68巻5号，ぎょうせい，2015年，p.7.

　対外的には企業の評判を落とすことにもなる。したがって，こうしたトラブルが企業内での話し合いで解決されるべき効果的な対応が求められる。
　労働審判事件の新受件数をみると，制度開始1年目の2006年は877件であったものが2014年には3,416件と急増している。労働審判事件の新受件数を事件の種類別にみると，2006年以来非金銭請求事件と金銭請求事件がほぼ同数という状態が続いていることがわかるが，両者の比率には若干の変化がみられる。すなわち，かつては非金銭請求事件の方が金銭請求事件よりやや多い状態が続いていたが，年々その差が縮まり，2012年にこれが逆転し，その後は金銭請求事件の方がやや多くなっている。金銭請求事件の中では，賃金等の請求事件が増加傾向にあるが，割増賃金の支払いを求める事件が増加しているのがその一因となっている可能性がある。2014年の金銭的事件の件数は1,825件に対し，非金銭的事件の件数は1,591件となっている（図表7-18）。
　次に，労働審判既済事件の期日実施回数と審理期間をみよう。
　図表7-19は，2010年から2014年まで（5年間）に既済になった労働審判事

図表 7-19　労働審判既済事件の期日実施回数（2010-2014 年）

（単位：件数）

区　　分		0 回	1 回	2 回	3 回	4 回以上	全体
調停成立		—	3,513	5,177	3,406	290	12,386
		—	28.4%	41.8%	27.5%	2.3%	100%
労働審判			472	1,270	1,358	79	3,179
			14.8%	39.9%	42.7%	2.5%	100%
	異議申立てあり		214	743	888	43	1,888
			11.3%	39.4%	47.0%	2.3%	100%
	異議申立てなし		258	527	470	36	1,291
			20.0%	40.8%	36.4%	2.8%	100%
24 条終了（※1）		28	293	274	110	8	713
		3.9%	41.1%	38.4%	15.4%	1.1%	100%
取り下げ		692	312	184	72	15	1,275
		54.3%	24.5%	14.4%	5.6%	1.2%	100%
却下・移送等		102	6	2	3	0	113
		90.3%	5.3%	1.8%	2.7%	—	100%
合計		822	4,596	6,907	4,949	392	17,666
		4.7%	26.0%	39.1%	28.0%	2.2%	100%

注：※1（24 条終了）は，労働審判委員会が，事案の性質に照らし，労働審判手続を行うことが紛争の迅速かつ適正な解決のために適当でないと認める場合に，労働審判をせずに労働審判事件を終了させること。
出所：品田幸男「労働審判制度の概要と課題：制度開始 10 年目を迎えて」『法律のひろば』68 巻 5 号，ぎょうせい，2015 年，p.8。

件について，何回目の期日で事件が終局したかをみたものである。合計欄をみると，既済件数 1 万 7,666 件のうち，第 2 回期日で終局した事件が 6,907 件（39.1%）と最も多く，第 3 回期日で終局した事件（4,949 件，28.0%），第 1 回期日で終局した事件（4,596 件，26.0%），第 1 回期日前に終局した事件（822 件，4.7%）がこれに続いている。このように，約 7 割の事件が第 2 回期日前に終局していることがわかる。第 4 回以降の期日で終局する事件は 2.2% にとどまっている。

　図表 7-20 は，2010 年から 2014 年まで（5 年間）に既済となった労働審判事件について，申立てから終局までに要した審理期間を期間ごとの件数で表した

図表 7-20　労働審判既済事件の審理期間
(2010－2014 年)

1 カ月以内	553 件	3.1%
2 カ月以内	5,997 件	33.9%
3 カ月以内	6,383 件	36.1%
6 カ月以内	4,595 件	26.0%
1 年以内	136 件	0.8%
1 年を超える	2 件	0.0%
合計	17,666 件	100%
平均審理期間	74.8 日	

出所：品田幸男「労働審判制度の概要と
課題：制度開始 10 年目を迎えて」
『法律のひろば』68 巻 5 号，ぎょう
せい，2015 年，p.10。

ものと，平均審理期間を示したものである。既済件数 1 万 7,666 件のうち，1 万
2,933 件（73.2％）が 3 カ月以内に終局している一方，終局までに 6 カ月を超え
る期間を要したものは 138 件（0.8％）にすぎない。申立日から終局日までの平
均審理期間は 74.8 日である。

V.　むすび

　以上，日本の労働争議と個別労働紛争の現状および労働紛争解決システムに
ついてみてきた。集団的労使関係における労働争議は年々減少しつつある。バ
ブル経済崩壊後の 1990 年代後半以降も，ストライキ件数に上昇はみられず，
2000 年代に入ってからも減少が続いている。失われた 20 年といわれる長期不
況の中で，労働者の賃金もほぼ一貫して減少しているにもかかわらず，リーマ
ン・ショック後の不況期に至っても労働争議は減少している。
　春闘を通じた賃上げは，日本の労働者全体の生活水準を向上させることに大
きく寄与し，賃金交渉の妥結水準をめぐる攻防の中で実施される「春闘スト」
は，1980 年代初頭までは日本の春の行事の 1 つとなっていた。しかし今日で

は，「春闘無用論」といわれるほどストライキのイメージはあまりない。

　一方，労働争議について近年目立つ傾向は，集団的労働紛争の現象とは対照的に個別の労働紛争が急増している。労働相談件数や労働審判事件数は年々増加傾向にある。その内容は，解雇，雇い止め，労働条件の引き下げなど，さまざまである。特に，近年注目されるのが「いじめ・嫌がらせ」による労働相談が増加し，紛争内容も多様化している。

　労働紛争の解決システムとして日本では，労働委員会による労働争議の調整を行ったり，個別労働紛争解決促進制度や労働審判制度を通じて個別の労働関係の紛争の処理が行われている。これらの制度は，訴訟に持ち込む前に迅速かつ適正な紛争解決を図ることを目的としたものであるが，国内外の競争の激化や企業による労働条件等の変更や組織再編，あるいは人員削減の動きは続いていくとみられるので，今後も集団的紛争の代わりに個別の労働紛争が増大することが予想される。

　労使間のトラブルは，基本的に企業内で解決すべきであるが，解決できるシステムが整備されていないのが実状である。労使間の労働問題は，労使の自主的な解決をめざす苦情処理機関の整備・見直しが求められる。

注

1　白井泰四郎『労使関係論』日本労働研究機構，1996年，p.112。
2　同上。
3　外尾健一『労働争議』日本労働協会，1989年，p.1。
4　同上。
5　外尾健一，前掲書，pp.2-3および白井泰四郎，前掲書，pp.115-117。
6　白井泰四郎，前掲書，p.116。
7　詳しくは，菅野和夫『労働法』（第8版），弘文堂，2008年，pp.19-28。
8　白井泰四郎，前掲書，1996年，p.114及び外尾健一，前掲書，pp.9-11参照。
9　白井泰四郎，前掲書，p.115。
10　官公労働者の争議権の制限については，外尾健一，前掲書，pp.12-15参照。
11　平和義務とは，協約当事者が労働協約の有効期間中に当該労働協約で既定（解決済み）の事項の改廃を目的として争議行為を行わない義務のことをいい，平和条項とは，労使間で紛争が生じた場合に一定の手続（一定期間の協議，あっせん，調停，予告など）を経なければ争議行為に訴えないことを定める協定のことをいう。
12　詳しくは，外尾健一，前掲書，pp.17-56および菅野和夫，前掲書，pp.582-604参照。
13　詳しくは，外尾健一，前掲書，pp.17-56参照。
14　同上，pp.44-56参照。
15　労働組合法第5条第2項第8号。
16　白井泰四郎，前掲書，p.128。

17　詳しくは，外尾健一，前掲書，pp.77-82 参照。

18　菅野和夫，前掲書，p.662。

19　同上，pp.671-687 参照。

20　労働委員会では，労働組合法及び労働関係調整法等に基づき，労働組合と使用者との間の集団的労使紛争を解決するため，① 労働争議の調整（あっせん，調停及び仲裁），② 不当労働行為事件の審査，③ 労働組合の資格審査の事務を行っている。また，労働委員会では，個別労働紛争解決のあっせんも行っている。

21　この点については，外尾健一，前掲書，pp.86-88 参照。

22　この点については，伊藤実「日本における安定的労使関係構築の背景」労働政策研究・研修機構『第 5 回日韓ワークショップ韓国進出日本企業の労使関係』2005 年 4 月 27 日，pp.4-8 に依拠している。

23　三井三池争議については，安熙卓「戦後日本の労働運動と組合分裂」九州産業大学『経営学論集』第 22 巻第 4 号，2012 年，pp.7-35 参照。

24　安熙卓「日本の団体交渉と労使協議制度の現状と特質」九州産業大学『商学論叢』第 59 巻第 1 号，2018 年 7 月，pp.33-62。

25　梅崎修・南雲智映「交渉内容別に見た労使協議制度の運用とその効果「問題探索型」労使協議制の分析」『日本労働研究雑誌』No.591，2009，pp.25-40。

26　同上，pp.25-40。

27　詳しくは，安熙卓「日本の複数組合・専従者の実態と労使関係」九州産業大学『経営学論集』第 23 巻第 1 号，2012 年，pp.15-22 参照。

28　伊藤実，前掲稿，pp.7-8。

29　白井泰四郎，前掲書，pp.120-121。

30　同上，pp.123-124。

31　詳細については，村田毅之「我が国における個別的労使紛争処理制度の現状」『松山大学論集』第 16 巻第 2 号，2003 年，pp.115-131 参照。

32　個別紛争の増加の背景には，バブル経済崩壊後の不況の長期化・深刻化とほぼ軌を一にしており，そうした不況への対応として企業が人員削減，労働条件や人事制度の変更または組織再編などを行ったことが要因として指摘されている（山川隆一「日本における労働紛争の解決最近の展開とその背景，および将来の展望」『日本労働研究雑誌』No.548，2006 年，pp.60-61）。

33　個別労使紛争の事例については，呉学殊『労使関係のフロンティア─労働組合の羅針盤』労働政策研究・研修機構研究，2012 年，第 10 章，鈴木誠「個別労使紛争と人事管理・労働組合─都道府県労働局のあっせん事案に基づく分析」『日本労働研究雑誌』No.613，2011 年，pp.38-48，労働政策研究・研修機構編『個別労働関係紛争処理事案の内容分析─雇用修了，いじめ・嫌がらせ，労働条件引き下げ及び三者間労務提供関係』（労働政策研究報告書 No.123），2010 年参照。

34　詳しくは，野田進『労働紛争解決ファイル─実践から理論へ─』労働開発研究会，2011 年参照。

35　山川隆一「日本における労働紛争の解決最近の展開とその背景，および将来の展望」『日本労働研究雑誌』No.548，2006 年，pp.62-63 および濱口桂一郎「個別労使紛争処理システム形成の背景」労働政策研究研修機構『個別労働紛争の現状と課題：日韓比較』No.74，2010 年，pp.13-14 参照。

36　山川隆一，前掲稿，p.63。

37　同上。

38　同上，pp.63-64。

39　諸外国の状況については，毛塚勝利編『個別労働紛争処理システムの国際比較』日本労働研究機構，2002 年参照。

40　山川隆一，前掲稿，p.62 および菅野和夫他『労働審判制度─基本趣旨と法令解説─』（第 2 版），

　弘文堂，2007 年参照。

41　労働委員会と労働審判委員会は，どちらも労働紛争の解決に労使が参加する点に共通性がある。
　　労働委員会は，使用者を代表する使用者委員，労働者を代表する労働者委員及び公益を代表する公
　　益委員の各同数で組織され，集団的労働紛争の処理を行っている点で，労働審判委員会とは区別さ
　　れる（鵜飼良昭「労働委員会と労働審判委員会」『日本労働研究雑誌』No.657，2015 年，p.28）。

42　山川隆一，前掲稿，p.62。

43　同上。

第8章

韓国の労働争議と紛争解決システム

Ⅰ．はじめに

　労働争議の主体は，集団的労働関係の当事者である。すなわち，労働者側としては労働組合であり，使用者側は使用者または使用者団体である。労働争議の発生は，労働組合と使用者（使用者団体）の間で，労働条件の決定に関する意見の不一致によって，労働組合側が作業拒否などに突入することで発生する。

　韓国では労働組合による過激な労働争議がほぼ毎年繰り返されている。韓国における労働組合運動が本格化したのは，1987年の民主化運動が契機となった。これまで抑制された賃金，福利厚生などの労働条件の改善，労働三権の確立を要求し，デモやストライキなど激しい労働運動が全国的に繰り広げられた[1]。近年においては，集団的労働紛争とは別に，不当解雇事件のような個別労働紛争をめぐる事件が急増しており，韓国の労使関係は不安定な状態におかれている。

　韓国は日本と同様に，企業別組合が支配的であるが，労使関係においては大きく異なる様相をみせている。日本では協調的労使関係のもとで労働争議もほとんど見られないが，韓国の労使関係は対立的関係にあり，現在も大規模な労働紛争は度々発生している。しかも，大企業における労働紛争が多い。大企業の労働組合は労働条件が相対的に恵まれている正規職を中心に強い組織力を有している。組合員数が多い大企業で労働争議が発生することによる国家経済へのダメージは大きい。韓国の労使関係は韓国経済のアキレス腱と呼ばれるほど深刻な社会問題となっており，労働組合が集団利己主義や労働貴族などと批判

されることも多い[2]。

　本章では，韓国における労働争議関連法律を概観した後，労働争議および労働紛争の現状とその解決システムについて考察する。

Ⅱ．労働争議関連法律

　労働争議は，その原因によって，法的に保障された権利としてすでに確定された労働者の権利を侵害した場合に発生する権利紛争と新たな権利を設定するためかまたは利益を分配するのに伴う利益紛争に分かれるが，労働争議はどちらかといえば利益紛争に関するものである。

　韓国の労働関係法においては，労働組合法と労働争議調整法が，1996年に「労働組合及び労働関係調整法[3]」として一つに統合された。同法は1997年3月以後，数回改正され，現在に至っている[4]。ここでは，韓国における労働争議と紛争解決システムを論じる前に，「労働組合及び労働関係調整法」の主要内容を抜粋して概観する。

1．労働争議と争議行為の定義
(1)　労働争議の定義

　「労働争議」とは，労働組合と使用者または使用者団体（以下，「労働関係当事者」という）間に賃金，労働時間，福祉，解雇その他待遇など勤労条件の決定に関する主張の不一致によって発生する紛争状態をいう。この場合，主張の不一致とは，当事者間に合意のための努力を継続しても，それ以上自主的交渉による合意の余地がない場合をいう（労働組合および労働関係調整法第2条）。

(2)　争議行為の定義

　「争議行為」とは，罷業，怠業，職場閉鎖その他労働関係当事者が，その主張を貫徹することを目的として行う行為とこれに対抗する行為であって，業務の正常な運営を阻害する行為をいう（労働組合および労働関係調整法第2条）。

2. 正当な争議行為の法的効果

同法では正当な争議行為に対しては民事上の損害賠償責任および刑事上の責任を問わない。

(1) 損害賠償請求の制限

使用者は，この法に基づく団体交渉または争議行為によって損害を受けた場合には，労働組合または労働者に対してその賠償を請求することができない（労働組合および労働関係調整法第3条）。

(2) 正当行為

刑法第20条の規定は，労働組合の団体交渉，争議行為，その他の行為として，第1条の目的を達成するために行った正当な行為に対して適用される。ただし，いかなる場合においても，暴力または破壊行為は，正当な行為と解釈されてはならない（労働組合および労働関係調整法第4条）。

3. 争議行為の基本原則と制限

(1) 争議行為の基本原則

争議行為はその目的や方法および手続きにおいて，法令，その他社会秩序に違反してはならないと定めており，組合員は，労働組合によって主導されない争議行為をしてはならない（労働組合および労働関係調整法第37条）。

(2) 争議行為の制限と禁止

①労働組合の争議行為は，その組合員の直接・秘密・無記名投票によって組合員の過半数の賛成によって決定されなければ行うことができない。第29条の2によって交渉代表労働組合が決定された場合には，その手続きに参与した労働組合の組合員全員（該当事業または事業場に所属する組合員に限る）の直接・秘密・無記名投票による過半数の賛成によって決定されなければ争議行為を行うことができない（労働組合および労働関係調整法第41条）。

②「防衛事業法」によって指定された主要防衛産業体に従事する勤労者のうち，電力，用水，および主として防衛物資の生産に従事する者は争議行為を行うことができない。また，主として防衛物資の生産に従事する者の範囲は大統

領令で定める（労働組合および労働関係調整法第 41 条）。

(3)　暴力行為などの禁止

① 争議行為は，暴力，破壊行為または生産，その他主要業務に関連する施設とこれに準ずる施設であって，大統領令で定める施設を占拠する形態でこれを行うことができない（労働組合および労働関係調整法第 42 条）。

② 事業場の安全保護施設の正常な維持運営を停止，廃止または妨害する行為は，争議行為としてこれを行うことができない（労働組合および労働関係調整法第 42 条）。

③ 行政官庁は，争議行為が第 2 項の行為に該当すると認められる場合には，労働委員会の議決を得て，その行為の中止を命じなければならない。ただし，事態が緊迫し労働委員会の議決を得る時間的余裕がないときは，その議決を得ずに，遅滞なくその行為の中止するよう通知しなければならない。ただし，事態が緊迫し労働委員会の議決を得る時間的余裕がないときには，その議決を得ず即時にその行為を中止するよう通知することができる（労働組合および労働関係調整法第 42 条）。

④ 第 3 項但書の場合には，行政官庁は，遅滞なく労働委員会の事後承認を得なければならず，その承認を得られなかったときは，その通知はそのときから効力を喪失する（労働組合および労働関係調整法第 42 条）。

4．争議行為中の使用者の採用制限と賃金支給要求の禁止

(1)　使用者の採用制限

① 使用者は争議期間中，その争議行為により中断された業務の遂行のために当該事業と関係のない者を採用または代替させることができない（労働組合および労働関係調整法第 43 条）。

② 使用者は争議行為期間中，その争議行為により中断された業務を請負または下請に出すことができない（労働組合および労働関係調整法第 43 条）。

　このように，使用者は，争議行為期間中，争議行為により中断された業務の遂行のために外部の者を採用したり代替することができず，また，その業務を請負または下請に出すことも禁止される。しかし，当該事業と関係のある者の

採用または代替は可能であるため，事業場内の管理職員や非組合員，ストライキ不参加者などを業務に転換させて操業を継続することができる。

(2)　争議行為期間中の賃金支給要求の禁止

① 使用者は，争議行為に参加して勤労を提供しない勤労者に対しては，その期間に対する賃金の支給義務がない（労働組合および労働関係調整法第44条）。
② 労働組合は，争議期間に対する賃金の支給を要求し，これを貫徹する目的で争議行為をしてはならない（労働組合および労働関係調整法第44条）。

　同法では，正当なストライキに参加する期間中は勤労者の労務提供義務は停止されており，ストライキ期間中の勤労者は事実上勤労を提供していないため，「No work No pay」の原則が適用される。しかし，使用者による原因の提供で誘発したストライキ参加などの期間は，賃金支給の義務があるという判決が下されている[5]。

> ＜関連判例＞
> 該当勤労者に対する無効な解雇が直接的な原因となり争議行為が発生した場合など，争議行為の期間のうち，勤労を提供しなかったことも，使用者に帰責事由があると判断することのできる特別な事情がある場合には，依然として賃金請求を行うことができる。不当解雇などで正常的な勤労を提供しても，賃金の支給を受け取ることができなくなった勤労者が，その期間のうち，ほかの職場に就職したり起業したとしても，特別な事情がない限り，これは不当解雇という使用者の帰責事由によって招いたものであり，その就職や起業などができたので解雇はなかったとして，従来の職場で勤務することができなかったものとみなすことができないためである（大法2010ダ99279,2012.9.27）。

出所：日本貿易振興機構（ジェトロ）『韓国の労働問題マニュアル』2015年3月，p.105。

5.　労働争議の調整

　労働争議を迅速かつ公正に解決し，争議行為による当事者の損失を最小限に

とどめ，国民経済の安定と発展を図るために，韓国では労働委員会の調停及び仲裁制度を運営している[6]。日本との相違点は，日本では労働委員会による斡旋，調停，仲裁の段階で争議解決の手続きが行われるが，韓国では調停と仲裁によって手続きが行われることである。

　以下では，労働争議の調整に係る法律を概観する[7]。

(1)　調停

　調停とは，中立的で公正な第 3 者が調停委員となり，労使当事者間の意見を十分聴取し，お互いに相手の立場を理解し，妥協が行われるよう説得することであり，必要時に調停案を提示し，早速の妥結が行われるよう支援することである。調停の法的手続きは以下のとおりである[8]。

① 労働争議が発生したときは，いずれか一方が相手方に書面をもって通知しなければならない。争議行為は法規定による調停手続きを経ることなくこれを行なうことができない（労働組合および労働関係調整法第 45 条）。

② 労働委員会は，当事者一方が労働争議の調停を申請したときは遅滞なく調停を開始しなければならないが（法第 53 条），当事者は雇用労働部令で定めるところにより管轄労働委員会に調停を申請しなければならない（同法施行令第 24 条第 1 項）。

③ 労働委員会が労働争議の調停を行った場合には，遅滞なく調停委員会を構成し（同法施行令第 26 条），調停委員会は労使政を代表する調停委員 3 人で構成される（労働組合および労働関係調整法第 55 条第 2 項）。

④ 調停委員会は，当事者双方を出席させて主張の要点を確認しなければならず（労働組合および労働関係調整法第 58 条），調停案を作成して当事者に提示しその受諾を勧告する（労働組合および労働関係調整法第 60 条）。

⑤ 調停は，調停の申請があった日から一般事業は 10 日，公益事業は 15 日以内に終了しなければならず，当事者間の合意により同期間内に延長することができる（労働組合および労働関係調整法第 54 条）。

⑥ 調整委員会は，労使双方または一方が調停案の受諾を拒否してこれ以上調停が行われる余地がないと判断されるときは，調停の終了を決定し，これを当事者双方に通報しなければならない（労働組合および労働関係調整法第 60 条

第2項)

(2) 仲裁

　仲裁は，調停とは異なり，労使当事者を拘束する法律上の効力が発生する。労働委員会が下した仲裁案は団体協約と同一の効力を有するので，当事者はこれに従わなければならない。仲裁の法的手続きは以下のとおりである[9]。

① 労働委員会は，次の事由により仲裁を行う（労働組合および労働関係調整法第62条）。

ⅰ）当事者双方が共に仲裁を申請したとき

ⅱ）当事者一方が団体協約により仲裁を申請したとき

② 労働委員会が仲裁する場合には，遅滞なく仲裁委員会を構成（同法施行令第28条）しなければならず，仲裁委員は公益委員3人で構成する（労働組合および労働関係調整法第64条）。

③ 労働争議が仲裁に回付されたときは，その日から15日間は争議行為を行うことができない（労働組合および労働関係調整法第63条）。

④ 労働委員会が仲裁をしたときは，遅滞なくその仲裁裁定書を当事者にそれぞれ送達し（同法施行令第29条），仲裁裁定は効力発生期日が明示された書面を作成する（労働組合および労働関係調整法第68条）。

⑤ 当事者は，仲裁裁定が違法もしくは越権によるものと認める場合には，送達日から10日以内に中央労働委員会に再審を申請することができる（労働組合および労働関係調整法第69条1項）。

図表 8-1　調停と仲裁の比較

区分	調停	仲裁
開始事由	一方申請 双方申請	双方申請 団体協約に基づく一方申請
調整主体	調停委員会 （労使・公益委員各1人で構成）	仲裁委員会 （公益委員3人で構成）
解決案の提示	調停案	仲裁裁定
解決案の受諾	任意	強制 （労働協約と同一効力）

出所：筆者作成。

図表 8-2　労働争議の調整手続き

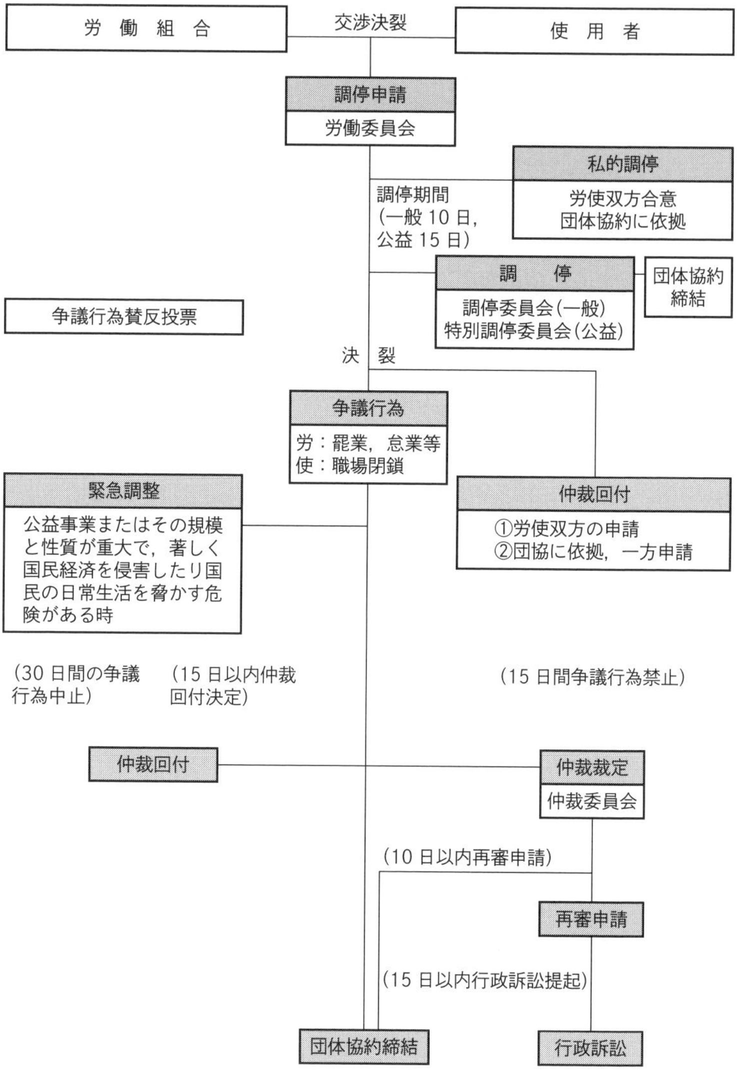

労　働　組　合　　　交渉決裂　　　使　用　者

調停申請
労働委員会

私的調停
労使双方合意
団体協約に依拠

調停期間
（一般 10 日，
公益 15 日）

争議行為賛反投票

調　停
調停委員会（一般）
特別調停委員会（公益）

団体協約
締結

決　裂

争議行為
労：罷業，怠業等
使：職場閉鎖

緊急調整
公益事業またはその規模
と性質が重大で，著しく
国民経済を侵害したリ国
民の日常生活を脅かす危
険がある時

仲裁回付
①労使双方の申請
②団協に依拠，一方申請

（30 日間の争議
行為中止）

（15 日以内仲裁
回付決定）

（15 日間争議行為禁止）

仲裁回付

仲裁裁定
仲裁委員会

（10 日以内再審申請）

再審申請

（15 日以内行政訴訟提起）

団体協約締結

行政訴訟

出所：雇用労働部『2018 年版　雇用労働白書』，p.583。

⑥ 中央労働委員会は，地方労働委員会が行った仲裁裁定を再審したときは，遅滞なくその再審決定書を当事者と関係労働委員会に送達しなければならない（同法施行令第29条2項）。

⑦ 中央労働委員会の仲裁裁定または再審決定が違法もしくは越権によるものと当事者が認める場合には，送達日から15日以内に行政訴訟を提起することができる（労働組合および労働関係調整法第69条第2項）。

⑧ 再審または行政訴訟を提起しなかったときは，その仲裁裁定または再審決定は確定され，この確定された仲裁裁定または再審決定は団体協約と同様な効力をもつことになる（労働組合および労働関係調整法第70条）。

　以上，法律上の労働争議に係る調停と仲裁および調整手続きをまとめると，図表8-1，図表8-2のとおりである。

Ⅲ．　労働争議の現状

1．労働争議の推移

　韓国では，1987年のいわゆる「民主化宣言」を契機に，組合活動に対する制限規定が廃止され，労働組合運動が活発になった。労働争議の推移をみると，1980年代から90年代初めにかけては労働争議が多発している。この時期は政治社会的に非常に混乱した時期で労働運動や学生デモが頻繁に発生していた。特に，低賃金の抑えられていた労働者の不満が高まり，労働争議が全国各地で展開された[10]。その後，労働争議件数は，減少するものの再び労働争議件数が増加傾向に転じる。この背景には，1997年に発生したアジア通貨危機の影響で，韓国がIMF管理下におかれ，大々的なリストラや構造調整が行われたためである。

　労働争議の発生は2006年以降，増減を繰り返しながら2017年現在は101件となっている。このうち，不法争議件数は，2008年の17件（15.7%）から2017年は3件（3.0%）と大幅に減少している[11]。各国の労働争議統計が採用する定義が異なるため厳密な国際比較はできないが，2016年の労働争議件数を国際比

較でみると，日本が31件，アメリカ15件，イギリス101件，ドイツ718件となっている[12]。

　労働争議による労働損失日数は，1997年のアジア通貨危機以降，労働争議件数と共に増加傾向となり，特に，2016年は2,035千日を記録した（図表8-3）。2016年に労働争議による労働損失日数が多かった背景には，自動車3社の賃金

図表8-3　労働争議の推移

年	労働争議件数（件）	労働損失日数（千日）
1980	206	61
1985	265	64
1990	322	4,487
1991	234	3,271
1992	235	1,528
1993	144	1,308
1994	121	1,484
1995	88	393
1996	85	893
1997	78	445
1998	129	1,452
1999	198	1,366
2000	250	1,894
2001	235	1,083
2002	322	1,580
2003	320	1,299
2004	462	1,199
2005	287	848
2006	138	1,201
2007	115	536
2008	108	809
2009	121	627
2010	86	511
2011	65	429
2012	105	933
2013	72	638
2014	111	651
2015	105	447
2016	120	2,035
2017	101	862

出所：韓国労働研究院『2018 KLI労働統計』および雇用
　　労働部『2018年版　雇用労働白書』。

をめぐる葛藤が続いたことと MBC，KBS 放送の公正な放送および経営陣の退陣を求める労使間の葛藤が長く続いたためである[13]。2017 年現在は，862 千日へと大幅に減少した。国際比較でみると，アメリカが 1,534 千日，イギリス 322千日，ドイツ 209 千日，オーストラリア 125 千日，日本 3 千日と日本が最も少ない[14]。長期的にみると，多くの国で労働争議及び労働損失日数は減少傾向にある。しかし，ひとたび大規模な労働争議が発生すると，それに伴って労働損失日数が跳ね上がるため，年によってバラツキが大きい。

　全体的に，韓国における労働争議は減少傾向にあるが，これは政府が労働組合側の要求を積極的に調整しようとする努力と労働組合側もストライキといった物理的な力の行使より対話と交渉を通じて問題を解決しようと努力したためであるといえる。

　労働争議に伴う争議持続日数をみると，2017 年は 22.9 日となっている。2000

図表 8-4　労働争議の持続日数

（単位：日）

年	日数	年	日数
1980	—	2003	29.0
1985	—	2004	24.7
1990	19.1	2005	48.6
1991	18.2	2006	54.5
1992	20.1	2007	33.6
1993	19.9	2008	37.0
1994	21.6	2009	27.9
1995	22.6	2010	36.2
1996	28.6	2011	30.6
1997	22.7	2012	31.7
1998	26.1	2013	16.5
1999	19.2	2014	40.5
2000	30.0	2015	21.9
2001	31.7	2016	22.7
2002	30.2	2017	22.9

出所：韓国労働研究院『2018 KLI 労働統計』および雇用労働部『2018 年版　雇用労働白書』。

年以降，1カ月を超えるような労働争議が長期化することもしばしばあったが，最近では減少傾向にある（図表8-4）。

　ナショナルセンターの労働争議件数をみると，民主労総傘下の事業場での労働争議が85件で全体の労働争議件数の84.1％を占めており，韓国労総傘下の事業場での争議は11件と10.9％となっている（図表8-5）。韓国の労働組合運動は，民主労総が中心となって活発な活動が行われているといえる。

図表8-5　ナショナルセンターの労働争議件数

（単位：件，%）

| 年 | 計 | 無労組 | 韓国労総 | 民主労総 | | | | | | 上級団体への未加入 | 混合 |
				小計	金属労組	化繊連盟	公共運輸労組	保健労組	その他		
2008	108 (100.0)	─	8 (7.4)	100 (92.6)	55 (50.9)	6 (5.6)	4 (3.7)	1 (0.9)	34 (31.5)	─	─
2009	121 (100.0)	─	7 (5.8)	112 (92.6)	40 (33.0)	7 (5.8)	24 (19.9)	4 (3.3)	37 (30.6)	2 (1.6)	
2010	86 (100.0)	─	9 (10.5)	76 (88.4)	23 (26.7)	4 (4.7)	15 (17.4)	2 (2.3)	32 (37.2)	1 (1.1)	─
2011	65 (100.0)	─	10 (15.4)	50 (76.9)	13 (20.0)	2 (3.0)	12 (18.5)	0 (0.0)	23 (35.4)	5 (7.7)	
2012	105 (100.0)	─	9 (8.6)	89 (84.8)	28 (26.7)	5 (4.8)	22 (20.9)	4 (3.8)	30 (28.6)	5 (4.8)	2 (2.0)
2013	72 (100.0)	─	8 (11.1)	59 (82.0)	20 (27.8)	─ (0.0)	13 (18.0)	1 (1.4)	25 (34.7)	5 (6.9)	─
2014	111 (100.0)	1 (0.9)	10 (9.0)	95 (85.6)	33 (29.8)	4 (3.6)	18 (16.2)	4 (3.6)	36 (32.4)	5 (4.5)	─
2015	105 (100.0)	─	15 (14.3)	79 (75.2)	34 (32.4)	5 (4.7)	15 (14.3)	2 (1.9)	23 (21.9)	11 (10.5)	
2016	120 (100.0)	─	13 (10.8)	91 (75.8)	29 (24.2)	4 (3.3)	26 (21.7)	4 (3.3)	28 (23.3)	11 (9.2)	5 (4.2)
2017	101 (100.0)	─	11 (10.9)	85 (84.1)	28 (27.7)	8 (7.9)	17 (16.8)	2 (2.0)	30 (29.7)	4 (4.0)	1 (1.0)

注：化織は化学繊維のこと。
出所：雇用労働部『2018年版　雇用労働白書』。

2．産業・業種・規模別の労働争議

　労働争議を産業・業種別でみると，製造業の労働争議が45件で全体の労働争議件数の44.5%を占める。社会・個人サービス業の労働争議は，20件で19.8%，その他事業の労働争議は19件で18.8%，運輸・倉庫・通信業の労働争議は15件で14.8%を占める（図表8-6）。特に，労働争議は製造業の機械・金属業種で著しいが，これは民主労総傘下の大手造船や自動車各社の労働組合が，ほぼ毎

図表 8-6　産業・業種別労使紛争件数

（単位：件）

年	2006	2007	2008	2009	2010	2011	2012	2013	2014	2015	2016	2017
計	138	115	108	121	86	65	105	72	111	105	120	101
製造業	64	54	71	58	30	22	46	24	45	47	40	45
―化学工業	12	7	9	6	3	1	2	1	4	6	1	5
―機械・金属	41	33	44	36	23	13	30	19	28	27	33	26
―電機・電子	7	4	6	6	1	0	1	3	3	2	2	0
―繊維	0	0	0	0	0	0	1	0	0	0	0	0
―その他製造	4	10	12	10	3	8	12	1	10	12	4	14
運輸・倉庫・通信業	14	17	8	9	13	11	13	10	10	10	16	15
―タクシー	7	2	5	2	2	6	0	1	0	1	2	1
―その他運輸	6	6	1	6	11	3	11	5	10	9	14	7
―倉庫・通信・その他	1	9	2	1	0	2	2	4	0	0	0	7
電気・水道・ガス業	2	0	0	6	0	1	2	0	0	0	1	0
鉱業	0	0	0	0	0	0	0	0	0	0	0	0
その他	53	44	29	48	43	31	0	0	0	0	0	0
―金融・保険・不動産・事業サービス	12	16	6	6	1	4	7	2	6	2	12	2
―社会，個人サービス	41	20	19	28	38	21	35	32	39	36	39	20
―その他事業	5	8	4	14	4	6	2	4	11	10	12	19

　出所：雇用労働部『2018年版　雇用労働白書』。

年ストライキを繰り返してきたからである。

　企業規模別に労働争議をみると，2017 年の場合，1,000 人以上が 29 件（28.7%）と最も多く，次いで 100-299 人（18.3%），50 人未満（17.8%）となっている。1,000 人以上および 100 人未満事業場の労働争議が 55 件で，全体の労働争議件数の 54.5% を占める。また，100-499 人は 36 件で 35.6%，500-999 人は 10 件で 9.9% を占めている（図表 8-7）。このように，労働争議は年によってバラツキはあるものの，韓国の労働争議は，労働組合の影響力の強い大規模事業場で発生していることが特徴である。

図表 8-7　規模別労働争議の推移

（単位：件，%）

年	合計	50 人未満	50-99 人	100-299 人	300-499 人	500-999 人	1,000 人以上
1997	78 （100.0）	6 （7.7）	13 （16.7）	26 （33.3）	7 （9.0）	11 （14.1）	15 （19.2）
1998	129 （100.0）	6 （4.7）	21 （16.3）	35 （17.1）	15 （11.6）	19 （14.7）	33 （25.6）
1999	198 （100.0）	9 （4.5）	35 （17.7）	55 （27.8）	21 （10.6）	17 （8.6）	61 （30.8）
2000	250 （100.0）	36 （14.4）	36 （14.4）	58 （23.2）	28 （11.2）	37 （14.8）	55 （22.0）
2001	235 （100.0）	41 （17.4）	42 （17.9）	66 （28.1）	21 （8.9）	31 （13.2）	34 （14.5）
2002	322 （100.0）	54 （16.8）	51 （15.8）	110 （34.2）	37 （11.5）	27 （8.4）	43 （13.4）
2003	320 （100.0）	38 （11.9）	56 （17.5）	124 （38.8）	25 （7.8）	36 （11.3）	41 （12.8）
2004	462 （100.0）	91 （19.7）	96 （20.8）	150 （32.5）	28 （6.1）	41 （8.9）	56 （12.1）
2005	287 （100.0）	40 （13.9）	53 （18.5）	106 （36.9）	20 （7.0）	30 （10.5）	38 （13.2）
2006	138 （100.0）	18 （13.0）	23 （16.7）	30 （21.7）	12 （8.7）	15 （10.9）	40 （29.0）
2007	115 （100.0）	11 （9.6）	18 （15.7）	36 （31.3）	10 （8.7）	11 （9.6）	29 （25.2）
2008	108 （100.8）	11 （10.2）	21 （19.4）	28 （25.9）	10 （9.3）	15 （13.9）	23 （21.3）
2009	121 （100.0）	15 （12.4）	17 （14.0）	36 （29.8）	9 （7.4）	16 （13.2）	28 （23.1）
2010	86 （100.0）	21 （24.4）	12 （14.0）	16 （18.6）	6 （7.0）	10 （11.6）	21 （24.4）
2011	65 （100.0）	9 （13.8）	8 （12.3）	18 （27.7）	7 （10.8）	6 （9.2）	17 （26.2）
2012	105 （100.0）	15 （14.3）	15 （14.3）	25 （23.8）	8 （7.6）	12 （11.4）	30 （28.6）
2013	72 （100.0）	13 （18.1）	6 （8.3）	14 （19.4）	7 （9.7）	13 （18.1）	19 （26.4）
2014	111 （100.0）	11 （9.9）	17 （15.3）	24 （21.6）	7 （6.3）	13 （11.7）	39 （35.1）
2015	105 （100.0）	16 （15.2）	14 （13.3）	34 （32.4）	5 （4.8）	10 （9.5）	26 （24.8）
2016	120 （100.0）	16 （13.3）	11 （9.1）	19 （15.8）	14 （11.7）	13 （10.8）	47 （39.2）
2017	101 （100.0）	18 （17.8）	8 （7.9）	22 （18.3）	14 （13.9）	10 （9.9）	29 （28.7）

　出所：韓国労働研究院『2018 KLI 労働統計』および雇用労働部『2018 年版　雇用労働白書』。

　大企業で労働争議が発生すると，争議参加者が多いため，長期化する傾向があり，労働損失日数も長く，韓国経済に与える影響は極めて大きい。特に，労働争議は民主労総傘下の事業場でほとんど発生している[15]。大企業労働組合の多くは民主労総に加盟しており，社会問題に発展する労働争議の事例をみても多くが民主労総傘下の労働組合である。韓国の歴代政権別に労働争議を分析した結果をみると，保守政権が左派政権に比べて労働争議の発生件数，労働争議参加者数，労働損失日数において少ない[16]。

3．労働争議の発生原因

　2017 年の労働争議を発生原因別でみると，賃金・雇用・その他労働条件など賃金・団体協約をめぐる労働争議が 101 件で，全体の労働争議件数の 100% を

図表 8-8　労働争議の発生原因

（単位：件）

年	全体	賃金協約 （賃金引上げ）	団体協約	賃金・団体協約	その他
1998	129	28	14	43	44
1999	198	40	24	65	69
2000	250	47	60	107	36
2001	235	59	44	105	27
2002	322	44	46	203	29
2003	320	43	48	201	28
2004	462	56	37	349	20
2005	287	36	42	194	15
2006	138	26	19	78	15
2007	115	24	21	57	13
2008	108	22	13	59	14
2009	121	27	17	67	10
2010	86	18	9	51	8
2011	65	25	8	27	5
2012	105	24	12	58	11
2013	72	19	7	41	5
2014	111	28	4	74	5
2015	105	45	10	47	3
2016	120	37	6	76	1
2017	101	36	10	55	0

出所：韓国労働研究院『2018 KLI 労働統計』および雇用労働部『2018 年版　雇用労働白書』。

図表 8-9　経営界の提示率と労働界の要求率及び名目賃金上昇率の推移

（単位：％，ウォン）

年	経営界 （経総）	労働界		名目賃金上昇率
		民主労総	韓国労総	
1987	6.0-7.0	—	26-27	10.1
1988	7.5-8.5	—	29.3	15.5
1989	8.9-12.9	—	26.8	21.1
1990	7.0	—	17.3-20.5	18.8
1991	7.0	—	17.5	17.5
1992	4.7-6.7	25.4	16.8	15.2
1993	4.7-8.9	18.0	—	12.2
1994	5.0-8.7	16.4	—	12.7
1995	4.4-6.4	14.8	12.4	11.2
1996	4.8	14.8	12.2	11.9
1997	凍結	7.6-13.6	11.2	7.0
1998	総人件費20％削減	5.1-9.2	4.7	- 2.5
1999	凍結または削減	7.7	5.5	12.1
2000	5.4	15.2	13.2	8.0
2001	3.5	12.7	12.0	5.1
2002	4.1	12.5	12.3	11.2
2003	4.3	11.1	11.4	9.2
2004	3.8	10.5	10.7	6.0
2005	3.9	9.3	9.4	6.6
2006	2.6	9.1	9.6	5.7
2007	2.4	9.0	9.3	5.6
2008	2.6	8.0	9.1	4.4
2009		—	—	2.2
2010	0.0	9.2	9.5	6.4
2011	3.5	—	9.4	- 0.9
2012	2.9	9.3	9.1	5.3
2013	—	219,170	8.1	3.8
2014	2.3	225,000	8.1	2.4
2015	1.6	230,000	7.8	3.3
2016	凍結	237,000	7.9	3.8
2017	凍結	239,000	7.6	2.7
2018	2.0％程度	224,000	9.2 (318,479)	—

注：1）1998年は，総人件費20％削減。
　　2）1999年経総は，構造調整が完了した企業は凍結，進行中の企業は賃金削減を提示。
　　3）2004年経総は，300人以上の企業は凍結，300人未満の企業は3.8％賃上げを提示。
　　4）2005年経総は，1,000人以上の企業は凍結，1,000人未満の企業は3.9％賃上げを提示。
　　5）2006年経総は，収益性の低下企業と大企業は凍結，そうでない企業は2.6％の賃上げを提示。
　　6）2007年経総は，大卒初任給および高賃金の大企業は凍結，そうでない企業は2.4％の賃上げを提示。
　　7）2009年度は，「労・使・民・政の合意」により労使が要求率及び提示率を発表しない。
　　8）2005年度から労働界の要求率は，正規職の要求率を基準とする。
　　9）2011年民主労総は，全正規職の要求率を発表せず，産別組織が独自的に定めるようにする。
　10）2013年から民主労総は，正規職・非正規職の連帯賃金要求案として，「同一定額引上案」を提示しており，2018年の引上額を引上率で換算すると，7.1％である。
　11）2018年韓国労総は，非正規職の賃金引上案を正規職と同一の金額で要求しており，非正規職の賃金引上要求率は，20.4％である。
　12）名目賃金上昇率は，常用勤労者5人以上の事業体が対象。
出所：韓国経営者総協会『2018　賃金調整基本方向』2018年，pp.107-108，韓国労働研究院『2018 KLI労働統計』p.152，韓国労働研究院動向分析室「2017年賃金動向と2018年賃金展望」韓国労働研究院『月刊労働レビュー』2018年4月号，p.20。

占めている（図表 8-8）。韓国では，賃金交渉とその他の労働条件などに関する交渉を同時に行うのが一般的である。したがって，賃金協約と団体協約を厳密に区分することが困難な場合が多い。2016年までのその他の労働争議の発生原因としては，成果年俸制の反対，未払い賃金，構造調整，工場売却，工場移転支援金，会社清算慰労金，労組認定などがある。

　賃金引上げをめぐっては，毎年，経営者団体と労働者団体は賃金ガイドラインを提示している（図表 8-9）。韓国労総は，2018年賃金引上げ要求率を 9.2%（月 318,479 ウォン），正規・非正規職の同一金額，月固定賃金総額（月定額賃金＋賞与月分割額）に確定し，発表した。また，民主労総も正規職・非正規職の連帯賃金の要求案として同一金額引上げ案（月 224,000 ウォン，定額給与基準）を提示した[17]。

　これに対し，韓国経営者総協会（経総）は，「2018年経営界賃金調整勧告」を通じて，2018年の賃金を前年対比 2.0% 範囲内で引き上げることを勧告した。特に，高賃金労働者の賃金はできるだけ低い水準に引き上げるか凍結し，これにより節減される財源は新規採用を拡大するか脆弱階層の労働条件を改善することに活用することを勧告した[18]。

　このように，労使の間の賃金引き上げについては，隔たりが大きく労働争議に発展するケースが少なくない。これが韓国企業の国際競争力を低下させる一要因になっている[19]。

Ⅳ．労働紛争の増加と紛争解決システム

　産業社会において労使間の利害不一致は，常に発生する。雇用関係は労使間に多様な利益関係，権利関係を形成している。企業の立場からは利益を最大化し，競争力を高めるための企業活動を行う。一方，労働者や労働組合の立場からは賃金および労働条件を維持・向上するのにより関心が向けられる。したがって，労使間には多様な葛藤が発生せざるを得ない。生産的な労使関係のためには，雇用関係をめぐる多様な労使紛争をいかに効率的かつ効果的に解決していくかが，企業競争力だけでなく労働者の利益と権利を保護する上で重要な

課題である。

　韓国では，労働委員会が個別的労使紛争と集団的労使紛争など，紛争解決機関として最も重要な役割を果たす行政機関である。集団的労働紛争と個別的労働紛争は，区分せずいずれも労働委員会において処理されている[20]。日本のような労働審判制度は，まだ導入されていない。

　ここでは，労働委員会に申請された事件や処理の実態をみた上で，労働紛争解決システムを概観したい。全体的な傾向として労働委員会に受理される事件数は，減少傾向にあるものの，2017 年現在，12,797 件と多い。そのうち，不当解雇が最も多く，個別労働紛争が大きな問題となっている（図表 8-10）。

図表 8-10　労働委員会における事件数

(単位：件)

| 区　分 | | 合計 | 審判 | | | | 差別 | 複数労組 | 労働争議調整 | | |
			小計	不当解雇	不当労働行為	その他審判			調停	仲裁	必須維持
2013 年	全　　体	14,041	12,634	11,509	966	159	99	561	739	0	8
	中央労働委員会	1,828	1,672	1,380	286	6	15	71	70	0	0
	地方労働委員会	12,213	10,962	10,129	680	153	84	490	669	0	8
2014 年	全　　体	14,476	12,918	11,678	1,046	194	161	508	864	10	15
	中央労働委員会	1,728	1,526	1,309	206	11	11	85	103	0	3
	地方労働委員会	12,748	11,392	10,369	840	183	150	423	761	10	12
2015 年	全　　体	14,075	12,320	11,131	1,024	165	138	684	858	3	72
	中央労働委員会	1,852	1,570	1,305	257	8	33	131	116	1	1
	地方労働委員会	12,223	10,750	9,820	707	157	105	553	742	2	71
2016 年	全　　体	12,619	11,247	9,932	1,129	186	115	441	796	9	11
	中央労働委員会	1,952	1,706	1,429	264	13	32	97	110	3	4
	地方労働委員会	10,667	9,541	8,503	865	173	83	344	686	6	7
2017 年	全　　体	12,797	10,995	9,783	928	284	155	794	839	3	11
	中央労働委員会	1,814	1,605	1,355	238	12	37	71	97	1	3
	地方労働委員会	10,983	9,390	8,428	690	272	118	723	742	2	8

注：2017 年複数労組事件の増加は，建設業の交渉窓口単一化関連の事件が急増したのが原因である。
出所：中央労働委員会『2017　労働委員会統計年報』2018 年，p.2。

1. 労働紛争事件の現状

(1) 不当労働行為の救済申請件数

　2017年，労働委員会に不当労働行為の救済を申請した件数は，1,090件で，このうち928件が処理されている。処理事件のうち，103件（11.1%）は不当労働行為が認められ，救済命令を下し「認定」，408件（44.0%）は不当労働行為

図表 8-11　不当労働行為の救済申請受付・処理状況

年	受理件数	処理件数					処理中
		計	認定	棄却	却下	和解・取下	
2010	2,324	1,807	51	835	297	624	517
2011	1,598	1,361	24	839	69	429	237
2012	1,255	1,037	71	590	30	346	218
2013	1,163	966	67	500	27	372	197
2014	1,226	1,046	59	502	15	470	180
2015	1,278	1,024	116	482	47	379	252
2016	1,305	1,129	183	476	16	454	176
2017	1,090	928	103	408	34	383	162

注：2010年の場合，韓国鉄道公社（162件）と金湖タイヤ（167件）の単一事件が各労働
　　委員会別に提起されたことと，1人が同一の内容で249件を申請したため，受理件数
　　が一時的に増加した。
出所：雇用労働部『2018年版　雇用労働白書』。

図表 8-12　不当労働行為の類型別受理件数

年	計	不利益取扱い	不公正雇用契約	団体交渉の拒否	支配・加入	報復的な不利益待遇
2010	2,324	1,905	3	33	380	3
2011	1,598	1,321	4	78	124	71
2012	1,255	956	5	70	132	92
2013	1,163	1,001	5	28	76	53
2014	1,226	1,075	10	28	110	3
2015	1,276	1,067	8	65	112	24
2016	1,305	1,059	9	107	120	10
2017	1,090	871	6	105	104	4

出所：雇用労働部『2018年版　雇用労働白書』。

に該当しないとして「棄却」，383 件（41.3%）は当事者間の合意によって「取下げ」または「和解」，34 件（3.6%）は定められた一定期間内に権利を行使しなかったため，権利が消滅したことで「却下」された（図表 8-11）。

　また，労働委員会による不当労働行為を類型別でみると，「不利益取扱い」が 871 件（79.9%），「団体交渉の拒否」105 件（9.6%），「支配・加入」104 件（9.5%），「不公正雇用契約」6 件（0.6%），「報復的な不利益待遇」4 件（0.4%）の順である（図表 8-12）。

(2) 調停・審判事件

　まず，労働委員会による労働争議調停の受理件数をみると，2001 年に 1,096 件をピークに減少したものの，再び 2018 年は 1,160 件へと高い水準となっている。労働委員会における調停事件の処理状況をみると，2017 年までは調停成立（調停案受け入れ，合意取り下げ）が調停不成立（調停案拒否，調停中止）を上回っていたが，2018 年は調停不成立の件数が調停成立件数を若干上回る結果となっている。行政指導の件数は減少傾向にあるものの，取下げ・撤回するケースも多数を占めている。2018 年の調停成立率は 48.9% と前年の 58.6% を下回っている。これは「調停中止」が 487 件と高く，調停を待たず労働組合が争議行為に踏み切ったためと推測される（図表 8-13）。

　つぎに，労働委員会における審判事件は，労働者または労働組合幹部による解雇や配置転換，降格などの救済を求める事件である。労働委員会における審判事件の受理件数をみると，2001 年の 8,192 件から 2018 年には 14,080 件へと大幅に増加した。審判事件の約 9 割は，不当解雇等が占めている[21]。審判事件を処理内訳別でみると，全部または一部認定は 1,605 件となっている。全体的に「取下」が最も多く，その件数は年々増加傾向にある。申立ての内容を実質的に審理して，終局裁判でそれを理由なしとして排斥する「棄却」（2,096 件）や申立て自体が不適法であるとして，理由の有無を判断しないとする「却下」（823 件）も少なくない（図表 8-14）。また，労働委員会の救済制度において，もう 1 つ特徴的なのは，「和解」件数の増加である。特に，2007 年以降，「和解」件数は急増している。その背景には，2007 年の労働基準法の改正により，和解制度が定められ，労働委員会で和解による紛争解決が積極的に支援されて

図表 8-13　労働委員会による調停事件の処理状況

（単位：件）

年	受理件数	処理件数	調停成立			調停不成立			行政指導	取下撤回	進行中	調停成立率
			小計	調停案受け入れ	合意取下	小計	調停案拒否	調停中止				
2001	1,096	1,086	385	100	285	507	220	287	133	61	10	43.2
2002	1,042	1,030	382	123	259	485	192	293	90	73	12	44.1
2003	896	886	396	94	302	389	123	266	38	63	10	50.4
2004	868	852	379	89	290	407	144	263	29	37	16	48.2
2005	891	875	433	114	319	317	117	200	16	43	16	57.7
2006	758	739	340	106	234	303	97	206	22	64	19	52.9
2007	885	871	500	207	293	272	120	152	37	61	14	64.8
2008	851	839	480	262	218	252	110	142	55	51	12	65.6
2009	726	713	357	169	188	253	99	154	36	67	13	58.5
2010	708	694	381	181	200	210	99	111	53	50	14	64.5
2011	695	681	405	153	252	172	68	104	52	52	14	70.2
2012	752	741	394	179	215	243	92	151	38	66	11	61.9
2013	762	739	414	252	162	223	71	152	34	68	23	65.0
2014	886	864	401	169	232	327	43	284	45	91	22	55.1
2015	877	858	382	148	234	328	51	277	42	106	19	53.7
2016	822	796	410	161	249	293	32	261	14	79	26	58.3
2017	863	839	443	188	255	313	47	266	16	67	24	58.6
2018	1,160	1,128	501	209	292	524	37	487	17	86	30	48.9

注：調停成立率＝調停成立件数/（調停成立件数＋調停不成立件数）×100
注　受理件数は繰越し事件が含まれた件数である。
出所：雇用労働部「調停・審判事件統計」および中央労働委員会「調停事件処理内訳別現況」。

きたためである[22]。

(3)　非正規雇用の差別是正事件

　韓国では非正規雇用の処遇改善や非正規雇用の正規雇用への転換促進などを目指し，2006 年 12 月 21 日制定の「期間制及び短時間勤労者保護等に関する法律」と「派遣勤労者保護等に関する法律」のいわゆる「非正規雇用保護法」が

図表 8-14　労働委員会における審判事件の処理状況

（単位：件）

年	受理件数	処理内訳							進行中
		計	全部認定	一部認定	棄却	却下	取下	和解	
2001	8,192	6,892	1,279	71	1,455	522	3,467	98	1,300
2002	8,024	6,987	1,279	88	1,704	997	2,805	114	1,037
2003	6,799	5,709	1,049	68	1,359	288	2,743	202	1,090
2004	7,606	6,221	1,134	72	1,423	306	3,072	214	1,385
2005	8,295	6,703	1,188	95	1,650	284	3,141	345	1,592
2006	8,631	7,378	1,084	222	2,186	431	3,205	250	1,253
2007	9,389	8,028	1,030	249	1,812	357	3,360	1,220	1,361
2008	11,158	10,004	1,116	218	1,953	504	3,927	2,286	1,154
2009	11,935	10,714	1,069	187	1,995	667	4,072	2,724	1,221
2010	13,591	11,667	1,018	227	2,605	1,112	3,790	2,915	1,924
2011	12,681	11,418	967	149	2,601	620	3,438	3,643	1,263
2012	12,922	11,352	1,040	209	1,993	614	3,589	3,907	1,570
2013	14,323	12,769	1,095	255	1,989	757	4,396	4,277	1,554
2014	14,631	13,068	1,172	255	2,130	756	5,185	3,570	1,563
2015	14,230	12,489	1,347	233	2,005	844	4,923	3,137	1,741
2016	12,990	11,381	1,453	232	1,984	792	4,229	2,691	1,609
2017	12,706	11,094	1,245	190	1,919	756	3,916	3,068	1,608
2018	14,080	12,199	1,391	214	2,096	823	4,068	3,607	1,874

注：受理件数は繰越し事件が含まれた件数である。
出所：中央労働委員会ホームページ「審判事件処理内訳別現況」。

2007年7月1日より施行された[23]。ただし，従業員300人未満の事業場は，2008年7月1日以降に段階的に適用される。同法では ① 非正規雇用に対する「合理的理由」（具体的な基準は労働委員会で策定）のない差別処遇を原則禁止する，② 期間の定めのある労働者を2年以上雇用すれば，事業主は「期間の定めのない労働契約」（正規雇用）を結んだとみなす，③ 派遣労働に関しては2年経過後，事業主に直接雇用を義務づける，などが規定されている。

また，「合理的な理由」なしに差別を受けた労働者は，差別的処遇が発生した事業場の所在地を管轄する地方労働委員会に差別的処遇があった日から6カ

図表 8-15　差別是正事件の処理状況

（単位：件）

年	受理件数	計	全部是正	一部是正	棄却	却下	調停成立	仲裁決定	取り下げ	進行中
2007	786	145	31	24	15	1	1	0	73	641
2008	1,966	1,948	35	6	577	81	477	0	772	18
2009	100	95	0	18	5	10	11	0	51	5
2010	199	152	3	21	26	55	19	2	26	47
2011	93	88	37	4	8	4	20	0	15	5
2012	101	78	3	4	13	14	17	0	27	23
2013	103	99	8	15	13	6	20	0	37	4
2014	184	161	4	2	33	10	11	0	101	23
2015	175	138	19	18	26	3	18	0	54	37
2016	137	115	8	27	17	10	12	0	41	22
2017	182	155	12	53	13	13	18	0	46	27
2018	361	322	15	22	46	12	132	0	95	39

注：受理件数は繰越し事件が含まれた件数である。
出所：雇用労働部『2018年版　雇用労働白書』および中央労働委員会「差別是正事件受理処理現況」。

月以内に差別是正を申請することができる。労働委員会が差別と判断した場合には，事業主に是正命令が下される。差別禁止規定を不履行の場合は，事業主に対して最高1億ウォンの罰金が科せられる[24]。

　また，同法は，この差別是正手続きについても定めを置いている。それによれば，是正申請を受けた労働委員会は，「必要な調査と関係当事者に対する尋問を行い，その上で是正命令または棄却命令を発する」としている。

　労働委員会における非正規雇用の差別是正事件の受理件数をみると，2007年に786件から2008年には1,966件へと急増した。これは2007年に施行された「非正規雇用保護法」の影響で差別是正事件が増えたためと推測される。その後，受理件数は減少しているものの，近年においては再び増加傾向にある。2018年の受理件数は361件となっている。差別是正事件の処理を内訳別でみると，棄却や取り下げが多い（図表8-15）。

2. 労働紛争の解決システム

　韓国では，集団あるいは個別労働紛争や不当労働行為のような労働紛争解決制度[25] として，労働委員会制度をはじめ，勤労基準法に違反する行為を監督・是正するための勤労監督官制度，そして最終的かつフォーマルな労働紛争解決機関として裁判制度を置いている[26]。韓国における労働紛争解決システムを整理すると，図表8-16のとおりである。

　以下では，それぞれの制度について概観する。

(1) 労働委員会制度
1) 労働委員会の機能と組織

　労働委員会は，1953年「労働委員会法」の制定によって設置された。労働委員会は，公・労・使をそれぞれ代表する同数の委員からなり[27]，主として労働争議に対する調整業務と不当労働行為や不当解雇に対する審判（判定）業務，そして非正規労働者に対する差別是正業務などを行う準司法的独立行政機関である[28]。労働委員会は，中央労働委員会（以下，中労委），地方労働委員会（以下，地労委），特別労働委員会の3種類があり，中労委と地労委は雇用労働部長官の下に設置されており，特別労働委員会としては海洋水産部長官の下に船員労働委員会が設けられている[29]。また，中労委と地労委の中には，全員会議と部門別委員会（審判委員会，差別是正委員会，調停委員会，仲裁委員会など）

図表8-16　韓国の労働紛争解決制度

行政機関	○労働委員会 ＊調停制度（集団労使紛争調停） ＊審判制度（個別労使紛争審判） ＊非正規職差別是正
	○勤労監督官 ＊未払い賃金など勤労基準法違反事項の是正措置
司法機関	○民事法院 ＊解雇等不利益処分に対する無効訴訟，損害賠償訴訟
	○行政法院 ＊労働委員会再審判定取消訴訟

出所：中央労働委員会『労働委員会審判事件分析および改善課題研究』2010年，p.7 より作成。

が設けられている。

　労働委員会は，当初は不当労働行為の救済や労働争議の調整を主たる任務としていたが，1989年の勤労基準法改正の際に個別的な解雇紛争まで取り扱うようになったが，現在は非正規職労働者に対する差別是正業務や必須維持業務[30]，複数労組の業務など，その管轄範囲が拡大している。韓国における個別労働紛争の解決制度の特徴は，労働委員会において不当解雇等の救済制度が設けられていることである。

2）労働紛争解決の流れ

　労働委員会における紛争処理手続は，労使当事者が地労委に対して救済の申立や調整を申請することから始まる。地労委の決定や判定に不服のある当事者は，中労委に再審査を求めることができる。中労委の決定や判定に不服のある当事者は，さらに行政裁判所に行政処分取消訴訟を提起することができる。労働委員会は，審問の結果，申立事実の全部または一部について理由があると判定したときは，その全部または一部に対して救済命令を発し，理由がないと判定したときには，棄却命令を発する[31]。

　以下では，不当解雇についての救済の流れについて概観する[32]。

① 救済の申立

　韓国における労働者の解雇に関する法制の大きな特徴として，正当な理由がない解雇に関して労働委員会による救済が受けられることがあげられる。

　勤労基準法は，使用者が不当解雇等を行ったときは，勤労者は地方労働委員会に救済を申し込むことができる旨規定している（勤労基準法第28条）。この「不当解雇等」とは，正当な理由なく行なわれた解雇，休職，停職，降格，減給その他の懲罰を指す。

　救済の申立は，不当解雇等があった日から3か月以内にしなければならないと定められている。

② 救済命令

　地方労働委員会は，救済の申立がなされると，調査や審問を行ない，不当解

雇が行なわれたと認めるときは，使用者に対し救済命令を発する。逆に，不当解雇が行なわれたと認められないときは，棄却決定が下される。

③ 救済方法

　労働委員会の救済方法は，制度上は，第一義的には原職復帰であるが，労働者が原職復職を希望しない場合には，解雇期間中就労していれば受けることができた賃金相当額以上の補償金の支払を命じることができる（勤労基準法第30条）。

　原職復帰の場合，原則として労働者を解雇以前の原職に復帰させることが求められるが，

　場合によっては，原職に類似した職に復帰させることも原職復帰として認められる。原職復帰は履行強制金制度及び告発を通じた履行強制が図られるが，実際には履行されない場合もある。

　他方で，補償金の支払が命じられる場合について，「解雇期間中就労していれば受けることができた賃金」が解雇以降いつまでの期間について認められるかに関しては，労働委員会の判定時までとされている。また，「賃金相当額」とは，勤労基準法の定める平均賃金を基準として計算される。また，将来の逸失利益は補償の対象から除外されている。

　法律上は，解雇期間中就労していれば受けることができた賃金相当額「以上」と定められ，労働委員会がバックペイ以外の損失を補償することも認めているが，実務上，ほとんどのケースでは，賃金相当額と同額の命令が出され，相当額以上の支払が命じられるケースはわずかである。

④ 再審査及びと取消訴訟

　地方労働委員会の救済命令又は棄却決定に不服がある場合，当事者は，救済命令書又は棄却決定書を通知された日から10日以内に，中央労働委員会に再審査を申し込むことができる。

　中央労働委員会の再審査決定に対し不服がある場合は，当事者は再審判証書の送達を受けた日から15日以内に，「行政訴訟法」の規定により訴を提起することができる。この場合の受訴裁判所は，行政裁判所である。この期間内に行

政訴訟を提起されなければ，その救済命令，棄却決定又は再審査決定は，確定する[33]。

(2) 裁判制度

　労働紛争については，労働委員会による救済とは別に，裁判による救済も可能である[34]。不当解雇事件の場合は，労働委員会を通じて裁判に救済を求める手続と直接地方裁判所の民事裁判手続に訴える2つの方法がある[35]。前者の場合，中労委の決定や判定に対する取消を求める行政訴訟を提起する場合は，日本と異なり，行政裁判所が第一審となる。行政裁判所の控訴審は高等裁判所であり，その上告審は最高裁判所である。したがって，労働委員会における紛争処理手続は，地労委→中労委→行政裁判所→高等裁判所→最高裁判所といった「5審制」となる[36]。

　後者は，労働委員会を通さず，直接裁判を通じて解決しようとするものである。韓国では，日本と同様，労使紛争を専属管轄する特別裁判所は存在しない[37]。不当解雇を含む労働紛争は，一般民事事件とともに裁判手続を通じて処理されている。裁判手続は，日本と同じく「3審制」となっている[38]。しかし，労働紛争事件を一般の民事訴訟によって解決する際には，労働委員会に比べておよそ2倍の時間と費用がかかるとされている。労働事件を含む一般民事事件の場合，第一審のみで6か月がかかり，弁護士選任費用は最低1,000万ウォンを要するといわれる[39]。したがって，多くの場合，労働委員会に救済を求めるケースがほとんどである。

　以上のように，労働紛争の最終的な解決は裁判所であるが，労働紛争のほとんどは，地方労働委員会を経て中央労働委員会で解決されることが多い。

　労働紛争解決の流れは，図表8-17のとおりである。

(3) 勤労監督官制度

　労働紛争を処理している行政機関としては，労働委員会の他に「勤労監督官」がある。勤労監督官は，勤労基準法をはじめ，労働関係法令の違反行為を摘発・是正する監督機関ではあるが，実際には労働紛争を処理する機能も果たしている[40]。

図表 8-17　労働紛争解決の流れ

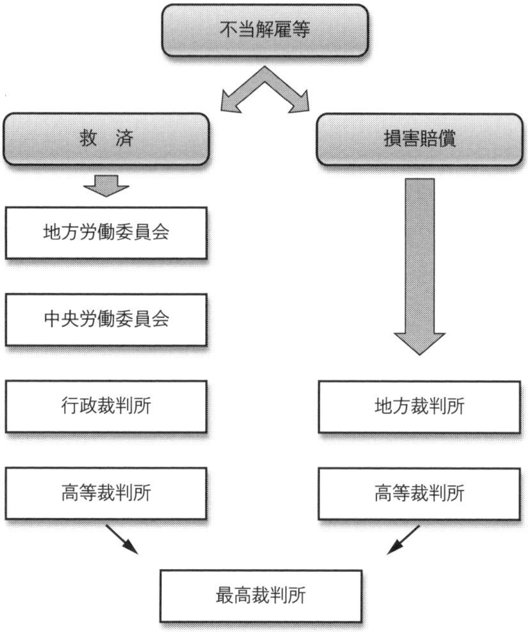

行政的手続き：労働委員会→行政裁判所→高等裁判所→最高裁判所
司法的手続き：民事裁判所（1 審，2 審，3 審）

出所：李錠「韓国の労使紛争解決システムと労使関係」労働政策
　　　研究・研修機構『日本労働研究雑誌』No.548，2006 年，p.38
　　　および労働政策研究・研修機構『解雇及び個別労働関係の紛
　　　争処理についての国際比較』2015 年，p.109。

　現行の労働法は，賃金不払いや不当解雇，不当労働行為について刑事処罰規
定を定めているので，労働者は，これらの行為をした使用者を勤労監督官に陳
情，告訴，告発をして，その是正を求めることができる。地方の勤労監督署に
おける紛争処理状況をみると，2004 年の場合，全国の監督署に受理された件数
は 21 万 4,564 件であり，そのうち，行政処理が 10 万 7,755 件と最も多く，司法
処理が 9 万 2,178 件，対象外が 7,462 件となっている。違反の内容は，賃金関係
の金品清算関連事件が 96.7％と圧倒的に多く，不当解雇事件や不当労働行為事
件はそれぞれ 1,923 件と 1,165 件にすぎない[41]。
　雇用労働部は，2017 年，不当労働行為をめぐる労使間の葛藤や紛争を根絶す

るため，「不当労働行為の根絶方案」を作成し，全国的に取り締まりを強化している。また，「不当労働行為マニュアル」を全国地方官署に配布し，不当労働行為の防止に努めている[42]。

Ｖ．むすび

　以上，韓国における労働争議および労働紛争の現状とその解決システムについてみてきた。韓国の労働争議の特徴は，労働争議件数は，全体的に減少傾向にあるものの，国際比較でみると，労働争議件数や労働損失日数が多く，労働争議の持続日数も長いのが特徴である。労働争議は自動車各社をはじめとする製造業で発生することが多く，しかも労働組合の影響力の強い大規模事業場で発生している。

　労働争議の発生は，賃金や団体協約をめぐる問題が主な原因で，特に，賃上げについては労使間の隔たりが大きい。それだけでなく，政府の労働政策に対しても労働組合は，実力を行使し，ストライキを決行することもしばしばある。政府の労働政策は一貫性がなく，政治的要因に大きく左右されるという批判的な見方もある。韓国において合理的な労使関係慣行を定着させるためには，労使はもちろん政府の役割も重要である。

　韓国では，労使の間で自主的に解決できない労働争議や不当労働行為のような集団的紛争を解決するための労働委員会制度をはじめとして，勤労基準法に違反する行為を監督・是正するための勤労監督官制度，最終的な労働紛争解決機関として裁判制度を置いている。近年においては，不当解雇事件のような個別労働紛争をめぐる事件が急増しているが，個別労働紛争の解決も集団的労働紛争とともに，労働委員会による行政機関や司法機関において処理されている。現在は不当解雇事件のような個別紛争の解決にウェイトが置かれている。今後，労働委員会の役割がより一層重視されるだろう。

注
1　この点については，孫昌熹『韓国の労使関係─労働運動と労働法の新展開─』日本労働研究機構，1995 年および安熙卓「韓国における労働運動の歴史的展開」九州産業大学経営学会『経営学論

集』第 28 巻第 1 号，2017 年，pp.1-25 参照。

2　特に，民主労総傘下の自動車や鉄鋼分野で労使紛争が多発している。2018 年 5 月には自動車工場である韓国 GM 群山工場が閉鎖されることになった。この背景には，既得権益を守ることばかりの強硬な労働組合の闘争路線に耐えられなくなったという見方もある。韓国自動車メーカー工場労働者の年収は 9,000 万ウォン（約 900 万円）といわれている。

3　「労働組合及び労働関係調整法」は，憲法による勤労者の団結権・団体交渉権及び団体行動権を保障し，勤労条件の維持・改善及び勤労者の経済的・社会的地位の向上を図るとともに，労働関係を公正に調整し，労働争議を予防・解決することにより，産業平和の維持及び国民経済の発展に寄与することを目的とする（第 1 条）。

4　戦後労働組合関連法の変遷については，小玉敏彦『韓国工業化と企業集団―韓国企業の社会的特質―』学文社，1995 年，第 4 章参照。

5　日本貿易振興機構（ジェトロ）『韓国の労働問題マニュアル』2015 年 3 月，p.105。

6　金植鉉・鄭在勲『労使関係論』学玄社，1995 年，第 13 章参照。

7　日本貿易振興機構（ジェトロ）『韓国の労働問題マニュアル』2015 年 3 月（https://www.jetro.go.jp/world/reports/2015/02/2e605cc56ec4d331.html）に依拠している。

8　詳しくは，中央労働委員会『韓国の労働委員会』2018 年参照。

9　同上。

10　詳しくは，安熙卓，前掲稿，pp.1-25 参照。

11　不法争議件数の推移

（単位：件，%）

2008 年	2009 年	2010 年	2011 年	2012 年	2013 年	2014 年	2015 年	2016 年	2017 年
17 (15.7)	11 (9.1)	14 (16.3)	8 (12.3)	13 12.4	2 (2.8)	7 (6.3)	4 (3.8)	5 (4.2)	3 (3.0)

出所：雇用労働部『2018 年版　雇用労働白書』，p.574。

12　同上，p.227。

13　詳しくは，チョン・フンジュン「2017 年労使関係評価と 2018 年展望」『月刊労働レビュー』2018 年 1 月号，pp.7-26 参照。

14　労働政策研究・研修機構編『データブック国際労働比較（2018 年版）』2018 年，p.224。

15　2011 年の調査によると，民主労総が 78.7%，韓国労総が 14.7% を占めている（雇用労働部『統計でみる 2011 年の労使紛争』および朴昌明，「李明博政権下の韓国労使関係」『ERINA Discussion paper』No.1301，環日本海経済研究所，2013 年，p.16）。

16　朴昌明「李明博政権下の韓国労使関係」『ERINA Discussion paper』No.1301，環日本海経済研究所，2013 年，pp.12-17 参照。

17　韓国労総と民主労総は，賃金引き上げ要求額を正規・非正規職に関わらず同一金額を要求しており，これを適用すると，韓国労総の非正規職の賃金引き上げ要求率は，20.4%，民主労総の非正規職の賃金引上げ要求率は，14% 台水準となる（韓国労働研究院動向分析室「2017 年賃金動向と 2018 年賃金展望」韓国労働研究院『月刊労働レビュー』2018 年 4 月号，p.19）。

18　韓国経営者総協会「2018 年　経営界賃金調整勧告」。

19　詳しくは，韓国労働研究院動向分析室「2017 年賃金動向と 2018 年賃金展望」『月刊労働レビュー』2018 年 4 月号，pp.7-23 参照。

20　韓国の労働紛争処理の現状や解決システムについては，① 中央労働委員会『韓国の労働委員会』2018 年，② 李鋌「韓国の労使紛争解決システムと労使関係」労働政策研究・研修機構『日本労働研

究雑誌』No.548，2006 年，pp.35-40，③ 李鋌「韓国における労働紛争処理システムの現状と課題」日本労働法学会編『日本労働法学会誌』116 号，2010 年，pp.3-20 参照。

21　雇用労働部『2018 年版雇用労働白書』，p.591。

22　イ・ソンヒ「韓国の個別労働紛争解決システム」労働政策研究・研修機構編『個別労働紛争の現状と課題：日韓比較』(JILPT 資料シリーズ No.74) 2010 年，p.7。

23　1990 年代以降の雇用関係をめぐる法制度については，李点順「韓国における雇用関係の柔軟化とその補整―1990 年代以降の雇用関係をめぐる法制度の変化を中心に―」『現代社会文化研究』No.43，2008 年参照。

24　非正規職の差別是正制度については，雇用労働部『2018 年版雇用労働白書』，pp.632-635 参照。

25　諸外国の労働紛争解決制度については，中央労働委員会『韓国の労働委員会』2018 年，第 4 章参照。

26　韓国では，以上の一般裁判手続とは別に，「憲法裁判所」が設けられている。この点では日本と大きく異なる。憲法裁判所は，法律の違憲如何，弾劾，政党の解散，国家機関および地方自治団体相互間の権限争議，憲法訴願などを審判するために，1988 年に設立された特別裁判所である（憲法裁判所法 2 条）。同裁判所は，これまで数多くの違憲判決を出しており，なかには労働関係法令に関するものもかなり多い（李鋌，「韓国における労働紛争処理システムの現状と課題」日本労働法学会編『日本労働法学会誌』116 号，2010 年，p.11）。

27　労・使の委員は，各 10-50 人以内，公益委員は 10-70 人以内で構成される。

28　労働委員会の組織や機能等の詳細については，中央労働委員会『韓国の労働委員会』2018 年参照。

29　李鋌「韓国の労使紛争解決システムと労使関係」労働政策研究・研修機構『日本労働研究雑誌』No.548，2006 年，pp.35-36。

30　労働組合および労働関係調整法第 42 条の 2 では，必須維持業務に関する争議行為を制限している。(1)この法律で「必須維持業務」とは，第 71 条第 2 項の規定による必須公益事業の業務のうちでその業務が停止し，又は廃止された場合には，公衆の生命・健康若しくは身体の安全又は公衆の日常生活を著しく危険にする業務として大統領令で定める業務をいう。(2)必須維持業務の正当な維持・運営を停止・廃止又は妨害する行為は，争議行為としてこれを行うことはできない。また，第 42 条の 3 では，労働関係当事者は，争議行為期間の間における必須維持業務の正当な維持・運営のために，必須維持業務の必要最小限の維持・運営水準，対象職務及び必要人員等を定めた協定（以下「必須維持業務協定」という。）を書面により締結しなければならない。この場合，必須維持業務協定には，労働関係当事者双方が署名又は捺印しなければならないと規定している。

　　　したがって，第 42 条の 4 では，必須維持業務の維持・運営水準等の決定を定めている。

(1)労働関係当事者双方又はいずれか一方は，必須維持業務協定が締結されないときは，労働委員会に必須維持業務の必要最小限の維持・運営水準，対象職務及び必要人員等の決定を申請しなければならない。(2)第 1 項の規定による申請を受けた労働委員会は，事業又は事業場別の必須維持業務の特性及び内容等を考慮し，必須維持業務の必要最小限の維持・運営水準，対象職務及び必要人員等を決定することができる。(3)第 2 項の規定による労働委員会の決定は，第 72 条の規定による特別調停委員会が担当する。

31　同上，p.36 およびイ・ソンヒ，前掲稿，pp.5-7。

32　この部分は，労働政策研究・研修機構編『解雇及び個別労働関係の紛争処理についての国際比較』2015 年，pp.105-106，野田進『労働紛争解決ファイル―実践から理論へ―』労働開発研究会，2011 年，pp.150-152，中央労働委員会『韓国の労働委員会』2018 年に依拠している）。

33　詳しくは，中央労働委員会『韓国の労働委員会』2018 年参照。

34　イ・ソンヒ，前掲稿，pp.7-8。

35　民事裁判手続における労働関係事件の受理件数をみると，賃金関係が最も多い 1 万 4,676 件を占

めており，次いで損害賠償関係として1,859件，退職金関係が848件，解雇関係が202件の順となっている。一方，行政裁判手続における労働事件の受理件数をみると，2000年に400件強に過ぎなかったが，2001年以後には500件を超えるなどますます増えている（李鋌，前掲稿，p.36）。

36　同上。

37　個別的労働関係についての紛争については，特別の機関，部門で扱う国が多い。イギリス，ドイツ，フランス，スペイン，デンマークでは，労働裁判所，雇用審判所等労働関係を扱う特別の裁判所が設けられている（労働政策研究・研修機構編，前掲書）。

38　李鋌，前掲稿，p.36。

39　労働政策研究・研修機構編，前掲書，p.110。

40　同上，pp.36-37。

41　同上，p.39。

42　雇用労働部『2018年版雇用労働白書』，pp.225-226。

第9章
日本の複数組合と専従者

Ⅰ．はじめに

　労働組合を組織する権利（団結権）および組合活動をする権利（団体交渉権）は，日本国憲法第28条で「勤労者の団結する権利及び団体交渉その他の団体行動をする権利は，これを保障する」と認められている。したがって，日本の労働法では同一事業場内においても複数組合が保障されている。労働組合の組織形態と団体交渉方式も，別途の法的な規制なくすべて労使関係主体の自由な選択に委ねる法体系を持ち，現在に至っている。日本の労働法によれば，2人以上の従業員は労働組合を設立でき，使用者側はこうして設立された労働組合と団体交渉をする義務がある。複数組合が併存する場合，各労働組合は固有の交渉権を持つ「複数組合交渉代表制」を採択しており[1]，複数組合の取り扱いに関しては判例法により競争的組合主義（使用者に対し平等な権利を持つ各組合は組合員をめぐり相互間競争），組合間差別禁止（使用者は各組合と労働条件に対して別途交渉するが，組合間の労働条件格差が発生させない義務を持つ），使用者の中立義務（使用者が特定の組合の運営に介入したり勢力の弱化を意図することを禁止）という原則が確立されている。

　日本の労働組合の基本的な組織形態は，特定企業の従業員であることを加入資格とする企業別組合を特徴としており，通常1企業1組合が存在する場合が一般的である。しかし，戦後，日本の労働運動の過程においては，第1組合，第2組合と呼ばれる複数組合が併存していた。一般に，第1組合は少数派組合を指し，第2組合は労使協調的な多数派組合を指す。複数組合の併存は，

1950〜60年代から1970年代まで労使間の死活をかけた長期間の争議過程で組合の分裂によるものである。職員層（ホワイトカラー）と現場監督層を中心とする経営協力路線の企業別組合勢力（第2組合）は，会社の支援を背景として多数派組合になり，少数派の第1組合は消滅せずに少数派となっている[2]。

また，専従者については，一般に団体協約にその取扱いについて規定がなされているものの，専従者の実態はあまり知られていない。これまで日本の労働運動や労使関係に関する研究はかなり蓄積されているものの，複数組合がどの程度存在しており，複数組合に対して労働組合はどのような考えを持っているのか，また，労働組合の専従者の割合はどの程度で，どのように取り扱われているのかなどについては，あまり明らかにされていない。

労働運動については，戦後日本の労働組合組織率は1949年の55.8%をピークに1950年代初めまでは40-50%と推移していた。しかし，労働運動の高まりを受けて行われた1975年の国労・動労など公労協のスト権ストの敗北で，組織率は低下を続け，2003年から2割を割り込み，2007〜08年には18.5%にまで低下した。1980年代中頃までは，組織率は下がっても雇用者数が増加していたので，労働組合員数の絶対数は維持されていたが，1994年の1,270万人をピークに組合員数自体が減少に転じている。2011年には996万人とついに1,000万人を下回り，組織率は18.4%まで下がった[3]。さらに，半日以上のストライキを伴う労働争議の件数は，戦後，増え続け，高度成長期が終わった1974年に5,200件のピークに達した後，急激に減少し，2010年には38件と極端に少なくなっている。戦後高度成長期までは争議が大規模だったので，参加人数は，一貫して多かった。高度成長期の後半から争議は小規模化し，件数に比して，参加人数は少なくなった。1989年には労働団体の組織再編が行われ，連合が結成された。これによって戦後，日本の労働運動は終焉したといっても過言ではない。

本章では，戦後，日本における複数組合と専従者の実態を明らかにしたうえで，今日の日本の労使関係の安定をもたらした要因について考察する。研究方法としては，主に，文献研究に頼っているが，実態を知るために2009年10月から2010年2月にかけて労使関係の当事者を対象に複数組合と専従者についてインタビュー調査を行った。

Ⅱ．複数組合の出現と発生類型

　日本の戦後の労働組合組織は「企業別職工混合・全員組織」として特徴づけられている[4]。企業別組合といわれるのは労働組合の基礎である単位組合が，工場事業場の従業員のみで組織されており，団結の性格そのものは，仕事の性質および地域性を基底とするものではなくて，雇主を等しくしていることにある。したがって，従業員と解雇されたものとの利益がしばしば対立したり，あるいは産業別組織が存在してもその運動と企業連合の運動があい反発することが起こる。このような事実から「企業別組織」「経営内組合」といったり，「従業員組合」といったりする。また，工員と職員とが職能上の差異を超えて一つの組合に組織されているものが支配的であることを指して「混合組合」と呼び，組合が結成されている場合には一工場事業場の従業員全員が組合に加入している傾向がある[5]。企業別組合が主流を占めている日本の労働組合の組織形態からみて一企業内に複数の労働組合が併存することは，例外的であるといえる[6]。戦後，労働組合運動発生初期から1企業1組合の原則は当然と見做されてきた。

　日本で複数組合の出現は歴史的に理念的相違や運動路線を異にする総評と同盟の対立の中で組織分裂がしばしば発生した[7]。これらのナショナルセンターは組織拡大を目指し政治的目的から特定の政党と連携をとりながら勢力を拡大してきた。その後，労働前線統一運動過程で総評をはじめとして労働団体の組織再編成が行われ，1989年には日本最大の連合が結成された。しかし，連合が労働組合運動の主導権を握っていたが，分裂状態は続いた。総評の運動路線を志向しようとする勢力として，社会党系の全労協と共産党系の全労連は規模は小さいが，ナショナルセンターとして活動を続けている。

　企業レベルでは，企業の合理化政策に反対する激烈な労働争議と戦後労働運動が活発した時期に賃金引上げなどのための団体交渉または争議時に既存の労働組合（第1組合）の戦略と労働運動路線上の相違で第2組合が結成されるなどの組合分裂がしばしばあった。現在，複数組合が併存している企業では，労

図表 9-1　複数組合の発生類型

類型1	業務および職種間の差異，利害対立・差別
	・社員と現業関係雇員の利害関係の対立から雇員組合が分離 ・一般従業員と利害関係の面で異なる特備工によって別組合が結成 ・内勤と外勤者による別組合 ・外勤の月掛部門の職員によって別組合設立 ・一般従業員と臨時従業員の待遇との相異から併存 ・月掛関係と外勤関係の相異から別組合が設立 ・臨時傭員による組合が設立，その後一般従業員による組合が別途設立 ・組合に対するけん責問題が発端となり，職員組合と従業員組合が設立 ・職種の相違から別組合が設立 ・業務の相違から分離して別組合設立 ・現場部門と事務部門の分離 ・作業員と運転手で構成された営業所労組で運転手の意見が反映されないとして運転手全員が脱退，別組合設立 ・職員部門で別組合を結成 ・組合間の対立はないが，長期雇用の臨時工の主張を強化するために別組合化
類型2	既存労組に対する批判，組合間の葛藤
	・既存労組の行き方に批判しその翌年に新労が設立 ・組合幹部の過激な運動方針に従うことができず脱退，別組合を設立 ・春闘を批判する者が組合を脱退，新労が分裂設立 ・春闘期間中の批判的あったものが脱退，在来の非組合員と一緒になって闘争の長期化防止や少数意見の反映を目的に労組設立 ・上部団体の行き方に反対して職制を中心とする者が新労を結成 ・上部団体に加盟したため組合の指導に不満をもつ一部の者が準備会を開き，脱退を決定，新労設立 ・既存の組合に対し新労が批判的勢力を結集して結成 ・旧労の指導する罷業を批判し，事務職員が多数脱退し，新労を結成 ・全国一般に批判的であった者が主体となり上部団体の指導を得て新労設立 ・事業場の3つの組合が統合していたものを分離，1つの事業場の労組ができたが，一年後にこれに対する批判から新労が結成 ・組合はもともと上部団体に加盟していたが，単位労組に一本化されたのに反対し，不満をもつ一部組合員が上部団体をとなえて残留 ・支部の方針などを批判する非組合員と脱退者により分裂 ・全国一般労組に反対して新労結成 ・地区労加入の組合に反対し従業員組合の結成 ・職場別に設立 ・解雇問題から組合が結成されたが，その行き方に反対し別組合が設立 ・組合の運動に反対し，一部の者による新労結成 ・組合の闘争に対して批判的な立場が強くなり，代議員会で執行部不信任案が出されるなどしているうちに第2組合が結成 ・合同労組の分会の行動を嫌悪した従業員多数によって新労が結成 ・合同労組の支部の結成をみると同時に従業員組合が発足 ・支部が地区の闘争モデル組合になるに及び，元支部委員長が中心となって新労を結成
類型3	会社の介入
	・職制が組合脱退を呼びかけ，新労を結成 ・ストに対して会社は工場閉鎖，従業員全員解雇を通知，その後一部の者を除き再採用を通知したところ，出勤した者の間で第2組合が結成 ・会社が組合幹部の組合分裂を示唆したことは明らかでないが，組合幹部が第2組合の結成に活躍，第二組合の役員では重役が相手にしないであろうとの推測から第一組合の一部幹部が第三組合を結成 ・組合結成後，副組合長以下3人の解雇問題が発生，この事件を機に組合が分裂，第2組合を結成 ・合同労組の支部結成に対して会社がこれを非難，会社は執行委員長を係長代理に昇進，数名の職制とともに第2組合を結成 ・ピケの行き過ぎに対し会社が従業員全員への説明会で組合執行部を批判した。その後事務系従業員が組合を脱退，新労が結成 ・合同労組である支部組合は非公然のうちに結成され，要求書を作成，差出人を仮名で社長宛に郵送したところ，会社はその直後幹部の慰労会と称するものを開き，その終了後，手分けして従業員寮の各室を回り，棚下しボイコットのないよう説得，その折課長が自分たちの手で組合を作るべきだとの意見を述べ，直ちに組合規約を作成，第2組合を結成
類型4	上部団体及び外部団体の介入
	・上部団体の指導による新労結成 ・上部団体の指導を批判，新労結成 ・上部団体の指導に反対の従業員が新労結成 ・上部団体指導の組合に対抗してその翌年に第2組合の結成 ・従業員の大部分が加入している組合とは別個に個人加入方式をとり匿名組合員を含む合同労組が結成

出所：三浦恵司「神奈川県における企業内複数組合の実態と問題点―特に地労委の事件を中心に―」『産業構造の変動と都市問題』（「経済と貿易」100号記念），横浜市立大学経済研究所，1970年，pp.93-106 より抜粋作成。

使協力的路線の第2組合が多数派となっており，労使対決路線の第1組合が少数派組合に転落したケースがほとんどである。

　戦後，日本では労働運動の理念と政治的な原因，戦略および路線の相違，労働条件や身分差別，企業合理化に対する労組の反対など様々な原因によって複数組合が存在していたが，企業レベルで複数組合が発生した原因を類型化したのが＜図表9-1＞である。

Ⅲ．複数組合の現状と評価

1．複数組合の現状

　複数組合とは，1事業所に同種の労働者を組織する単位労働組合が2つ以上存在する場合を指す。日本にどの程度の複数組合が存在するかは明らかにされていない。松田保彦（1979）によると，毎年行われている「労働組合基本調査」における「組合分裂による組合新設」数から，1955年から1965年までの期間で少なくとも年々300件程度の分裂による複数組合化が生じていたと指摘している。また，組合の複数化は必ずしも組織分裂によるものばかりではなく，その上，1966年以降の組合基本調査では，従来までの「分裂による新設および解散」という項目を「組織変更による新設および解散」という項目に替えて，分裂に限らず広く組織変更をも取り入れて調査・集計するようになったため，正確な数を知ることができないという[8]。しかし，1978年に神奈川県を中心に調査したところによると，複数組合は組合数として全体の約4%，事業場数として2%強と報告されている[9]。また，1977年に行われた東京都三多摩地方の調査結果では，4.3%となっている。したがって，全国的には，組合数にしておよそ4-5%が複数組合状況にあるといえる[10]。

　2002年の厚生労働省の調査によると，企業内複数組合が併存する企業は全体の16%で，従業員数5,000人以上の大企業では25.9%を占めている（図表9-2）。企業規模が大きいほど複数組合の併存比率が高いものの全体的にはそれほど多くない。企業内複数組合数は2組合がある場合が88.6%で最も多く，3ないし4組合がある場合は11.4%を占めている[11]。

図表 9-2　同一事業場所内の別組合の有無

(単位：%)

企業規模	別組合有	別組合無	計
全体	16.0	84.0	100.0
5,000 人以上	25.9	74.1	100.0
1,000–4,999 人	18.2	81.8	100.0
500–999 人	12.0	88.0	100.0
300–499 人	11.6	88.4	100.0
100–299 人	11.7	88.3	100.0
30–99 人	8.1	91.9	100.0

出所：厚生労働省『日本の労働組合の現状（Ⅱ）─労働
組合活動実態調査報告─』2002 年, p.47。

図表 9-3　労働組合の新設及び解散

年	実質的新設 2)		実質的解散 3)		増減	
	組合数 (A) 1)	組合員数 (B)	組合数 (C)	組合員数 (D)	A–C	B–D
1955	3,611	335,103	2,040	109,393	1,571	225,710
1960	2,652	185,820	1,306	69,108	1,346	116,712
1965	2,336	164,466	1,663	78,711	673	85,755
1970	2,372	225,249	1,777	115,279	595	109,970
1975	2,151	165,076	1,651	78,503	500	86,573
1980	1,414	93,276	1,322	84,207	92	9,069
1985	1,067	73,841	1,312	47,867	− 245	25,974
1990	942	83,781	1,168	52,024	− 226	31,757
1995	936	102,828	1,300	55,106	− 364	47,722
2000	809	62,878	1,557	95,154	− 748	− 32,276
2001	787	63,119	1,898	98,533	− 1,111	− 35,414
2002	661	55,877	2,189	115,700	− 1,528	− 59,823

注：1) 単位労働組合の集計
　　2) 実質的新設とは，「事業所の新設・拡張による新設」及び「その他理由による新設（例えば
　　　勤労条件の向上のための新設，勤労者の自覚による新設など）」が含まれる。
　　3) 実質的解散とは，「事業場の休・廃止による解散」及び「その他理由による解散（例えば組
　　　合無用論による解散，組合内紛争による解散など）」が含まれる。
出所：厚生労働省『日本の労働組合の現状（Ⅰ）─労働組合基礎調査報告─』各年度から作成。

　複数組合併存の典型的な形態は，労使間の協力的路線を志向する圧倒的多数
派と戦闘的組合運動を掲げる少数派組合が存在する場合が多い。左派と右派間
のイデオロギー的レベルの鮮明性競争による労・労間の葛藤や労使間の対立で

組合分裂による労働組合の新設と解散が頻繁に発生した。厚生労働省の調査によると，1950–70 年代までは労働組合の新設が多かったが，それ以降は徐々に減少し，1985 年から労働組合の解散が新設より多い逆転現象が見られる（図表 9–3）。

　労働組合の新設理由をみると，「労働条件の向上や労務管理に対する不満」や「外部団体からの要求」による新設が多い。一方，解散理由としては「指導者の欠除，自然消滅」や「事業場の休廃止および縮小」が多い（図表 9–4）。

図表 9-4　単位組合の実質的新設および解散理由別組合数

年	新設理由					解散理由		
	企業の規模拡張に伴うもの	労働条件の向上，労務管理に対する不満など労働者の意思によることを主とするもの	外部団体からの呼びかけによることを主とするもの	人員整理に対する防衛によることを主とするもの	その他	事業場の休廃止および縮小	指導者の欠除，自然消滅等組合労働者の組合意識の沈滞によるもの	その他
1958	132 (5.7)	1,642 (70.9)	332 (14.3)	98 (4.2)	112 (4.9)	499 (35.6)	756 (53.9)	148 (10.5)
1959	129 (5.7)	1,686 (74.6)	287 (12.7)	71 (3.1)	88 (3.8)	529 (36.0)	767 (52.2)	172 (11.7)
1960	127 (4.8)	1,818 (68.6)	505 (19.0)	39 (1.5)	162 (6.2)	420 (32.2)	710 (54.4)	176 (18.5)
1961	171 (4.4)	2,729 (70.7)	697 (18.1)	38 (1.0)	226 (5.9)	395 (29.3)	731 (54.2)	223 (16.5)
1962	209 (5.7)	2,620 (71.1)	636 (17.3)	35 (1.0)	183 (5.0)	422 (28.0)	851 (56.4)	235 (15.6)
1963	179 (5.9)	2,083 (68.4)	565 (18.6)	20 (0.7)	197 (6.5)	527 (28.3)	929 (49.9)	406 (21.8)
1964	182 (6.6)	1,855 (67.5)	517 (18.8)	14 (0.5)	178 (6.5)	559 (29.4)	933 (49.0)	410 (21.6)
1965	158 (6.8)	1,702 (72.9)	359 (15.4)	29 (1.2)	88 (3.8)	600 (36.1)	808 (48.6)	255 (15.3)

注：（　）内は構成比を示す。
資料：労働省『労働組合基本調査』。
出所：白井泰四郎編『日本の労働組合』日本評論社，1967 年，pp.18-19 から再作成。

2. 複数組合併の差別

　複数組合併存下では，労使関係の側面から経営側による組合間の差別的な対応が考えられる。この差別は少数派組合の交渉力を封じるねらいと組合員個人の待遇上の不利を印象付けるねらいがあるといえる[12]。差別の内容は，組合に関する差別（団体交渉，経営協議会，労働協約）よりも，組合員個人に関する差別（賃上げ個人配分，昇進・昇格，仕事配分，人事考課）の方が多い[13]。また，団体交渉では回数（回数が少ない），場所（本社内で行わない），時刻（就業時間には応じない），時間（短い）に関する差別，経営側出席者の人数，地位，態度に関する差別，企業内右派組合に対する先行交渉・先行妥結，組合への便宜供与や福利厚生としての社宅・寮の入居，会社施設，貸付金の利用に関する差別があげられる。結局，少数派組合を企業内労使関係制度から排除する意図があるといえる。

　図表9-5は少数派組合に対する具体的な差別事例を類型化したものである。

3. 複数組合に対する労働界の評価

　複数組合の併存に対して組合員はどのように考えているだろうか。複数組合の現在の状態と展望に対する調査結果をみると，企業内複数組合の状態については，「これでよい」は少数にとどまっており，少数派組合と多数派維持組合ともに「全く望ましくないので，改善したい」が過半数以上を占めている（図表9-6）。また，企業内複数組合状態の将来については，「ただちに統一したい」と考えている組合は皆無であるが，「できれば統一したい」が大半を占めている（図表9-7）。この調査結果から労働組合は分裂よりは一つの組合になりたいという統一志向が強いことがうかがえる。

図表 9-5　複数組合併存下の差別事例

類型 1	経営側の出席者及びその数についての差別
	・出席する会社幹部は第 1 組合の場合は 3 人に対して，第 2 組合の場合は 10 人 ・同時団交と称し，経営側の有力メンバーは第 2 組合との交渉に臨む ・第 2 組合との交渉には管理職が全員出席するが，第 1 組合には労務課長のみ出席する。問題ごとに当該の課長の出席を求めても拒否する
類型 2	経営者の少数組合に対する態度
	・経営者は第 1 組合に対して身構える ・常にやっかい者のように接してくる ・真剣に解決しようという態度がない ・まったく形式的に応じるだけ ・第 1 組合の主張や意見はききおくだけ
類型 3	企業内右派組合との先行交渉・先行妥結
	・妥結は必ず第 2 組合が先で，その後に同じ条件を一方的に押しつけてくる ・上積み回答は第 2 組合と交渉した後に連絡してくる ・第 2 組合が妥結するまでは，第 1 組合に回答しない ・団体交渉において回数，場所，時間と使用者側代表者の人員数，地位，態度を異に適用する
類型 4	組合事務所の貸与・便宜供与に対する差別
	・第 2 組合には貸与しているが，第 1 組合には貸さない ・第 1 組合を強制執行で組合事務所から追い出し，そのあとへ第 2 組合を入れた ・第 1 組合の拠点職場から遠く離れた不便な場所に組合事務所の貸与変えをさせられた ・第 2 組合の事務所はモルタル建築だが，第 1 組合はプレハブを貸与されている
類型 5	組合員個人に関する差別
	・第 1 組合員は大卒，勤続 19 年でもヒラのままだ ・第 1 組合員にはほとんど役職を与えない ・第 1 組合員には配転，昇進，昇格は一回もない ・組合分裂後，第 1 組合員から課長になった例はない ・第 2 組合の幹部はほとんどが職制に昇格しているが，第 1 組合員は分裂後 10 年間に昇進・昇格した者はいない ・組合分裂とともに幹部組合員全員を一般従業員に降格させる ・同年輩の第 2 組合員に比べて，昇進が 5-6 年遅い ・解雇，懲戒などいわゆる人事権の行使を通じた差別が頻繁である
類型 6	福利厚生に関する差別
	（住宅・寮の入居について） ・第 1 組合員は社宅・寮に入れない ・第 1 組合員は狭い社宅に入れられる ・希望した場所の社宅に入れない ・降格させられたために，社宅入居基準に失格し，退去させられた （貸付金の利用について） ・第 1 組合員は貸付許可の決定率が低い ・貸付の条件として，第 1 組合からの脱退を強要された ・貸付希望申請書に添付する所属長の上申書に有利なことが書いてもらえない （会社施設の利用について） ・会社は第 1 組合員には施設を貸さない ・第 1 組合員は従業員慰安旅行や社内運動会に参加できない

出所：河西宏祐『新版少数派労働組合運動論』日本評論社，1990 年，p.85-88 から作成。

図表 9-6　企業内複数組合状態に対する評価

評価	少数派組合	多数派維持組合
これでよい	5.4	0
あまり望ましくないが，仕方がない	37.8	28.6
全く望ましくないので，改善したい	56.8	71.4
計	100.0	100.0

注：調査対象は総評加盟8産別のうち比較的左派に属している44単位組
　　合を分析したものである。企業内少数状態の組合を少数派組合（37
　　社），多数状態にある組合を多数派維持組合（7社）に分類する。
出所：河西宏祐「企業内複数組合と少数派組合」『日本労働協会雑誌』
　　　NO.212，日本労働協会，1976年，p.21。

図表 9-7　企業内複数組合状態の将来についての判断

判断	少数派組合	多数派維持組合
望ましくない	2.7	0
望ましくないが，このままでいく	10.8	0
できれば統一したい	86.5	100.0
ただちに統一したい	0	0
計	100.0	100.0

出所：河西宏祐「企業内複数組合と少数派組合」『日本労働協会雑誌』
　　　NO.212，日本労働協会，1976年，p.21。

IV．専従者の実態と専従者の取り扱い

1．専従者の定義と類型

　労働組合には役員と職員がある。一定規模以上の単産[14] の場合は両者の仕事
の区分は明確ではないが，専門職員が企画調査などの日常の業務を処理し，企
業出身の役員はオルグやライン業務を担当しているケースが多い。これに対し
て企業連[15] 以下の組織では，専門職の書記を採用しているところは少ない[16]。
専従者の類型は大きく二つに区分される。1つは専従と非専従の区分である。
すなわち，労働組合の役員のうち組合業務にもっぱら従事する者を専従役員と
呼び，職場で仕事をしながら随時組合業務に従事する者を非専従役員と呼ぶ。

一般に，組合員が比較的多い組織（単産，支部）では，専従役員を置いているが，これに加えて非専従の役員を置いている組合も少なくない。小規模の組合では非専従役員のみの場合が多い[17]。もう一つは，企業籍の有無による区分である。労働組合リーダーには企業に籍をおいている者と籍をおいていない者がいる。これらをそれぞれ在籍専従者と離籍専従者という。在籍専従者は，従業員の身分を維持したまま組合役員として選出された期間のみ従業員としての職務を離れ，労働組合の業務に専念することができる。日本の労働組合の特徴は，企業に籍をおいている在籍専従者が圧倒的に多いことと単産以上の組織においても在籍専従者が労働運動の中核をなしていることが多いことである。国際産業労働研究センターの調査によると，民間単産の専従役員のうち在籍者は72％と高い比率を占めている[18]。

2. 専従者の現状

　2008年の連合の調査によれば，専従者がある労働組合は全体で84.3％を占めている。規模別では，組合員数1,000人以上の大規模の場合，ほとんどが専従者をおいているが，299人以下の中小企業では専従者をおいていない。また，労働組合が採用している職員は正規職員とパートタイム・派遣職員の雇用形態で採用されている（図表9-8）。

　また，2008年現在，1組合当たり職員数をみると，専従者が7.1人，組合採

図表 9-8　専従者および組合採用職員の有無

(単位：%)

| 区　分 | | 専従者 | | | 組合採用職員 | | | | | |
| | | | | | 正規職員 | | | パートタイム派遣職員 | | |
		有	無	無回答	有	無	無回答	有	無	無回答
計		84.3	15.2	0.5	60.8	38.7	0.5	52.9	46.6	0.5
組合員数	299人以下	27.9	69.1	2.9	27.9	69.1	2.9	30.9	66.2	2.9
	300人以上	80.0	19.4	0.6	46.5	52.9	0.6	50.6	48.8	0.6
	1,000人以上	96.7	3.3	—	69.1	30.9	—	54.7	45.3	—
	5,000人以上	100.0	—	—	82.1	17.9	—	51.8	48.2	—
	10,000人以上	100.0	—	—	97.7	2.3	—	86.4	13.6	—

出所：連合『第16回労働組合費に関する調査報告』2008年，p.52。

図表 9-9　専従者および組合採用職員

（単位：人）

区　　分		専従者	組合採用職員		役職員計	1 人当たり組合員数	
			正規職員	パートタイム・派遣職員		専従者	正規職員
計		7.1	3.7	2.2	13.0	580.3	979.2
2005 年		7.6	4.4	2.1	14.7	570.9	957.2
2003 年		8.5	5.2	2.2	19.2	534.4	829.6
組合員数	299 人以下	0.3	0.5	0.5	1.4	175.3	105.6
	300 人以上	1.6	0.7	0.8	3.1	354.0	470.4
	1,000 人以上	5.4	2.6	1.2	9.2	431.7	662.8
	5,000 人以上	13.5	6.5	2.8	22.8	492.4	859.9
	10,000 人以上	40.8	22.8	14.5	78.1	763.3	1,313.5

出所：連合『第 16 回労働組合費に関する調査報告』2008 年，p.53。

用の正規職は 3.7 人，パートタイム・派遣職員が 2.2 人となっている。組合員数別でみると，小規模組合ほど専従者がいないかいるにしても少数に過ぎない。過去の 2003 年，2005 年の調査結果と比較すると，専従者や組合採用職員の数は減少しており，専従者の 1 人当たりの組合員数は 2003 年に 534.4 人だったのが 2005 年には 570.9 人，2008 年には 580.3 人へと増加している（図表 9-9）。これは専従者の数が減ったことによるものと思われる。正規職員の場合も同様である。

　専従者の数を正確に把握できる資料は見当たらないが，大企業の場合は組合員 300 人当たり専従者 1 人をおいており，専従者のない中小企業の労働組合を含めると平均的に 500–600 人当たり 1 人の専従者がいると推定できる[19]。筆者の聞き取り調査では，組合員 400–500 人に専従者 1 人程度おいているところが多く，中小企業では専従者のおかないところも多い。中小企業の場合，専従者の給与を組合費から支給しなければならないが，組合員の数が減っている中で組合財政が困難だからである。専従者がいない中小企業では使用者が暗黙的に労働時間中に組合活動を認める場合があるがまれである。専従者をめぐっては近年，ヤミ専従[20] が社会保険庁や農林水産庁などで問題とされ，言論に報道された。

図表 9-10　1 組合当たりの平均執行委員の数

（単位：人）

区　分	全体	男子	女子
全体	10.9	9.3	1.6
単位労働組合	10.5	8.9	1.6
本部組合	16.6	15.3	1.3

出所：厚生労働省『2008 年労働組合実態調査』。

図表 9-11　専従執行委員の有無及び専従書記の有無による労働組合比率

（単位：%）

区　分	専従執行委員			専従書記		
	有	無	不明	有	無	不明
全体	17.1	82.6	0.3	26.8	72.9	0.3
単位労働組合	14.5	85.2	0.3	24.5	75.2	0.3
本部組合	55.5	44.0	0.5	60.0	39.5	0.5

注：専従書記とは，労働組合に雇用され，労働組合の事務業務に従事する者をいう。

出所：厚生労働省『2008 年労働組合実態調査』。

　専従者の中には執行役員もいる。厚生労働省の「2008 年労働組合実態調査」によると，1 労働組合当たり平均執行委員[21] 数は，単位労働組合[22] は 10.5 人，本部組合は 16.6 人と全体では 10.9 人となっている（図表 9-10）。執行委員のうち在籍専従者がいる労働組合は 17.1％で，専従書記がいる労働組合は 26.8％である（図表 9-11）。

　専従者に対する給与はどこから支払われるのか。法律では労働組合の財政から負担するようになっている。したがって，実際，組合費の支出内訳をみると，人件費の占める割合が最も高い。

　連合の『第 16 回労働組合費に関する調査報告』（2008）によると，組合員一人当たりの月平均組合費は 4,917 円で月額賃金の 1.6％となっている。組合費は年々減少しているが，その理由として組合費の基準となる基準賃金や所定賃金の月平均額が 2003 年調査以来，減少推移を見せていることがその原因と考えられる。また，毎月の組合費とは別に賞与から組合費を徴収している組合も 47.3％を占めており，1 人当たりの年平均徴収額は 8,860 円である。月組合費と

図表 9-12 組合費の支出内訳

(単位：%)

区　分		上部団体加盟費（産業別組織）	上部団体加盟費（企業連）	その他関係団体費	交付金	人件費	活動費	その他
計		9.9	2.4	1.4	16.8	33.5	22.7	13.3
組合員数	299 人以下	12.7	6.4	0.9	2.2	30.0	29.9	17.8
	300 人以上	11.5	3.1	1.3	7.7	31.0	29.6	15.9
	1,000 人以上	11.0	1.7	1.0	11.3	35.5	25.3	14.4
	5,000 人以上	10.4	3.4	1.0	13.7	36.8	21.9	12.9
	10,000 人以上	8.9	2.3	1.8	22.0	31.7	20.7	12.6

出所：連合『第 16 回労働組合費に関する調査報告』2008 年，p.51。

賞与からの徴収額を加えた年間の組合費を計算（年間組合費＝月組合費×12 カ月＋賞与からの年間徴収額）すると，平均 61,952 円となる。

　企業連（同一企業あるいは企業グループ別単位労働組合による連合体）の加入有無については，正式に加入している労働組合が 50.7％で半数以上を占めており，未加入または企業連組織がない場合は 46.1％となっている。組合員数別でみると，5,000 人以上の組合の場合，企業連に正式に加入している割合は57.1％，10,000 人以上の組合の場合は 77.3％で規模が大きい労働組合ほど企業連への加入率が高い。組合費の控除基準としては，「定率制」が 54.85 で最も多く，組合費の納入方法としては「チェック・オフ」方式が 96.0％で大多数を占めている。

　組合費から支出される労働組合の一般会計上の支出項目をみると，「人件費」が 33.5％で労働組合財政のほぼ 3 分の 1 を占めている。人件費の占める割合が高いのは，専従者の給与を労働組合が支給しているからである。次いで「活動費」が 22.7％，「交付金」16.8％，「上部団体加盟費」12.3％順となっている（図表 9-12）。

3．専従者の処遇

　専従者に対する処遇に関しては，一般に，労働協約に規定されている[23]。日本は 1949 年 6 月旧労働組合法を改正する中で，会社が専従者の給与を負担する

のは経費援助に当たるとして禁止した。そのため現在は専従者への給与は労働組合の財政から全額支給される。専従者の専従期間は休職処理され，健康保険，雇用保険など各種社会保険料も労働組合が負担する。一般に，従業員の身分を存続させながら組合の業務に専念する者を在籍専従者という。使用者が在籍専従者に賃金を支払うことに対して，これが経費援助に当たるかどうかについては，具体的危険性がなければ不当労働行為にならないという説と，法律が禁止する経費援助に当たるという両説がある。日本では，在籍専従者は，労務提供を免除されるので使用者に対する賃金請求権を有しないことになるとしており，労働協約で双方納得の上，賃金を支給した場合でも，不当労働行為にあたるというのが一般的な見解である。

　このように，組織運営のため使用者から経費援助を受ける労働組合は，労働組合法上の労働組合としては認められない。労働組合の運営のための経費とは，組合専従者の給料，組合大会等の諸経費・旅費・その他労働組合の諸活動に必要なあらゆる経費を指す。ただし，次の項目については経費援助とはされない。すなわち，① 労働時間内の有給での協議・交渉，② 厚生資金または福利基金に関する寄付，③ 最小限の広さの事務所の供与である。

　この経費援助の範囲については，組合の自主性を損なわないかどうかを基準に判断されることが多く，組合事務所の光熱費や有給の組合休暇などは労働組合法が禁止する経費援助には当たらないとする説が有力である。ただし，使用者側が組合に対して便宜供与を与える義務はなく，労使間の合意の上に成立するものとされている。ただし，専従期間等を，出勤日数，昇給年限，勤続年数等に算入するか否かは，組合と使用者で自主的に決定されるべき問題であって，算入自体は「経理上の援助」には該当しないとされている。なお，退職金算定にあたり，専従期間を勤続年数に算入することについては，違法ではないとした判例がある[24]。

　専従者でなくなると，元職に復帰する場合が一般的である。筆者の聞き取り調査では，元職に復帰する際の処遇は休職前の条件を適用するのが原則で，会社によっては同期入社者とのバランスを考慮して昇給やベースアップを行う場合もある。また，組合委員長に対してはこれまでのリーダシップを認めそれに相応しい地位，すなわち管理職や役員に昇進させる場合もある。

図表 9-13　専従者に関する団体協約

第8条（労働組合専従者の配置および取扱い）会社は組合員の中から専従者を置くことを認める。この場合，労働組合は会社に専従者の名前を文書で通知する。また，専従者に対する処遇は次のとおりである。
(1) 専従期間は休職に処理する。会社は専従期間が満了した専従者に対しては直ちに元職に復帰させることを原則とする。
(2) 専従休職中の勤続年数は通算する。ただし，専従期間中の給与（賞与含む）および退職金については支給しない。
(3) 会社は専従者を理由にあらゆる不利益な処遇もしない。
(4) 専従期間中の健康保険，厚生年金保険，雇用保険中事業主負担の保険料については労働組合が負担し，保険関連事務は会社が処理する。
(5) 専従期間中の福利厚生制度および福利厚生施設の利用は一般職員と同一に適用する。
(6) 専従期間後の年次有給休暇は専従期間中会社に継続勤務したことと見做し算定する。
(7) 専従期間後給与は専従前の給与を基準に専従期間中会社に継続勤務したことと見做し，処理する。

　非専従者の場合は，専従者とは異なって「ノーワークノーペイ」原則[25]が適用される。労働時間内に組合活動を行った場合はその時間分給与から控除し，労働組合と協約が締結されている場合は組合から給与削減分が補填されるのが一般的である。
　図表9-13は専従者の取り扱いついての団体協約を示したものである[26]。

4. 労働時間中の組合活動

　一般に，労働者は使用者と締結した団体協約によって労務を提供する義務を有していることから労働時間中には職務に専念しなければならない。したがって，労働時間中は組合活動が原則的に認められない。ただし，団体協約などを通じて労働時間中の組合活動を行うことを例外的に会社が認めている場合が多い。労働時間中の組合活動については，会社と労働組合が締結した団体協約に明示されている。たとえば，① 団体協約に定められた各種委員会への出席またはその業務を遂行する場合，② 組合員の苦情処理に関する調査を行う場合，③ 官公署主催の会議に組合代表が出席する場合，④ 労働組合または上部団体の会議及び行事に出席する場合，⑤ やむをえず組合活動が必要な場合などである。
　厚生労働省の調査によると，労働時間中の組合活動参加による処理については，さまざまな類型がある。労働組合定期大会などの集会に「申告または通知

図表 9-14　労働時間中組合活動に参加する場合の処理

（単位：％）

組合活動種類	団体協約既定の有無	許可・申告必要ない	申告・通知必要	許可・承認必要	参加自体不可能	不明
組合大会など定期集合	計	10.4	55.9	22.3	9.7	1.7
	協約規定有	9.5	61.0	22.0	6.7	0.8
	協約規定無	12.9	42.2	23.6	18.4	2.8
教宣活動など日常の組合活動	計	16.3	42.2	26.4	13.4	1.7
	協約規定有	15.5	45.7	27.6	10.4	0.8
	協約規定無	18.0	32.9	24.3	22.0	2.8

出所：厚生労働省『団体協約等実態調査』2006 年。

をすれば参加できる」が 55.9％と最も多く，次いで「許可または承認がある場合参加できる」22.3％，「許可または申告などをすることなく参加できる」10.4％順となっている。教宣など日常の組合活動についても同様の傾向となっている。団体協約規定の有無による労働時間中の組合活動参加処理類型をみると，団体協約規定がある労働組合ほど組合大会などの定期集会，教宣活動など日常の組合活動と同様に申告または通知をすれば参加できるという回答が多い（図表 9-14）。

V．労使関係の安定要因

　戦後，日本の労使関係は混乱状態であった。労働運動も活発で労働組合組織率は 1947 年で 45.3％に達し，1949 年には 53.6％とピークを記録した。敗戦後の混乱と飢餓の中で「食える」だけの賃金獲得，現場の工員層と事務職員層との間の身分・待遇上の差別撤廃，生産管理闘争を目指し，労働運動が高まった。特に，戦後日本の労働運動は，政治，経済の動向が色濃く反映されて展開されてきた[27]。「資本対労働」が激しく対立し，大規模で長期間にわたるストライキが多発した。その中でも日米安保闘争と並行して三井三池争議は「総資本と総労働」の全面対決となり，日本の労働運動史に残る大規模争議であった。

　左派と右派に分かれて運動路線やイデオロギーの相違によって，ナショナル

センターの結成，解散など労働戦線の統一・組織の再編成が繰り返された。企業内組合にも分裂が起こり，第1組合と第2組合が併存する中で，労・労間の主導権をめぐる争いも激しかった。

　日本の1970年代までの労働運動は，激しい労使対立を基調とする時代が続き，労働争議も頻発していた。しかし，1960年代後半から民間企業では，労働組合の主導権が「対立を軸とする勢力」から「協調を重視する勢力」に移り，労使協議制を取り入れながら，話し合いが進められるようになった。この時期には，多くの民間労働組合で民主化闘争が進められてきた。

　一方，経営側も労使が対立している状況では生産性が上がらないことに気づき，労使の信頼関係を基盤とした職場運営をしていくことの重要性を管理職に理解させるなど，徐々に方針を展開させていった。この結果，工場で多発していたストライキが大幅に減少，多くの企業の経営者は，労使の信頼関係の構築が重要であると考えるようになり，労使協議制が普及し，労使関係が大きく変化してきた。1980年代までに多くの労働組合で経営協議会などの労使協議制が定着し，信頼関係に基づき，会社経営に対する情報を共有し，積極的に議論がなされる労使関係が構築された。このような日本的ともいえる労使関係は，企業の競争力の強化に大きく貢献してきたといえる。

　以下では，日本の労使関係の変化をもたらした要因を，労使の意識と労働教育という2つの視点から考察する。

1.　組合リーダーおよび経営者の労使関係観

⑴　組合リーダーの労使関係観

　1991年に日本生産性本部と総評が組合幹部と組合員を対象に行った調査をみると，意識の変化が現れている。まず，日本生産性本部が組合指導者を対象とした意識調査をみると，「労使関係には対立と協力の二つの側面がある」（86.2%），「構造変化に対しては労使協議して改善をはかる方向で対処する」（95.0%）という割合が高い（図表9-15）。また，総評が組合員を対象とした意識調査においても約半数が「賃金決定では会社の支払能力が非常に重要である。組合は支払能力を考えながら闘争し，また生産性向上に協力すべきだ」と回答している（図表9-16）。

図表 9-15　組合指導者の意識状況（日本生産性本部の調査）

項　目	割合（％）
・労使関係には対立と協力の二つの側面がある	86.2
・労使関係は運命共同体の関係である	11.4
・構造変化に対しては労使協議して改善をはかる方向で対処する	95.0
・改良された社会体制が望ましい	73.6
・労使関係には対立関係しかありえない	1.5
・構造変化に対しては抵抗闘争によって対処する	1.8
・社会主義体制が望ましい	21.8

出所：大場鐘作・佐藤寛行『戦後日本労働運動小史』日本生産性本部，1991
　　年，p.223。

図表 9-16　組合員の意識状況（総評の調査）

項　目	割合（％）
・企業の発展が生活向上の源泉である。会社の発展を損なうような闘争は避けるべきだ	23.8
・会社の事情に全く関与しなくていいということはない。組合も会社の方針に自分たちの考えを反映させるべきだ	26.8
・賃金決定では会社の支払能力が非常に重要である。組合は支払能力を考えながら闘争し，また生産性向上に協力すべきだ	47.7
・資本主義に改良を加えていく	51.8
・労働条件は会社の事情に関係なく，社会的に決まるべきものであり，企業はこれを保証しなければならない	25.7
・賃金は会社の事情に関係なく，社会的に決まるものであり，組合は会社から独立して賃金を決めていくべきだ	25.2
・社会主義社会に変えなければならない	24.2

出所：大場鐘作・佐藤寛行『戦後日本労働運動小史』日本生産性本部，1991 年，p.223。

　この調査結果から，組合幹部も一般組合員もその多くは「社会主義社会に変えなければならない」とか「労働条件は力の対決によって獲得すべきもの」といった，階級主義的な労働運動を望んでおらず，あくまでも労使関係は対立だけでなく協力し合いながら築いていくものであることを示唆している[28]。
　JR労働組合の「JR連合のあるべき労働組合像と労使関係像」の中には，次のように記されている[29]。「労使は協力と対立を基本に，生産性向上に努め，生み出された企業の利益は，適正に働く者に分配されなければならない。日本の労使は，安定した雇用に基づいて良質な人材を育成し，その労働の質の高さを

基礎に，高い生産性，付加価値を創出することで，適正な賃金や労働条件と競
争力の確保の両立を指向すべきである。(中略)　労使がお互いの立場や存在を
認め，尊重し合える関係になることが必要である。企業の発展を求めて協力す
るが，対立の局面では徹底した協議をし，相互が折り合いをつける「大人の関
係」を築くべきである。労使の信頼関係は「協定」だけで規定されるものでは
ない」と。組合指導者の健全な労働組合と労使関係に対する基本スタンスがう
かがえる。

(2)　経営者の労使関係観

　労使間の信頼関係を強調した日本の経営者は多い。トヨタの人事労務は「労
使相互信頼」を基本理念としている。労使相互信頼は，1950年の労働争議を経
て，1962年に締結された「労使宣言」の中で，労使関係の基盤として謳われて
おり，その後も，幾多の話し合いを通じ，労使の相互理解と相互信頼を積み重
ねている。労使相互信頼は，「従業員の生活向上は会社の繁栄があって初めて
実現するものであり，労使が会社の繁栄を共通の目的として価値観を共有す
る」「会社は雇用の安定を最大限に考慮し，かつ進んで労働条件の改善に努め
る」「従業員は会社繁栄のために会社諸施策に協力する」ことを基本精神とし
ている。1996年に労使双方で調印した「21世紀に向けた労使の決意」では，労
使関係の基盤として「相互信頼」に「相互責任」が加わり，現在のトヨタ基本
理念に反映されている[30]。

　また，松下電器グループの労使関係は，「信頼と対等」と「対立と調和」とい
う2つの考え方を基本に据えている。そして，今なおこの考え方に大きな影響
を与えているのが，創業者である松下幸之助の理念である。松下幸之助は松下
電器労働組合の結成大会で次のように述べている。まず，「信頼と対等」につ
いては，「労働組合は，労働者の地位向上，福祉増進にきわめて必要であり，会
社も組合の妥当な要望，正しい要求なら大いに受け入れ共に進んでゆきたい。
労使は，その立場は異なっても，社会，生活の向上に努める点では一致してお
り，同じ目標に向かって互いに協力し合ってゆくのが本来の姿でなくてはなら
ない」と述べている。また，「対立と調和」については，「先ずは，お得意先の
発展，お客様第一を通じ経営の発展ありきを責任とする立場と，先ずは労働者

の代表として労働条件の向上ありきを責任とする立場とでは，時として見解に
相違が生ずることもある。大切なことは…組合の妥当な要望や正しい要求は大
いに受け入れるにしても，問題は“何が妥当か”“何が正しいか”である。対立
あるところにものが生まれる。しかし，対立しっぱなしでは生まれたものも消
えてしまう。そこに調和があって，はじめて育ってゆく。…『対立と調和』は，
健全なる労使関係の源泉である」と述べている[31]。

　以上のように，日本の経営者の中には労働組合の必要性を認め，労働運動を
高く評価し，経営のパートナーあるいは事業の協力者という認識をしている経
営者が多い。このような経営者の労働組合に対する基本的な考え方が健全な労
働組合の育成に重要な役割を果たしてきた。また，日本の企業は労使間のコ
ミュニケーションのための多様なチャンネルを通じて信頼関係を築いてきた。
たとえば，労使協議制や職場懇談会がその代表的な例である。

2．労使関係安定化のための労働教育

(1)　日本生産性本部と労働教育

　日本生産性本部[32]は，経営者，労働者，学識経験者の三者構成による中立機
関として，1955年に通産省の支援のもとに民間団体（財団法人）として設立さ
れた。主な目的は，生産性向上のための研究・調査，企業への助言と生産性向
上運動の奨励にあった。日本生産性本部は，経済活動における人間尊重を基本
理念として，生産性3原則を掲げた[33]。すなわち，

① 雇用の維持・拡大

　生産性の向上は，究極において雇用を増大するものであるが，過渡的な過剰
人員に対しては，国民経済的観点に立って能う限り配置転換その他により，失
業を防止するよう官民協力して適切な措置を講ずるものとする。

② 労使の協力と協議

　生産性向上のための具体的な方法については，各企業の実情に即し，労使が
協力してこれを研究し，協議するものとする。

③ 成果の公正配分

　生産性向上の諸成果は，経営者，労働者および消費者に，国民経済の実情に
応じて公正に分配されるものとする。

　この 3 原則は，当時の時代背景として，「日本経済の自立」と「国民の生活水準の向上」をさせるためには，産業の生産性を向上させることが急務であったことと，生産性運動の推進には労使の協力が不可欠との強い気持ちが反映されたものである。

　生産性運動に対する労働組合として理解と認識が深まるにつれ，労働組合自身がイニシアティブを握って生産性運動を展開し，民主的労働運動の発展強化を図ろうとする機運が高まった。その結果，1959 年 4 月には「全国労働組合生産性企画実践委員会」が発足し，その後，1968 年には「全国労働組合生産性会議」と改称し，さまざまな活動を活発に展開してきた[34]。この生産性運動が1950 年代後半における日本経済の高度経済成長に大きく貢献してきた。その一方，労働戦線における民主主義的労働運動の展開にも大きな刺激を与えてきた。

　生産性運動の展開は，労働運動を主導する労働団体によって賛否両論に分かれた。総同盟は積極的に参加するという立場を採り，全労は 5 条件[35] をつけて参加することを表明した。しかし，総評は生産性運動に対して強く反対した。1955 年度の運動方針で，「独占資本は労働者と労働組合に労使協調の幻想を与え，日本生産性本部の運動に引き込もうとしている。生産性向上運動は一つ一つの職場，一人一人の労働者から超過利潤をむさぶり，労働強化と賃下げと首切りを強行し，労働運動を弾圧し，その産業報国化をねらって労働組合に分裂のクサビを打ち込もうとするものである」と強調し，強い反対姿勢を表明した[36]。1956 年の春闘では「賃金ストップ・生産性運動打破」目標に掲げて闘争を展開した。その後，総評加盟の民間労組の中には総評の指導方針に反対して生産性運動に取り組む組合が次第に増加し，総評の硬直的な政策にも影響を与えるようになった[37]。

　生産性運動は労使にとって有益であるとする合理的な思考を持った労働組合と組合員の参加が拡大した。これには日本生産性本部が健全な労使関係の定着のために労使関係教育を実施し，民主的労働組合と組合指導者を育成してきたことが大きい。筆者がインタビューした元組合委員長は，「労使関係は相互信頼が何よりも重要であり，それは従業員教育を通じてお互いが確認し合うことができる。結局，労使関係は人間関係であり，対話を通じていくらでも異見を縮めていくことができる」という。

　以上のように，日本生産性本部は，生産性向上運動とともに労使間の信頼関係の構築に努めてきた。健全な労使関係の確立のため複数組合併存下で左派労働組合を衰退させ，民主的な労働組合と組合指導者を育成したのである。日本生産性本部は現在も，労働組合幹部政策懇談会や労働組合指導者のためのセミナーなど労使関係教育などを毎年実施している。組合指導者は企業組織内の体質改革を実施，生産性運動と組合運営の民主化の先頭に立ち，企業もまた従業員が正しい労使関係観を習得するよう労働教育を通じて意識改革を図ってきた。人事労務部門もライン管理監督者を対象に教育を通じて現場の声に耳を傾け，組合員に対する態度を改善するなどの良好な人間関係を維持するよう努力してきた。さらに，経営者の労働組合に対する意識変化も労使関係安定に重要な役割を果たしてきたといえる[38]。

(2)　日本労働協会と労働教育

　日本労働協会は「労働問題について調査研究を行うとともに，広く労働者及び使用者並びに一般国民の労働問題に対する理解と良識をつちかうこと」を目的に，1958年に政府特殊法人として設立された[39]。その背景には，日本経済が戦後の荒廃から立ち直り，高成長期に入ったなかで，後進的労使関係から脱却することから，労使が対等の立場に立って，労働法規とルールに従って労働問題を処理していく近代的労使関係の確立であった。そのために労働問題の教育機関ないし労使話し合いの場，労働問題全般に関する基礎的調査機関の必要性が識者の間に次第に高まりつつあり，政府は1947年の労働省発足当時から労働省労政局に「労働教育課」を設け，労働教育に重点をおくようになった。

　日本労働協会では，基礎的，専門的知識の習得を目的とし，より高い知識を身につける講座として，東京労働大学講座，労働通信教育講座の2つの講座が実施された。また，日本労働協会の発足当時，中小企業の争議が頻発したことから中小企業労働問題に関する講座，労働組合幹部を対象にした講座も多く実施された。さらに，労働組合による労働教育の歴史が浅かった当時，労働組合幹部を対象に専門的，実務知識の習得を目的とした労働組合講座が開始された。さらに，労働組合幹部に対応する講座として中小企業経営者，労務担当者を対象に人事労務管理を内容とした労務管理研修講座が実施された[40]。

⑶ **教育文化協会と労働教育**

　教育文化協会は，連合が 1995 年 12 月に設立した社団法人である。設立目的は，「労働者教育及び教育文化活動の振興を通じて，広く勤労者の生涯にわたる学習，文化活動を支援するとともに社会構造の変化や時代の要請に応えられる人材の育成を図り，もって勤労者の生活及び文化教養の向上と自主的・民主的な労働運動の展開に寄与すること」である。事業内容は，① 労働者教育及び教育文化活動の実施，② 労働者教育及び教育文化活動の受託，③ 労働者教育及び教育文化活動に関する調査研究，④ 労働組合が行う労働者教育及び教育文化活動への支援，⑤ 労働組合運動史に関する資料の収集，⑥ 労働者教育及び教育文化活動に関する図書，紙誌等の編集・出版などである。

　教育文化協会の労働者教育としては，Rengo アカデミーや専門講座・セミナーなど多岐にわたっている。たとえば，「Rengo アカデミーマスターコース」，「連合寄付講座」，「女性リーダー養成講座」，「労働法講座」，「中小企業経営分析講座」，「広報講座」，「男性リーダー対象講座」「連合リーダーズ・セミナー」がそれである[41]。

　「Rengo アカデミーマスターコース」では，連合運動の発展に資する労働者教育の全体像を構想し，その第一歩として，連合結成 10 周年を機に，2001 年 5 月，労働運動の次代を担うリーダーの育成を目的に，政策・組織・交渉の領域での問題発見と解決能力の向上をめざすものである。そのために，前期・後期の合宿研修，夏期必修ゼミ，修了論文の提出までの 1 年間をとおして，幅広い知識を身につけ，日常の現場活動のなかで，その力を実践していく[42]。

　「連合寄付講座」は，一橋大学，埼玉大学，同志社大学などと提携して行われる。講座名は大学別に異なるものの，『現代労働組合論Ⅰ』，『働くということと労働組合』『働くということ―現代の労働組合』『女性と労働組合』がテーマとして取り上げられている。

　専門講座として「女性リーダー養成講座」は，専従 1〜2 年目の女性執行委員を対象に，女性リーダーに必要な知識や分析力，実行力を身に付けるためのものである。講座では，アーサーティブ・トレーニング，講義とグループワークなどが中心で，課題解決の手法と参加者自身の「気づきと発見を重視した相互学習」が基本となっている。講座修了書を対象にした「フォローアップ講座」

も開催している。

　「労働法講座」は，労働法の基礎知識を習得させるために行われる講座であり，「中小企業経営分析講座」は，主として中小企業労組の担当者を対象に，企業経営のチェックと交渉力強化の一環として開催されるものである。紛争処理の事例研究，講義とロールプレイを通して，決算書や財務諸表の分析の仕方を学び，決算書の読める組合役員として，企業経営の課題に適切かつ迅速な対応ができるように行われる。

　「広報講座」は，連合構成組織や地方連合会からのニーズに応えて開催している講座である。「わかる」「使える」「役に立つ」をキーワードに，広報活動に必要な技術の習得をめざす。参加者自身のレベルにあわせ，実際のパソコンを使い，機関紙の編集やレイアウト，ホームページの作成・運用，新しいメディアを活用するための技術習得や方法など複数の講座を設定し，参加者が学びたい講座を選択し，スキルアップを図ることができるようにしている。

　「男性リーダー対象講座」は，男女平等社会の実現は21世紀の緊要な課題となっており（男女共同参画社会基本法），雇用の分野において労働組合の果たす役割は大きく，労働組合リーダーには労働・社会保障政策，組織対策などで男女平等の視点に立った労働組合活動の推進が求められていることから，相手の権利を尊重し，誠実に，率直に，女性役員を対等なパートナーとして，共に組合活動を作る意義について学ぶことを目的として設けられた講座である。

　「連合リーダーズ・セミナー」は，連合，連合総研，教育文化協会がそれぞれで開催していた，「トップセミナー」や「公開シンポジウム」などの企画の重複をさけるために，「連合リーダーズ・セミナー」として，連合，連合総研と連携して開催している。組合員ニーズや時宜にかなったテーマを設定し，年間4回程度開催される。

⑷　産業労働懇話会（産労懇）

　産労懇は，労使のトップ級と政府の「自由な討論の場」として設けられた話し合いの場である。産業労働懇話会は1970年1月から月1回程度開催されており，現在も続いている。産労懇は「我が国の経済の発展に占める産業労働問題の重要性にかんがみ，政府，労使首脳及び学識経験者を含むいわば最高ワイ

ズ・メンによる懇談の場をつくり，産業労働政策に関する意見を広く求め，か
つ，その協力を得るとともに，関係者相互の理解を深めること」を目的として
いる。そのほか，都道府県レベル，産業レベル，企業・事業所レベルにおける
労使の協議その他のコミュニケーションを促進するため，必要な援助を行って
いる。

　議題は労働問題全般並びにこれに関連する産業問題が中心である。産労懇は
労働大臣の諮問機関としてあくまで自由な討論の場であるが，一時期には政府
への提言を行うこともあった。産労懇の歴史は古く日本の政労使の社会的対話
を代表する会合といえる。同時に，労働教育を広義の意味でとらえれば，労使
に対する労働教育の意味を有していたといえる。

　産労懇の委員の構成員は 25 名程度だが，三者構成の形態をとらないものと
することが設置要項に定められている。委員は労使の場合，それぞれの全国組
織のトップと役員である。

　産労懇は労働教育としての意味ももっていた。産労懇を通じて，経済情勢に
ついての政府の認識を労使代表が共有することで，1970 年代中盤の石油危機の
とき，労働側では鉄鋼労連を中心に，「賃上げ自制論」を打ち出し，その結果，
インフレと賃上げの悪循環が断ち切られた。この背景に，産労懇を通して，労
働側が経済状況をともに認識するようになったことがあげられる。

　産労懇は，労働組合幹部にとって，経済の現実を学習する場でもあった。こ
れまでは現実経済とかけ離れて，賃上げを追求するという姿勢が労組幹部には
強かった。しかし，経済の現実を見据えながら労働条件を要求し定めるとの姿
勢が次第に強まっていった。その意味で，産労懇を労組幹部に対する「教育の
場」としてとらえることができる[43]。

VI.　むすび

　以上，戦後，日本の複数労働組合と専従者の実態，そして労使関係安定化の
要因について考察してきた。その内容を要約すると，以下のとおりである。

　第1に，戦後，日本では労働運動の理念と政治的な原因，戦略および路線の

相違，労働条件や身分差別，企業合理化に対する労組の反対など様々な原因によって複数組合が存在していた。企業レベルで複数組合が発生した原因を類型化すると，① 業務及び職種間の差異，利害対立・差別，② 既存労組に対する批判や組合間の葛藤，③ 会社の介入，④ 上部団体及び外部団体の介入などである。

第2に，企業内複数組合が併存する企業は全体の16％で，従業員数5,000人以上の大企業では25.9％を占めている。企業規模が大きいほど複数組合の併存比率が高いものの，全体的にはそれほど多くない。企業内複数組合数は2組合がある場合が88.6％で最も多く，3ないし4組合がある場合は11.4％を占めている。戦後，左派と右派間のイデオロギー的レベルの鮮明性競争による労・労間の葛藤や労使間の対立で組合分裂による労働組合の新設と解散が頻繁に発生した。厚生労働省の調査によると，1950-70年代までは労働組合の新設が多かったが，それ以降は徐々に減少し，1985年から労働組合の解散が新設より多い逆転現象が見られる。

第3に，複数組合併存下では，労使関係の側面から経営側による組合間の差別的な対応が顕著である。差別の内容は，組合に関する差別（団体交渉，経営協議会，労働協約）よりも，組合員個人に関する差別（賃上げ個人配分，昇進・昇格，仕事配分，人事考課）の方が多い。これらの差別は少数派組合の交渉力を封じるねらいと組合員個人の待遇上の不利を印象付けるねらいがあるといえる。また，団体交渉では回数（回数が少ない），場所（本社内で行わない），時刻（就業時間には応じない），時間（短い）に関する差別，経営側出席者の人数，地位，態度に関する差別，企業内右派組合に対する先行交渉・先行妥結，組合への便宜供与や福利厚生としての社宅・寮の入居，会社施設，貸付金の利用に関する差別があげられる。

第4に，複数組合の併存について組合員の意識をみると，企業内複数組合の状態については，「全く望ましくないので，改善したい」が過半数以上を占めている。また，企業内複数組合状態の将来については，「できれば統一したい」はほとんどを占め，労働組合は分裂よりは一つの組合になりたいという統一志向が強い。

第5に，労働組合がある企業では，専従者をおいているが，中小企業の場合

は専従者の置いてないところも多い。なぜならば，専従者の給与を組合費から支給しなければならないが，組合員の数が減っている中で組合財政の困難だからである。専従者がいない中小企業では使用者が暗黙的に労働時間中組合活動を認める場合があるがまれである。専従者の1人当たりの組合員数は2003年に534.4人だったのが2005年には570.9人，2008年には580.3人へと増加している。2008年を規模別でみると，299人以下では175人，300人以上354人，1,000人以上431人，5,000人以上492人，10,000人以上763人である。

　第6に，専従者に対する給与は労働組合の財政から支給される。専従者の専従期間は休職処理され，健康保険，雇用保険など各種社会保険料も労働組合が負担する。専従期間中は出勤日数，昇給年限，勤続年数等に算入するのが一般的で，退職金算定においても専従期間を勤続年数に算入する。

　専従者の取り扱いについては，団体協約に明記されており，専従者でなくなると，元職に復帰する場合が一般的である。元職に復帰する際の処遇は休職前の条件を適用するのが原則で，会社によっては同期入社者とのバランスを考慮して昇給やベースアップを行う場合もあるという。また，組合委員長に対してはこれまでのリーダシップを認めそれに相応しい地位，すなわち管理職や役員に昇進させる場合もあるという。

　第7に，労働時間中は組合活動が原則的に認められない。ただし，団体協約などを通じて労働時間中組合活動を行うことを例外的に会社が認めている場合が多い。労働時間中組合活動については，会社と労働組合が締結した団体協約に明示されている。たとえば，①団体協約に定められた各種委員会への出席またはその業務を遂行する場合，②組合員の苦情処理に関する調査を行う場合，③官公署主催の会議に組合代表が出席する場合，④労働組合または上部団体の会議及び行事に出席する場合，⑤やむをえず組合活動が必要な場合などである。

　第8に，戦後，日本の労使関係は混乱が続いたが，過激な労働争議を契機に労使対決から労使協調主義へと労使関係の構図が大きく変わった背景には，労使関係に対する労働組合と経営者の健全な意識と日本生産性本部，日本労働協会，産業労働懇話会，教育文化協会が組合リーダーをはじめとする労働者に対する教育と生産性運動を展開してきたことである。

　戦後の日本の労使関係は，混迷の厳しい局面をくぐり抜け，労使の意思疎通を軸とした企業別労使関係を核に，生産性向上・技術革新への柔軟な対応，多様な話し合いによる理解と協力でさまざまな環境変化に柔軟に対応し，企業の発展と経済成長に大きく貢献してきた。しかし，現在，日本の経済・経営システムは長期かつ深刻な不況，グローバル経済化にともなって，雇用は流動化の動きにあり，処遇制度は，"平等から公正へ"の色彩が強まり，多くの企業は職務・成果重視の制度に切り替えてきている。経済は最悪期を脱しつつあるが未だ期待されているような景況にはほど遠く，長引く不況で雇用問題が一層深刻さを増している。

　経営環境が大きく変わってきている今日，これからの労使関係のあり方が問題になっている。労使関係の変化要因がいろいろ出てきている中で，これまで日本の労使は共存共栄のため，労使が一体となって健全な企業経営の担い手として協力的な労使関係を築いてきた。今後も従来と同様，労使協調主義路線は維持し続けるかが注目される。

注
1　米国では，労働組合が使用者と団体交渉をするためには，職場，企業など一定の交渉単位内労働者の過半数の支持が必要であり，この代表権限を得た組合が単位内の交渉権限を獲得する制度，いわゆる「排他的交渉代表制」となっている。詳しくは，菅野和夫『労働法（第8版）』弘文堂，2008年，p.521。
2　戦後，日本の労働運動と組合分裂については，安熙卓「戦後日本の労働運動と組合分裂」『経営学論集』第22巻第4号，九州産業大学，2012年，pp.7-35。
3　組織率の低下要因としては，企業倒産，雇用調整，非正規労働者の増加，若者の組合離れなどが考えられる。
4　藤田若雄『第二組合─統一運動の発展』日本評論社，1955年，p.174。
5　同上書，pp.174-175。
6　萩澤清彦「複数組合併存と労使関係」『日本労働法学会誌』N0.54，日本労働法学会，1979年，p.5。
7　詳しくは，安熙卓，前掲論文を参照されたい。
8　松田保彦「複数組合併存下の法律問題」『日本労働法学会誌』N0.54，日本労働法学会，1979年，p.20-21。
9　神奈川県における複数組合の実態について1969年の調査では，5.4%となっている（松田保彦，同上論文，p.22）。
10　同上論文，p.21-22。
11　河西宏祐『新版少数派労働組合運動論』日本評論社，1990年，p.77。
12　河西宏祐『新版少数派労働組合運動論』日本評論社，1990年，pp.84-85。
13　具体的な差別の判例については，橋詰洋三「組合併存下の労使関係と労働条件」『季刊労働法』161号，総合労働研究所，1991年，pp.20-44および和田肇「複数組合併存と賃金・昇格差別」『季

刊労働法』161号，総合労働研究所，1991年，pp.60-70。

14 単産とは，産業別単一労働組合の略で職種の区別なく，同一産業に働く労働者によって組織されている労働組合のことをいう。日本では企業別組合が連合し，その上部団体として結成する場合が多い。企業別組合を単位組合とする産業別連合体をいう。

15 企業連とは，企業別労働組合連合体の略で，複数の工場や事業場をもっている大企業で各工場および事業場別に組織された単位組合がその企業内で構成する連合体をいう。たとえば，本社と各製鉄所別に組織された単位組合で構成する○○製鉄労連がその例である。日本の労働組合組織の構造において企業連の地位と役割はとても重要であり，労働運動をリードする決定的な力をもっているのは巨大な企業連である。大企業の企業連は事実上単産扱いとされている。

16 岩崎馨「わが国におけるユニオンリーダーの現況と課題」『季刊労働法』161号，総合労働研究所，1991年，p.165。

17 同上論文，p.165。

18 同上論文，p.166。

19 白井泰四郎ほか『労働組合読本』東洋経済新報社，1986年，pp.149-150および岩崎馨，同上論文，p.165。

20 ヤミ専従は，労働組合の組合員が，勤務先から給与を受け取りながら，勤務時間中に本来の職務ではない組合活動に専ら従事していることをいう。法律で職務専念義務が課せられている公務員の場合，特に問題視される。

21 執行委員とは，組合員の選挙によって選出され，労働組合の運営に従事する者で，組織・教宣・共済などを担当する。委員長，副委員長，書記長といった三役の補佐役を務める。

22 単位組合とは，労働組合のうち，労働者が直接に加盟しているものをさし，連合体と区別されている。1企業1組合の企業別組合がこれに該当するが，大企業でいくつかの事業所ごとに組合が組織されている場合には，事業所組織を単位組合とし，企業全体の組織を単一組合と呼んでいる。慣用上は全国組織である産業別連合体（単産＝単位産業別組合）を構成する企業別組合を単位組合（単組）と呼ぶことがあり，通常はこの意味で使う場合が多い。

23 労働協約は，「労働組合が使用者と対等の立場に立って，団体交渉を行い，その結果，決まった賃金，労働時間等の労働条件を書面に作成し，両当事者が署名又は記名押印したもの」をいう（労働組合法第14条）。

24 使用者からの便宜供与については，菅野和夫『労働法（第8版）』弘文堂，2008年，pp.498-502参照。

25 ノーワークノーペイ原則とは，労働者が，雇用契約上の義務である労務の提供をしなかった時間・日については，使用者は原則として，賃金を支払う義務がないことをいう。仮に就業規則などで不就労時間分の賃金を支払わない旨の規定がなくても，不就労時間分の賃金を支払うという特約がない限りは，労働者にはその時間分の賃金を請求する権利はないということになる。

26 団体協約 http://www.pref.aichi.jp/cmsfiles/contents/0000006/6163/7rodokyouyaku.pdf#search (2012.3.5)

27 安熙卓，前掲論文，pp.7-35。

28 大場鐘作・佐藤寛行『戦後日本労働運動小史』日本生産性本部，1991年，p.223。

29 「JR連合あるべき労働組合像・労使関係像」http://www.jr-rengo.jp/minshuka/arubeki.pdf#search (2012.3.7)

30 「トヨタ労使関係」http://www.toyota.co.jp/jp/environmental_rep/03/jyugyoin.html (2012.3.7)

31 「松下電器の労使関係」http://ss.doshisha.ac.jp/roudou/pdf/070601.pdf#search (2012.3.4)

32 日本生産性本部は，「生産性向上対策について」の閣議決定（1954年9月24日）に基づき1955年3月1日に設立された㈶日本生産性本部を母胎に，1973年11月12日に同生産性本部から分離独

立（社団法人認可 1976 年 12 月 20 日）し，1994 年 3 月 31 日に解散した㈳社会経済国民会議を 1994 年 4 月 1 日に統合し，社団法人社会経済生産性本部としてスタートした。2009 年には名称を日本生産性本部に戻した。日本全国に，この本部とは別組織で，7 地方本部，10 の県本部，協議会が存在し，連携しながら各地域での生産性活動を行っている。

33　生産性運動の詳細については，① 社会経済生産性本部編『新版・労使関係白書―21 世紀の生産性運動と労使関係課題』社会経済生産性本部生産性労働情報センター，2006 年，② チャールズ ウェザーズ・海老塚 明編『日本生産性運動の原点と展開』社会経済生産性本部生産性労働情報センター，2004 年，③ 関西生産性本部編『生産性運動の昨日・今日・明日』関西生産性本部，2001 年参照。

34　大場鐘作・佐藤寛行，前掲書，p.150。

35　全労の 5 原則は次のような内容である。① 生産性運動は，わが国の自立経済を目標とした運動であり，単なる能率向上，個別企業の合理化，私的利潤の増加と異なることを徹底する。② 生産性運動は，雇用を増大し，国民生活水準を引き上げ，労働条件の向上と実質賃金の充実をもたらすことを目的とするもので，労働強化と首切りの手段に供することに反対する。③ 生産性運動によって部分的に生ずる失業，企業再編による職場の変動にそなえ，政府，経営者に総合的な雇用安定措置をとらせる。④ 生産性運動の過程で，中小企業の経営基盤の確立に努力する。⑤ 生産性運動の推進には労使間の協議と相互理解が必要であり，経営者は労組の発言を積極的に認めなければならない（大場鐘作・佐藤寛行『戦後日本労働運動小史』日本生産性本部，1991 年，p.152）。

36　大場鐘作・佐藤寛行，前掲書，p.152-153。

37　同上書，p.153。

38　関西生産性本部編『生産性運動の昨日・今日・明日』関西生産性本部，2001 年参照

39　日本労働協会は，日本労働協会法に基づいて，1990 年 1 月に日本労働協会と雇用職業総合研究所が統合して「日本労働研究機構」として改称・発足されたが，2003 年 10 月には日本労働研究機構と労働研修所が統合して「労働政策研究・研修機構」として改称，独立行政法人として発足され，現在に至っている。主に，労働に関する総合的な調査研究，研修事業等を行っている。

40　この部分は，江上寿美雄「日本の労使関係と労働者教育」韓国労働教育院（KLEI）セミナー『グローバル経済下の労働教育と人的資源開発』労働政策研究・研修機構：国際共同研究，2003 年 10 月 24 日に依拠している。(http://www.jil.go.jp/institute/kokusai/documents/egami.pdf#search)。

41　教育文化協会 http://www.rengo-ilec.or.jp/ (2012.3.7)。

42　授業と講師陣は，前期，後期の合宿教育では，授業は講義とゼミナールを併用して行われる。講師陣は，それぞれの分野の第一人者，若手研究者を中心に，連合の会長（Rengo アカデミー校長）や事務局長も加わり，総勢 27 名である。ゼミナールの運営方法は，前期 3 回，後期 4 回（後期Ⅰ：2 回，後期Ⅱ：2 回）の計 7 回行われる。ゼミナールは，5～6 名で編成し，担当講師の指導やゼミ生との議論をとおして各自の課題を修了論文に仕上げる。ゼミナール大会（後期Ⅰ最終日）では，受講生が修了論文の構想あるいは骨子を発表し，ほかのゼミ担当講師から講評を受ける。後期Ⅱのゼミでは，その講評も含めゼミ担当講師から指導を受ける。

43　この部分は，江上寿美雄「日本の労使関係と労働者教育」韓国労働教育院（KLEI）セミナー『グローバル経済下の労働教育と人的資源開発』労働政策研究・研修機構：国際共同研究，2003 年 10 月 24 日に依拠している。(http://www.jil.go.jp/institute/kokusai/documents/egami.pdf#search)。

第10章
韓国の複数組合と専従者

I. はじめに

　韓国では2010年「労働組合および労働関係調整法」(以下，労働組合法) の改正に伴って，2011年7月1日から企業単位での複数労働組合 (以下，複数組合) が認められた。複数組合許容まで3回にわたる延期の末，ようやく複数組合が解禁となった。この複数組合解禁の問題は，交渉窓口単一化の問題，組合専従者の給与支給の問題と深く絡み合っている。法律的には，使用者が専従者に対して給与を支給した場合には不当労働行為で違反となる処罰規定がある。したがって，労使間の核心問題として，専従者の給与支給問題と事業場レベルにおける複数組合問題と団体交渉の窓口の単一化問題，この3つを1つのセットとして解決しなければならない状況となっていた。

　複数組合の解禁とともに，韓国では長年，組合専従者に対する給与を使用者が支給する慣行が続いてきた。これも労働組合法の改正によって，2010年7月1日から専従者への給与支給が禁止された。ただし，「勤労時間免除 (タイムオフ) 制」と呼ばれる例外規定が設けられ，専従者がある一定の勤労時間免除の範囲内で，賃金を削減されることなく，労使協議・交渉，苦情処理，安全衛生活動，労組の維持・運営活動などに従事することが認められた。

　複数組合の許容は，労働者が自由に労働組合組織を選択できることが保障されることであり，既存組織の既得権を解体し，自由に組織間の競争を認めることである。また，専従者に対する給与支給禁止は，労働組合の自立で使用者に依存してきた便宜提供が断絶されることである。

　本章では，複数労働組合の解禁と専従者の給与支給禁止に関する法改正の内容と複数組合導入後の労使関係の実態について考察する。

Ⅱ. 複数労働組合と団体交渉

1. 複数労働組合の解禁の経緯[1]

　韓国の労働組合は，基本的に企業別に組織された組合であり，一企業一組合が法律で規定されていた。また，韓国では 1953 年に「労働組合法」が制定されて以来，組織対象を同じくする複数労働組合の設立が禁止されていた。しかし，2010 年 1 月 1 日，「労働組合及び労働関係調整法」（以下，労働組合法）の改正に伴い，2011 年 7 月 1 日から事業場で労働者は労働組合を自由に設立することができるようになった。その背景には，ILO（国際労働機構），ITUC（国際労働組合総連合），OECD-TUAC（OECD 労働組合諮問委員会），ICFTU（国際自由労連）などの国際組織から国際労働基準の順守を強く求められるようになったからである。特に，複数組合の禁止は，ILO 条約 87 号（結社の自由及び団結権の保護に関する条約）に反するものであった[2]。

　そこで，1996 年「労使関係改革委員会」が発足され，本格的な議論が行なわれ，1997 年 3 月，「労働組合および労働関係調整法」（以下，労働組合法）の制定の際に，複数組合を上級団体に対しては即時許容し，企業単位は2002年から認められるようになった。ただし，経過措置として，「一つの事業または事業場に労働組合が設立されている場合には，労働組合法第 5 条の規定にかかわらず，2001 年 12 月 31 日まで，その労働組合と組織対象を同じくする新たな労働組合を設立してはならない」（同法附則5条「労働組合設立に関する経過措置」）としていた。

　しかし，2001 年 3 月 28 日に労働組合法の附則が改正され，複数組合の許容は，2002 年から 2006 年 12 月 31 日までに 5 年間猶予とされ，再び 2007 年から延期となった。その背景には，複数組合が解禁される 2002 年以前に団体交渉窓口の単一化をめざして，労使政が議論をしてきたが，合意に至らなかったためである。

　労使政委員会では，この問題を議論してきたが，経営側は「交渉窓口の一本化」の法制化を要求し，労働側は「労使の自治による決定」を主張し関連規定の法制化に反対した。そこで，政府案として「労使が自律的に交渉窓口の一本化を図り，一本化がなされない場合，投票で過半数を得た労働組合が交渉権をもつ」という妥協案が示されたが，労働側はこれにも反対した。

　そのため，2006年の労働組合法の附則改正では，2009年12月31日まで再び3年間猶予され，複数組合の許容が2010年1月からと再三延期となった。その理由は，労使ともにこれに対する準備が不足しており，具体的施行策に対する同意の形成も不十分であるから，同制度の全面施行時に，産業現場の混乱はもちろん国民経済に大きな負担を与えるおそれがあるということであった。

　結局，3回にわたって複数組合の許容が延期となったが，何よりも複数組合ができた場合，団体交渉をどうするのかという問題が合意に達しなかったのが最大の理由としてあげられる。

2．複数労働組合導入に伴う問題点

　複数労働組合の導入に伴って，韓国の労使関係にどのような変化をもたらすかについて，さまざまなシナリオを想定した調査研究が行われてきた[3]。一般的に複数組合の設立が許容された場合，多数労働組合が設立され，少数組合が乱立することによって，労労葛藤や労使関係が複雑化することが考えられる。

　企業別組合を特徴とする韓国において複数労働組合が認められた場合，どのような問題が起こりうるだろうか。予想される問題としては，次のような点が指摘されている[4]。

　第1に，複数組合の導入によって既存労働組合がある事業場では，労働組合活動の基本方向，すなわち，労働組合運動の基本路線の違いから組織分裂が発生することが予想される。労働組合内部の路線の違いによって，労使対立的路線の組合から協力的路線の組合に組織が分裂されるか，その反対方向に労働組合が分裂されることは排除できない。

　第2に，労労葛藤や鮮明性競争により過激的な労働組合が出現することが予想される。複数組合の設立の際，団体交渉の主導権確保のための労労間の競争が激化するとともに，賃上げなど団体交渉成果の獲得を通じた組合員確保のた

めに労働組合の競争が激化，鮮明性競争による労働組合が過激化し，労使関係の不安が増大する。

　第3に，団体交渉権の確保のための労労葛藤や使用者の不当労働行為が発生することが予想される。団結権から団体交渉権という問題にシフトしたことによって，団体交渉権をめぐる労労間または労使間の紛争が集中的に発生する可能性が高い。

　第4に，上級団体の変更で労働現場の混乱が加重することが予想される。既存組織の分裂及び上級団体の離脱・変更など組織体系の混乱が生じるとともに，上級団体の組織確保のための競争激化で，総連盟の鮮明性競争および強硬路線をとることになる。

　第5に，使用者側による御用組合の支援で労労葛藤が激化することが予想される。既存の労働組合が現場の掌握力が確実でない事業場の場合，使用者側による御用組合の出現可能性も排除できない。使用者側が支援する労働組合が誕生した場合，労労葛藤と労使紛争が激化するとともに，労働事件提訴件数の増加や団体交渉が遅延することになる。

　第6に，行政官庁（労働委員会）の肥大化および行政費用の増加が予想される。交渉窓口の単一化のための行政手続きの進行のため，組合員数の確認，交渉代表選出のための選挙管理（事前選挙運動，不正選挙，会社介入，非組合員管理，選挙期間中発生する違法事項処理など），労労葛藤，使用者の不当労働行為の確認及び調整，交渉単位の調整，公正代表義務の違反，介入および調整などに関して行政官庁の役割が増大し，過多な費用が発生する。

3．複数労働組合併存下の団体交渉

(1)　団体交渉窓口の単一化の議論

　複数労働組合とは，一つの事業または事業場に勤労者が設立あるいは加入した労働組合が二つ以上である場合を言う。複数組合が併存する場合，団体交渉が大きな問題となる[5]。韓国では，企業単位での複数組合の設立が認められたが，交渉窓口の単一化が法律に盛り込まれている。労働組合法は，「一つの事業または事業場で組織形態に関係なく勤労者が設立あるいは加入した労働組合が二つ以上ある場合，交渉代表労働組合を決定し，交渉を行うようにしてい

る」（労働組合法第 29 条の 2 第 1 項）。

　このような労働組合法上の団体交渉窓口の単一化は，一つの事業または事業場に二つ以上の労働組合が併存する場合，混乱をもたらす現実的な問題があるからである。すなわち，複数の労働組合がそれぞれ独自的な交渉権を行使できるようにした場合，発生しうる労働組合と労働組合との反目および労働組合と使用者との葛藤，同一事項について同じ内容の交渉を繰り返すことから生じる交渉の効率性の低下や交渉費用の増加の問題がある。さらに，複数の団体協約が締結される場合，発生しうる労務管理上の困難，同一または類似の内容の勤労を提供しているにもかかわらず，労働組合所属によって異なる勤労条件の適用を受けることから発生する不合理性などの問題を効果的に解決することに狙いがある。

　団体交渉窓口の単一化の問題については，労使政・公益の間で長い期間，議論が重ねられてきた。労働側は団体交渉窓口の単一化については，労使自律に委ねるべきであるという主張に対し，経営側は団体交渉窓口の単一化を主張し，労使の主張が分かれていた[6]。団体交渉窓口の単一化は，米国の排他的交渉制，フランスの比例代表制，日本の自律交渉制ではない韓国の労使環境に適した独自的な代案を模索したといえる[7]。団体交渉窓口の単一化方式は，過半数組合のみが交渉代表組合として団体交渉権を行使できる方式であるため，過半数組合を獲得するため労働組合間の争いが，日本の自律交渉方式より労労葛藤が頻繁に発生する確率が高いとの指摘もある[8]。

　結局，改正労働組合法では一つの事業または事業場レベル（企業レベル）に複数組合が存在する場合，団体交渉代表組合を通じて交渉を行なう交渉窓口を単一化することを原則とするが，一定期間（自律的交渉代表決定期間）内に使用者が同意する場合には，労働組合別に個別交渉を可能にした。当該期間内に使用者の同意がなければ団体交渉窓口の単一化を原則とすることである[9]。

⑵　団体交渉窓口の単一化と交渉代表労働組合

　団体交渉窓口の単一化は，大きく交渉窓口の単一化手続きを通じて交渉代表労働組合を決定するものと交渉代表労働組合の地位に関するものに区分できる。そして，交渉窓口の単一化手続きは，さらに交渉要求の労働組合を確定す

る手続きと交渉代表労働組合を決定する手続きに区分される。また，交渉窓口
の単一化は，交渉単位を基準に行われ，原則的に事業または事業場単位に交渉
単位を単一化しなければならないが，場合によっては例外的に交渉単位の分離
が認められる。

　したがって，交渉窓口の単一化の手続きと関連して，交渉単位の分離も問題
となる。一方，交渉代表労働組合の地位と関連して，交渉代表労働組合の地位
の維持期間と交渉代表労働組合の公正代表義務が問題となる。

　複数労働組合の団体交渉窓口の単一化の手続きは，図表10-1のとおりであ
る[10]。

1）交渉要求の労働組合の確定

　交渉要求の労働組合の確定手続きは，労働組合が使用者に団体交渉を要求す
ることで開始される。新設された労働組合は，いつでも交渉を要求することが
でき，当該事業場に団体協約が存在する場合には，団体協約が満了日の以前3
カ月になる日から交渉を要求することができる（労働組合法施行令第14条の2
第1項）。

　労働組合から交渉要求を受けた使用者は，これを7日間公告しなければなら
ないし（労働組合法施行令第14条の3），使用者と交渉しようとする他の労働
組合は，この期間内に使用者に交渉を要求しなければならない（労働組合法施
行令第14条の4）。そして，使用者は交渉要求事実の公告期間が終了した翌日
に交渉要求の労働組合を確定し，5日間公告しなければならない（労働組合法
施行令第14条の5）。

2）交渉代表労働組合の決定

　交渉要求の労働組合が確定した場合には，労働組合の中で使用者と交渉し，
団体協約を締結する権限がある交渉代表労働組合を決定しなければならない。
すなわち，一つの事業または事業場に複数の労働組合が存在すると，原則的に
交渉窓口を単一化しなければならない。

　しかし，使用者が交渉要求の労働組合が確定した以後，自律的交渉代表決定
期間（14日）内に交渉窓口の単一化手続きを経ないことに同意した場合には例

図表 10-1 複数労働組合の交渉窓口単一化の手続き

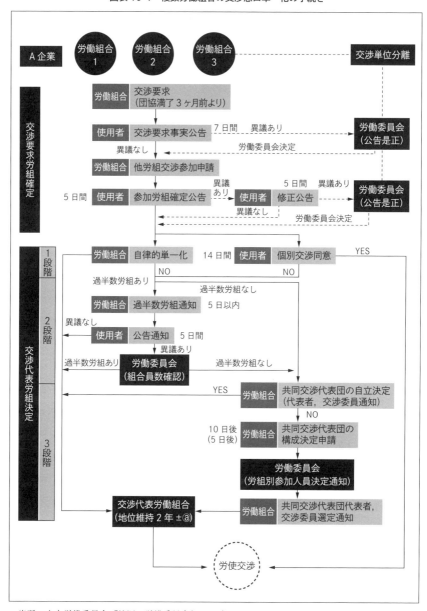

出所：中央労働委員会『韓国の労働委員会』2018年，p.213。

外とする（労働組合法第29条の2第1項）。使用者の同意がない場合には，交渉窓口を単一化しなければならないが，交渉窓口の単一化は，次のような4段階の手続きおよび方法で行われる。

1段階は，自律的に交渉代表労働組合を決定する方法である。自律的に労働組合を決定するためには，交渉窓口の単一化手続きに参加した労働組合は，交渉要求労働組合が確定した後，14日以内に交渉代表労働組合を決めなければならない（労働組合法第29条の2第2項）。

2段階は，自律的に交渉代表労働組合を決めることができなかった場合，過半数労働組合を交渉代表労働組合に決定する方法である。すなわち，交渉窓口の単一化手続きに参加した労働組合の全組合員の過半数で組織された労働組合を交渉代表労働組合に決定する方法である（労働組合法第29条の2第3項）。

過半数労働組合は，自律的に交渉代表労働組合を決定できる期間が満了した時から5日以内に使用者にこの事実を通知しなければならず，使用者は通知を受けた時から5日間その内容を公告しなければならない。この事実について，異議がある労働組合は労働委員会に異議を申請することができる（労働組合法施行令第14条の7第3項）。

3段階は，過半数労働組合がない場合には，交渉窓口の単一化手続きに参加したすべての労働組合が自律的に共同交渉代表団を構成し，この共同交渉代表団に交渉代表労働組合の地位を与える方法である（労働組合法第29条の2第4項）。この場合，共同交渉代表団に参加できる労働組合は，その組合員数が交渉窓口の単一化手続きに参加した労働組合の全組合員の100分の10以上である労働組合とする。

4段階は，交渉窓口の単一化手続きに参加した労働組合が，自律的に共同交渉代表団を構成できなかった場合に，労働委員会が組合員比率を考慮し，共同交渉代表団を決定する方法である（労働組合法第29条の2第5項）。

交渉代表労働組合を決定することに当たり，組合員数などに異議がある場合には，労働委員会は労働組合の申請を受け，その異議に対する決定を行うことができる（労働組合法第29条の2第6項）。

3）交渉単位の分離

　労働組合法によって団体交渉窓口を単一化し，交渉代表労働組合を決定しなければならない単位を交渉単位という。交渉単位は原則的に一つの事業または事業場である（労働組合法第 29 条の 3 第 1 項）。しかし，一つの事業または事業場において著しい労働条件の差異，雇用形態，交渉慣行などを考慮し[11]，交渉単位を分離する必要があると認められる場合に，労働委員会は労働関係当事者の両方または一方の申請を受け，交渉単位を分離する決定を行うことができる（労働組合法第 29 条の 3 第 2 項）。

　交渉単位分離の必要性の判断基準を整理すると，図表 10-2 のとおりである。

4）交渉代表労働組合の地位の維持期間

　交渉代表労働組合の地位は，交渉代表労働組合に決定されてから使用者と締結した初めての団体協約の有効期間が 2 年の場合には，その有効期間満了日まで，使用者と締結した初めての団体協約の有効期間が 2 年未満の場合には，その団体協約の効力発生日から 2 年となる日までである（労働組合法施行令第 14 条の 10 第 1 項）。

　交渉代表労働組合は，上記の期間の間，団体交渉，団体協約の締結，労働委員会に調整申請，争議行為に至る労働組合としての行為を全て行使することができる。そして，交渉代表労働組合としての地位維持期間中に新たな団体交渉を行う場合には，別途の窓口単一化の手続きを経ないで団体交渉を行うことができる。

図表 10-2　交渉単位分離の必要性の判断基準

区　分	主要内容
著しい労働条件の違い	賃金および賃金体系，勤務形態，休日・休暇，労働時間，福利厚生など
雇用形態	正規職，期間制，時間制などの雇用形態，採用方法，人事交流の有無など
交渉慣行	当該交渉単位での個別交渉慣行の有無など
その他の分離の必要性	利害当事者の交渉単位分離に対する立場，交渉単位分離と労使関係安定性の関係，労働組合別の組織対象または職種の差異有無など

出所：中央労働委員会『複数労働組合業務マニュアル』2013 年，p.11 および中央労働委員会『韓国の労働委員会』2018 年，p.219。

5）公正代表義務

　労働組合法によって決定された交渉代表労働組合と使用者は，交渉窓口の単一化手続きに参加した労働組合またはその組合員間に合理的な理由なしに差別をしてはならない公正代表義務を負う（労働組合法第29条の4第1項）。労働組合は交渉代表労働組合と使用者が公正代表義務を違反し，交渉窓口の単一化手続きに参加した労働組合またはその組合員を合理的な理由なしに差別した場合には，労働委員会に是正を要請することができる（労働組合法第29条の4第1項）。

　公正代表義務違反に対する是正申請は，その行為が発生した日から3カ月以内に行わなければならない。団体協約の内容の一部または全部が公正代表義務に違反される場合には団体協約の締結日から3カ月以内に是正申請をしなければならない。

　以上のように，韓国では複数組合併存下での団体交渉の手続きが複雑であり，労労間，労使間の葛藤をもたらす非合理的な構造となっている。

Ⅲ．複数労働組合の設立と労使関係

1．複数労働組合の設立現況

　韓国では，2011年7月1日から事業（場）単位で複数組合を設立することが許容されたため，超企業単位労働組合はもちろん企業単位において，2つ以上の労働組合を自由に設立ことが可能になった。

　複数組合の設立が解禁となった2011年の複数組合の設立申告件数をみると，7月には322件で最も多く，8月には108件で次第に減少したもののこの半年だけで640件にも達している（図表10-3）。設立申告した労働組合のほとんどは，

図表10-3　複数労働組合の設立申告件数

月	7月	8月	9月	10月	11月	12月	計
件数	322	108	68	54	49	39	640

出所：朴昌明「李明博政権下の韓国労使関係」『ERINA Discussion paper』No.1301，環日本海経済研究所，2013年，p.6。

既存労働組合がある事業場から新設された労働組合である。特に，複数組合の
設立が 7 月に集中したのは，法施行以前から複数組合の設立を準備してきた勢
力が，法施行と同時に労働組合を設立したことと 2011 年の団体交渉に参加す
るため，とりわけ労働組合法で定められている団体交渉窓口の単一化の手続き
に参加しなければならないことから，労働組合の設立を急いだことが背景にあ
ると考えられる。

　2011 年 7 月 1 日から 10 月 31 日までの複数組合の設立を規模別でみると，100
人以下の事業場が 225 組合と最も多く，次いで，100–300 人が 179 組合，1,000
人以上が 60 組合，300–1,000 人が 57 組合となっている（図表 10-4）。注目され
るのは，300 人未満の中小事業場での複数組合の設立がより多いことである。
中小事業場の場合，複数組合の設立時，過半数組合になる可能性が相対的に開
かれているため，過半数組合になるための組織競争がより激しく展開される可
能性がある[12]。

　2011 年 7 月 1 日から 10 月 31 日までに新設された複数組合のうち，韓国労総
から分離して設立されたケースが 183 組合，民主労総から分離して設立された
ケースが 142 組合である。一方，新設された複数組合のナショナルセンターへ
の加入状況をみると，韓国労総への加入が 54 組合，民主労総への加入が 23 組
合であるのに対し，ナショナルセンターに加盟していないケースが 475 組合と
大多数を占めている（図表 10-5）。

　特に，民主労総傘下の労働組合が存在する事業場のように闘争的な組合が属
する事業場から複数組合が設立された割合が高く，これらの労働組合は，闘争
的な路線からの離脱に動く可能性が高いことから，複数組合の設立によって使
用者がより優勢になる可能性がある[13]。

図表 10-4　規模別複数労働組合の設立状況

（単位：組合数）

従業員規模	100 人以下	100–300 人	300–1,000 人	1,000 人以上
複数労組の設立	225	179	57	60

資料：雇用労働部
出所：イ・スンヒ「複数労組制度が労使関係変化に及ぼす影響」『労働政策研
　　　究』第 11 巻第 4 号，2011 年，p.22。

図表 10-5　ナショナルセンターへの複数労働組合の加入状況

（単位：組合数）

区　分	韓国労総	民主労総	未加盟
労働組合数（2006 年基準）	3,589	1,205	1,177
複数労組設立事業場の既存労組の上級団体	183	142	53
新設された複数労組の上級団体の加入	54	23	475

資料：雇用労働部
出所：イ・スンヒ「複数労組制度が労使関係変化に及ぼす影響」『労働政策研
　　究』第 11 巻第 4 号，2011 年，p.21。

図表 10-6　過半数組合の状況

区　分	韓国労総	民主労総	混在	未加盟	全体
既存労組の上級団体数（A）	174	139	58	50	421
過半数地位の新規労組数（B）	34	72	1	10	117
B/A（%）	19.5	51.8	1.7	20.0	27.8

資料：雇用労働部
出所：イ・スンヒ「複数労組制度が労使関係変化に及ぼす影響」『労働政策研究』第 11
　　巻第 4 号，2011 年，p.23。

　2011 年 7 月 1 日から 10 月 31 日まで設立された複数組合が存在する事業場に
おいて，民主労総から分離して設立された労働組合が過半数組合である割合
は，51.8% であるのに対し，韓国労総から分離して設立された労働組合が過半
数組合である割合は，19.5% にすぎない。民主労総から分離した労働組合の場
合，既存労働組合よりは使用者と友好的な性向の労働組合がより多いと分析さ
れている[14]。これは団体交渉において労働争議を伴わない円満な労使交渉の可
能性を示唆する。

　韓国労働社会研究所が 2014 年，複数組合の状態にある両労総傘下組織を対
象に行った「複数労働組合事業場の労使関係実態調査」により，複数組合の設
立類型をみると，「既存労働組合から少数派の分離」が約 6 割を占めている。こ
れは当初，予想されたことが現実に現れたことを示す。この他に「既存労働組
合から多数派の分離」（9.9%），「既存労働組合から組合員と非組合員の連合」
（2.3%），「非組合員新規労働組合の結成，既存労働組合員の吸収」（3.6%），「非
組合員新規労働組合の結成，個別活動」（12.8%）となっている（図表 10-7）。

図表 10-7　複数労働組合の設立類型

区　分	頻度	比率（%）
既存労組から少数派の分離	180	59.2
既存労組から多数派の分離	30	9.9
既存労組から組合員と非組合員の連合	7	2.3
非組合員新規労組の結成，既存労組員の吸収	11	3.6
非組合員新規労組の結成，個別活動	39	12.8
その他	37	12.2
合計	304	100.0

出所：ホン・ジュハン「複数労組制度施行後の労使関係変化」韓国労働
社会研究所『労働社会』183 巻，2015 年 5 月，p.118。

図表 10-8　複数労働組合の事件受理件数・処理内訳

（単位：件）

年	受理件数	処理内訳							進行中
		計	全部認定	一部認定	棄却	却下	取下	和解	
2011	128	123	7	0	30	23	63	0	5
2012	557	547	240	19	94	39	155	0	10
2013	460	426	181	4	56	42	143	0	34
2014	386	358	117	7	79	41	114	0	27
2015	537	515	175	0	86	116	138	0	22
2016	336	307	109	0	60	20	118	0	29
2017	715	685	84	5	50	25	521	0	30
2018	542	521	251	8	74	27	161	0	21

出所：中央労働委員会ホームページ「複数労組事件処理内訳別現況」。

　複数組合の解禁とともに，複数組合をめぐる労働紛争も多発している。労働委員会における複数組合関連の事件の受理件数をみると，2011 年の 128 件から 2012 年に 557 件に急増した後，2013 年（460 件），2014 年（386 件）に減少し，2015 年（537 件），2016 年（336 件），2017 年（715 件）に急増し，2018 年現在は 542 件と高止まりしている。その内訳をみると，進行中の事件を除けば全部または一部認定が 259 件（47.8%），棄却，却下，取下，和解が 262 件（48.3%）となっている（図表 10-8）。

　また，複数組合の関連事件を類型別でみると，「交渉要求公告」関連事件[15]が最も多く，次いで「交渉代表決定」関連事件，「公正代表義務違反」関連事件，「交渉単位分離」関連事件順となっている[16]。

2．複数労働組合併存下の労使関係

(1)　複数労働組合による労使間の権力関係の変化

　複数組合の導入に伴って労使関係にも大きな変化が考えられる。すなわち，複数組合が労使間の力のバランスに影響を及ぼすことである。その場合，2つの経路が考えられる（図表10–9）。一つは，複数組合の導入が労働組合の量的増加と組合員の増加につながり，全体的な組織率を高め，労働組合の権力を増加させる方向で作用する。もう一つは，複数組合が既存の労働組合の分裂につながり，労働組合組織率の増減に影響を及ぼさないかまたは使用者が介入・支援する第二の労働組合の増加につながることで使用者の権力が増加する方向である。

　複数組合事業場の事例分析をみると，複数組合施行の初期段階ではあるが，その趨勢は労働組合の権力増加より使用者の権力増加に向かっていることが示されている。労働組合の数と組合員数の増加につながらない理由として，第1に，使用者の強い抵抗と既存労働組合に対抗するための新たな労働組合の設立が考えられる。第2に，複数組合の導入によって既存の団体協約のユニオン・ショップ条項が無力化され，組合員の量的拡大に否定的な影響を及ぼすことになる。第3に，事業場単位の労働組合間の競争によって組合分裂が発生し，組合員の量的減少につながるおそれがある[17]。

　一方，使用者の権力を増加させる要因としては，次のようなことが挙げられ

図表 10-9　複数労働組合と労使間の権力関係の変化

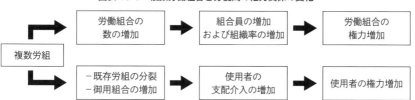

出所：イ・サンフン「複数労組の導入と労使関係の変化」『労働社会』163巻，2012年，p.84。

る[18]。

第1に，御用組合を通じた使用者の権力増加である。これは使用者が親使用者的労働組合の設立を誘導する場合で，使用者側が組織的に組合員に対して既存の労働組合の脱退や新労働組合に加入させることである。

第2に，組合員間の差別を通じた使用者の支配介入の増加である。これは賃金および福利厚生に対する経済的不利益扱いと使用者の人事権を利用した人事上の不利益扱いに区別できるが，前者より後者のケースが多い。たとえば，不当転勤，業務変更，過多業務割り当て，勧告辞職，昇進，リストラなどがそれである。また，使用者側の労働組合間の差別である。たとえば，組合事務所の貸与や施設物の提供，組合掲示板の貸与，組合費控除，就業時間中の組合活動に対する賃金補填など，各種便宜提供による使用者の組合差別があげられる[19]。この他にも労働組合差別と関連しては，特定組合の加入と脱退を誘導するとか会社側組合を通じて労働組合の組合活動や組織化を妨害する事例がある[20]。

第3に，交渉窓口単一化の過程において，使用者の支配介入の増加である。たとえば，使用者側が交渉窓口単一化の手続きを無視し，御用組合と団体交渉を早期に妥結するとか，親使用者組合が交渉代表権を持つ場合には，交渉窓口の単一化を強制するが，そうでない場合には個別交渉あるいは法的手続きを無視した談合的交渉を行う行為である[21]。

(2)　複数労働組合併存下の労使関係現況

複数組合の設立は，企業レベルの労使関係の状態と密接な関係がある。韓国労働研究院が実施した「事業体パネル調査」を利用した「複数労組設立現況と特性分析」（2011-2015年）によると，第1に，使用者側の労働組合対応戦略が反労働組合主義の場合，複数組合が出現した比率は48.5%で，そうでない場合の14.5%に比べて3倍以上も高かった。第2に，第1労働組合の路線が非妥協的で戦闘的である場合，複数組合が出現した比率は38.0%で，そうでない場合の14.5%に比べて2培以上も高かった。第3に，複数組合の許容直後，罷業を経験した事業場で複数組合が設立した確率が77.9%で，罷業を経験していない事業場での複数組合の設立確率は9.2%に比べてはるかに高かった[22]。

　また，韓国労働社会研究所が2014年，複数労働組合の状態にある韓国労総と民主労総傘下の組織を対象に行った「複数労組事業場の労使関係実態調査」により，複数組合設立の原因と考えられる事項がどれくらい重要な要因として作用したかをみると，労働組合運動路線をめぐる葛藤や労働組合運営方式をめぐる葛藤が，他の要因に比べて複数組合の体制形成に相対的に重要となっている。一方，複数組合が労・労葛藤をもたらすだろうという主張と関連が深いと考えられる「上級団体による複数労組設立活動」要因は，相対的にその影響が低い（図表 10-10）。

　複数組合の解禁に伴って最も重要な問題として，団体交渉窓口の単一化をめぐって労・労間の葛藤や労使間の葛藤が頻繁に発生することが予想された。まず，労・労の間に重要な争点となった事項をみると，複数組合間の組合員の取り合い，少数組合の活動保障，交渉代表組合の公正代表義務，使用者側の特定

図表 10-10　複数労働組合の体制形成の主な要因

（単位：%）

区　分	まったくなかった	どちらかといえばなかった	どちらともいえない	相当あった	とても大きかった
① 労組運動路線に対する葛藤	27.1	18.4	14.7	25.1	14.7
② 労組運営方式に対する葛藤	26.1	20.4	17.4	22.1	14.0
③ 労組内特定分派の独占による執行部の葛藤	32.1	27.4	18.6	13.2	8.8
④ 労組内執行部と代議員団間の葛藤	36.7	34.0	16.0	9.0	4.3
⑤ 労組の交渉構造または組織形態をめぐる葛藤	31.5	31.2	16.9	13.6	6.8
⑥ 他の上級団体の積極的な複数労組の設立活動	40.0	20.0	15.9	14.9	9.2
⑦ 会社側の介入活動	39.7	19.2	11.6	12.3	17.2
⑧ 会社の構造調整に対する労組対応の立場の違い	36.7	29.6	16.7	10.2	6.8
⑨ 勤労条件と賃金に対する勤労者間の利害の違い	29.0	21.3	19.7	20.7	9.3

出所：ホン・ジュハン「複数労組制度施行後の労使関係変化」韓国労働社会研究所『労働社会』183巻，2015年，p.120。

図表 10-11　複数労働組合施行後の労・労間の争点現況

(単位：%)

項　目	全く争点にならない	争点にならない	どちらともいえない	争点になる	とても大きな争点になる
交渉単位分離	54.1	14.4	11.6	9.2	10.6
交渉参加労組確定	55.0	16.8	10.3	8.2	9.6
交渉代表労組決定	56.1	12.1	12.8	7.6	11.4
過半数労組確認のための組合員数の決定	62.9	11.9	10.1	4.2	10.8
複数労組間の重点交渉要求案の選定	49.1	19.6	13.7	9.5	8.1
使用者の任意的個別交渉同意	62.9	13.2	12.1	4.3	7.5
使用者側の特定労組の支援	53.1	12.6	10.8	8.7	14.7
複数労組間の組合の取り合い	39.2	11.8	13.9	16.3	18.8
少数労組の活動保障	44.9	13.7	18.2	11.9	11.2
交渉代表労組の公正代表義務	49.5	13.6	13.6	11.1	12.2
少数労組の交渉の非協力	50.2	13.0	17.5	6.0	13.3

出所：ホン・ジュハン「複数労組制度施行後の労使関係変化」韓国労働社会研究所『労働社会』
　　　183 巻，2015 年，p.122.

　組合の支援などである（図表 10-11）。これらの事項は，団体交渉窓口の単一化の形式や手続きに関する事項というより，団体交渉窓口の単一化のプロセスにおいて各組織の権利確保問題と関連するものである。特に，公正代表義務の遵守問題は，複数組合間の重要な争点となっている事項である[23]。一方，労使の間に重要な争点となった事項をみると，使用者側の複数労組設立支援の疑惑，使用者側の特定労組を活用した不当労働行為，使用者の公正代表義務，少数労組の活動保障となっている（図表 10-12）。

　それでは，複数組合導入による労労関係や労使関係はどのような状態にあるのか。複数組合事業場の労労関係および労使関係の協力・葛藤様相をみてみよう。まず，複数組合の労労関係について「協力的」であるという割合は 21.3% 程度であるのに対し，「葛藤的」であるという割合は 54.1% となっている。事業場レベルの複数組合併存が，労労葛藤を招くとの憂慮が現実に現れている。一方，労使関係については，「葛藤的」であるという割合は，25.9% であるのに対し，「協力的」であるという割合は 52.7% を占め，労労関係とは逆の様相を

図表 10-12　複数労働組合施行後の労使間の争点現況

(単位：%)

項　目	まったく争点にならなかった	争点にならなかった	どちらともいえない	争点になった	とても大きな争点になった
交渉単位の分離	58.8	13.4	12.4	5.8	9.6
使用者の交渉拒否	64.3	12.4	11.3	2.1	10.0
交渉代表労組の自律決定の妨害	68.4	12.5	10.1	4.5	4.5
少数労組を理由に交渉遅延	67.1	8.4	10.1	5.6	8.7
使用者側の複数労組設立支援の疑惑	56.1	9.9	12.9	5.8	15.3
使用者側の特定労組を活用した不当労働行為	55.6	14.2	8.7	6.9	14.6
使用者の公正代表義務	57.6	11.8	12.5	6.9	11.1
少数労組の活動保障	51.5	15.5	14.8	6.5	11.7
争議行為の突入有無	62.4	10.6	13.1	5.3	8.5
個別交渉による協約内容	61.6	13.0	11.3	4.9	9.2

出所：ホン・ジュハン「複数労組制度施行後の労使関係変化」韓国労働社会研究所『労働社会』183巻，2015年，p.123。

図表 10-13　複数労働組合事業場の労・労関係及び労使関係の様相

区　分		協力的		⇔		葛藤的	合計
		①	②	③	④	⑤	
複数労組間の関係	頻度	39	27	77	63	105	311
	%	12.6	8.7	24.8	20.3	33.8	100.0
労組と使用者との関係	頻度	107	56	66	29	51	309
	%	34.6	18.1	21.4	9.4	16.5	100.0

出所：ホン・ジュハン「複数労組制度施行後の労使関係変化」韓国労働社会研究所『労働社会』183巻，2015年，p.123。

みせている（図表10-13）。

　つぎに，複数組合併存下で労労関係や労使関係の展望についてみると，労労間の関係が「葛藤的」であろうという割合が49.6％であるのに対し，「協力的」に展開するであろうという割合は，約17.4％にすぎない。一方，労使間の関係

図表 10-14 複数労働組合事業場の労・労関係及び労使関係の展望

区　分		協力的		⇔	葛藤的		わからない	合計
		①	②	③	④	⑤		
複数労組間の関係	頻度	30	24	73	55	99	29	311
	%	9.7	7.7	23.5	17.7	31.9	9.4	100.0
労組と使用者との関係	頻度	84	59	62	34	61	10	309
	%	27.1	19.0	20.0	11.0	19.7	3.2	100.0

出所：ホン・ジュハン「複数労組制度施行後の労使関係変化」韓国労働社会研究所『労働社会』
　　　183 巻，2015 年，p.127。

が「葛藤的」に展開されるだろうという割合は，30.7% で，「協力的」に展開されるだろうという割合は，46.1% となっている（図表10-14）。

　以上の調査結果から，複数組合の状態にある労使関係は，労使関係の葛藤よりは労労間の葛藤をより憂慮していることがわかる。

Ⅳ．労働組合専従者への給与支給問題

1．専従者の法的根拠・地位

　労働組合の業務にのみ従事する労働組合専従者（以下，専従者という）は，従業員としての地位をそのまま維持しながら労働契約上の労働を提供せず，労働組合の業務に専念することが認められる者である[24]。すなわち，専従者は団体協約や慣行を通じて一定の数の組合員，特に労働組合幹部に労働組合の業務に専念することを許すことである[25]。専従者が認められる法的根拠に対する議論には，① 団結権説，② 協定説，③ 制限的協定説の見解がある[26]。

　企業別あるいは産業別労働組合体制の下で，専従者は事業場内での使用者との関係において，労働組合活動の中心的役割を果たしている。使用者は労働組合の存立と活動のため，人的・物的要素に対してさまざまな支援を行うことで，労働組合と円満な関係を保とうとする傾向がある。たとえば，労働組合の事務所を提供することがそれであるが，使用者の労働組合に対する各種支援を使用者の便宜提供という。このような便宜提供と関連して実質的に問題となる

点は，労働組合活動に対する人的支援である専従者制度と物的支援である労働組合事務所の提供および組合費控除（チェックオフ）制度などがそれである。

　ところで，企業別労働組合の組織形態においては，普遍的に従業員である組合員の中から専従者が選出されるので，使用者との労働契約関係による従業員としての地位を維持しながら一定期間，労務提供義務の全部または一部の免除を受け，労働組合業務に従事するいわゆる在籍専従の形態をとる。韓国の労働組合法第 24 条第 1 項では，「勤労者は団体協約で定め，又は使用者の同意がある場合には，勤労契約所定の勤労を提供せずに労働組合の業務にのみ従事することができる」とし，労働組合法第 24 条第 2 項では，「労働組合の業務にのみ従事する者は，その専従期間の間，使用者からいかなる給与も支給されてはならない」と規定している[27]。また，労働組合法第 81 条第 4 項では，「勤労者が労働組合を組織又は運営することを支配し，又はこれに対し介入する行為及び労働組合の専従者に対する給与を支給支援し，又は労働組合の運営費を援助する行為」を不当労働行為として規定している。したがって，使用者は専従者の給与を支援することができない。

　専従者制度において問題となることは，専従者の範囲に半専従者，必要時の専従者，時間制の専従者なども含むのかが専従者に対する給与支給と関連して解釈上の問題となる[28]。

　企業別労働組合の組織形態を有する日本においても在籍専従者をおいているが，専従者に対する使用者側の給与支給は認められていない。在籍専従者は従業員としての地位は有するが，休職扱いとなる。休職期間は勤務年数とみなし，昇級や昇進その他の福利厚生施設の利用においても一般労働者と同様の扱いとなる[29]。

　韓国労総が OECD 加盟の 30 カ国の専従者の給与に関する制度および慣行を調査した結果，労働組合運営に対する財政支援を法律で禁止している国は，米国，日本，カナダなど，少数国家に過ぎず，専従者の給与を明示的に禁止する国は韓国が唯一であるという[30]。

　専従者に対する給与支給が禁止されると，専従者の数を縮小せざるを得ないし，単位労働組合の財政悪化は，当然ながら上級団体への義務金も縮小される。上級団体の委縮は，労働運動の弱化を招くことになるであろう。また，専

従者に対する給与支給の禁止は，これまで協力的な労使関係を築いてきた事業
場で葛藤的な労使関係が拡散する可能性が予想される。

2．専従者への給与支給禁止の経緯[31]

　専従者への給与支給問題とは，「労働組合専従役員の給与を使用者が支払う」
ことを禁止するという問題である。先述したように，韓国の労働組合法では，
専従者に対する給与支給を不当労働行為として規定していたが，専従者の給与
を使用者が負担する慣行が長い間，存在してきた。専従者に対して給与を支給
する問題は，金泳三政権時代（1993 年－1998 年）に「ノーワーク・ノーペイ」
の原則から，「専従者給与支給の禁止」を定めたものである。

　1997 年には「労働組合及び労働関係調整法」を制定し，2002 年から専従者に
対する使用者の給与支給は禁止し，これを不当労働行為の類型の一つ（支配・
介入）として規定した。しかし，2001 年 3 月に「労働組合及び労働関係調整
法」を改正し，専従者給与支給の禁止規定の実施に対する準備期間を理由に再
び 5 年間延長し，2007 年から施行することで労働組合法の附則を改正した。と
ころが，2006 年 12 月 30 日，「労働組合及び労働関係調整法」の附則改正でも
労使の合意が得られず，専従者給与支給の禁止規定を 3 年間猶予し，2009 年末
まで延期されたのである。

　三度目の猶予時期の最後の年である 2009 年 12 月 4 日に労使政（民主労総は
除く）は専従者に対する給与支給関連の労使政合意文を採択し，専従者に対す
る給与支給禁止を 2012 年 7 月から施行することになった。ただし，勤労時間免
除制度を新たに導入することに合意した[32]。

　経営側は，専従者への給与支給の禁止を強く要求してきたが，労働側は，労
使の自治に委ねるべきで，法律で禁止すべきでないと主張していた[33]。経営側
としては，毎年大規模のストライキが発生していることから，労働組合の財政
基盤を弱め，闘争力を低下させようとする思惑があったと推測される。

　専従者に対する給与支給については，各国の労働組合の組織形態や規模に
よって大きく異なる[34]。企業別労働組合の組織形態を有する日本の場合，在籍
専従者をおいているが，専従者に対する使用者側の給与支給は認められておら
ず，不当労働行為に当たるものである[35]。しかし，韓国では使用者側が組合専

従者に賃金を支払ってきた。この背景には，企業レベルの労使関係の下で，労使協力を促進する目的で使用者の便宜提供から始まったといわれる。ところが，1987年の「民主化宣言」後，労働運動が高揚する中で，労働組合の設立に伴う専従者の数をめぐる問題が労使紛争の原因となるケースが増加した。争点は，専従者に対する給与の会社側負担を前提とした専従者の数の問題であった。労働組合は専従者の数を多く要求し，会社側は専従者の数を抑えようとする点で労使の間で衝突した[36]。

　労働組合側は毎年，団体協約等の更新のための団体交渉の際，専従者の増員，専従者への給与支給などを他の交渉事項と連携して要求してきた。これに対し，使用者側は団体交渉の早期妥結のためにこれを受け入れざるをえなかった。その結果，専従者の数も増加し続けてきた。

3. 勤労時間免除制度の導入

　勤労時間免除制度（タイムオフ制）とは，労働組合の専従者に対して労使協議など，労使が共同で処理しなければならない組合活動に限ってのみ給与支給を認めるものである。2010年1月の労働組合法の改正により，使用者による専従者に対する給与支給は，不当労働行為に当たるとして原則的に禁止されるようになった。ただし，「勤労時間免除（タイムオフ）制」と呼ばれる例外規定が設けられ，専従者がある一定の勤労時間免除の範囲内で，賃金を削減されることなく，労使協議・交渉，苦情処理，安全衛生活動，労組の維持・運営活動などに従事することが認められた。これにより，団体協約または使用者による同意がある場合は，「勤労時間免除者」として使用者による給与支給が認められる。

　勤労時間免除の上限時間は，雇用労働部に設置された「勤労時間免除審議委員会」（労・使・公益委員の各5人で構成）の決定に基づき，雇用労働部長官が公表する。勤労時間免除制の上限時間は3年ごとに見直すこととされている[37]。

　労働部の「勤労時間免除限度適用マニュアル」では，専従者と勤労時間免除者を明確に区分している。専従者は労働組合法第24条の第1項及び2項によって「労働組合業務にだけ従事する者」で使用者の給与支給が禁止された者を指し，業務範囲と人員数は労使が自律的に決定する事項であるが，給与は労働組

図表 10-15 専従者と勤労時間免除者の相違点

	専従者	勤労時間免除者
根拠	労働組合法および労働関係調整法第 24 条の第 1 項及び 2 項	労働組合法および労働関係調整法第 24 条第 4 項
定義	労働組合の業務に専ら従事する者	定められた時間内で勤務免除を受け，労働組合法に規定された労働時間免除対象に属する業務を遂行できるよう指定された者
業務範囲	組合業務として制限なし	○ 使用者との協議・交渉，苦情処理，産業安全活動など労働組合法または他の法律で定める業務 ○ 健全な労使関係発展のための労働組合の維持・管理業務 　—労働組合法第 2 章第 3 節の規定による組合管理業務 　—その他事業場内の労使共同の利害関係に属する労働組合の維持・管理業務
給与支給	無給	勤労時間免除の限度内で有給処理が可能
人員数	労使が協議して決定	勤労時間免除の限度内で労使が決定

出所：雇用労働部『勤労時間免除限度適用マニュアル』，2010 年。

合の財政から負担せねばならない者と規定している。一方，勤労時間免除者は，労働組合法第 24 条第 4 項によって「団体協約で定めるか使用者の同意によって勤労時間免除限度内で労働組合法または他の法律で定める勤労時間免除対象に属する業務を遂行できるよう指定された者」を指し，勤労時間免除者の活動に対して有給処理が可能である点で専従者と区分される（図表 10-15）。

　要するに，専従者と勤労時間免除者は，いずれも労働組合の活動に専念するという意味では共通している。しかし，その決定的な違いは，前者は，休職状態であり，給与は組合から支給されるのに対して，後者は，在職状態であり，給与は会社から支給される。労働組合としては，組合の財政面を考えると，多くの企業では専従者を置くよりは勤労時間免除制度を利用して組合活動を行うことになるであろう。もちろん大企業の場合は，財政が健全であるため，専従者を置きながら勤労時間免除制度を利用することもありうる。結局，専従者への給与支給禁止の法改正において，専従者に対してこれまで会社が給与を支給してきたものを，勤労時間免除者という新たな概念を導入し，労働側との妥協の過程で従来通りの給与を会社が支給することを変則的に変えたことに過ぎな

いといえる。

　勤労時間免除制度の導入により，組合財政や専従者数だけでなく，組合活動にも影響が現れている。たとえば，常任執行委員や代議員など非専従幹部が組合会議の出席，上級労組の行事への参加，組合ワークショップ，現場巡回などが禁止・制約される事例が多くなったとされる[38]。勤労時間免除制度の導入は，専従者数の減少をもたらし，労働組合が専従者の給与を負担するとしても人件費負担の加重とともに，事業費比重の低下によって組合活動が萎縮されることが予想される。労働組合は活動資金を維持するために，フルタイムの専従者を減らさざるを得ない。企業単位の組合の財政悪化は上級団体（産別連盟，総連盟，地域組織等）の財政逼迫および活動萎縮となり，労働運動全般に悪影響を及ぼすことになるであろう。

　2013年には，専従者への給与支給が認められる「勤労時間免除（タイムオフ）制」の上限時間の改正案が議決され，2013年7月1日から施行された。改正案の内容を見ると，勤労時間免除（タイムオフ）制」の上限時間は，当初は，労働組合員数に基づき，1〜49人は1,000時間，50〜99人は2,000時間に区分されていたが，改正案ではこの2つの区分を統一し，組合員数1〜99人の上限時間を一律2,000時間とした（図表10-16）。その他の区分の上限時間は据え置かれた。これにより組合員50人未満の小規模事業所も，専従者を1人置くことができるようになり，組合員数15,000人以上の規模では，最大36,000時間が上限となっているため，フルタイムで最大18人が勤務時間免除者となる。労働側は，従来の11区分を6区分に減らすよう要求し，使用者側は17区分への細分化を要求していた。大企業の労働組合の場合，勤労時間免除制度の導入以来，専従者の数が急激に減少したが，当該組合の財務状況等を考慮し，勤労時間免除の上限時間は据え置かれた[39]。

　勤労時間免除限度の導入に合意した事業場は，98.2% を占めており，そのうち 99.7% が勤労時間免除限度を遵守している[40]。また，専従者への給与支給の禁止施行後，全国民主労働組合総連盟（民主労総）と韓国労働組合総連盟（韓国労総）が，2013年1月，両ナショナルセンターに加盟する306事業所の労働組合を対象に行った調査結果によると，勤労時間免除制度の導入以前に1労働組合当たり3.8人であったフルタイム専従者の数が，制度導入後は2.5人に減少

図表 10-16　勤労時間免除（タイムオフ）の上限時間

組合員数	上限時間（年間）		使用可能人数
	改正前	改正後	
1 人–49 人	1,000 時間	2,000 時間	パートタイムで使用した場合，その人数はフルタイムで利用可能な人員の 3 倍を超えることはできない。
50 人–99 人	2,000 時間		
100 人–199 人	3,000 時間	3,000 時間	
200 人–299 人	4,000 時間	4,000 時間	
300 人–499 人	5,000 時間	5,000 時間	パートタイムで使用した場合，その人数はフルタイムで利用可能な人員の 2 倍を超えることはできない。
500 人–999 人	6,000 時間	6,000 時間	
1,000 人–2,999 人	10,000 時間	10,000 時間	
3,000 人–4,999 人	14,000 時間	14,000 時間	
5,000 人–9,999 人	22,000 時間	22,000 時間	
10,000 人–14,999 人	28,000 時間	28,000 時間	
15,000 人	36,000 時間	36,000 時間	

出所：労働政策研究・研修機構「労組専従者の勤労免除上限時間の見直し」『国別労働トピック』2013 年 8 月。

している[41]。

V．むすび

　以上，韓国における複数労働組合と専従者を取り上げ，複数組合の解禁と専従者への給与支給禁止に関する法改正の内容と複数組合導入後の労使関係の実態についてみてきた。この 2 つの問題は，労使政の間で実に 13 年にわたる議論の末，複数労働組合の導入と専従者に対する給与支給の禁止が，法改正によって施行されるようになった。法改正までに長い歳月を要したのは，複数組合併存下で団体交渉の手続きの問題と専従者の取り扱いをめぐって対立が続き，合意に達しなかったからである。

　複数組合解禁以後，複数組合設立推移をみると，最初は複数組合が集中的に設立されたものの，時間の経過とともに複数組合の設立は減少傾向にある。複数組合の設立は，中小企業の事業場が多い。また，労使関係の性格と関連して

既存労働組合との労使関係が闘争的な事業場が多い民主労総傘下の事業場で複数労働組合の設立比率が高い。また，複数組合の導入に伴い，組合員確保のための労組間の競争や労働組合への使用者の支配介入や団体交渉権をめぐる問題も発生している。労働委員会に受理された複数組合関連の事件数も多い。

専従者に対する使用者の給与支給は，不当労働行為に当たるとして原則的に禁止されたものの，勤労時間免除制度の導入により，勤労時間免除者に対しては，これまでどおり使用者の給与支給を認めた。結局，専従者への給与支給禁止の法改正において，専従者に対してこれまで会社が給与を支給してきたものを勤労時間免除者という新たな概念を導入して労働側との妥協の過程で従来通りの給与を会社が支給することを変則的に変えたことに過ぎないといえる。

今回の法改正によって，韓国の労使関係を一段高める契機となったことで評価できるが，今後，日本の経験からみて複数組合併存下の労使関係は，これまで以上に複雑かつ混乱が生じることが予想される。

注

1　「複数労組許容」問題の議論とその経過については，次の文献を参照。① 全明淑他『複数労組環境下の労使関係研究』韓国労働研究院，2006 年，② 韓国労総「専任者および複数労組経過と課題」2009 年 10 月 6 日内部資料，③ 柴田弘捷「不況下・韓国の労働問題と労働組合」『専修大学社会科学研究所月報』No.553/554，2008 年，④ 磯崎典世「シリーズ比較労働運動研究（10）韓国の労働運動」『生活経済政策』No.136，2008 年，⑤ 元吉宏「韓国における労働組合及び労働関係調整法の一部改正と施行の先送り」『外国の立法』33，2007 年。

2　この点については，韓国労総「専任者および複数労組経過と課題」2009 年 10 月 6 日内部資料参照。

3　詳しくは，ジョ・ジュンモ，ジン・スクキョン「複数労組時代の労使関係展望」韓国労働研究院『月刊労働レビュー』，2010 年 5 月，pp.5-21 参照。

4　この点については，① ジョ・ジュンモ，ジン・スクキョン「複数労組時代の労使関係展望」韓国労働研究院『月刊労働レビュー』，2010 年 5 月，pp.5-21，② テ・ウォンユ『日本の複数労組経験と労使関係安定化方案』三星経済研究所，2010 年，③ 安జ卓「日本の複数労組の経験と示唆点」『月刊経営界』2011 年 6 月，pp.6-9，④ 韓国労総「専任者および複数労組経過と課題」2009 年 10 月 6 日内部資料，⑤ ユン・ギソル「複数労組の問題点と主要外国事例」『月刊経営界』2009 年 9 月，pp.10-14 参照。

5　複数労働組合下の団体交渉については，李準煕『団体交渉論』新湖社，2017 年参照。

6　交渉窓口単一化の議論については，ジョン・ミョンスク他『複数労組環境下の労使関係研究』韓国労働研究院，2006 年，pp.5-30 参照。

7　排他的な交渉制は，選挙を通じて過半数労働者の支持を得た労働組合が全体の労働者に対して排他的交渉権を獲得する制度であり，比例代表制は，各労働組合の組合員数に比例して交渉代表団を構成し，交渉委員団が団体交渉の代表となる制度であり，自律交渉制は，それぞれの労働組合に団体交渉の権限を与える制度でいわゆる複数組合交渉代表制度である。

8　日本の複数労組下の労労葛藤の実態については，キム・チョル「複数労組施行と労使関係安定化方案」『慶熙法学』第 46 巻第 4 号，2011 年，pp.381-391 および安煕卓『日本の複数労組と専従者に関する研究』韓国経営者総協会，2010 年。

9　ジョン・ミョンスク他『複数労組環境下の労使関係研究』韓国労働研究院，2006 年。

10　中央労働委員会『韓国の労働委員会』2018 年，pp.210-215。

11　この他にも人事交流の有無，就業規則適用上の差異など，交渉単位分離の必要性を判断できる事項はすべて考慮される（中央労働委員会『韓国の労働委員会』2018 年，p.219）。

12　イ・スンヒ「複数労組施行以後労組設立趨勢と労使関係変化展望」『月刊経営界』2011 年 9 月，p.7。

13　イ・スンヒ「複数労組制度が労使関係変化に及ぼす影響」『労働政策研究』第 11 巻第 4 号，pp.21-23。

14　同上。

15　この事件は，一つは，交渉要求を受けた使用者が交渉要求事実を公告しないかまたは事実と異なる広告である。もう一つは，使用者の交渉要求労働組合の確定広告の内容が交渉要求労働組合が提出した内容と異なる公告となっているか公告されていないと判断された場合，交渉要求労働組合はまず使用者に異議を申請することができ，使用者がその異議申請を公告しないかまたは異なる内容で公告したケースである（中央労働委員会『韓国の労働委員会』2018 年，p.215）。

16　中央労働委員会『韓国の労働委員会』2018 年，p.226。

17　イ・サンフン「複数労組の導入と労使関係の変化」『労働社会』163 巻，2012 年，p.84。

18　同上，pp.85-87。

19　KEC の事例では，民主労組に対しては，組合事務室の閉鎖，社内イントラネットの遮断，組合費納入拒否の署名を強制した。一方，会社側の労働組合に対しては，組合事務室の提供，各種施設利用の保障，事実上の専従認定がそれである（イ・サンフン「複数労組の導入と労使関係の変化」『労働社会』163 巻，2012 年，p.87）。

20　前掲稿，p.87。

21　同上，pp.87-88。

22　キム・チョンウ「複数労組設立現況と特性分析」『KLI パネルブリープ』第 13 号，韓国労働研究院，2018 年 3 月，pp.1-13。

23　団体交渉窓口の単一化に関しては，民主労総傘下労働組合の 86.2%，韓国労総傘下労働組合の 89.8% の企業で導入されている。

24　雇用部が実施した労組専従者数をみると，組合員数規模の 100 人未満が 1.43 人，100-299 人が 1.83 人，300-499 人が 2.53 人，500-999 人が 3.69 人，1,000 人以上が 22.5 人で組合の規模によって完全専任者数は増加している（ジョ・ジュンモ『労組専任者実態調査に関する研究』労働部，2005 年，p.11）。

25　イ・ヒスン「労組専任者制度の問題点とその改善方向」元光大学校法学研究所『法学研究』第 17 輯，2000 年，p.111。

26　団結権説は，労組専従者が憲法で保障された団結権を根拠に使用者は労組専従者を認める義務があるという見解であり，協定説は，労組専従者を認めるかどうかは，労使間の自主的な協定で決定される事項であるため，使用者との合意がない限り，法的に保障されるものではないという見解であり，制限的協定説は，団結権が保障されたからといって労組専従者の憲法的権利性が直ちに適用されるのではないため，使用者に対して労組専従者を認める義務がないという見解である（キム・ジョンボム，イ・サンジン「労組専任者の給与支給現況と改善課題に関する小考」韓国専門経営人学会『専門経営人研究』10 巻 2 号，2007 年，pp.154-155）。

27　呉文換「労組専任者制度の立法論的検討」『労働法学』第 9 号，1999 年および金尚浩『労組専任

者の法的保護に関する研究』韓国労総中央研究院，1998 年。

28　この点については，次の文献を参照。① 朴鐘熙「改正法下の労働組合専任者制度に関する法的考察」翰林聖心大學」『翰林法学 RORUM』第 6 巻，1997 年，② 孫昌熙「労組専任者問題に対する大法院判決」『労働法学』第 6 号，1996 年，③ 李光澤「労組専任者賃金問題どうするのか」『労使政委員会討論会資料集』1999 年 11 月 4 日，④ イ・ヒスン「労組専任者制度の問題点とその改善方向」元光大学校法学研究所『法学研究』第 17 輯，2000 年。

29　この点については，安熙卓「日本の複数組合・専従者の実態と労使関係」九州産業大学『経営学論集』第 23 巻第 1 号，2012 年，pp.13-14 参照。

30　韓国労総政策本部「OECD 国家労働専任者制度現況」内部資料。

31　詳しくは，韓国労総「専任者および複数労組経過と課題」2009 年 10 月 6 日内部資料および韓国経営者総協会「労組専従者と労使関係政策討論会資料」2009 年 10 月 29 日参照。

32　民主労総は労使政合意文について，手続的正当性や内容的正当性が欠如した野合であると厳しく批判した。

33　労組専従者給与支給禁止に関する労使政の主張については，① 李東應「複数労組・労組専任者給与支給禁止に対する経営界立場」韓国経営者総協会『月刊経営界』369 号，2009 年 12 月，pp.14-17。② キム・シバョンガク「複数労組・労組専任者給与支給禁止に対する労働界立場」韓国経営者総協会『月刊経営界』369 号，2009 年 12 月，pp.12-13。③ ジョン・ウンベ「複数労組・労組専任者給与支給禁止に対する労働部立場」韓国経営者総協会『月刊経営界』369 号，2009 年 12 月，pp.6-9，④ キム・ジョンボム・イ・サンジン「労組専任者の給与支給現況と改善課題に関する小考」韓国専門経営人学会『専門経営人研究』10 巻 2 号，2007 年，pp.165-166。

34　労組専従者給与支給禁止に関する ILO の協約と外国の現況については，キム・ジョンボム・イ・サンジン「労組専任者の給与支給現況と改善課題に関する小考」韓国専門経営人学会『専門経営人研究』10 巻 2 号，2007 年，pp.162-164 およびイ・ヒスン「労組専任者制度の問題点とその改善方向」元光大学校法学研究所『法学研究』第 17 輯，2000 年，pp.122-125 参照。

35　使用者側が組合専従役員に賃金を支払うことは ILO も禁じているわけではない。この問題は労使の自律的な決定事項とし，法的関与の対象ではない，としている。ドイツやフランスでは産業別労組専従者の給与は労組が負担，事業所単位の労組代表に対しては一定範囲の有給活動時間を付与することを保障している。アメリカでは禁じられているが，交渉・協議時間を有給で付与することは認めているが，有給専従については禁止している（柴田弘捷「不況下・韓国の労働問題と労働組合」『専修大学社会科学研究所月報』No.553/554，2008 年，p.22 および元吉宏「韓国における労働組合及び労働関係調整法の一部改正と施行の先送り」『外国の立法』33，2007 年参照）。

36　安熙卓（2011），前掲書，p.162。

37　詳しくは，キム・ジョンハン（2011）「第 3 章　勤労時間免除制度」イ・スンヒ他『複数労組及び専任者実態と政策課題』韓国労働研究院参照。

38　朴昌明（2013），前掲論文，p.5。

39　労働政策研究・研修機構「労組専従者の勤労免除上限時間の見直し」『国別労働トピック』2013 年 8 月。

40　朴昌明（2013），前掲論文，p.4。

41　労働政策研究・研修機構「労組専従者の勤労免除上限時間の見直し」『国別労働トピック』2013 年 8 月。

第11章
韓国における複数労組施行後の労使関係

Ⅰ．はじめに

　2010年1月1日に複数労組および専従者関連の立法案が通過された後，2011年7月からこの法律が施行されるようになって韓国の労使関係は新たな転換期を迎えることになった。韓国の労使関係は，企業別組合と企業別団体交渉の特徴をもっている。このような企業別労使関係の体制の下で複数労組が存在する場合，労使関係に及ぼす影響は大きいと考えられる。1953年韓国で労働組合運動が始まって以来，これまで企業単位の複数労組は事実上禁止されてきた。その結果，韓国の労使関係は企業内では単一労組，単一交渉団体という労使関係構造が形成されてきた。企業単位の複数労組が施行されたことによって，企業別労使関係体制は構造的な変化を迎えざるを得ない。企業内では複数労組間の競争が一層激しくなり，使用者側においても複数労組に対するけん制と連帯という差別的な戦略が現れる可能性も否定できない。その他にも複数労組事業場の交渉方式によっては多様な労使関係の様態が現れるだろう。

　韓国における企業別組合，企業別団体交渉の慣行が定着したのは古い。1990年代後半に労働界では企業別労使関係体制を克服するために産業別労組・産業別交渉へ転換するための運動が展開され，一定の成果が現れた。しかし，産業別交渉については，使用者側の抵抗により支配的な交渉形態として広がることはなかった。

　このように，韓国の労使関係は，基本的に1企業1組合を原則としていたため，労働組合や国際労働機関からも団結の自由を求められていた。それをうけ

て複数労組の許容をめぐる議論が行われてきた。1997年の労働組合および労働関係調整法の制定当時，全国単位の労働組合に対する複数労組禁止条項が削除されたにもかかわらず，事業場単位においてはその施行が延期された。その後，2001年と2006年の法改正の際にも再び延期されたが，2011年7月にやっと事業場単位での複数労組の設立が許容された。

　複数労組の出現は韓国の労使関係における大きな転換期ともいえる。複数労組の許容によって，労働組合の設立がどれくらい増加したか，組合員数はどう変わったのか，新規労働組合の設立類型はどうなのか，使用者の不当労働行為はどうなのか，団体交渉や労使関係の性格にはどのような変化が現れるのかなど，複数労組が許容されて長い歳月が経ったものの，実際どのような状況にあるのかはあまり把握されていない。

　本章では，複数労組許容後の複数労組の実態と労使関係への影響について考察する。

Ⅱ．複数労組の設立現況と特性[1]

1．複数労組許容後の組合数と組合員数の変動

　複数労組が許容されてから労働組合及び組合員数が増加したかの問題は，団結の自由と関連して重要な意味をもつ。もし，既存労組の路線に批判的な新たな労組が設立される場合，労働組合員数が増加し，労組組織率も上昇することになる。また，単に既存労組の組合員の一部が新たな労組を結成して分離するとすれば実質的に組合員数の増加の効果はあまり期待できないであろう。

　2005年から2015年までの組合数と組合員数，組織率の変化をみよう。全般的に労働組合数や労働組合員数ともに増加傾向にある。特に，組合数は複数労組が許容された2011年以後，増加傾向が著しく，組合員数は年度によって増減をみせている（図表11-1）。

　2011年以後の労組数の増加はほとんどが既存労組からの分裂によるものである。実際，2011年7月1日，複数労組の設立が許容されてから2012年1月末までに設立申告を提出した総676個の労組のうち，労組がないところで新設

図表 11-1　労働組合及び組合員数の変動

年	2005	2007	2009	2011	2013	2015
労組数（個）	7,517	7,989	8,494	8,903	9,725	11,819
組合員数（人）	1,167,815	1,105,106	1,242,900	1,328,516	1,258,200	1,365,225

出所：キム・ジョンウ「複数労組出現の決定要因と組合員増加効果分析」イ・ジョンヒ他
『企業別複数労組と団体交渉』韓国労働研究院，2018 年，p.50。

された労組は 152 個（22.5%）にすぎず，77.5% は既存労組から分離している[2]。

2．複数労組出現事業体の特性

　まず，複数労組の出現を産業別にみると，製造業が 8.0% であるのに対し，

図表 11-2　産業別・規模別の複数労働組合の状況

			単一労組		複数労組	
			労組数	比率(%)	労組数	比率(%)
全体			26,399	86.7	4,048	13.3
産業	製造業	軽工業	1,756	97.4	46	2.6
		化学工業	1,453	89.5	171	10.5
		金属自動車運送	2,303	88.0	315	12.0
		電機電子精密	1,407	95.3	70	4.7
		製造業全体	6,918	92.0	602	8.0
	非製造業	建設業	580	90.6	60	9.4
		電気ガス水道業	271	93.2	20	6.8
		個人サービス業	4,221	93.9	273	6.1
		流通サービス業	7,317	80.0	1,831	20.0
		事業サービス業	5,010	94.1	316	5.9
		社会サービス業	2,081	68.8	946	31.2
		非製造業全体	19,480	85.0	3,446	15.0
規模	30-99 人		14,515	86.9	2,188	13.1
	100-299 人		5,339	85.6	896	14.4
	300-499 人		4,482	88.9	562	11.1
	500 人以上		2,063	83.7	402	16.3

出所：キム・ジョンウ「複数労組出現の決定要因と組合員増加効果分析」イ・ジョ
ンヒ他『企業別複数労組と団体交渉』韓国労働研究院，2018 年，p.53。

非製造業は 15.0% を占めている。製造業では金属自動車運送業（12.0%）と化学工業（10.6%）の割合が比較的に高い。一方，非製造業では社会サービス業（31.3%）と流通サービス業（20.0%）において複数労組事業体の割合が高く平均を上回っている（図表 11-2）。

　規模別でみると，300-499 人を除けば規模が大きいほど複数労組の出現が多く，500 人以上の規模では 16.3% となっており，規模に関係なく全規模にわたって複数労組が出現していることがわかる。ここで注目されるのは，現代自動車や起亜自動車など既存の大企業の労働組合では，路線葛藤や職種葛藤を理由に労働組合が分裂されていない。しかも，これまで労働組合がないといわれるサムスン電子でさえも労働組合は設立されていない。従来，労働界が複数労組の禁止が団結の自由を侵害するという主張は，大企業の複数労組の実態をみる限りでは支持されていない[3]。

3．複数労組事業場の新規労組の出現類型

　複数労組企業の新規労組の出現類型を見ると，「既存労組から少数派が分離」された類型が 64.4% で最も多く，次いで「非組合員中心の新規労組の結成」の類型が 16.1%，「既存労組から多数派の分離」の類型が 12.6% となっている（図表 11-3）。全体的に既存労組から分離して複数労組になった類型が 77.0% を占め，複数労組が既存労組の分裂によって出現していることがわかる。

　新規労組の設立背景としては，さまざまな要因によって労組が新たに結成さ

図表 11-3　新規労組出現類型

類型	比率（%）
既存労組から少数派が分離	64.4
既存労組から多数派が分離	12.6
既存労組組合員が非組合員と連帯して労組結成	4.6
非組合員中心の新規労組結成後，既存労組の組合員の吸収	2.3
非組合員中心の新規労組を結成して別途に活動	16.1
その他	―
全体	100.0

出所：ノ・ヨンジン「複数労組制度導入の労使関係効果実態調査分析」イ・スンヒ他『複数労組時代労使関係争点と政策制度改善方案研究』韓国労働研究院，2012 年，pp.62-63。

れている。例えば，① 既存労組の運動路線の批判，② 労働組合の運営方式の
批判，③ 労働組合内の特定分派が幹部職の独占批判，④ 交渉構造または交渉
形態の批判，⑤ 特定の職種/雇用形態/事業体の利害追求の批判，⑥ 労働組合
執行部のリーダーシップの批判，⑦ 他上級団体の積極的な活動，⑧ 会社側の
介入活動などが挙げられる。これらの中で特に，労働組合の運動路線や活動方
式などを批判して新規労組が結成された可能性が高い[4]。

4. 複数労組出現事業体の労使関係の特性

　まず，労使間の労使関係に対する認識が複数労組の出現に及ぼした影響をみ
ると，複数労組は単一労組に比べて労使関係が敵対的であると認識しており，
労使関係が敵対的であると認識しているほど，また労使間の認識の差が大きい
ほど複数労組の出現率が多少高くなっている[5]。

　単一労組での使用者側の認識点数は，3.88 で，複数労組での使用者側の認識
点数の 3.66 より多少高い。また，労働側（第1労組）の認識点数もそれぞれ
3.78 と 3.49 で単一労組が比較的に非敵対的な労使関係であると認識する傾向と
なっている。単一労組で使用者側の認識点数は，3.88 で，単一労組の認識点数
である 3.78 と大きな差（0.1）はみられなかったが，複数労組での認識点数は，
それぞれ 3.66 と 3.49 で相対的に大きな差（0.17）をみせている（図表 11-4）。

　複数労組の許容の下で，使用者側は労働組合の弱化戦略の一環として支配介
入を強化するか，労働者を分裂させ，新たな労組を登場させる恐れが指摘され
てきたが，実際使用者の不当労働行為を支援した事例が多数見受けられ，大き
な問題となった[6]。使用者側の労使関係政策が明らかに労働組合を弱体化させ

図表 11-4　労使間の労使関係の認識の差（2011 年基準）

労使は互いに敵対的である（1：敵対的，5：友好的）	区分	使用者側	労働側		格差（使用者側⇔第1労組）	格差（使用者側⇔第2労組）
			第1労組	第2労組		
	単一労組	3.881	3.775		0.106	
	複数労組	3.660	3.490	3.497	0.171	0.163

出所：キム・ジョンウ「複数労組出現の決定要因と組合員増加効果分析」イ・ジョンヒ他
　　　『企業別複数労組と団体交渉』韓国労働研究院，2018 年，p.55。

図表 11-5　使用者側の対労組戦略による複数労組の出現状況

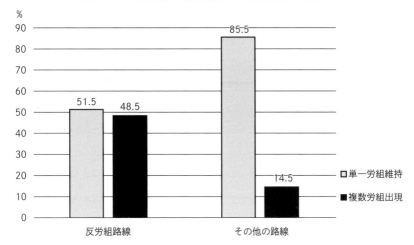

注：1）30 人以上事業体を対象とする事業体パネル調査を利用し，対労組戦略に伴う複数労組
　　　出現比率を加重値を与えて計算。
　　2）その他の路線には，① 労働組合の実体を認めるが，経営に対する参加は最小化する，
　　　② 労働組合をパートナーとして尊重し，経営に積極的に参加させようとする，が含まれる。
出所：キム・ジョンウ「複数労組出現の決定要因と組合員増加効果分析」イ・ジョンヒ他『企
　　　業別複数労組と団体交渉』韓国労働研究院，2018 年，p.57。

たり，解体させようとする反労組主義路線である場合，複数労組が出現する比
率が高い。その場合，複数労組の出現は 48.5% とその他の路線の 14.5% よりは
るかに高い（図表 11-5）。これは使用者側が反労組主義を掲げる場合，直接ま
たは間接的に介入あるいは圧力を通じてより協調的な労組の設立を支援した可
能性を排除できないことを示唆する。

　また，労働組合の路線がとても非妥協的で戦闘的である場合，複数労組が出
現した比率がそうでない場合に比べて高い。これについては，労働組合の路線
が政治主義路線であるか，戦闘的である場合，既存の路線に反対して新たな労
組が設立されるか，非政治主義路線を指向する新たな労組が設立される可能性
があると指摘されてきた[7]。

　調査によると，使用者側の経営権を最小化するため努力し戦闘的な立場をと
る第 1 労組の路線が強硬の場合，複数労組が出現した比率は 38.0% で，穏健な
路線をとる労組に比べて比較的に高い（図表 11-6）。

図表 11-6　第 1 労組の路線による複数労組の出現状況

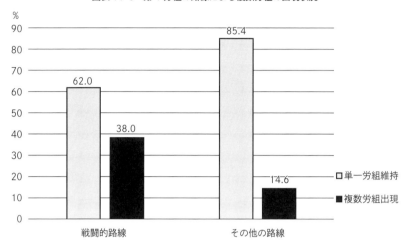

注：1）30 人以上事業体を対象とする事業体パネル調査を利用し，対労組戦略に伴う複数労組
　　　出現比率に加重値を与えて計算。
　　2）その他の路線には，① 使用者側の経営権を認めるが，少しでも労働組合と労働者の利
　　　益に反するような事項についてはまったく協調的でない，② 使用者側の経営に積極的に協
　　　調することで長期的には労働者の利益を守ろうとする，③ 労働者の利益をあまり考慮せず
　　　使用者側に協力的である，が含まれる。
出所：キム・ジョンウ「複数労組出現の決定要因と組合員増加効果分析」イ・ジョンヒ他『企
　　　業別複数労組と団体交渉』韓国労働研究院，2018 年，p.58。

　この他にもストライキの有無が複数労組の出現と関係が深い研究もある。ス
トライキを経験した事業体でストライキが終了した後，ストライキを行った労
組が分裂したり既存労組の非組合員が労組を新設することで複数労組の状態が
発生する事例が多数発見される[8]。

Ⅲ．金属産業と公共機関の複数労組の実態

1．金属産業の複数労組の実態[9]

⑴　労働組合の現状

　金属産業は民主労総の金属労組と韓国労総の金属労連の二つに分かれてい
る。金属労組は現代自動車と起亜自動車など完成車と 1 次部品会社，大宇造船

と現代重工業など造船業が中心であり，金属労連はLG電子とハイニクス半導体など，大手の電子が中心の組織である。二つの組織ともに鉄鋼と機械企業の労働組合を含んでいる。

二つの組織は，上級団体の差異だけでなく組織構造と交渉形態に違いがみられる。金属労組は2001年に既存の企業別労組から産業別労組へと転換し，超企業単位の労使関係を形成した。また，2007年には現代自動車，起亜自動車，韓国GM（旧大宇自動車），雙龍自動車など完成車企業が産業別労組へ組織形態の変更を決議した。金属労組は中央交渉と地域支部の集団交渉，企業単位の補充交渉といういわゆる3重交渉構造をもっている。一方，金属労連は，2000年代初めから半ばにかけて組織形態を企業別労組連合体から産業別労組へと転換を試みたものの，大企業労働組合の反対によって産業別労組への転換を中断した。それ以後，金属労連は企業別交渉体制を維持している。

2017年現在，組合員数は金属労組が270事業体で168,858人，金属労連は469事業体で約135,000人となっている。

(2)　複数労組の実態

2017年末現在，民主労総傘下の金属労組事業体の複数労組の設立状況をみると，金属労組事業体270個のうち，72事業体が複数労組状態にあり，これは事業体数対比26.7%である。また，金属労組のうち，複数労組が設立された事業体には，金属労組所属の支会，企業支部，韓国労総所属労組と上級団体がない未加盟労組を含めて合計152個の労組が存在している。一方，韓国労総傘下の金属労連は，469個事業体のうち，29個事業体に複数労組が存在しており，その比率は6.2%である。複数労組状態の29個事業体に設立された労組数は全部で61個である。

また，複数労組が設立された企業の金属労組の組合員数は11,362人で，金属労組組合員数全体の168,858人の6.7%となっている。一方，複数労組が設立された事業体の金属労連の組合員数は19,345人で，全体の組合員数の135,000人の14.3%に当たる（図表11-7）。

2011年，複数労組許容の法施行前後の複数労組の実態をみよう。複数組合の法施行以前にも金属産業には複数労組が存在していた。すなわち，金属労組の

図表 11-7　金属産業の複数労組の現況（2017 年）

（単位：個，人，%）

	全体		複数労組		複数労組比率	
	事業体数	組合員数	事業体数 （労組数）	組合員数	事業体数 対比	組合員数 対比
金属労組	270	168,858	72(152)	11,362	26.7	6.7
金属労連	469	135,000	29(61)	19,354	6.2	14.3

出所：チョン・キョンウン「金属産業複数労組現況と事例」イ・ジョンヒ他
『企業別複数労組と団体交渉』韓国労働研究院，2018 年，p.89。

図表 11-8　2011 年法施行前後の複数労組の現況

	法施行以前		法施行以後	
	事業体数	複数労組数	事業体数	複数労組数
金属労組	9	19	72	152
金属労連	19	40	29	61

出所：チョン・キョンウン「金属産業複数労組現況と事例」イ・ジョンヒ他
『企業別複数労組と団体交渉』韓国労働研究院，2018 年，p.90。

場合，複数労組の状態の事業体数は 9 個，金属労連は 19 個であった。しかし，法改正後は，金属労組がある事業体のうち複数労組に転換した事業体が 63 個増加し 72 個，金属労連は 19 個から 10 個が増え 29 となった。これにより労働組合数も大幅に増加した（図表 11-8）。

　金属労組と金属労連は職種や地域の違いあるいは雇用形態別の違いを理由に組織単位を分離し，一つの事業または事業場内で複数労組を認めた。たとえば，現代製鐵の場合は，一つの法人あるいは仁川工場や浦項工場でそれぞれ労働組合を設立し，いずれも金属労組の加入状態を維持した。また，大宇バスのように事務職と生産職が別々に労働組合を設立し，金属労組支会に存在した。金属労連の SK ハイニクスにはハイニクス半導体労働組合という同一名称の二つの労働組合が存在する。これは過去，ハイニクスと LG 半導体が合弁する際，二つの労組が統合せず独自的に組合を運営しているからである。これまで金属産業の複数労組は組織対象が重複しない状態であったといえる。

(3) 2011 年以後の複数労組の展開

① 組織化実態

　2011 年に企業単位の複数労組が導入されるに伴って，無労組から有労組状態になることや実質的に労組活動をしていない状態から新たな労組が結成された事例，そして既存労組から組織を分離し新たな労組が結成されるさまざまなケースをみると，金属労組がある 63 事業体のうち，このような事例は 7 個である。既存組織が分裂される形態で組織化された場合，金属労組がある事業体は 56 個，金属労連がある事業体は 10 個である（図表 11-9）。すなわち，金属産業においては，企業単位の複数労組の導入によって新たな組織化が活性化する代わりに既存労組の分裂現象が目立つ[10]。

　2011 年，複数労組以後，雇用形態や職種別の差異によって複数労組が設立した例もある[11]。雇用形態の差異を理由に既存労組に加入せず，労組を新設した場合は，金属労連傘下に 1 個である。一方，生産職と区別される管理職，事務職など職種別差異を理由に複数労組事業体になったところは金属労組が 4 個，金属労連が 2 個である（図表 11-10）。

図表 11-9　2011 年法施行以後，複数労組の設立類型別企業数

（単位：個）

	全体	組織新設または活性化	組織分裂
金属労組	63	7	56
金属労連	10	—	10

出所：チョン・キョンウン「金属産業複数労組現況と事例」イ・ジョンヒ他『企業別複数労組と団体交渉』韓国労働研究院，2018 年，p.91。

図表 11-10　2011 年法施行以後，雇用形態別・職種別の複数労組企業数

（単位：個）

	全体	雇用形態	職種
金属労組	56	—	4
金属労連	10	1	2

出所：チョン・キョンウン「金属産業複数労組現況と事例」イ・ジョンヒ他『企業別複数労組と団体交渉』韓国労働研究院，2018 年，p.91。

② 上級団体実態

　金属労組が組織化された事業場では，上級団体がない未加盟労組が増加した。一方，金属労連事業場では，上級団体が金属労組と重複する事業場が増加した。これは金属労連の場合，金属労組事業場が上級団体を金属労連に変更したためである。

　2011 年，複数労組が導入された後，金属労組があった 63 企業のうち，上級団体がない未加盟労組が増加した事業体が 49 個で最も多い。金属労連と上級団体が重複される場合は 12 個である。一方，金属労連所属の労組がある企業のうち，未加盟労組が設立された場合は 3 個である。金属労連の場合，金属労組所属組織が金属労連に上級団体を変更した場合は 7 個で最も多い（図表 11-11）。

　金属労組の 2 つの支会は民主労総所属である化学繊維労組と韓国労総傘下の化学労連と重複する。金属労組から金属労連に上級団体を変更した理由としては，企業別労組に対する選好，闘争中心の金属労組活動方式に対する懐疑感などがあげられる。金属労連は労働組合の役員選挙で敗北した勢力が未加盟労組の出現の中心とみられる。一方，金属労組は未加盟労組が増加した理由について，使用者側が主導した労働組合の設立によるものと認識する。

図表 11-11　上級団体の現況

	事業体数	上級団体の重複	未加盟	その他
金属労組	63	12	49	2
金属労連	10	7	3	2

出所：チョン・キョンウン「金属産業複数労組現況と事例」イ・ジョンヒ他『企業別複数労組と団体交渉』韓国労働研究院，2018 年，p.92。

③ 多数労組と少数労組の地位

　複数労組がある場合，多数労組の地位にあるか少数労組の地位にあるかは，交渉代表権の獲得において重要である。金属労組では 63 の複数労組の企業の中で，多数労組が 19 個，少数労組は 37 個である。一方，金属労連は 10 の複数労組企業の中で，多数労組が 9 個，少数労組が 1 個である（図表 11-12）。団体交渉においては，金属労組の事例では，少数労組の場合は，使用者側が交渉窓口の単一化の手続きをとるが，多数労組の場合は個別交渉を選択する傾向があ

図表 11-12　複数労組のうち多数労組の現況

(単位：個)

	複数労組	多数労組	少数労組
金属労組	63	19	37
金属労連	10	9	1

出所：チョン・キョンウン「金属産業複数労組現況と事例」イ・ジョン
　　　ヒ他『企業別複数労組と団体交渉』韓国労働研究院，2018 年，p.93。

る[12]。

2．公共機関の複数労組の実態[13]

(1)　労働組合の現況

　公共機関[14] は，政府公共機関と地方自治団体（以下地自体）公共機関に区別
される。地自体公共機関は，さらに直営企業，地方公企業，地方出資・出損機
関に分かれる[15]。労働組合がある機関は，450 個（40%），労組がない機関は 666
個（60%）である。また，複数労組がある機関は 91 個（8%）である。総労組
数は 579 個でこのうち複数労組数は 227 個（39.2%）である。総組合員数は
265,649 人で，そのうち複数組合事業場の総組合員数は 178,031 人（67.0%）で
ある。

(2)　組織方式による複数労組の設立

　2011 年事業場単位の複数労組が許容された後，複数労組の設立パターンは，
既存の単一労組から複数労組が設立される場合と無労組機関から複数労組が設
立される場合に分かれる。また，複数労組設立が既存の労組から分裂し組織対
象が同じである「組織分裂方式」と既存の労組と組織対象を異にする「組織新
設方式」に区別できる[16]。
　複数労組の設立パターンをみると，組織分裂方式が圧倒的に多い。2017 年末
現在，政府公共機関は 61 個の複数労組が設立されたが，組織分裂方式が 40 個
組合に 30,428 人が加入し，組織新設方式は 21 個労組に 4,429 人の組合員が加入
している。地自体公共機関には 52 個の複数労組が設立したが，そのうち，組織
分裂方式で 35 個労組に 6,178 人，組織新設方式で 17 労組に 1,710 人の組合員が

図表 11-13　公共機関の複数労組の設立形態

（単位：個，人）

年	組織分裂		組合員数		組織新設		組合員数	
	政府	地自体	政府	地自体	政府	地自体	政府	地自体
2011	9	4	5,949	1,340	4	0	443	0
2012	2	4	214	190	1	4	2,083	469
2013	2	7	323	2,810	2	5	69	435
2014	9	7	13,905	922	0	1	0	143
2015	7	6	2,505	107	1	4	15	100
2016	4	7	4,845	809	7	1	1,161	22
2017	7	0	2,687	0	6	2	658	541
全体	40	35	30,428	6,178	21	17	4,429	1,710

出所：チョン・キョンウン「公共機関複数労組現況と事例」イ・ジョンヒ他『企業別複数労組と団体交渉』韓国労働研究院，2018 年，p.131。

加入している（図表 11-13）。

(3)　複数労組の上級団体への加入現況

　政府公共機関労組の 2011 年以後，組織分裂で設立された複数労組の上級団体の加入状況をみると，未加盟が最も多く，加入組合員数では民主労組，韓国労総，未加盟順となっている（図表 11-14）。一方，組織新設で設立された複数

図表 11-14　政府公共機関の上級団体への複数労組の加入状況（組織分裂）

（単位：個，人）

年	民主労総	韓国労総	未加盟	民主労総組合員	韓国労総組合員	未加盟組合員	全体の組合員数
2011	3	4	2	261	5,182	506	5,949
2012	0	0	2	0	0	214	214
2013	2	0	0	323	0	0	323
2014	1	2	6	12,208	634	1,063	13,905
2015	2	1	4	1,219	410	876	2,505
2016	0	0	4	0	0	4,845	4,845
2017	1	1	5	127	2,093	467	2,687
全体	9	8	23	14,138	8,319	7,971	30,428

出所：チョン・キョンウン「公共機関複数労組現況と事例」イ・ジョンヒ他『企業別複数労組と団体交渉』韓国労働研究院，2018 年，p.133。

図表 11-15　政府公共機関の上級団体への複数労組の加入状況（組織新設）

（単位：個，人）

年	民主労総	韓国労総	未加盟	民主労総組合員	韓国労総組合員	未加盟組合員	全体の組合員数
2011	0	3	1	0	416	27	443
2012	0	1	0	0	2,083	0	2,083
2013	0	0	2	0	0	69	69
2014	0	0	0	0	0	0	0
2015	0	0	1	0	0	15	15
2016	3	0	4	1,072	0	89	1,161
2017	3	1	2	514	10	134	658
全体	6	5	10	1,586	2,509	334	4,429

出所：チョン・キョンウン「公共機関複数労組現況と事例」イ・ジョンヒ他『企業別複数労組と団体交渉』韓国労働研究院，2018 年，p.134。

労組の上級団体への加入状況をみると，組織分裂と同様，未加盟が最も多く，加入組合員数では韓国労総，民衆労組，未加盟順となっている（図表 11-15）。

⑷　複数労組施行前後の公共機関労組の変化

事業場単位の複数労組施行前後の組合員数の変化をみると，約 52,782 人が増加した。機関別でみると，政府公共機関で 41,126 人（78%），地方公社・公団で 9,824 人（19%），地方出資・出損機関で 1,832 人（3%）が増加した。上級団体別でみると，民主労総が 22,646 人（43%），韓国労総 16,173 人（31%），未加盟 12,125 人（23%）が増加した。

また，複数労組の形成と新規労組新設の変化をみると，2011 年以後，全体の 52,782 人の組合員が増加したが，その内訳では組織分裂による複数労組事業場で 36,606 人（70%），組織新設による複数労組事業場で 6,139 人（12%），新規労組設立による事業場で 10,139 人（19%）が増加した（図表 11-16）。このように，組合員数の増加は主に組織分裂によるものが多い。政府公共機関の場合，組織分裂による労組から民主労組加入率が高く，地自体公共機関では韓国労総への加入率が高いのが特徴である[17]。

図表 11-16　公共機関労組の変化

(単位：人)

	上級団体	2011 年以後増減（計）	複数労組		新規単一労組
			組織分裂	組織新設	
政府公共機関	民主労総	20,284	14,138	1,586	4,560
	韓国労総	10,963	8,319	2,509	135
	未加盟	9,879	7,971	334	1,574
	連合・その他	0	0	0	0
	小計	41,126	30,428	4,429	6,269
地自体公共機関	民主労総	2,362	325	710	1,327
	韓国労総	5,210	4,790	180	240
	未加盟	2,246	1,010	496	740
	連合・その他	1,838	53	324	1,563
	小計	11,656	6,178	1,710	3,870
全体		52,782	36,606	6,139	10,139

出所：チョン・キョンウン「公共機関複数労組現況と事例」イ・ジョンヒ他『企業別複数労組と団体交渉』韓国労働研究院，2018 年，p.136。

Ⅳ. 複数労組施行後の労使関係への影響

　複数労組許容が韓国の労使関係にどのような影響を及ぼすだろうか，それについては二つの立場に分かれている。すなわち，一つは，韓国の労使関係の性格を変えるほどの大きな変化をもたらすだろうという立場，もう一つは，現在の労使関係の性格を大きく変えないで新たな制度が現実に適応するだろうという立場である。一般に，複数労組が許容された場合，単位事業場内に多数の労組が設立されると，少数労組の乱立によって労労葛藤が起き，労使関係が複雑化するのではないかという懸念があった。

　複数労組が施行されてから 8 年が経過しているが，大きな混乱は起きていないようである。しかしながら，韓国の労使関係を主導している金属産業や公共機関においては，複数労組をめぐる葛藤が深刻である。新規労組の設立も金属労組が多い。複数労組の施行を契機に一部の事業場では使用者側の既存労組の分裂や孤立化，対抗労組の設立支援といった不当労働行為もみられる。穏健労

組あるいは親使用者労組を利用して既存労組を破壊し，使用者親和的な労組を立て労使関係を変えようという行為もあり，社会的問題にまで及んだこともある。このように，使用者側寄りの複数労組が既存労組に対抗労組として設立されることで労使関係が悪化した例もある。使用者側の労働組合に対しての反労働組合の認識や戦闘的な路線を指向する事業場においては，複数労組の許容により労使関係に大きな影響を及ぼすことも否めない。

　複数労組許容後，新設労組よりも既存労組の分裂によるものが多く，特に，既存労組に対する対抗労組として設立されるケースが多い。さらに，闘争的な労組事業場で使用者に親和的な労組が設立されるケースが多い。これは既存労組の活動や運営において組合員の意思とかけ離れてあまりにも闘争的であったため，複数労組が設立されたと考えられる。また，前近代的な人事労務管理に不満を抱いて労組が設立されるケースもある。

　また，複数労組の施行により，当初，団体交渉に混乱が生じると予測されていたが，比較的に安定している。複数労組事業場においては，使用者側と対立的な立場にある労組が多数の場合には，個別交渉の形態で団体交渉を行うが，使用者側寄りの労組が多数の場合は交渉窓口を単一化して団体交渉を行う事例もある。

　労働争議の件数は，複数労組許容とは関係なく減少傾向にある。この数字だけをみると，労使葛藤が深刻であるとはいえない。ただ，争議件数は少なくても一度労働争議が大型事業場で発生していることを考慮すると，労使関係は依然として不安定であるといえよう。

　複数労組下の労組と使用者との関係は，これまでの労使間の関係ではなく労・労・使の関係として位置付けられ，これからの労使関係はこれまで以上に複雑化を増していくものと考えられる。

V.　むすび

　以上，韓国における複数労組施行後の複数労組の実態と労使関係への影響についてみてきた。複数労組許容後の複数労組の実態をみると，2011 年以後，労

組数と組合員数は増加傾向にあるものの，そのほとんどは既存の労組からの分裂によるものが多い。したがって，複数労組の設立による組合員増加効果は相対的に少ないといえる。複数労組は製造業に比べて非製造業での設立が著しい。規模別では大きな違いはなく全規模にわたって複数組合が出現している。また，複数労組の出現はさまざまで路線の葛藤や職種や雇用形態による複数労組もある。

　複数労組の出現は労使関係に対する認識が敵対的であると認識している場合と使用者側の労働組合戦略が反労組主義の場合，複数労組の出現比率が高い。また，組合員の多数を占める第1労組の路線が非妥協的で戦闘的である場合，複数労組が出現する可能性が高い。複数労組が許容されたことによって労働者の団結権は保障されたものの，既存労組の分裂や使用者側による親使用者労組あるいは穏健労組の育成に悪用される例も少なくない。

　複数労組体制の下で韓国の労使関係は，今後，労労葛藤や労使葛藤の問題を抱えている。韓国の労使関係の特徴の1つとして労使葛藤指数が高いことである。労働組合と使用者は相互信頼水準が低く，団体交渉においてもストライキと職場閉鎖など実力行使を武器に要求を貫こうとする傾向が強い。そのため，労使葛藤指数が高く，団体交渉コストも高い労使関係の特性をもっている。このような対立的な労使関係の特性は，1987年の労働体制の産物ともいえる。1987年以前の労使関係は，使用者主導の家父長的な温情主義の性向が強かったのに対し，1987年の労働者大闘争後に設立された労働組合は，使用者から自主的な労働組合活動と使用者と労働組合との対等な関係を強調する労働組合活動の性向を強くもっていた。当時の団体交渉は分配的な交渉が中心であった。使用者側は労働組合の闘争力に抑えられ，賃金および労働条件を譲歩しながら，一方においては労働組合活動に対する否定的な態度と労働組合回避戦略を強化してきた。このような労使間の葛藤は，対立的な労使関係を形成した。

　今後，団体交渉においては，労使間の協力の下，交渉慣行を定着させ生産的な労使関係を構築していく必要がある。これまでの団体交渉の慣行は対立的な闘争方式で展開してきたが，これからは労使が相互尊重しながら問題解決に向けて譲歩と妥協の団体交渉慣行を定着していかなければならない。また，韓国の労使関係において政府の役割は重要である。労政関係が労使関係に及ぼす影

響は絶対的といえる。政府は，事業場の労使葛藤は，労使自律原則に基づいて
労使の問題解決能力によって解決されるよう努め，政府は調整仲裁者として介
入する原則を確立する必要がある。政府の調整仲裁者としての役割を強化する
ためには，労働委員会が公正かつ専門的な紛争能力を備え，労働紛争解決の中
心的な役割を果たすことが求められる。

注

1　この部分は，金ジョンウ「複数労組設立現況と特性分析」韓国労働研究院『KLI　Panel Brief』
　2018年，pp.1-13に依拠している。

2　キム・ジョンギュウ「複数労組施行が労使関係に及ぼす影響に関する研究─発電会社事例を中心
　に」『労働研究』第25輯，高麗大学校労働問題研究所，2013年，pp.49-84。

3　チョン・キョンウン「金属産業複数労組現況と事例」イ・ジョンヒ他『企業別複数労組と団体交
　渉』韓国労働研究院，2018年，p.94。

4　ノ・ヨンジン「複数労組制度導入の労使関係効果実態調査分析」イ・スンヒ他『複数労組時代労
　使関係争点と政策制度改善方案研究』韓国労働研究院，2012年，pp.64-65。

5　この調査は，5点尺度で実施されたもので，「かなりそう思う」1点，「そう思う」2点，「どちら
　ともいえない」3点，「そう思わない」4点，「まったくそう思わない」5点である。1点に近いほど
　労使関係が敵対的であると認識し，5点に近いほど労使関係が友好的であるという判断である。

6　この点については，チョン・キョンウン「金属産業複数労組現況と事例」イ・ジョンヒ他『企業
　別複数労組と団体交渉』韓国労働研究院，2018年，pp.94-95参照。

7　キム・テギ「複数労組葛藤：理論と現実」韓国労働研究院『労働政策研究』第9巻第2号，2009
　年，pp.199-219およびジョン・イン「複数労組許容による現場労使関係の兆候と機会」：大企業経
　済主義労働組合の意識調査事例中心」韓国労働研究院『労働政策研究』第9巻第2号，2009年，
　pp.163-198。

8　この点については，高麗大学校産学協力団『複数労組運営実態および労使関係に及ぼす影響分
　析』雇用労働部，2014年およびキム・ジョンウ「複数労組設立現況と特性分析」韓国労働研究院
　『KLI　Panel Brief』2018年，p.11参照。

9　この部分は，チョン・キョンウン「金属産業複数労組現況と事例」イ・ジョンヒ他『企業別複数
　労組と団体交渉』韓国労働研究院，2018年，pp.85-95に依拠している。

10　金属産業の複数労組のいては，チョン・キョンウン「金属産業複数労組現況と事例」イ・ジョン
　ヒ他『企業別複数労組と団体交渉』韓国労働研究院，2018年，pp.95-121参照。

11　具体的な事例については，チョン・キョンウン「金属産業複数労組現況と事例」イ・ジョンヒ他
　『企業別複数労組と団体交渉』韓国労働研究院，2018年，pp.95-121参照。

12　具体的な事例については，チョン・キョンウン「金属産業複数労組現況と事例」イ・ジョンヒ他
　『企業別複数労組と団体交渉』韓国労働研究院，2018年，pp.95-121参照

13　この部分は，チョン・キョンウン「金属産業複数労組現況と事例」イ・ジョンヒ他『企業別複数
　労組と団体交渉』韓国労働研究院，2018年，pp.125-140に依拠している。

14　公共機関とは，一般に，国家または地方自治団体の公務を遂行するいわゆる官公署をはじめとして
　公企業，準政府機関までを含む概念である。政府公共機関は，「公共機関の運営に関する法律」，地
　方自治体公共機関は「地方自治団体出資・出捐期間の運営に関する法律」に基づいてそれぞれ設立
　された機関である。

15　詳しくは，チョン・キョンウン「公共機関複数労組現況と事例」イ・ジョンヒ他『企業別複数労

　　組と団体交渉』韓国労働研究院，2018年，pp.127-129参照。

16　具体的な事例については，チョン・キョンウン「金属産業複数労組現況と事例」イ・ジョンヒ他『企業別複数労組と団体交渉』韓国労働研究院，2018年，pp.141-160参照。

17　公共複数の複数労組の具体的な事例については，チョン・キョンウン「公共機関複数労組現況と事例」イ・ジョンヒ他『企業別複数労組と団体交渉』韓国労働研究院，2018年，pp.141-163参照。

第12章
労使関係の日韓比較

I. はじめに

　日韓の労使関係は，産業別組合を特徴とする欧米とは異なり，企業別組合を中心とする企業別労使関係が定着しているが，同じ企業別組合体制でありながらその実態はかなり異なる。日本では，労使の相互信頼関係の下で協調的な労使関係が戦後，企業の成長と従業員の雇用の安定，労働条件の維持とを両立させるものとして受け入れられ，定着していくことにより，日本企業の成長を支えてきたといわれる。また，日本の企業別労使関係は，終身雇用，年功序列と共に日本的経営の特徴の1つとされてきた。日本の労使関係は，労使間の経済的な利害関係の対立を認めながらも，労使協調主義といった理念を基礎においている。これは企業と労働組合はできるだけ紛争を避け，相互の立場を理解して妥協・調整していくという現実的な立場を重視する労使関係が根付いている。

　一方，韓国においても日本的経営といわれる終身雇用や年功序列制は形成されている。しかしながら，企業内労使関係は日本とは大きく異なる。韓国では，1987年の労働者大闘争以来，今日も労働紛争が相次いでおり，団体交渉は経営状況を考慮せず，大幅な賃上げやその他の労働条件を掲げ，交渉期間も長期化し，ストライキに発展することもしばしばある。しかも，労使間の対立が生じると，「籠城」（職場占拠，長期座り込み）などの実力行使に移り，「先籠城，後交渉」型の紛争も珍しくない。

　日本では労働運動が低迷しているが，韓国では労働組合の影響力が強く，労働運動も活発である。日韓の労使関係を比較分析した二村（1998）は，両国の

労使関係の相違点として，（1）企業体質，企業経営者の性格の違い，（2）政治的・法的環境，（3）意思決定方式の違いを指摘している[1]。また，小玉（1995）は，1980年代末時点における韓国企業の労使関係の構造的特質として，（1）朝鮮半島の分断という政治状況の下で，韓国の労働運動が明確な政治主義的イデオロギーを標榜することができず，政治勢力としての力を発揮できないこと，（2）政府が労使間の平等な監督者であるよりも，企業の後見人としての地位にあること，（3）韓国政府の労働運動抑制政策のため，労働運動が合法，非合法の二極化の傾向をたどること，（4）韓国の企業経営者は，創業者であるか，その親族による所有経営者が多く，企業を自己の所有物とみなす傾向があり，労使間の対等な関係が維持されず，経緯者による権威主義的家父長主義と一方的な温情主義が労使間の基調となりやすい，（5）財閥系企業の場合，グループ会長に権限が集中しており労使紛争の現場である企業の社長に権限がなく，問題解決に時間がかかること，（6）労働関係法の頻繁な改正によって法の秩序維持機能が損なわれ，労使双方に法を遵守する態度が希薄化していること，（7）従来，政府の介入・指導が強かったため，労使双方に法手続きに従った問題解決能力が欠如していることを指摘している[2]。

　このような傾向は，1990年代，2000年代に入った今日においても労働紛争の様相をみるかぎり，韓国の労使関係の構造的な問題はあまり変わっていない。

　トヨタ自動車と現代自動車の労使関係の日韓比較を分析した，禹（2007）は，「協調的」なトヨタの労使関係と「対決的」な現代の労使関係と規定している。この違いは，両社の経営者の行動の違いによるもので，韓国労使の不信が労働者の対決的な態度として現れていると指摘している[3]。また，日韓の経営内の労働組合の参加有無について，日本の労使関係は，「労働参加型」であるのに対し，韓国の労使関係は「労働排他的」である。この違いには，日韓のイデオロギーの影響が大きいと指摘している[4]。

　本章では，日本の労使関係を「労使協調型モデル」，韓国の労使関係を「労使対立型モデル」と規定し，両国の労使関係を生み出した歴史的・社会文化的背景から，日韓の労使関係の違いについて，若干の検討を試みる。

Ⅱ．日韓の労使関係の比較検討

1．労使関係イデオロギー

　日本の労使関係が労使協調的性格を強めている根拠の一つとして所有と経営の分離が指摘される。日本の大企業では，所有と経営が分離していることが特徴である。それだけに企業経営における経営トップとマネジャー層の権限と責任が大きくなっているのである。しかも，経営トップと役員は，多くの企業では一般社員の中から昇進してきた者から選抜されるケースが多い。このように，日本の経営者のほとんどは内部昇進による社内出身であり，実際，社内出身の経営者の中には，その企業の組合役員の経験者がかなり存在している。したがって，労働組合は使用者としての経営者と対立する組織というよりもお互いが企業の発展を目指す組織なのである。このことは企業が不況に陥った場合でも直ちに株主の利益を重視するリストラよりも従業員の雇用安定を最優先する企業行動にも現れている[5]。船橋（1989）は，そのことが日本においては，いわゆる階級意識の形成を阻止する要因となっており，それは同時に労使協調の基盤となっていると指摘している[6]。

　日本の協調的な労使関係の底辺には，家族制度における家父長的温情主義を企業経営に持ち込み，それを経営の運営原理とする経営家族主義の経営者の理念が貫かれている。これは家族的共同体における使用者・資本家は家長であり，従業員は家族の一員であるという考え方である。

　これに対して，韓国大企業はオーナー経営が特徴であって，所有と経営の分離はされておらず，同族経営が主流である[7]。韓国の企業経営者は，創業者であるか，血縁関係にある親族による所有経営者が多く，大株主として会社を所有すると同時に，経営についてもその最終的な意思決定権をもっている[8]。労使間の対等な関係が維持されず，経営者による権威主義的家父長主義と一方的な温情主義が労使間の基調となりやすい。財閥系企業の場合，グループ会長に権限が集中しており，労使紛争の現場である企業の社長に権限がなく，問題解決に時間がかかる[9]。

　小玉（1995）は，日韓の経営風土の違いを家・村構造に求めている。日本の家制度や家意識・村共同体意識は企業に持ち込まれ，経営家族主義が日本の企業に根づいたとしている。これに対して，韓国は親族意識に代表される人縁的意識が根強く存在しており，韓国型家族が血縁集団であること，家産の増大という観念に乏しいこと，そして何よりも現実の親族意識がより強力であること，などが韓国型企業において経営家族主義が定着しにくいとしている。韓国の企業においても大宇家族，起亜家族，や人和といった経営家族主義的な標語が使われているが，その政策的効果については疑問があり，経営トップ層が血縁，学縁を中心とする人縁的関係で構成されているとき，従業員がイデオロギーとしての家族主義を受け入れる余地は乏しいと説いている[10]。ミン（1998）も韓国における家族の概念は一般的に血縁関係に限定されるのに対して，日本の家族には家族の利害全体を保護するために養子縁組した息子も含まれるとしている[11]。

　隅谷（1978）は，韓国の労使関係を権威主義的家族的な主従的労使関係ととらえている[12]。なぜならば，韓国社会における社会関係は，上位のものの権威と下位のものの恭順という上下関係を中心とした共同体関係が支配的であり，そのような社会関係が企業における労使関係にも持ち込まれたからであるという。日本の場合は，主従関係は温情主義を媒介にして企業＝家，企業の構成員＝家族という経営家族主義が成立するが，韓国の場合は，家族の中に企業の雇用する従業員は含まれない。労働者はあくまで家族外の雇人である。経営家族主義が成立しないから，雇人と従業員の間に温情主義的な関係が生まれにくい，と指摘している[13]。

　これに対して，安（1982）は，「終身雇用制の日韓比較」において，日本と同様，韓国においても終身雇用制が形成できるような要因や制度的措置はかなり多く存在しているとしている。労使関係においても経営家族主義的な管理思考が企業経営の中に持ち込まれていることから，権威的主従的労使関係は温情主義的な労使関係へと変化する可能性は強いと指摘している[14]。

　その一方，韓国も日本と同様，内部昇進が基本であるが，労働組合経験者が内部昇進によって役員になることはほとんどない。なぜならば，韓国の労働組合は，製造業の場合，高卒の工場労働者（ブルーカラー）を中心に労働組合が

結成されており，生産現場の労働者に対する管理職や役員への昇進ルートが制度的に閉ざされているからである。このように，職種別・学歴別の待遇の差が労使対立の１つの要因であると考えられる。

2．経営者の労働組合観

　労使関係の「関係」は，経営者の労働組合に対する認識に影響すると考えられる。日本の経営者の中には，労働組合を経営のパートナーまたは事業の協力者であると認識している経営者が多く，経営者の労働組合観が健全な組合育成に重要な役割を果たしてきたといわれる。また，日本企業は労使間のコミュニケーションのための多様なチャンネルを通じて信頼関係を構築してきた。労使協議会や職場懇談会がその例である。

　かつて日本の労働運動史の中で経営合理化政策に反対する大規模の労働紛争が発生したが，その過程において労働組合と経営者は労使対決がお互いにとって得るものがないことの経験から労使協力関係を築き上げた。白井（1996）は，経営者の労使関係に対する考え方として，第一に，彼らの価値意識として所属企業の存続と発展への献身，第二に，企業共同体の構成員としての従業員観，第三に，企業内労使関係の安定と平和の重視，逆にいえば企業内の労使紛争や争議の忌避，第四に，企業外労働運動の介入の忌避，その意味での排他意識などに現れるという[15]

　これに対し，韓国の経営者の多くは，労働組合を厄介な存在であると認識する傾向が強く，敵対視することがある。安（1989）は，「韓国企業使用者・経営者のほとんどに，労組に対するアレルギーがある。労組ができると倒産すると心配している人が多い。労組ができれば自分は事業をやめるという人もいる。偽装廃業する企業もある。三星グループも創業者の遺志をうけついで「労組のない経営」を目指している。三星のような考え方をもっている企業がほとんどである。口では組合は経営の同伴者であるとか，労使は平等だというが，それは本音ではなく，昔からの権威主義的・非民主的な考え方をもっている[16]」と述べている。小玉（1995）も1987年の民主化宣言以降，多くの企業では「一企業一組合」しか認められない労働組合法の規定を利用して，経営側が一部の従業員を使って事実上加工の組合である「幽霊労組」設立し，実体のある組合結

成を阻止する手段はよく用いられたとしている[17]。これらの論調は，1980 年代の労働者大闘争があった時の状況ではあるが，2011 年から施行された 1 つの事業場に複数労働組合が許容されたことで，労労葛藤や労使葛藤が起こるなど，現在の労使関係は当時とあまり変わっていないのが実態である。

　経営者が労働組合を敬遠するのは，これまでの労働紛争の経験から労働組合が企業存亡に大きな影響を及ぼしてきた経緯があるからである。労使間の感情対立は，お互いの不信にも現れる。韓国企業にも日本と同様，労使協議制度があるが，あまり機能していない。労使間のコミュニケーションを図ることは，労働者の経営に対する信頼を高め，労働者がより自主的に生産性を上げる努力を行うことで，労使の相互利益を追求する基礎となる。韓国の労使関係はお互いの信頼関係が欠けていることが大きな問題であると思われる。

3.　労働者の価値観

　それぞれの国の労使関係は，その国の人々の価値観や行動様式といった意識構造が影響を及ぼすと考えられる。日本と韓国の労使関係を論ずる上で，文化論的なアプローチは欠かせない。日本の労使関係において社会・文化的な伝統として，家族主義と集団主義があげられる。日本の家族主義は，日本人の家に対する観念とともに家族主義を企業内労使関係に定着させ，経営家族主義の理念を実現させ，労使の共同体志向の重要な基盤となったのである。日本の多くの企業が企業家族という言葉を使うこともこのためである。

　日本では就職に当たって一定の賃金を対価として特定の能力やスキルを企業に売る目的で入社するのではなく，企業という家族集団の構成員になるという考え方が根底にある。したがって，雇用関係も終身雇用関係，すなわち企業＝家という関係が成立する。このような家族主義に基づいた日本の労使関係は，従業員は企業に忠誠を尽くし，その対価として企業は終身雇用，生活安定などの反対給付を従業員に提供する。

　占部（1978）は，日本の伝統的な社会は，集団の利益を個人の利益に優先させる集団主義が強く，したがって，日本的経営制度は集団主義志向を基盤として形成されたという[18]。集団主義とは，集団の利害を個人の利害よりも優先させることを好ましいとする価値観である。石田（1985）は，和は，日本企業に

おける美徳であり，協調性を欠く人間や個人主義者は仲間から疎外され，昇進の見通しも暗くなる。したがって，日本人の行動様式をみると，特定集団に対する所属意識が強く，その集団に全人格的に献身する心理特性をもっているとしている[19]。

　日米の価値観の違いについて G.T. Milkovich は，人間関係では，アメリカが「個人主義と独立」が基本であるのに対して，日本は「グループの一員」が基本であり，ものごとが対立した場合，アメリカでは「白黒をつけること」が当然であるのに対して，日本では「争いごと」は避けるべきとされている[20]。

　これに対して，呉（1983）は，韓国人は日本人と比較において，個の意識が強く，個性的であり，組織に対する無条件的に近い忠誠心をもっていない。日本人に比べて韓国人は，論理を優先する傾向が強く，論理的に納得しないと動かない国民性であり，個人主義的性格である。確かに，韓国人は日本人より論理性を好み，白黒をはっきりつけたがる。欧米人ほどではないが，日本人よりは韓国人の方が個人の意思や見解を明確に表現するとし，この個人主義的意識は李氏朝鮮の社会体質と儒教思想に起因すると指摘している[21]。

　このような日韓の違いは，労使関係にも現れている。ミン（1998）は，「日本の労働組合は，ほとんどが企業内組合であり，それは従業員の利益ばかりか，企業利益を保護する責任をも負っている。日本人の管理者はかつて労働組合の幹部であった者が少なくないし，多くの日本企業が労働組合に事務所を提供している。極端な状況を除けば，労働組合は抗議活動をして企業利益を損なうなどとは思っていない。日本では全般的に，労働組合の影響は減退している。他方，韓国人の労働組合に関する解釈は，もっと戦闘的である。伝統的に，政府と経営者は労働組合活動を抑圧しようと共謀してきた。企業内組合は，韓国では効果的に機能しなくなっている[22]」と説いている。

4．組合員の意識

　企業別組合にとって，とりわけ重要なのはストライキについての組合員の意識である。日本の労働者は，組合意識より企業意識が強いといわれる。白井（1996）は，ストライキを積極的に肯定する組合員であっても企業別組合の組合員が一般的にもっている所属企業との一体感，企業の存続と繁栄に対する強

い関心がある以上，ストライキはやむを得ないとしても所属企業の競争力を損なったり，企業の収益状況に致命的な打撃を与えるようなストライキであってはならないとする考え方が根強い。この背景には，特定企業への長期雇用慣行があり，労働者の雇用機会の確保と労働条件の維持・改善の可能性は，所属企業の安定した存続とその競争力の拡大による繁栄にかかっているからである[23]。

　労使は企業業績の向上が従業員の労働条件向上の前提となっており，労使共同で企業業績（パイ）を増大することが共通目的として成り立っている。このため，同業他社をライバル視するとともに，労使一体となって企業業績の向上に資する生産性向上にも積極的に協力し，企業業績に貢献する経営改善の提案も行う。しかし，こうした労使関係の下で，経営側に寄り添う企業内労働組合を御用組合と批判されることもある[24]。

　これに対して，韓国は日本と同様，企業別組合であるにもかかわらず，労働者は企業意識より組合意識が強い。尹（2000）は，現代労働組合総連盟（現総連）は，企業別組合でありながらも，「現代」という特定企業のみでなく，他社の労働者全体の労働条件向上を目指しており，この意味で現総連の活動原理は個人重視型であり，日本の「会社重視型」とは対照的であるとしている。また，現代建設のホワイトカラーを事例としてそのライフスタイルを調査したところ，韓国の労働者は日本の労働者に比べ，会社より個人および家庭を重視する傾向があるとしている。

　韓国では労働者，市民団体が一緒になって集団行動を行使することがしばしばある。それはいろいろな場面で現れる。団体交渉では労使の利害が正面からぶつかり合い，労働組合は交渉力を武器として労働条件改善のために経営側からできるだけ多くのことを引き出そうとしている。尹（2000）は，終身雇用制・年功賃金制・企業別組合制を柱とする日本と韓国の経営は，ともに集団主義であるとしながら，韓国の労使関係の本質的原理は，「個人本位集団主義」であり，日本は「会社本位集団主義」であると述べている[25]。

5.　身分差別

　戦前の日本では，ブルーカラー労働者とホワイトカラー労働者とでは処遇において差別があった。しかし，身分差別の撤廃を求める労働運動によって戦

後，身分差別が廃止され，労働者を社員として処遇するようになった[26]。また，ブルーカラー労働者のホワイトカラー化が進み，企業内組合は「職工混合組織」となり，これが日本の労使関係に影響を及ぼしてきた。ブルーカラーとホワイトカラーの賃金格差も大きくない。その理由は両者が１つの組合に所属しており，同じ組合員でありながら賃金格差を大きくすることには強い抵抗感があるからである。身分制の廃止を含めた戦後，企業内の民主的な改革は，労使間の階級的対立意識を弱化させ，企業活動を自らの生活や組合に優先させて行う企業意識を醸成させたと考えられる。労働者の企業意識や愛社精神を支えていたのは，基本的に日本的雇用制度にほかならない。

　これに対して，韓国ではブルーカラーとホワイトカラーが一緒に労働組合を結成することはめったにない。ホワイトカラーの事務職とブルカラーの現業職とでは身分が違うため，賃金の支払い形態も前者は月給制であるが，後者は日給月給制である[27]。労働者同士の連帯感は生まれにくく，感情的な対立がある。戦前の日本と同様，韓国においても身分差別の撤廃を求め，労働組合からブルーカラーとホワイトカラーの平等な人間的な待遇を求める要求が強かった。学歴によって区分された職級（等級）制度は，賃金だけでなく昇進においても身分的格差は厳然としていた[28]。このような不満は，1987年民主化以後，労働者大闘争に発展し，人事処遇体系を一本化する動きが活発化した。一部の大企業では人事制度上に社会的に通用する呼称を導入したり，名刺を作ってあげたりなど，差別解消に取り組んできた。たとえば，サムスン電子は1994年に「一家族プラン」と称する新人事制度を導入し，ブルーカラーとホワイトカラー労働者の呼称を統一や賃金支払い形態の統一，工場の代わりに事業場の名称に変更するなど，差別的な要因を排除する取り組みを行った[29]。しかし，まだ多くの企業においては，学歴身分制がそのまま残っているのが実態である。韓国社会は伝統的に肉体労働を蔑視する傾向が強く，社会的評価も低い[30]。出世意識や社会的の上昇志向が強く，身分格差に敏感であることは，歴史的に韓国では士農工商の思想があったが，それが今もなお社会全般に広がっている。韓国の労使関係が対立的な関係にあることは，韓国の社会構造に起因しており，ホワイトカラーとブルーカラーという差別意識が内在しているからであろう。

Ⅲ．むすび

　以上，日韓の労使関係の違いについて若干の考察を試みてきた。韓国では，
1987 年「6.29 民主化宣言」以後の「労働者大闘争」から 30 年余りが経った今
日に至るまで，対立と闘争の労使関係が依然として続いている。韓国の労使関
係は，日本と同様，労使協調主義の下，安定的な労使関係を築くことができる
だろうか。

　韓国では，強硬路線を強めている労働組合のストライキが頻発しており，毎
年，現実離れした労働組合の要求を繰り返す賃金闘争によって企業の競争力を
憂慮する人も少なくない。国民の中には，会社が破綻してこそ労働組合が気づ
くことになるだろうとまで言ってる人もいる。複数労働組合の許容によって新
たな労働組合の結成動きも活発化し，韓国サムスングループの中核企業で「無
労組経営」を続けてきたサムスン電子で 2018 年に初めて労働組合が結成され
たと報じられた。現在は名ばかりの労働組合で活動もしていないようだが，い
つ何が火種になって組有為活動が本格化するかは予測できない。行き過ぎた労
使紛争と無縁な経営はグローバル競争で強みとなっていたが，労働争議の対応
に苦しむ大手自動車メーカーの二の舞になるとの指摘もある。

　近年の労使関係の不安要因としては，雇用や賃金，労働時間をめぐる労使懸
案が多い。すなわち，企業構造調整，非正規職の正規職転換，タクシーの完全
月給制要求，自動車産業を中心とした賃金闘争，最低賃金の算入範囲，弾力的
労働時間制度や週52時間勤務制の導入などがそれである。韓国政府は，労働政
策を推進するために労働組合側を意思決定過程に参加させる努力を行ってき
た。2018 年には社会的対話のための「経済社会労働委員会」が発足されたもの
の，主要利害当事者である民主労総が不参加するなど，社会的対話機構として
の機能を果たしていない。

　今後，韓国における対立的・闘争的労使関係から協力的・参加的労使関係へ
の転換が要請されているが，譲歩と妥協のない集団利己主義的な労働組合運動
から脱却しない限り，韓国の対立的な労使関係が日本型の労使協調型の労使関

係に発展することはないだろう。

注

1　二村一夫「日韓労使関係の比較史的検討」法政大学大原社会問題研究所編『現代の韓国労使関係』御茶の水書房，1998 年，pp.271-306 参照。
2　小玉敏彦『韓国工業化と企業集団─韓国企業の社会的特質─』学文社，1995 年，pp.199-201。
3　禹宗杬「労使関係の日韓比較─トヨタ自動車と現代自動車を素材として」（I 共通論題＝東アジアの経済発展と社会政策）『社会政策学会誌（経済発展と社会政策─東アジアにおける差異と共通性）(18)』法律文化社，2007 年，pp.37-38。
4　同上，pp.42-43。
5　笹島芳雄『現代の労働問題』第 3 版，中央経済社，2002 年，p.215 および二村一夫「日韓労使関係の比較史的検討」法政大学大原社会問題研究所編『現代の韓国労使関係』御茶の水書房，1998 年，pp.288-289 参照。
6　船橋尚道「「労使協調」の現代的意義」日本労働協会『日本労働協会雑誌』No.363，1989 年，pp.9-10。
7　服部民夫『韓国の経営発展』文眞堂，1988 年参照。
8　韓国財閥企業の所有構造については，服部民夫『韓国の経営発展』文眞堂，1988 年参照
9　詳しくは，小玉敏彦，前掲書第 5 章および二村一夫，前掲稿，pp.289-290 参照。
10　小玉敏彦，前掲書，pp.221-224。
11　ミン・チェン著（長谷川啓之・松本芳男・池田芳彦訳）『東アジアの経営システム比較』新評論，1998 年，p.259。
12　隅谷三喜男「韓国の企業レベルの労使関係」隅谷三喜男編著『労使関係の国際比較』東京大学出版会，1978 年，pp.11-34。
13　同上，p.17。
14　安春植『終身雇用制の日韓比較』論創社，1982 年，pp.270-271。
15　白井泰四郎『労使関係論』日本労働研究機構，1996 年，pp.60-63。
16　安春植「六・二九宣言後の労使関係」日本労働協会『日本労働協会雑誌』No.354，1989 年，p.49。
17　小玉敏彦，前掲書，pp.198-199。
18　占部都美『日本的経営を考える』中央経済社，1978 年，p.164。
19　石田英夫『日本企業の国際人的資源管理』日本労働協会，1985 年，p.6。
20　佐野陽子『はじめての人的マネジメント』有斐閣，2007 年，p.224。
21　呉鐘錫『韓国企業の経営的特質』千倉書房，1983 年，pp.17-18。
22　ミン・チェン，前掲書，p.263。
23　白井泰四郎『労使関係論』日本労働研究機構，1996 年，pp.120-122。
24　岩出博『LECTURE 人事労務管理』泉文堂，2007 年，pp.373-374。
25　尹淑鉉「韓国的労使関係とその歴史的・文化的背景：日本との比較を通じて」（第 5 分科会：韓国特集，第 5 回大会報告要旨）環日本海学会編集委員会『環日本海研究』(6)，2000 年，p.93。
26　この点に関しては，二村一夫，前掲稿，pp.280-281。
27　この点については，服部民夫『韓国の経営発展』文眞堂，1988 年，pp.177-178 参照。
28　金容基「韓国の自動車 A 社における人事制度改革(上)─学歴身分制から能力主義管理へ？」『大原社会問題研究所雑誌』No.450，大原社会問題研究所 1996a 年および金容基「韓国の自動車 A 社における人事制度改革(下)─学歴身分制から能力主義管理へ？」『大原社会問題研究所雑誌』No.451，大原社会問題研究所，1996b 年参照。
29　安熙卓「韓国における新人事制度の新動向(1)」九州産業大学『経営学論集』大学院経営学研究科

開設記念号，1994 年，pp.61-63 参照。

30　この点に関しては，二村一夫，前掲稿，pp.283-284 参照。

補章 1
日本の女性労働

I．はじめに

　近年，日本では少子高齢化という構造的な問題の取り組みとして「一億総活躍社会の実現」を目標に掲げた。内閣府によると，「一億総活躍社会とは，女性も男性も，お年寄りも若者も，一度失敗を経験した方も，障害や難病のある方も，家庭で，職場で，地域で，あらゆる場で，誰もが活躍できる，いわば全員参加型の社会である」と定義づけられている。

　国立社会保障・人口問題研究所（2012）の「日本の将来推計人口」によると，日本の総人口は，長期の人口減少過程に入っており，2026 年に 1 億 2,000 万人を下回った後も減少を続け，2048 年には 1 億人を割って 9,913 万人となり，2060 年には 8,674 万人になると推計されている。また，総人口が減少する中で高齢者が増加することにより高齢化率は上昇を続け，2035 年に 33.4％で 3 人に 1 人となる見込みである。さらに，2060 年には 39.9％に達して，日本人の約 2.5 人に 1 人が 65 歳以上の高齢者となる社会が到来すると推計されている。

　今後，日本の人口減少が進み，それに伴って労働力人口も不足していく中で，どのように労働力を確保していくか，とりわけ女性の潜在力を引き出し，活躍を推進していくかに焦点が当てられ，さまざまな取り組みが行われている。2015 年には女性の職業生活における活躍の推進に関する法律（女性活躍推進法）が成立し，女性の活躍推進に向けた数値目標を盛り込んだ行動計画の策定・公表や，女性の職業選択に資する情報の公表が事業主（国や地方公共団体，民間企業等）に義務付けられた。

　これまで日本では，1986年の「男女雇用機会均等法」や1992年の「育児休業法」，1993年の「パートタイム労働法」，1999年の「男女共同参画社会基本法」，2005年の「次世代育成支援対策推進法」などの法整備を通じて，男女の雇用機会均等や女性の継続就業を推進し，女性の働きやすい環境整備に努めてきた。しかしながら，依然として女性労働や雇用をめぐっては，ジェンダー平等の視点から多くの課題を抱えている。

　本章では，女性労働者をめぐる労働と雇用問題について，その実態を明らかにしたい。

Ⅱ．女性労働力の推移と変化要因

1．女性労働力人口の推移

　総務省「労働力調査」によると，1985年の女性の労働力人口は2,367万人であったが，2015年は2,842万人で，475万人の増加（1985年比20.1％増）となっている。労働力人口総数に占める女性の割合も上昇傾向にあり，2015年は43.1％となっており，1985年（39.7％）に比べ上昇している（図表1）。

　女性の就業を論じる際に欠かせない統計が労働力率である。労働力率とは，15歳以上人口に占める労働力（＝従業者＋休業者＋完全失業者）の割合のこと

図表1　女性の労働力人口の推移

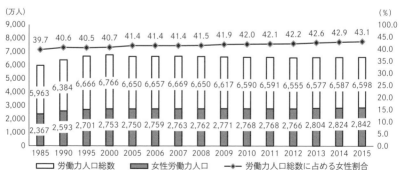

資料：総務省「労働力調査」。
出所：厚生労働省『平成27年版働く女性の実情』，p.82。

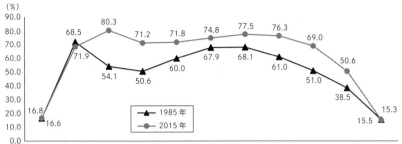

図表 2　女性の年齢階級別労働力率

資料：総務省「労働力調査」。
出所：厚生労働省『平成 27 年版働く女性の実情』，p.82。

で，一国の潜在的な労働供給量を示す指標として用いられる。日本の女性の労働力率は，結婚・出産期に当たる年代に一旦低下し，育児が落ち着いた時期に再び上昇するという，いわゆる M 字カーブを描くことが知られている。女性の労働力率を年齢階級別にみると，その形状は，1985 年からの 30 年間で大きく変化している。1985 年は，「20〜24 歳」（71.9％）と「45〜49 歳」（68.1％）を左右のピークとし，「30〜34 歳」（50.6％）を底とする M 字型カーブであった。2015 年は，「25〜29 歳」（80.3％）と「45〜49 歳」（77.5％）を左右のピークとし，「30〜34 歳」（71.2％）が底となっている（図表 2）。今後，労働力率の底である 30〜34 歳層，35〜39 歳層で仕事を持つ人が増えれば，山形に接近していくものと考えられる。

　日本の女性の年齢階級別労働力率を国際比較でみると，依然として低い水準にとどまっている。M 字型を示すのは日本と韓国だけであり，欧米諸国では見られない。韓国は日本より著しい（図表 3）。

　このように，日本の女性労働力率が M 字カーブを描くのは，晩婚化や晩産化，そして結婚・出産・育児などの理由で退職し，子供に手がかからなくなってから再び就業する者が多いからであろう。

　21 世紀職業財団「女性労働者の処遇等に関する調査」（2005）によると，就業継続を困難にする理由で最も多いのは，「育児」（75.4％）となっており，次いで，「介護」（47.2％）となっている（図表 4）。一方，今の会社で働き続ける

図表 3 女性の年齢階級別労働力率の国際比較 (2014 年)

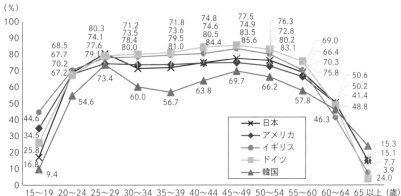

資料：総務省統計局「労働力統計」/OECD Database (2015.11)。
出所：日本生産性本部『2016 年版 活用労働統計』，p.187 より作成。

図表 4 就業継続を困難にする理由 (複数回答)

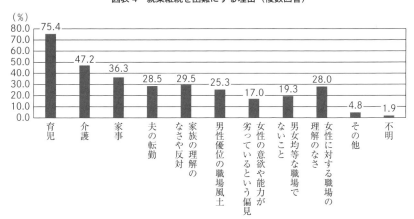

出所：財団法人 21 世紀職業財団「女性労働者の処遇等に関する調査」2005 年，p.8。

上で必要なことについては，「子育てしながらでも働き続けられる制度や職場
環境」(51.7%) が最も多く，次いで，「やりがいが感じられる仕事の内容」
(50.5%)，「育児や介護のための労働時間面での配慮」(41.3%) となっている[1]。
　また，UFJ 総合研究所「子育て支援策等に関する調査研究報告書」(2003)
により，第一子が生まれたときの働き方の変化をみると，女性では「仕事を辞

める」としている割合が 40.3% と最も高く，「仕事を辞めたい」としている者の割合（26.5%）を大幅に上回っており，就業と育児の両立の困難さがうかがえる。

　このように女性の就業行動には，出産及び育児が大きく影響を与えていることがわかる。

2. 女性労働力率変化の要因

　女性労働力率変化の要因としては，労働需要と労働供給の双方の影響があると指摘されている[2]。まず，労働需要面についてみると，第三次産業における雇用機会の拡大によって女性の就業分野が拡大したことである。総務省「労働力調査」によると，1985 年の女性の就業者数は 2,304 万人であったが，2015 年は 2,754 万人で，450 万人の増加（1985 年比 19.5% 増）となっており，1985 年以降一貫して増加傾向にある。女性の就業率（15 歳以上人口に占める就業者の割合）は，1985 年の 47.4% から 2015 年は 48.0% へとほぼ横ばいとなっている（図表 5）。

　2015 年の女性の就業者数を従業上の地位別にみると，「雇用者」は 2,474 万人，「家族従業者」は 132 万人，「自営業主」は 136 万人である。雇用者は 1985 年からほぼ一貫して増加傾向にある一方，家族従業者や自営業主は減少傾向に

図表 5　女性就業者数と就業率の推移

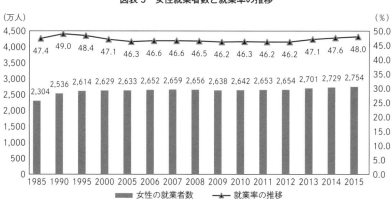

資料：総務省「労働力調査」。
出所：厚生労働省『平成 27 年版働く女性の実情』，p.8 より作成。

図表6 産業別女性就業者割合の推移

	1965	1985	1995	2005	2012
第一次産業	30.5	10.6	6.5	4.5	3.5
第二次産業	24.9	28.3	24.8	17.1	14.1
第三次産業	44.6	60.8	68.3	77.3	81.3

注：第一次産業は「農林業」及び「漁業」，第二次産業は「鉱業」，「建設業」及び
「製造業」，第三次産業は左記以外の産業。
資料：総務省「労働力調査」。
出所：内閣府『平成25年版 男女共同参画白書』および厚生労働省『平成27年
版 働く女性の実情』より作成。

ある。女性の就業者総数に占める割合は「雇用者」89.8%，「家族従業者」
4.8%，「自営業主」4.9%となっている[3]。

産業別に女性の就業者割合をみると，第3次産業の割合が高い。第一次産業
や第二次産業の割合は一貫して低下しているものの，2012年において第三次産
業の就業者は8割強を占めている（図表6）。第3次産業での雇用拡大は，卸売
小売業（飲食店を含む），金融保険業，サービス業が主体であるが，これらの産
業では元来女性の占める割合は高かったから，第三次産業の拡大は女性への雇
用需要の拡大となって現れたのである。特に，これらの産業ではパートタイム
労働といった短時間就業形態を活用しており，家事責任を持つ主婦層にとって
極めて適した就業形態であることから，女性の職場進出を促進したといえる[4]。

他方，労働供給面についてみると，第1に，出生率の低下と晩婚化・晩産化
があげられる。厚生労働省の「人口動態統計」によると，日本の年間の出生数
は，第1次ベビーブーム期（1947-49年）には約270万人，第2次ベビーブー
ム期（1971-74年）には約210万人であったが，1975年に200万人を割り込
み，それ以降，毎年減少し続けた。1984年には150万人を割り込み，2013年の
出生数は，102万人，2015年の出生数は100万人と緩やかな減少傾向となって
いる[5]。

合計特殊出生率（1人の女性が一生の間に何人の子どもを産むのかを推計し
たもの）をみると，第1次ベビーブーム期の1947年には4.54を記録していた
が，1950年以降急激に低下し，1960年には2.0まで下がった。その後，第2次
ベビーブーム期を含め，低下傾向が続き，1990年には1.54を記録した。さら

図表7　合計特殊出生率の推移

資料：厚生労働省「平成27年　人口動態統計」。
出所：厚生労働省『平成24年版　厚生労働白書』および内閣府『平成27年版
　　　少子化社会対策白書』より作成。

に，2005年には過去最低である1.26まで落ち込んだ。その後，再び上昇傾向に
転じ，2015年には1.46となっている（図表7）。しかし，欧米諸国と比較する
となお低い水準にとどまっている[6]。

　出生率の低下は結婚・出産の年齢が上がっていることと関係している。平均
初婚年齢をみると，戦後1947年には男性が26.1歳，女性が22.9歳だったのが，
1980年には男性が27.8歳，女性が25.2歳，2000年には男性が28.8歳，女性が
27.0歳，2015年には男性が31.1歳，女性が29.4歳まで上昇した（図表8）。ま
た，女性が第1子を産む平均年齢は1975年に25.7歳，1995年に29.1歳だった
が，2014年には30.6歳とさらに上がった[7]。第1子の出産年齢が上がると，第
2子以降の出産も減る傾向にある。この晩婚化や晩産化が一段と進んだことが
出生率を押し下げた可能性が高い。

　このように出生率の低下と晩婚化・晩産化は，女性の労働力率の上昇につな
がっているといえる。

　第2に，未婚者の増加があげられる。女性の25-29歳の未婚者比率は，1985
年に30.2%，1995年は48.1%，2005年は58.1%，2015年には61.1%へと上昇
し続けている。内閣府の「家族と地域における子育てに関する意識調査」
（2014）によると，日本の若い世代に「未婚」や「晩婚」が増えている理由とし
て，1位が「独身の自由さや気楽さを失いたくないから」（51.9%），2位が「経

図表 8　平均初婚年齢の推移

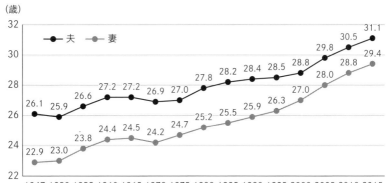

（歳）

資料：厚生労働省「平成 27 年　人口動態統計」。
出所：内閣府『平成 27 年版　少子化社会対策白書』。

済的に余裕がないから」（47.4％），3 位が「結婚の必要性を感じていないから」
（41.9％）の順となっている。性別にみると，男性では「経済的に余裕がないか
ら」（52.0％）が最も多く，女性では「独身の自由さや気楽さを失いたくないか
ら」（55.3％）が 1 位となっている。この未婚率の上昇が女性労働力率の上昇に
影響していると考えられる[8]。

　第 3 に，育児負担の軽減と女性の就業意欲の向上があげられる。女性労働力
率の上昇は，育児期間，育児負担が大幅に軽減されたことや女性の職場進出の
環境整備として，保育所や託児所の整備充実や育児休業制度の普及などによっ
て，従来，出産・育児を理由として労働市場から引退していた層が就業を継続
するようになったからである。総務省「労働力調査」により労働力率の変化を
配偶関係でみると，いずれの年齢層においても有配偶者の労働力率は上昇して
いる。特に，25–29 歳層では 1985 年の 38.9％から 2015 年は 60.2％まで上昇幅
が最も大きい[9]。

　また，女性の労働参加の意欲も高まっている。各種調査により，女性が職業
をもつことについての考え方をみると，1992 年は，「子どもができたら職業を
やめ，大きくなったら再び職業をもつ方がよい」とする者の割合が 42.7％と最
も多く，次いで「子どもができても，ずっと職業を続ける方がよい」とする者
（23.4％），「子どもができるまでは，職業をもつ方がよい」とする者（12.9％）

図表 9　女性の就業意識

（単位：%）

年	女性は職業をもたない方がよい（不就業型）	結婚するまでは職業をもつ方がよい（結婚停止型）	子どもができるまでは，職業をもつ方がよい（出産停止型）	子どもができても，ずっと職業を続ける方がよい（就業継続型）	子どもができたら職業をやめ，大きくなったら再び職業をもつ方がよい（再就業型）	わからない	その他
1992	4.1	12.5	12.9	23.4	42.7	2.9	1.5
1995	4.3	9.0	11.7	30.2	38.7	3.4	2.8
2000	4.1	7.8	10.4	33.1	37.6	4.3	2.7
2002	4.4	6.2	9.9	37.6	36.6	4.2	1.1
2004	2.7	6.7	10.2	40.4	34.9	2.8	2.3
2007	3.6	5.5	10.7	43.4	33.0	2.3	1.4
2009	3.5	5.5	10.7	45.9	31.3	1.8	1.4
2012	3.4	5.6	10.0	47.5	30.8	1.3	1.4
2014	2.2	5.8	11.7	44.8	31.5	1.9	2.0

資料：内閣府「男女平等に関する世論調査」（平成 4 年），「男女共同参画社会に関する世論調査」
　　　（平成 7 年〜24 年），「女性の活躍推進に関する世論調査」（平成 26 年）。
出所：厚生労働省『平成 27 年版　働く女性の実情』，p.222＜付表 97＞より作成。

の順であった。2014 年は，「子どもができても，ずっと職業を続ける方がよい」とする者の割合が 44.8％と最も多く，次いで「子どもができたら職業をやめ，大きくなったら再び職業をもつ方がよい」とする者 31.5％，「子どもができるまでは，職業をもつ方がよい」とする者 11.7％の順となっている（図表 9）。このように，子どもができても，働き続けたい女性が増加していることがわかる。

　第 4 に，女性の高学歴化の進展があげられる。女性の 4 年生大学への進学率をみると，1960 年には 2.5％に過ぎなかったのが，経済発展や所得水準の向上により進学率が伸び続け，1990 年には 15.2％となった。その後，ほぼ一貫して上昇傾向が続き，2013 年の大学への進学率は，45.6％まで達した（図表 10）。このように，女性の高学歴化は社会進出を押し上げ，労働力率を引き上げる方向に作用したといえる。学歴上昇とともに，大学での女性の専攻分野にも広がりが見られ，従来から男性が圧倒的多数を占めている理学系や工学系への進出も進みつつあり，それだけ職業能力の向上が進んでいる。文部科学省「学校基本調査」によると，理学の場合，1985 年に 10,788 人が 2012 年では 21,150 人へ

図表 10　女性の 4 年制大学進学率の推移

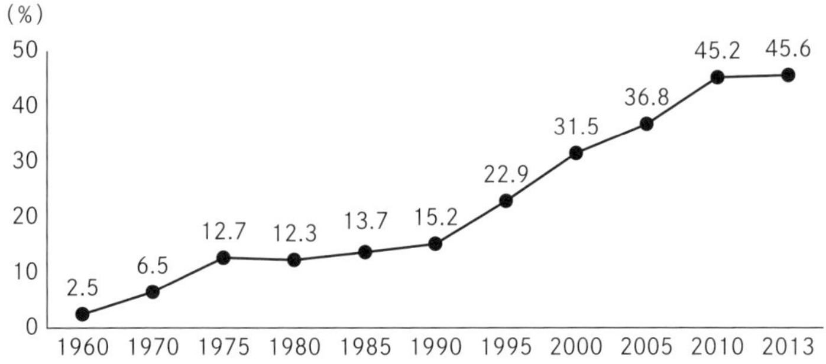

資料：文部科学省「学校基本調査」。
出所：内閣府『平成 27 年版　男女共同参画白書』，p.80＜付表 48＞より作成。

と倍増している。工学では，1985 年に 9,375 人が 2012 年では 45,724 人へと大幅に増加している[10]。

Ⅲ．女性雇用の現状

1．雇用者数の推移

　総務省「労働力調査」によると，1985 年の女性の雇用者数は 1,548 万人であったが，2015 年は 2,474 万人と，ほぼ一貫して増加傾向にあり，926 万人の増加（1985 年比 59.8％増）となっている。雇用者総数に占める女性の割合は，1985 年は 35.9％であったが，2015 年は 43.9％とほぼ一貫して上昇傾向にある（図表 11）。

　雇用者数を女性の年齢階級別にみると，1985 年は，「20～24 歳」が 262 万人（女性雇用者総数に占める割合 16.9％）と最も多く，次いで「40～44 歳」209 万人（同 13.5％），「35～39 歳」（同 13.2％）が 205 万人の順であったが，2015 年は，「40～44 歳」が 328 万人（同 13.3％），次いで「45～49 歳」が 302 万人（同 12.2％），「35～39 歳」及び「50～54 歳」が 270 万人（同 10.9％）の順となっている[11]。

　また，女性雇用者数を産業別にみると，「医療，福祉」が 578 万人と最も多

図表 11　女性雇用者数の推移

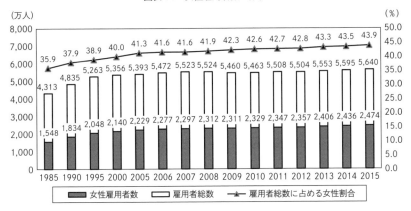

資料：総務省「労働力調査」。
出所：厚生労働省『平成 27 年版　働く女性の実情』，p.134＜付表 16-1＞より作成。

く，次いで，「卸売業，小売業」495 万人，「製造業」290 万人の順となってい
る。なお，雇用者総数に占める女性の割合が 5 割以上の産業は，「医療，福祉」
（77.0％），「宿泊業，飲食サービス業」（63.6％），「生活関連サービス業，娯楽
業」（59.4％），「金融業，保険業」（54.7％），「教育，学習支援業」（54.7％），「卸
売業，小売業」（51.4％）となっている[12]。

　女性の雇用者数を職業別にみると，「事務従事者」が 721 万人と最も多く，次
いで「サービス職業従事者」471 万人，「専門的・技術的職業従事者」458 万人，
「販売従事者」337 万人の順となっている。各職業分類における雇用者総数に占
める女性の割合をみると，「サービス職業従事者」が 69.6％で最も高く，次い
で「事務従事者」59.0％，「専門的・技術的職業従事者」48.3％となっている
（図表 12）。

2．平均年齢と平均勤続年数

　厚生労働省「賃金構造基本統計調査」により，一般労働者[13] の平均年齢をみ
ると，1985 年の女性の平均年齢は 35.4 歳であったが，2015 年は 40.7 歳に上昇
しており，男性も 1985 年は 38.6 歳であったが，2015 年は 43.1 歳とほぼ一貫し
て上昇傾向にある。また，一般労働者の平均勤続年数をみると，1985 年の女性

図表 12 産業別・職業別女性雇用者数および割合（2015 年）

産業・職業		雇用者数（万人）	雇用者総数に占める女性比率（％）
産業別	農業，林業	22	41.5
	漁業	2	25.0
	鉱業，採石業，砂利採取業	1	33.3
	建設業	66	16.2
	製造業	290	29.5
	電気・ガス・熱供給・水道業	4	13.8
	情報通信業	53	26.5
	運輸業，郵便業	62	19.3
	卸売業・小売業	495	51.4
	金融業・保険業	82	54.7
	不動産業，物品賃貸業	40	37.4
	学術研究，専門・技術サービス業	57	34.3
	宿泊業，飲食サービス業	206	63.6
	生活関連サービス業，娯楽業	104	59.4
	教育・学習支援業	152	54.7
	医療・福祉	578	77.0
	複合サービス事業	22	37.3
	サービス業（他に分類できないもの）	143	39.3
	公務（他に分類されるものを除く）	62	27.0
	分類不能の産業	33	47.1
職業別	管理的職業従事者	17	12.0
	専門的・技術的職業従事者	458	48.3
	事務従事者	721	59.0
	販売従事者	337	43.4
	サービス職業従事者	471	69.6
	保安職業従事者	8	6.5
	農林漁業従事者	19	33.3
	生産工程従事者	224	28.3
	輸送・機械運転従事者	5	2.4
	建設・採掘従事者	4	1.8
	運搬・清掃包装等従事者	184	44.0

資料：総務省「労働力調査」。

出所：厚生労働省『平成 27 年版　働く女性の実情』p.93 および p.95 より作成。

　の平均勤続年数は 6.8 年であったが，2015 年は 9.4 年に上昇しており，男性も 1985 年は 11.9 年であったが，2015 年は 13.5 年とほぼ一貫して上昇傾向にある。2015 年の男女の平均勤続年数の差は，4.1 年と男性が長い（図表 13）。

　女性の勤続年数が短いのは，就業の断絶があると考えられる。21 世紀職業財

図表 13　一般労働者の平均年齢と平均勤続年数

年	平均年齢		平均勤続年数	
	女性	男性	女性	男性
1985	35.4	38.6	6.8	11.9
2005	38.7	41.6	8.7	13.4
2006	39.1	41.8	8.8	13.5
2007	39.2	41.9	8.7	13.3
2008	39.1	41.7	8.6	13.1
2009	39.4	42.0	8.6	12.8
2010	39.6	42.1	8.9	13.3
2011	39.9	42.3	9.0	13.3
2012	40.0	42.5	8.9	13.2
2013	40.4	42.8	9.1	13.3
2014	40.6	42.9	9.3	13.5
2015	40.7	43.1	9.4	13.5

資料：厚生労働省「賃金構造基本統計調査」。

出所：厚生労働省『平成 27 年版　働く女性の実情』，p.151＜付表 27＞および＜付表 28＞より作成。

図表 14　女性労働者の離職理由

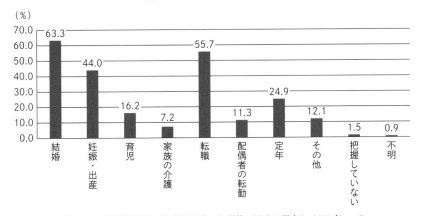

出所：財団法人 21 世紀職業財団「女性労働者の処遇等に関する調査」，2005 年，p.7。

団の「女性労働者の処遇等に関する調査」（2005）をみると，女性労働者の離職理由として多いのは，「結婚」（63.3％），次いで「転職」（55.7％），「妊娠・出産」（44.0％）の順となっている（図表 14）。また，今の会社で働き続ける上で

必要なことをみると，女性全体では「子育てしながらも働き続けられる制度や職場環境」が最も高く51.7％となっており，次いで「やりがいが感じられる仕事の内容」が50.5％，「育児や介護のための労働時間面での配慮」が41.3％，「相談できる同僚や先輩がいること」が40.2％，「結婚や出産，育児で女性社員が差別されない職場風土，環境」が32.3％，「男女均等な待遇と公正な人事評価」が32.2％等となっている。

　このことから，女性が長く就業を続けるには，両立支援や均等待遇などの対策が必要であろう。

3．非正規雇用の増加と労働契約法の改正

(1) 非正規雇用の現状

　女性の雇用形態（勤め先での呼称による）をみると，1985年には「正規雇用者」が994万人，「非正規雇用者」が470万人であった。2015年には，「正規雇用者」が1,043万人，「非正規雇用者」が1,345万人となっており，「正規雇用者」は49万人増加（1985年比4.9％増）し，「非正規雇用者」は875万人の増加（同186.2％増）となっている。「非正規雇用者」は1985年から2015年までほぼ一貫して増加傾向にある（図表15）。

　女性の「非正規雇用者」のうち，最も多い「パート・アルバイト」は，1985年は417万人であったが，2015年は1,053万人と636万人増加（1985年比152.5％増）した。役員を除く女性雇用者総数に占める割合をみると，「正規雇用者」は43.7％，「非正規雇用者」は56.3％である。また，「非正規雇用者」のうち「パート・アルバイト」44.1％，「派遣社員」3.2％，「契約社員・嘱託」7.4％，「その他」1.7％である[14]。

　特に，1995年以降，パート・アルバイト，派遣社員・契約社員などの非正規雇用者が急増し，2005年には正規雇用者との割合が逆転するに至った。2015年の非正規雇用者の割合をみると，全体では37.4％となっており，男女では男性が21.8％，女性は56.3％へと急増した。1985年の32.1％を大きく上回っている（図表16）。このように，女性労働の非正規化が進んでいることがわかる。

図表 15　雇用形態別女性雇用者数の推移

年	計	正規雇用者	非正規雇用者	パート・アルバイト	派遣社員	契約社員・嘱託社員	その他
1985	1,463	994	470	417	—	53	—
1990	1,695	1,050	646	584	—	62	—
1995	1,904	1,159	745	675	—	70	—
2000	2,011	1,077	934	846	25	64	—
2005	2,143	1,018	1,125	872	63	130	60
2006	2,194	1,036	1,159	878	78	133	70
2007	2,234	1,039	1,194	909	80	137	68
2008	2,242	1,040	1,202	904	85	142	71
2009	2,242	1,046	1,196	903	72	148	73
2010	2,263	1,046	1,217	933	61	151	73
2011	2,297	1,039	1,241	954	59	163	66
2012	2,288	1,041	1,247	969	55	157	67
2013	2,324	1,028	1,296	1,019	68	169	40
2014	2,352	1,020	1,332	1,042	71	177	42
2015	2,388	1,043	1,345	1,053	76	176	41

資料：総務省「労働力調査」。
出所：厚生労働省『平成 27 年版　働く女性の実情』，p.147＜付表 21-1＞より作成。

図表 16　非正規雇用者の女性割合の推移

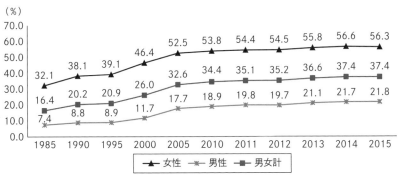

資料：総務省「労働力調査」。
出所：厚生労働省『平成 27 年版　働く女性の実情』，p.145＜付表 21-2＞より作成。

(2) 労働契約法の改正

　厚生労働省は，非正規雇用労働者の雇用の安定や処遇の改善を図るため，正規雇用への転換，人材育成，処遇改善等の総合的な対策を推進してきた。さらに，職務等に着目した「多様な正社員」や「短時間正社員制度」の導入の普及・拡大とともに，非正規雇用労働者の労働条件の確保や改善対策の推進のための措置を講じてきた。

　2013 年には，有期労働契約の濫用的な利用を抑制し，労働者の雇用の安定を図ることを目的に，労働契約法が施行された。労働契約法の改正内容は，① 無期労働契約への転換（18 条），② 雇止め法理の法定化（19 条），③ 不合理な労働条件の禁止（20 条）の 3 つのルールが規定された。

　このうち，「無期労働契約への転換」については，改正労働契約法により，通算 5 年を超える有期労働契約を結んだ有期契約労働者が申し込みを行うと無期労働契約に転換することができるようになった。この変更により，施行から 5 年後の 2018 年 4 月 1 日から有期労働契約者は無期雇用転換を申込む権利が発生する。有期契約労働者とは，一定の期間を定めて使用者から直接雇用されている労働者のことをいう。有期労働者は，1 年契約，6 ヶ月契約など契約期間の定めのある労働契約で，有期労働者契約であれば，パート，アルバイト，契約社員，嘱託など職場での呼称にかかわらず，対象となり，派遣労働者は除外されている。

　労働契約法の改正により，企業の対応が迫られているが法律がどこまで守られるかは疑問がある。すなわち，有期雇用を無期雇用に転換する企業もあれば通算 5 年を超えないよう運用していくことも考えられる。また，無期雇用に転換したものの労働条件は，転換前と同一の条件とする企業も想定される[15]。

IV．男女間の賃金格差

　厚生労働省「賃金構造基本統計調査」によると，2015 年の一般労働者（常用労働者のうち短時間労働者以外の者）の所定内賃金は女性が 24 万 2,000 円，男性は 33 万 5,100 円となっており，男女間の賃金格差（男性＝100.0 とした場合

の女性の所定内賃金）は 72.2 となっている。1986 年には 59.7 とかなりの賃金
格差が存在していたが，賃金格差の推移をみると，長期的には縮小傾向にある
（図表 17）。

　男女間の賃金格差（男性 = 100）を国際比較でみると，アメリカ 82.5，イギリ
ス 82.4，ドイツ 81.1，フランス 84.9，スウェーデン 88.0 となっており，先進主
要国に比べて日本の男女間の賃金格差は大きい[16]。また，女性労働者間でのフ

図表 17　男女間賃金格差の推移

年	男女計 賃金（千円）	男 賃金（千円）	女 賃金（千円）	男女間賃金格差 （男 = 100）
1989	241.8	276.1	166.3	60.2
1990	254.7	290.5	175.0	60.2
1991	266.3	303.8	184.4	60.7
1992	275.2	313.5	192.8	61.5
1993	281.1	319.9	197.0	61.6
1994	288.4	327.4	203.0	62.0
1995	291.3	330.0	206.2	62.5
1996	295.6	334.0	209.6	62.8
1997	298.9	337.0	212.7	63.1
1998	299.1	336.4	214.9	63.9
1999	300.6	336.7	217.5	64.6
2000	302.2	336.8	220.6	65.5
2001	305.8	340.7	222.4	65.3
2002	302.6	336.2	223.6	66.5
2003	302.1	335.5	224.2	66.8
2004	301.6	333.9	225.6	67.6
2005	302.0	337.8	222.5	65.9
2006	301.8	337.7	222.6	65.9
2007	301.1	336.7	225.2	66.9
2008	299.1	333.7	226.1	67.8
2009	294.5	326.8	228.0	69.8
2010	296.2	328.3	227.6	69.3
2011	296.8	328.3	231.9	70.6
2012	297.7	329.0	233.1	70.9
2013	295.7	326.0	232.6	71.3
2014	299.6	329.6	238.0	72.2
2015	304.0	335.1	242.0	72.2

資料：厚生労働省「賃金構造基本統計調査」。
出所：厚生労働省「平成 27 年　賃金構造基本統計調査」，p.4 より作成。

図表 18　男女賃金格差の国際比較

(単位：%)

国	男女賃金格差（男性＝100）	女性労働者間でのフルタイム・パートタイム賃金格差（フルタイム＝100）
日本	72.2（2015 年）	56.6（2014 年）
アメリカ	82.5（2015 年）	30.3（2014 年）
イギリス	82.4（2014 年）	71.4（2014 年）
ドイツ	81.1（2015 年）	79.3（2010 年）
フランス	84.9（2016 年）	89.1（2010 年）
スウェーデン	88.0（2015 年）	83.1（2010 年）

出所：労働政策研究・研修機構『データブック国際労働比較』2016 年，
　　　p.179 および p.183 より作成。

　ルタイムとパートタイムの賃金格差（フルタイム＝100）をみると，アメリカ
は例外として他の主要先進国と比較して日本は 56.6 と賃金格差は低水準にと
どまっている（図表 18）。

　学歴別に男女賃金をみると，男性では，大学・大学院卒が 402.5 千円，高専・
短大卒が 308.8 千円，高校卒が 288.2 千円，女性では，大学・大学院卒が 287.8
千円，高専・短大卒が 252.5 千円，高校卒が 207.7 千円となっている。学歴別に
賃金がピークとなる年齢階級をみると，男性では，大学・大学院卒，高専・短
大卒及び高校卒の全ての学歴において 50～54 歳，女性では，大学・大学院卒で
65～69 歳，高専・短大卒及び高校卒で 50～54 歳となっている。

　学歴別に賃金カーブをみると，男女いずれも大学・大学院卒の賃金カーブが
急になっており，男性は女性に比べてその傾向が大きい（図表 19）。

　男女別に賃金格差の推移を年齢階級別でみると，男性では，年齢階級が高く
なるとともに賃金も上昇し，50～54 歳で 430.1 千円（20～24 歳の賃金を 100 と
すると 209.8）と賃金がピークとなり，その後下降している。女性も 50～54 歳
の 266.8 千円（同 135.7）がピークとなっているが，男性に比べ，賃金カーブは
緩やかになっている（図表 20）。

　企業規模別に男女賃金をみると，男性では，大企業が 387.7 千円，中企業が
320.3 千円，小企業が 288.5 千円，女性では，大企業が 268.4 千円，中企業が

図表 19　学歴別男女賃金格差の推移

性，年齢階級		大学・大学院卒		高専・短大卒		高校卒	
		賃金 （千円）	年齢階級間 賃金格差 （20〜24 歳 ＝100）	賃金 （千円）	年齢階級間 賃金格差 （20〜24 歳 ＝100）	賃金 （千円）	年齢階級間 賃金格差 （20〜24 歳 ＝100）
男	年齢計	402.5	181.2	308.8	154.8	288.2	148.3
	20〜24 歳	222.1	100.0	199.5	100.0	194.3	100.0
	25〜29	260.3	117.2	231.1	115.8	223.7	115.1
	30〜34	313.7	141.2	259.9	130.3	251.7	129.5
	35〜39	372.4	167.7	295.0	147.9	278.9	143.5
	40〜44	431.4	194.2	336.6	168.7	311.2	160.2
	45〜49	507.0	228.3	375.3	188.1	333.7	171.1
	50〜54	544.1	245.0	408.9	205.0	348.3	179.3
	55〜59	521.8	234.9	396.0	198.5	343.0	176.5
	60〜64	391.5	176.3	295.1	147.9	249.4	128.4
	65〜69	385.2	173.4	289.0	144.9	225.6	116.1
女	年齢計	287.8	133.9	252.5	128.9	207.7	117.7
	20〜24 歳	214.9	100.0	195.9	100.0	176.4	100.0
	25〜29	239.0	111.2	220.8	112.7	188.5	106.9
	30〜34	271.4	126.3	235.0	120.0	197.8	112.1
	35〜39	300.3	139.7	250.2	127.7	205.0	116.2
	40〜44	350.3	163.0	269.3	137.5	217.6	123.4
	45〜49	380.9	177.2	281.2	143.5	220.5	125.0
	50〜54	399.4	185.9	286.8	146.4	225.0	127.6
	55〜59	375.6	174.8	284.6	145.3	220.4	124.9
	60〜64	385.7	179.5	260.9	133.2	194.4	110.2
	65〜69	427.1	198.7	278.6	142.2	201.3	114.1

資料：厚生労働省「賃金構造基本統計調査」。
出所：厚生労働省「平成 27 年　賃金構造基本統計調査」，p.6 より作成。

240.4 千円，小企業が 216.4 千円となっている。また，大企業の賃金を 100 とすると，中企業の賃金は，男性で 82.6，女性で 89.6，小企業の賃金は，男性で 74.4，女性で 80.6 となっている。

　また，賃金がピークとなる年齢階級を企業規模別にみると，男性では，全ての企業規模において 50〜54 歳で，大企業 514.8 千円（20〜24 歳の賃金を 100 とすると 240.9），中企業 406.7 千円（同 199.8），小企業 332.5 千円（同 170.8）となっている。女性では，大企業及び小企業において 45〜49 歳で，大企業 307.3 千円（同 146.3），小企業 232.9 千円（同 128.6），中企業が 50〜54 歳で 268.9 千

図表 20　年齢階級別男女賃金格差の推移

年齢階級	男		女	
	賃金（千円）	年齢階級間賃金格差 （20～24 歳＝100）	賃金（千円）	年齢階級間賃金格差 （20～24 歳＝100）
年齢計	335.1	163.5	242.0	123.1
20～24 歳	205.0	100.0	196.6	100.0
25～29	243.4	118.7	221.5	112.7
30～34	282.6	137.9	238.4	121.3
35～39	321.2	156.7	249.0	126.7
40～44	359.8	175.5	262.6	133.6
45～49	405.7	197.9	266.6	135.6
50～54	430.1	209.8	266.8	135.7
55～59	411.7	200.8	255.1	129.8
60～64	291.9	142.4	221.8	112.8
65～69	264.6	129.1	223.9	113.9

資料：厚生労働省「賃金構造基本統計調査」。
出所：厚生労働省「平成 27 年　賃金構造基本統計調査」，p.5 より作成。

円（同 136.6）となっており，男性に比べ賃金カーブが緩やかになっている（図表 21）。

　男女間の賃金格差の発生要因は多種多様であるが，最大の要因は，男女間の職階（部長，課長，係長などの役職）の差であり，勤続年数や年齢，学歴などの差も影響している[17]。この他にも日本の多くの企業では家族手当や住宅手当が存在するが，その支給対象を世帯主である男性に限る例がほとんどであり，結果的に男女間の賃金格差を拡大しているという指摘もある[18]。

　男女間の賃金格差問題に関する研究会が経営者や労働組合男女を対象に行った「男女間の賃金格差に関する意識調査」（2002）によると，男女賃金格差の要因として組合女性は「管理職の女性が少ない」（94.8％），「平均勤続年数が少ない」（79.4％），「業務の難易度が違う」（77.6％），「諸手当の支給がない」（72.4％）などをあげている（図表 22）。賃金格差には，統計的差別，たとえば平均的に女性の勤続年数が男性より短いことから，企業が女性に対する教育訓練を手控えることもあり，女性に対する差別意識も影響している[19]。

図表21　企業規模別男女賃金格差の推移

性，年齢階級		大企業		中企業			小企業		
					賃金格差			賃金格差	
		賃金 （千円）	年齢階級間 賃金格差 （20〜24歳 ＝100）	賃金 （千円）	企業規模別 賃金格差 （大企業 ＝100）	年齢階級間 賃金格差 （20〜24歳 ＝100）	賃金 （千円）	企業規模別 賃金格差 （大企業 ＝100）	年齢階級間 賃金格差 （20〜24歳 ＝100）
男	年齢計	387.7	181.4	320.3	82.6（81.7）	157.3	288.5	74.4（74.9）	148.2
	20〜24歳	213.7	100.0	203.6	95.3（95.5）	100.0	194.7	91.1（92.2）	100.0
	25〜29	259.2	121.3	237.9	91.8（90.7）	116.8	226.8	87.5（87.5）	116.5
	30〜34	312.0	146.0	271.4	87.0（87.9）	133.3	258.2	82.8（84.1）	132.6
	35〜39	362.3	169.5	308.9	85.3（85.4）	151.7	288.0	79.5（79.9）	147.9
	40〜44	411.2	192.4	348.1	84.7（83.6）	171.0	312.4	76.0（76.4）	160.5
	45〜49	480.3	224.8	382.8	79.7（78.9）	188.0	325.2	67.7（68.4）	167.0
	50〜54	514.8	240.9	406.7	79.0（79.7）	199.8	332.5	64.6（66.5）	170.8
	55〜59	487.6	228.2	401.0	82.2（79.3）	197.0	332.1	68.1（68.8）	170.6
	60〜64	312.0	146.0	292.3	93.7（91.8）	143.6	276.1	88.5（89.3）	141.8
	65〜69	303.0	141.8	256.3	84.6（82.5）	125.9	259.9	85.8（75.5）	133.5
女	年齢計	268.4	127.8	240.0	89.6（88.2）	122.2	216.4	80.6（80.9）	119.5
	20〜24歳	210.0	100.0	196.8	93.7（93.3）	100.0	181.1	86.2（87.0）	100.0
	25〜29	237.8	113.2	220.3	92.6（90.8）	111.9	200.0	84.1（82.9）	110.4
	30〜34	258.2	123.0	237.3	91.9（89.4）	120.6	213.8	82.8（82.4）	118.1
	35〜39	276.0	131.4	246.3	89.2（89.5）	125.2	221.6	80.3（80.4）	122.4
	40〜44	292.9	139.5	262.2	89.5（88.4）	133.2	230.0	78.5（80.4）	127.0
	45〜49	307.3	146.3	260.9	84.9（86.0）	132.6	232.9	75.8（76.0）	128.6
	50〜54	303.2	144.4	268.9	88.7（83.1）	136.6	229.5	75.6（78.1）	126.6
	55〜59	291.0	138.6	252.7	86.8（86.6）	128.4	229.7	78.9（78.7）	126.8
	60〜64	261.0	124.3	212.5	81.4（85.7）	108.0	208.9	80.0（81.7）	115.4
	65〜69	258.5	123.1	225.3	87.2（79.8）	114.5	209.5	81.0（80.7）	115.7

資料：厚生労働省「賃金構造基本統計調査」。

出所：厚生労働省「平成27年　賃金構造基本統計調査」p.8 より作成。

Ⅴ．男女雇用機会均等法と女性雇用管理

1．男女雇用機会均等法の趣旨と制定の背景[20]

　男女雇用機会均等法（雇用の分野における男女の均等な機会及び待遇の確保等に関する法律）の趣旨は，労働者が，性別にかかわらず，雇用の分野において均等な機会を得，その意欲と能力に応じて均等な待遇を受けられるようにす

図表 22 男女賃金格差の要因

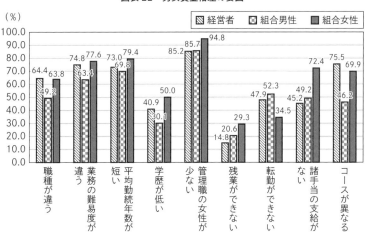

資料：男女間の賃金格差問題に関する研究会「男女間の賃金格差に関する意識調査」
（2002 年 5 月）。
出所：厚生労働省「男女間の賃金格差問題に関する研究会報告書」2002 年，p.28。

ること，企業の制度や方針において，労働者が性別を理由として差別を受ける
ことをなくしていくことにある。具体的には，労働者が「女性（または男性）
だから」というだけの理由で，あるいは「一般的又は平均的に女性（または男
性）はこうだから」といった理由で，男女異なる取扱いをしないことが求めら
れる。

　男女雇用機会均等法では，募集・採用，配置・昇進・降格，教育訓練，福利
厚生，職種・雇用形態の変更，退職の勧奨・定年・解雇・労働契約の更新の雇
用管理の各ステージにおける性別を理由とする差別を禁止している。

　男女雇用機会均等法は，「勤労婦人福祉法」（1972 年制定）の全面改正法とし
て制定された。勤労婦人福祉法は，「勤労婦人の福祉に関する原理を明らかに
するとともに，勤労婦人について，職業指導の充実，職業訓練の奨励，職業生
活と育児，家事その他の家庭生活との調和の促進，福祉施設の設置等の措置を
推進し，もつて勤労婦人の福祉の増進と地位の向上を図ることを目的とする」
ものであった。しかし妊娠・出産・育児については，「福祉の措置」として，事
業主の配慮義務が規定されていたに過ぎない。均等法制定以前の性差別を禁止

する法規としては，男女同一賃金の原則を定めた労働基準法第4条があるのみ
であった。同原則については，国際法規としてILO（国際労働機関）の「同一
価値の労働についての男女労働者に対する同一報酬に関する条約」（同一報酬
条約）が，1951年に採択されている。日本は，1967年にこの条約を批准した。
1958年に採択された「雇用及び職業についての差別待遇に関する条約」（差別
待遇（雇用及び職業）条約）は，未批准である。

　日本で男女雇用機会均等法が制定されるようになった背景には，1970年代に
女性差別撤廃に向けた動きが国内外で活発化し，1975年の「国際婦人年」を契
機に，男女差別撤廃への動きが始まった[21]。1979年には，国連総会において，
「女子に対するあらゆる形態の差別の撤廃に関する条約」（女子差別撤廃条約）
が採択され，日本は1980年に同条約に署名を行った。これを受けてとりわけ賃
金・昇進・昇格に関わる男女差別をめぐる訴訟も増加した。使用者側は，労働
基準法の保護規定を「過保護」であると主張し，「保護と平等」をめぐる労使の
激論の中で，1985年5月に均等法が制定（1986年施行）され，同年7月に女子
差別撤廃条約が批准された。

2. 男女雇用機会均等法の変遷[22]

　男女雇用機会均等法は，1985年に成立し，1986年に施行されたが，その後，
1997年と2006年に改正が行われた。この間に，女性の育児休業法が1992年に
施行され，1999年には育児・介護休業法が改正・施行された。

(1) 1985年均等法の成立

　1985年，「女性差別撤廃条約」批准にむけた国内法整備のために，雇用の分
野でも，女性が性別により差別されることなく男性と均等な機会と待遇が得ら
れることを目指して，「男女雇用機会均等法」（雇用の分野における男女の均等
な機会及び待遇の確保等女子労働者の福祉の増進に関する法律）と改題し制定
された。このときは，募集・採用，配置・昇進の際，女性を男性と均等に取り
扱う努力義務にとどまり，法的拘束力はなかった。差別が明確に禁止されたの
は，教育訓練，福利厚生，定年・退職・解雇についてのみであった。

　配置・昇進に関わる紛争解決のために調停制度が設けられたが，実際にはほ

とんど機能しなかった。また，男女別の雇用管理は見直されることになったものの，女子を排除しない点で「女子のみ」の取り扱いは許されるとの解釈が，「一般職・女子のみ」というコース別募集・採用の導入につながる結果となった。

⑵　1997 年の改正

　1997 年，さらに大幅な改正があり，「改正男女雇用機会均等法」または「改正均等法」（雇用の分野における男女の均等な機会及び待遇の確保等に関する法律）と改題し制定された。このときは，⑴ それまで努力義務だった募集・採用，配置・昇進についての差別を禁止　⑵ 女性のみの募集・女性優遇の原則禁止　⑶ 違反した際の企業名公表という制裁措置の創設　⑷ 調停申請の際の「相手の同意」要件の撤廃　⑸ ポジティブ・アクションの導入23　⑹ セクシュアル・ハラスメント防止のための事業主の配慮義務の追加，⑺ 妊娠・出産に関する保護の強化など，差別禁止に向けて多くの変更が加えられた。

　女性を明示的に排除する直接差別の禁止の範囲は拡大されたが，コース別雇用管理や非正規労働者の労働条件にかかわる間接的な差別への対応は見送られ，ポジティブ・アクションも義務規定とはならなかった。なお，関連法として労働基準法の一部改正があり，「女性の深夜労働・残業や休日労働の制限（女子保護規定）」が撤廃された。

⑶　2006 年の改正

　2006 年には，職場のセクハラ問題が浮上するとともに，男性に対する差別も新たな問題として浮上してきたため，大幅な改正が行われた。1997 年改正法では，女性差別をなくす趣旨で制定され，男性差別を直接規制していなかった。すなわち，「女性であることを理由とする差別」を禁止していながら，「男性であることを理由とする差別」については禁止されていなかったのである。そのため，男性を理由とした不採用とされる事例もあった。たとえば，事務職，看護師などの職種で，男性であることを理由に採用しない事業者があった24。

　2006 年改正では，⑴ 性別による差別禁止の範囲の拡大（男女双方に対する差別の禁止，禁止される差別の追加と明確化，間接差別の禁止25），⑵ 妊娠・出

産などを理由とする解雇の無効，その他の不利益取り扱いの禁止，(3)セクシュアル・ハラスメント対策措置の義務化，(4)母性健康管理措置の義務化，(5)ポジティブ・アクションの推進，(6)罰則の創設が規定された。

　以上の男女雇用機会均等法の流れをまとめると図表23のとおりである。

図表23　男女雇用機会均等法の変遷

事　項		1985年制定時	1997年改正後	2006年改正後
性差別①	募集・採用	努力義務（女性）	禁止（女性）	禁止（男女）
	配置・昇進	努力義務（女性）	禁止（女性）	・禁止（男女） ・配置に「業務の配分・権限の付与」を含む旨を明記
	教育訓練	一部禁止（女性）	禁止（女性）	禁止（男女）
	福利厚生	一部禁止（女性）	一部禁止（女性）	一部禁止（男女）
	定年・解雇	禁止（女性）	禁止（女性）	禁止（男女）
	降格・職種の変更・雇用形態の変更・退職勧奨・労働契約の更新	［規定なし］	［規定なし］	禁止（男女）
間接差別②		［規定なし］	［規定なし］	一部禁止
女性のみ・女性優遇		適法	女性差別として禁止（ポジティブ・アクションは可（女性））	性差別として禁止（ポジティブ・アクションは可（女性））
妊娠等による不利益取扱い③		妊娠・出産・産休取得による解雇を禁止	妊娠・出産・産休取得による解雇を禁止	・妊娠・出産・産休取得その他の理由による解雇その他不利益取扱いを禁止 ・妊娠中・産後1年以内の解雇は事業主の反証がない限り無効
ポジティブ・アクション		［規定なし］	事業主の取組に対する国の援助	事業主の取組やその開示に対する国の援助
セクシュアルハラスメント対策④		［規定なし］	事業主の配置義務（女性労働者を対象）	事業主の措置義務（男女労働者を対象）
母性健康管理⑤		事業主の努力義務	事業主の措置義務	事業主の措置義務
調停		・双方の同意が条件 ・①③が対象	・一方申請が可 ・①③が対象	・一方申請が可 ・①～⑤が対象（募集・採用を除く）
制裁		［規定なし］	企業名の公表（①③が対象）	・企業名の公表（①～⑤が対象） ・報告徴収に応じない場合の過料
施行期日		1986.4.1	1999.4.1（母性健康管理のみ1998.4.1）	2007.4.1

出所：厚生労働省「男女雇用機会均等法の変遷」http://www.whlw.go.jp（2016/12/20）。

Ⅵ．男女雇用機会均等法後の女性雇用管理

　男女雇用機会均等法の施行に伴い，募集・採用から定年・退職に至る雇用管理において，これまで男女間で異なる取り扱いをしていた多くの企業で改善が行われた。すなわち，募集・採用，配置異動，昇進・昇格，教育訓練，定年制などであり，従来，女性に対して補助的業務中心の活用から能力・適性に応じた活用への転換も多くの企業でみられた。ここでは，募集・採用に関わるコース別雇用管理と採用後の配置，昇進に関わる管理職登用の実態について概観する。

1．募集・採用とコース別雇用管理

　コース別雇用管理とは，「総合職」「一般職」といった労働者の職種，資格などに基づき複数のコースを設定し，コースごとに異なる配置・昇進などの雇用管理を行うシステムをいう。典型的には，「企画立案，営業，研究開発等を行う業務に関するコース（いわゆる「総合職」)」と「主に定型的業務に従事するコース（いわゆる「一般職」)」などのコースを設定して雇用管理を行うものや，勤務地に着目し，「転居を伴う配置転換をしながらキャリアを積むコース」と「転居を伴わない範囲での配置転換があるコース」などの制度がみられる[26]。

　1985年の男女雇用機会均等法の成立に対応して，日経連を始めとする経営者団体は，複線型人事処遇制度を提唱するようになる。日経連は，コース設定の方法として①幅広い知識と経験に基づき，広範で異質の職務を遂行する職掌（総合職），②一般的な知識と経験をもとに，定型的，補助的職務を遂行する職掌（一般職）のコースを提言している。その上で，高度の職務遂行能力は，さまざまな職種や勤務地を経験しながら習得できるものであるが，一般的な職務遂行能力は転勤をしなくても習得できるとして，「総合職は，勤務地の変更を伴う転勤を命令することがある，一般職は原則として（あるいは本人の同意がないかぎり）居住地の変更を伴う転勤は命令しないという条件を明示するのがよいだろう」と勧めている[27]（図表24）。

図表 24　コース別の職務と転勤の有無

コース名	担当職務	転勤の有無
総合職	幅広い知識と経験に基づき，広範で実質的な職務を遂行	居住地の変更を伴う転勤あり
一般職	一般的知識と経験に基づき，定型的・補助的職務を遂行	本人の同意のない転勤は命令しない
特務職	特定の業務を円滑かつ効率的に処理する職掌	本人の同意のない転勤は命令しない

出所：金井郁「多様な正社員」施策と女性の働き方への影響『日本労働研究雑誌』No.636，2013 年，p.71。

　このように，男女雇用機会均等法の施行に伴い，各企業が男女別雇用管理を改める中で，コース別雇用管理制度の導入が 1980 年代に大企業を中心に拡がった。

　コース別雇用管理制度を導入している企業は，1989 年の 2.9％から 2014 年には 11.2％に増加した。規模別にみると，5,000 人以上の規模では 46.8％，1,000 ～4999 人規模では 44.5％，300～999 人規模では 31.7％，100～299 人規模では 17.5％，30～99 人規模では 7.5％と規模が大きいほど導入率が高い（図表 25）。

図表 25　コース別雇用管理制度の導入割合の推移

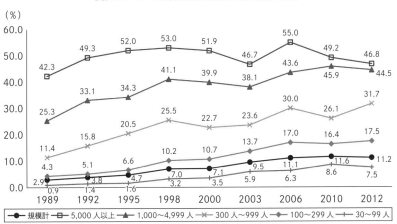

出所：厚生労働省「平成 24 年度雇用均等基本調査」，p.7。

図表 26　コース別雇用形態の組み合わせ

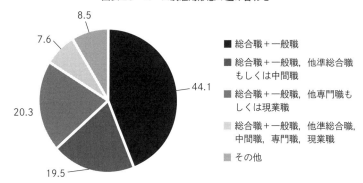

注：コース形態の分類は以下のとおりである。
　① 総合職：基幹的業務又は企画立案，対外折衝等総合的な判断を要する業務
　　　に従事し，原則転居を伴う転勤がある。
　② 一般職：主に定型的業務に従事し，原則転居を伴う転勤がない。
　③ 準総合職：総合職に準ずる業務に従事し，原則一定地域エリア内のみの転
　　　勤がある。
　④ 中間職：総合職に準ずる業務に従事するが，原則転居を伴う転勤はない。
　⑤ 専門職：特殊な分野の業務において専門的業務に従事する。
　⑥ 現業職：技能分野の業務に従事する。
出所：「平成26年度コース別雇用管理制度の実施・指導状況」より作成。

　コース別雇用管理区分の組み合わせをみると，「総合職と一般職の組み合わせ」とする企業が44.1％と最も多く，次に「総合職と一般職に加えて，専門職，現業職のコースがある組み合わせ」が20.3％で続いている（図表26）。コース設定要件は，従事する業務と勤務地の組み合わせとして定着しているといえる。

　21世紀職業財団「女性労働者の処遇等に関する調査」（2005）によりコース選択の理由をコース別にみると，総合職は「やりがいが感じられる仕事をしたかったため」（59.1％），「自分の能力に見合ったコースだったため」（24.0％），「専門性を活かした仕事がしたかったため」（20.3％）としているのに対し，一般職では「自分の能力に見合ったコースだったため」（29.9％）が最も多く，これに「定型的な業務が自分に向いているため」（29.4％），「残業があまりないなど，仕事と生活のバランスがとれるため」（22.8％）が続いている。

　コース別雇用管理制度を導入している企業の中には，コース転換制度を設けている企業もある。コース転換制度の導入状況をみると，88.1％の企業が「転

図表 27　コース転換制度の転換要件（複数回答）

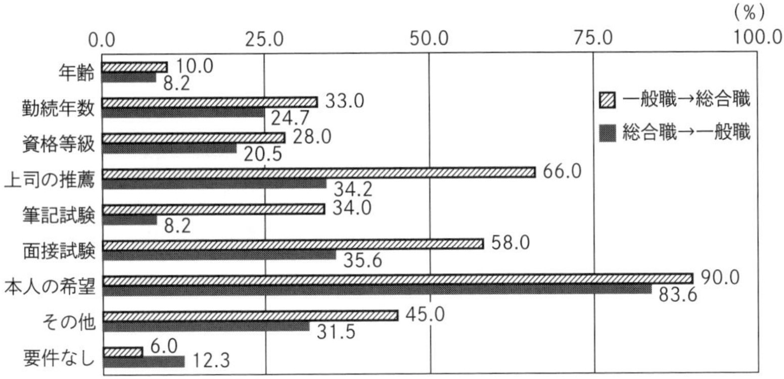

(%)

凡例：
- 一般職→総合職（斜線）
- 総合職→一般職（黒塗り）

項目	一般職→総合職	総合職→一般職
年齢	10.0	8.2
勤続年数	33.0	24.7
資格等級	28.0	20.5
上司の推薦	66.0	34.2
筆記試験	34.0	8.2
面接試験	58.0	35.6
本人の希望	90.0	83.6
その他	45.0	31.5
要件なし	6.0	12.3

出所：厚生労働省「平成 26 年度コース別雇用管理制度の実施・指導状況」。

換制度あり」，11.9％の企業が「転換制度なし」となっている。コース転換制度がある場合，一般職から総合職への転換に必要な要件をみると，「本人の希望」が最も多く（90.0％），次いで「上司の推薦」（66.0％），「面接試験」（58.0％），「その他」（45.0％）の順となっている。また，総合職から一般職への転換に必要な要件をみると，「本人の希望」が最も多く（83.6％），次いで「面接試験」（35.6％），「上司の推薦」（34.2％），「その他」（31.5％）の順となっている（図表27）。

2014年4月の採用者の男女比率をみると，総合職は女性22.2％，男性77.8％，一般職は女性82.1％，男性17.9％となっている。21世紀職業財団「女性労働者の処遇等に関する調査」（2005）によると，今のコースを選択した理由としては，「自分の能力に見合ったコースだったため」が27.0％と最も多く，次いで「やりがいが感じられる仕事をしたかったため」（25.6％），「定型的な業務が自分に向いているため」（20.0％）となっている。これをコース別に見ると，総合職は「やりがいが感じられる仕事をしたかったため」（59.1％），「自分の能力に見合ったコースだったため」（24.0％），「専門性を活かした仕事がしたかったため」（20.3％）としているのに対し，一般職では「自分の能力に見合ったコースだったため」（29.9％）が最も多く，これに「定型的な業務が自分に向いているため」（29.4％），「残業があまりないなど，仕事と生活のバランスがとれるた

め」（22.8％）が続いている[28]。

　実態として，総合職を希望しない女性が多いが，結局のところ男性は総合
職，女性は一般職というコースに分かれているのが実情で，労働組合からは
コース別雇用管理制度は結局，形を変えた男女差別に過ぎないと批判された。

2. 採用後の配置

　部門ごとに男女の配置の状況をみると，いずれの職場にも男女とも1割を超
えて配置している企業が多い部門は「人事・総務・経理」，「調査・広報」，「企
画」で，約6割の企業が男女とも1割を超えて（バランスよく）配置している
部門である。一方，男女とも1割を超えて配置している企業割合が低い部門は
「生産（建設，運輸，物流を含む）」，「販売・サービス」，「営業」で，約7割の
企業が男女どちらかを9割以上（偏って）配置している部門となっている。

　女性が9割以上配置されている職場がある企業は「人事・総務・経理」，「販
売・サービス」で比較的多く，「人事・総務・経理」では男性が9割以上の職場
がある企業割合よりも高い，女性が偏って配置されやすい部門となっている。
また，「販売・サービス」は男性が9割以上の職場がある企業も約4割あり，女
性と男性それぞれが偏って配置される職場がある部門となっている。一方，男
性が9割以上の職場がある企業割合は，「生産」，「営業」で6割を超えており，
「研究・開発・設計」でも5割を超えている（図表28）。

図表28　部門，配置状況別企業割合

（単位：％）

部門	いずれの職場にも男女とも1割を超えて配置	女性が9割以上の職場がある（複数回答）	男性が9割以上の職場がある（複数回答）
人事・総務・経理	56.7	32.8	10.5
企画	61.4	13.1	25.5
調査・広報	63.8	16.3	20.0
研究・開発・設計	38.9	3.3	57.8
情報処理	43.1	16.7	40.2
営業	32.8	1.9	65.3
販売・サービス	31.7	30.1	38.2
生産	26.0	7.1	66.9

出所：労働政策研究・研修機構『採用・配置・昇進とポジティブ・アクションに関する調査
　　　結果』調査シリーズ No.132，2014年，p.5。

　最近5年間に女性の配置が拡大している部門については，「営業」(8.4%)，「人事・総務・経理」(7.4%)，「販売・サービス」(4.9%) の順で多く，「営業」部門は男性に偏った配置をする企業割合が高い一方で，女性の配置も進んでいる[29]。男女いずれかの配置が9割以上となっている職場の割合が，5年前と比べて増えている企業割合と減っている企業割合はともに4.6%となっている。

　「増えている企業」について，その理由（複数回答）をみると，「業務の性格上いずれかの性に向いている職場が増えてきたため」(42.1%)，「男女がそれぞれ特性を活かした職場で活躍してもらうことが会社の方針であるため」(20.7%)，「採用数は特に絞り込んでいないが，採用者がいずれかの性に偏るようになったため」(20.0%) の順で多くあげられている。

　一方，「減っている企業」では「採用数は特に増えていないが，採用者の男女バランスがとれてきたため」(43.8%)，「業務の性格上どちらの性でも能力が発揮できる職場が増えてきたため」(29.3%)，「採用数が増えたために，多くの職場に男女とも配置できるようになったため」(23.1%) が比較的多くあげられている[30]。

　今後，同一職務におかれた女性労働者が職域を拡大し，男性に劣らず職務を遂行していくためには，職務能力を向上させるための教育訓練や研修が重要であろう。

3. 昇進と女性管理職登用

　「賃金構造基本統計調査」より，役職者に占める女性管理職の割合について，1985年から2015年の変化をみると，「課長級以上（部長級＋課長級）」が1.4%から8.7%に，「係長級以上（部長級＋課長級＋係長級）」が2.5%から11.9%に上昇している。役職別にみると，「部長級」は1.0%から6.2%に，「課長級」は1.6%から9.8%に，「係長級」は3.9%から17.0%に，いずれも上昇傾向が続いている（図表29）。

　しかし，管理職に占める女性の割合を国際比較でみると，欧米の主要国に比べ，かなり低い水準となっている（図表30）。男女の格差を解消し，女性の参画を促進するための効果的な方策として，諸外国では政策・方針決定，雇用，政治活動，教育などさまざまな分野で，法制化を含めた各種の取組が行われて

図表 29　女性管理職割合の推移

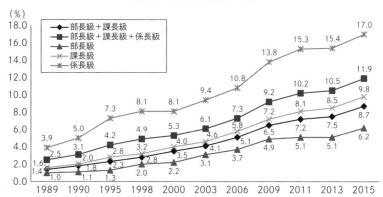

出所：厚生労働省「賃金構造基本統計調査」，「女性雇用管理基本調査」，「雇用均等基本調査」より作成。

図表 30　女性管理職割合の国際比較（2014 年）

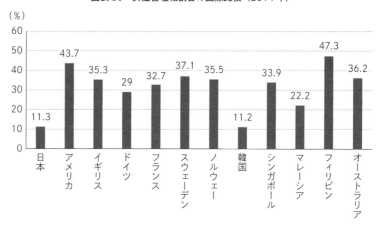

出所：労働政策研究・研修機構『データブック国際労働比較』2016 年，p.89 より作成。

いる。その手法としては，参画すべき女性の比率や数を定め，これを強制する割当制（クオータ制），一定の目標と達成期限を設定して女性の参画を自主的に促進する取組，女性の能力に対する社会の意識啓発，情報の優先的提供など，多様な形態が採用されている。

　近年，日本においては女性活躍のための取り組みとして，管理職比率を 2020

年までに３割と目標を掲げている。

　日本で女性管理職が少ないのは，制度や慣行という側面もあるが，それより
も女性自身の意識に問題があると考えられる。労働政策研究・研修機構「男女
正社員のキャリアと両立支援に関する調査結果」(2013) によると，女性の７割
以上が昇進を希望していない結果となっている。さらに，年齢別にみると，一
般従業員の女性ではどの年代でも大きな違いは見られず，昇進希望は２割を
割っている[31]。女性が管理職への昇進を望まない理由については，「仕事と家庭
の両立が困難になる」(40.0％) が最も多く，その他に「責任が重くなる」
(30.4％)，「自分には能力がない」(26.0％)，「周りにより上位の同性の管理職
がいない」(24.0％)，「自分の雇用管理区分では昇進可能性がない」(23.1％)
があげられている[32]。

　また，21世紀職業財団「女性労働者の処遇等に関する調査」(2005) では，
管理職になることの希望について，「管理職になりたくない」が49.1％，「わか
らない」が31.4％となっている。管理職になりたくないとする者の理由は，
「責任が重くなるから」(42.8％)，「仕事と家庭の両立が図れる自信がないか
ら」(39.6％)，「今のままで特に不満はないから」(36.4％) となっている[33]（図
表31）。

　このように，女性管理職の少なさは，女性の仕事と家庭の両立問題という制

図表31　管理職になりたくない理由（複数回答）

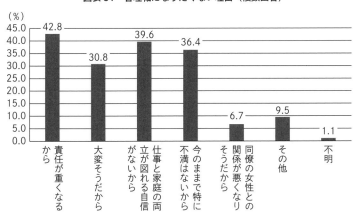

出所：財団法人21世紀職業財団「女性労働者の処遇等に関する調査」2005 年，p.18。

約はあるものの，女性自身の昇進に対する意欲や消極的な姿勢にも関係がある
と考えられる。

一方，厚生労働省の「平成 25 年度雇用均等基本調査」によると，企業側の女
性管理職の数が少ない理由として，「現時点では，必要な知識，経験，判断力等
を有する女性がいないため」(58.3％) が最も多く，次いで「女性が希望しない
ため」(21.0％)，「現在管理職に就くための在職年数を満たしている者がいな
いため」(19.0％) となっており，女性が長期にわたって働き，キャリアを積む
ことが難しいことがうかがえる[34]。

また，企業側の女性の活躍を推進する上での問題点をみると，「家庭責任を
考慮する必要がある」が 47.7％と最も多く，次いで「女性の勤続年数が平均的
に短い」が 42.5％，「時間外労働，深夜労働をさせにくい」が 35.8％となってい
る[35]。

今後，女性の管理職比率を上昇させるためには，女性自身の意識改革も重要
であるが，女性が意欲をもって働ける環境の整備や雇用管理面での問題を解決
していくことが必要であろう。

「男女共同参画社会基本法」により積極的改善措置が定義されて国及び地方
公共団体の責務とされ，男女共同参画基本計画（第2次）では 2020 年までに各
分野で指導的地位に女性が占める割合を少なくとも 30％程度にするという目
標が掲げられた。また，男女雇用機会均等法においても，「女性労働者に係る
措置に関する特例」として，ポジティブ・アクション[36] を規定している。2016
年には「女性活躍推進法」が制定され，4 月より 301 人以上の労働者を雇用す
る企業は，女性の管理職登用をはじめとする女性の活躍推進に向けた行動計画
の策定などが義務づけられるなど，男女格差を是正するためのさまざまな取り
組みが行われてきた。

ポジティブ・アクションとは，固定的な性別による役割分担意識や過去の経
緯から，男女労働者の間に事実上生じている差があるとき，それを解消しよう
と企業が行う自主的かつ積極的な取り組みである。男女間の事実上の差とは，
たとえば営業職に女性がほとんど配置されていない，管理職は男性が大半を占
めている，などがあげられる。単に女性だからという理由だけで女性を「優
遇」するためのものではなく，これまでの慣行や固定的な性別の役割分担意識

などが原因で，女性は男性よりも能力を発揮しにくい環境におかれている場合，こうした状況を「是正」するための取り組みである[37]。

　ポジティブ・アクションの推進状況をみると，「取り組んでいる」企業割合は57.1％，「今後，取り組むこととしている」は17.2％，「今のところ取り組む予定はない」は24.7％となっている。「取り組んでいる」企業割合を規模別にみると，規模が大きい企業ほどその割合が高く，5,000人以上規模で82.7％，1,000〜4,999人規模で73.6％，300〜999人規模で68.7％，100〜299人規模で60.3％，30〜99人規模で54.7％，10〜29人規模で42.8％となっている[38]。

Ⅶ．むすび

　以上，日本における女性労働者をめぐる女性労働と雇用問題についてみてきた。その結果，女性の労働力率の上昇や就業者および雇用者数の増加など量的な面で拡大しているものの，依然として女性労働力率はM字型を示している。特に，女性の雇用形態としては非正規雇用者の増加が目立っている。また，職場における男女機会均等については，女性の管理職に占める割合や賃金の男女間格差など，質的な面で一定の改善がみられているが，先進諸国との国際比較でみると，大きな隔たりがあることが確認できた。

　今後，労働力人口の減少が見込まれる中，女性の就業促進のためには多様な働き方や非正規雇用者と正規雇用者の均衡処遇，再就職に対する支援等，女性が活躍できる環境をより積極的に進めていく必要がある。一方，女性労働力を増やし，単に活用するだけではなく，女性の能力を発揮できる分野で活躍させることも重要である。

　男女雇用機会均等法や女性活躍推進法の中にポジティブ・アクションが盛り込まれているが，企業の女性の管理職登用は進んでいない。管理職に女性の登用が進んでいくことにより，女性の仕事に対するモチベーションや企業への貢献度，忠誠心が向上し，企業にとっても良い相乗効果が期待できる。もちろん，責任の重い管理職になりたくないとか，結婚や出産を契機に退職するという女性自身の意識にも問題がある。これは企業の消極的な採用や昇進，教育訓

練をためらわせることになる。

　近年，ダイバーシティ（多様性）経営やワーク・ライフ・バランス，同一労働同一賃金といった働き方改革の議論が盛んに行われているが，その実現に向けて企業や社会，女性自身の意識も変わっていく必要があるだろう。

注

1　財団法人 21 世紀職業財団「女性労働者の処遇等に関する調査」2005 年。
2　笹島芳雄『現代の労働問題』中央経済社，2002 年，p.61。
3　厚生労働省『平成 27 年版働く女性の実情』。
4　笹島芳雄，前掲書，p.61。
5　内閣府『平成 27 年版 少子化社会対策白書』。
6　厚生労働省が 2016 年に発表した諸外国の合計特殊出生率をみると，米国 1.84，英国 1.81，韓国 1.24，イタリア 1.37，スウェーデン 1.88，フランス 2.01，ドイツ 1.47，シンガポール 1.25 となっている。韓国における出生率の低下は日本より急激であり，韓国の出生率の低さについては，教育費，特に塾代を含めた家計負担の大きさが指摘される。学校教育費の私的負担では韓国は世界 1 といわれる。
7　内閣府『平成 27 年版 少子化社会対策白書』。
8　厚生労働省『平成 27 年版働く女性の実情』。
9　同上。
10　内閣府『平成 27 年版男女共同参画白書』。
11　厚生労働省『平成 27 年版働く女性の実情』。
12　同上。
13　「一般労働者」は，常用労働者のうち，短時間労働者以外の者をいう。また，「短時間労働者」は，常用労働者のうち，1 日の所定労働時間が一般の労働者よりも短い又は 1 日の所定労働時間が一般の労働者と同じでも 1 週の所定労働日数が一般の労働者よりも少ない労働者をいう。
14　厚生労働省『平成 27 年版働く女性の実情』。
15　労働政策研究・研修機構『高年齢社員や有期契約社員の法改正後の活用状況に関する調査結果』2013 年。
16　労働政策研究・研修機構『2016 年版データブック国際労働比較』。
17　厚生労働省の「賃金構造基本調査」（2015）によると，学歴や年齢，勤続年数，役職（部長級，課長級，係長級などの役職）の違いによって生じる賃金格差生成効果（女性の労働者構成が男性と同じであると仮定して算出した女性の平均所定内給与額を用いて男性との比較を行った場合に，格差がどの程度縮小するかをみて算出）を算出すると，役職の違いによる影響が 10.4 と最も大きく，勤続年数の違いによる影響も 4.8 と大きくなっている。その他の項目による影響は，年齢が 1.1，学歴が 0.6，労働時間が 1.4，企業規模が 0.4，産業が－2.5 となっている。
18　笹島芳雄，前掲書，pp.66-67。
19　男女間の賃金格差問題に関する研究会「男女間の賃金格差に関する意識調査」，2002 年。
20　この点に関しては，① 柳沢房子「男女雇用機会均等政策の動向と改革」『調査と情報』第 538 号，2006，pp.1-10，② 中窪裕也「男女雇用機会均等法 30 年の歩み」『DIO』（連合総研レポート）No.303，2015 年 4 月号，pp.4-7，③ 永田美江子「男女雇用機会均等法の経緯と改正後の現状及び問題点」『平安女学院大学研究年報』第 9 号，2008 年参照。
21　1975 年 1 月に民間女性団体 41 団体による「国際婦人年日本大会実行委員会」の結成を経て，11 月に「男女の平等，男女の差別撤廃」を掲げ，国際婦人年日本大会が開催された。このような国内

外の動向は，労働組合運動において女性労働をめぐる要求を再構成し，男女平等への方針を明確にする機会となった。詳しくは，山田和代「労働運動にみる男女雇用平等実現への課題」『大原社会問題研究所雑誌』No.635・636，2011年，pp.42-56参照。

22　詳しくは，厚生労働省「男女雇用機会均等法の変遷」，安部由起子「男女雇用機会均等法の長期的効果」『日本労働研究雑誌』No.615，2011年，中窪裕也「男女雇用機会均等法30年の歩み」『DIO』（連合総研レポート）No.303，2015年4月号，pp.4-7参照。

23　例えば，これまで管理職の大半が男性労働者によって占められていた企業において，女性管理職を増やすために，昇進・昇格試験の受験を女性労働者のみに奨励したり，昇進・昇格基準を満たす労働者の中から男性労働者よりも女性労働者を優先して配置したりすることは，ポジティブ・アクションとして認められる。

24　性別を理由として，差別的取扱いを行う行為としては，次のような例である。① 男性または女性についての募集又は採用する人数の限度を設けること（「男性10名，女性5名」など），② 男性または女性を表す語を含む職種の名称を用いること（他方の性を排除しないことが明らかである場合を除く），たとえば，「婦人警察官」→「女性警察官」（募集の際は単に警察官），「営業マン」→「営業職」，「保母」→「保育士」，「看護婦」→「看護師」，「スチュワーデス」→「客室乗務員」などである。③「男性歓迎」「女性歓迎」「男性向きの職種」「女性向きの職種」等の表示を行うことである。

　　ただし，業務を行う上で片方の性別でなければならない理由があれば，除外される。

　①　芸術・芸能の分野における表現の真実性等の要請から片方の性別に従事させることが必要である職業 俳優，モデル等，② 守衛，警備員等防犯上の要請から男性に従事させることが必要である職業，現金輸送車の輸送業務等，③ 宗教上，風紀上，スポーツ競技の性質上その他の業務の性質上いずれか一方の性別に従事させることについて，上記2件と同程度の必要性があると認められる職業 宗教上（神父，巫女等），風紀上（女子更衣室の係員等），業務の性質上（ホスト，ホステス等），スポーツの実業団チームの男子部員，または女子部員。

25　合理的な理由がない場合の3つの要件としては，① 募集・採用に当たり，身長や体重，体力を要件とすること，② コース別雇用における総合職の募集・採用に当たり，転居を伴う転勤を要件とすること，③ 昇進にあたり，転勤経験の有無を要件とすることは，結果として一方の性が不利となる「間接差別」にあたるとして禁止された。

26　渡辺峻『コース別雇用管理と女性労働―男女共同参画社会をめざして』中央経済社，2001年参照。

27　金井郁「「多様な正社員」施策と女性の働き方への影響」『日本労働研究雑誌』No.36，2013年，p.70。

28　財団法人21世紀職業財団『女性労働者の処遇等に関する調査』2005年。

29　労働政策研究・研修機構『採用・配置・昇進とポジティブ・アクションに関する調査結果』調査シリーズ No.132，2014年。

30　同上。

31　労働政策研究・研修機構『男女正社員のキャリアと両立支援に関する調査結果―第1分冊　本編―』調査シリーズ　No.106，2013年。

32　同上。

33　財団法人21世紀職業財団「女性労働者の処遇等に関する調査」2005年。

34　厚生労働省「平成25年度雇用均等基本調査」及び労働政策研究・研修機構『男女正社員のキャリアと両立支援に関する調査結果―第1分冊　本編―』調査シリーズ　No.106，2013年参照。

35　厚生労働省「平成18年度女性雇用管理基本調査」。

36　ポジティブアクションとは，働く事や仕事に対する意欲の高い女性を積極的に登用し，能力を発

揮してもらおうという企業の自主的な取り組みのことをいう。ポジティブアクションについては，日本企業の多くでは，女性管理職，女性経営者などの活躍がまだまだ少ない状況であり，女性を積極的に登用することで，優秀な人材の確保につなげる事や女性の活躍による業績の向上も期待されている。

37　大内章子「均等処遇と女性人材の活用」『日本労働研究雑誌』No.597，2010年，p.69。

38　厚生労働省「平成26年度雇用均等基本調査」。

補章2
韓国の女性労働

Ⅰ．はじめに

　少子高齢化が急速に進む中，韓国の経済社会の活力を維持していく上で，女性労働力は重要な人的資源であるといえる。高学歴化を背景に女性の社会進出も増大しつつあるが，一方においては，韓国社会の男女役割分担意識や性別による男女間の人事処遇面の差別あるいは格差は依然として大きいのが実情である。今日，働く女性が男性と均等な取扱いを受け，充実した職業生活を送ることができるような社会を築き，女性人材の活躍と活用が重要な課題とされている。特に，韓国は社会的に固定化された男女差，すなわちジェンダー問題が大きい[1]。

　韓国では1987年に男女雇用平等法が制定され，それまでの雇用管理を大きく転換させるものとなった。その後も男女雇用平等法の改正や女性活躍のための法制定など，女性雇用政策を推進してきた。この背景には，出生率の低下や生産年齢人口の減少により労働力不足を解消するとともに，女性雇用を促進するため，女性労働への関心が高まったからである。

　本章では，韓国の女性労働の現状を明らかにするとともに，韓国政府が女性の雇用拡大や地位向上のためにどのように取り組んできたか，雇用政策の展開について考察する。

Ⅱ. 女性労働の現状

1. 女性労働力率

　女性の高学歴化[2] を背景に，女性の社会進出が増加している。韓国統計庁の「経済活動人口調査」によると，2016 年現在，韓国の 15 歳以上の生産可能人口（労働力総数）は，全体で 43,416 千人，その中で女性は 51％の 22,134 千人を占めている。また，女性の経済活動人口は，11,529 千人で，経済活動参加率（労働力人口総数に占める割合）は 52.1％となっている（図表 1）。女性の経済活動参加率（労働力率）は，2000 年の 48.8％から漸進的に増加傾向にあるものの，まだ 5 割強の水準にとどまっている[3]。これは OECD 平均の 63.9％より低い。

　韓国女性の経済活動参加率を年齢階級別でみると，20-29 歳と 40-49 歳を左

図表 1　女性労働力の推移

（単位：千人，％）

年	15 歳以上 生産可能人口	経済活動人口	経済活動参加率 （労働力率）
2000	18,664	9,101	48.8
2001	18,859	9,299	49.3
2002	19,042	9,486	49.8
2003	19,220	9,418	49.0
2004	19,405	9,690	49.9
2005	19,683	9,860	50.1
2006	19,899	10,001	50.3
2007	20,086	10,092	50.2
2008	20,273	10,139	50.0
2009	20,496	10,076	49.2
2010	20,741	10,256	49.4
2011	20,976	10,416	49.7
2012	21,254	10,609	49.9
2013	21,513	10,802	50.2
2014	21,718	11,149	51.3
2015	21,956	11,370	51.8
2016	22,134	11,529	52.1

出所：統計庁「経済活動人口調査」より作成。

図表 2　女性の年齢階級別経済活動参加率（労働力率）の推移

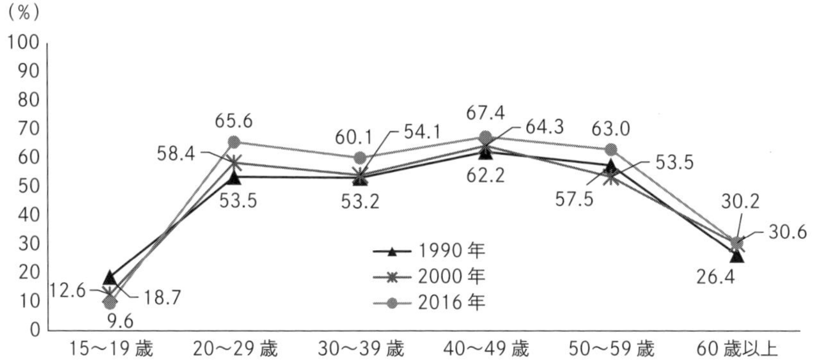

資料：統計庁「経済活動人口調査」。
出所：韓国労働研究院『2017　KLI 労働統計』2017 年，p.21 より作成。

　右のピークとし，30-39 歳を底とする M 字型カーブを描いている（図表 2）。国際比較でみると，M 字型を示すのは韓国と日本だけであり，他の国には見られない[4]。このような構造は，多くの女性が結婚と同時に，または結婚の初期に妊娠，出産，育児，子供の教育などの家事負担のため，仕事を諦め，専業主婦としての仕事を選ぶようになり，一定の期間が経過した後，家事負担の制約から自由になった時に再び労働市場に復帰することを意味する。すなわち，女性が両立の難しさのため労働市場から離れてしまう経歴断絶（キャリアブレーク）が起こり，これが女性の労働力率＝就業率を引下げる大きな原因であるといえる。今後，労働力率の底である 30-39 歳層で仕事を持つ人が増えれば，山型になっていくものと考えられる。

2．就業構造

　韓国の女性就業率は，2000 年に 50.0%，2005 年に 52.5%，2016 年には 56.2% と徐々に上昇している（図表 3）。女性就業率を国際比較でみると，イギリス（68.6%），ドイツ（69.9%），スウェーデン（74.0%），オランダ（69.2%）などの先進諸国に比べると，低い水準となっている[5]。

　また，女性就業者の働き方として短時間労働者が多い。短時間労働者は 2000 年の 57.7% から 2016 年には 62.6% と漸進的に上昇傾向にある（図表 4）。

図表 3　女性の就業率（15-64 歳）

（単位：％）

年	2000	2005	2010	2011	2012	2013	2014	2015	2016
比率（％）	50.0	52.5	52.6	53.1	53.5	53.9	54.9	55.7	56.2

出所：労働政策研究・研修機構『データブック国際労働比較』2017 年より作成。

図表 4　短時間労働者の割合

（単位：％）

年	就業者に占める短時間労働者の割合			短時間労働者に占める女性の割合
	計	男性	女性	
2000	7.0	5.1	9.8	57.7
2005	9.0	6.5	12.5	57.9
2010	10.7	7.2	15.5	60.3
2011	13.5	10.0	18.5	56.6
2012	10.2	6.8	15.0	61.0
2013	11.1	7.5	16.2	60.5
2014	10.5	6.8	15.6	62.2
2015	10.6	6.9	15.9	62.6

注：1）短時間労働者の定義は，主たる仕事について通常の労働時間が
　　　週 30 時間未満の者。
　　2）労働時間は通常の労働時間ではなく，実労働時間。
出所：労働政策研究・研修機構『データブック国際比較（2017 年版），
　　2017 年，pp.118-119 より作成。

　女性就業者（一般労働者）の平均年齢をみると，2009 年は 35.5 歳であった
が，2015 年には 39.6 歳へと一貫して上昇している。また，平均勤続年数は 2009
年に 4.4 年から 2015 年には 4.6 年とほぼ上昇傾向にある（図表 5）。男性に比べ
て女性の勤続年数が短いのは，就業形態や経歴断絶といった働き方に起因する
ことが考えられる。
　就業者の従業上の地位は，私企業や官公庁などで賃金を得ている雇用者，い
わゆる「賃金労働者」，人を雇用しているいないにかかわらず自ら経営を行っ
ている「自営業者」，さらに「家族従事者」に分けられる。2016 年の就業者総
数に占める従業上の地位をみると，賃金労働者が 77.2％，自営業者が 14.1％，
家族従事者が 8.7％となっている（図表 6）。賃金労働者は 1980 年から一貫して
増加しているものの，そのうち常用と臨時労働者は増加傾向にあり，日雇いは

図表 5　女性一般労働者の平均年齢と平均勤続年数

年	平均年齢（歳）		平均勤続年数（年）	
	男性	女性	男性	女性
2009	40.0	35.5	7.1	4.4
2010	40.3	36.1	7.0	4.4
2011	40.8	37.2	7.0	4.3
2012	41.0	37.6	7.1	4.4
2013	41.6	38.3	7.3	4.6
2014	41.3	38.7	6.9	4.5
2015	41.9	39.6	7.1	4.6

出所：統計庁「経済活動人口調査」より作成。

図表 6　女性就業者の従業上の地位

（単位：％）

年	賃金労働者	自営業者	家族従事者
1980	39.2	23.3	37.4
1985	48.2	21.3	30.6
1990	56.8	18.7	24.5
1995	59.6	19.4	21.1
2000	61.5	19.2	19.2
2005	67.1	19.0	14.0
2010	72.9	16.1	10.9
2011	73.6	15.7	10.7
2012	74.0	15.5	10.5
2013	74.7	15.2	10.1
2014	75.5	14.8	9.8
2015	76.4	14.5	9.1
2016	77.2	14.1	8.7

資料：統計庁「経済活動人口調査」。
出所：韓国労働研究院『2017　KLI 労働統計』2017 年，
　　　p.34 より作成。

減少している。また，自営業者や家族従事者は，年々減少しつつある。OECD
加盟国では「賃金労働者」の割合が8割を超えているがそれに比べると低く，
「自営業者」が比較的大きな割合を占めているのが特徴的である[6]。
　女性就業者の職業分布をみると，専門職，事務職，サービス職，販売職，単

図表 7 女性就業者の職業分布

(単位：%)

年	2004	2006	2008	2010	2011	2012	2013	2014	2015	2016
管理職	0.4	0.5	0.5	0.5	0.5	0.5	0.4	0.4	0.3	0.3
専門職	16.0	17.7	19.3	20.5	20.9	21.1	21.9	22.4	22.8	23.0
事務職	16.1	16.6	17.1	17.8	18.6	18.8	18.8	19.0	18.9	19.5
サービス職	18.6	18.2	18.1	16.3	16.2	16.3	16.1	16.1	16.4	16.7
販売職	17.4	16.3	15.5	15.5	14.7	14.6	14.2	14.7	14.5	14.0
農・漁業職	8.2	7.8	7.0	5.9	5.8	5.6	5.5	5.1	4.5	4.2
技能職	4.3	3.7	3.6	3.3	3.3	3.1	2.9	2.7	2.8	2.9
装置，機械操作及び組立職	3.9	3.7	3.3	3.3	3.2	3.5	3.7	3.8	3.7	3.5
単純労務職	15.1	15.7	15.5	16.8	16.8	16.3	16.2	15.9	16.1	15.9

出所：統計庁「経済活動人口調査付加調査」より作成。

純職が多い（図表7）。特に，女性は，これまで事務や販売，サービス職が多かったが，高学歴女性の社会進出が増加するとともに，専門職として働く女性が継続的に増加している。専門職の割合は 2004 年の 16.0％から 2016 年には 23.0％まで上昇している。専門職の場合は，他の職種より賃金水準が高く，雇用も安定しているので，専門職で働く女性は今後も増え続けると考えられる。

3. 非正規雇用の増加と非正規雇用保護法の法制化

(1) 非正規雇用の現状

　韓国では1997年の経済危機以降，雇用状況が悪化し，日本よりも非正規雇用が増加している。非正規労働者の規模については，定義の仕方によって大きく異なる。韓国ではこの定義をめぐって研究者，政府，労働組合の間で論争が続いている[7]。そこで，労使政委員会の合意により非正規労働者を次のように分類した。すなわち，雇用の継続性（の有無）を基準にした限時的労働者（contingent worker）や期間制労働者，労働時間を基準にしたパートタイマー，そして労働提供方法を基準にした非典型労働者（派遣，請負，特殊雇用職，在宅労働者）が含まれることになった[8]。しかし，非正規労働者に対する概念は統一されたものの，政府と労働組合が発表する非正規労働者の数や割合には大きな隔たりがある[9]。このようなギャップは臨時・日雇労働者が 4-5 割を占めているの

に，政府は雇用契約が反復・更新される臨時・日雇労働者をいわゆる「長期臨時職」として正規労働者に分類する一方，労働側はそれを非正規労働者に含めているからである[10]。

　韓国で非正規労働者は，「限時的労働者」，「時間制労働者」，「非典型労働者」の３種類に分類される。限時的労働者はさらに，雇用契約期間に定めのある「期間制」，雇用契約期間に定めはないが更新の繰り返しによって雇用が継続される「繰返更新」，雇用期間の定めがなく非自発的理由で雇用の継続が見込めない「継続不能」の３つの形態に分けられる。「時間制労働者」は職場で同種業務に従事する通常労働者より所定労働時間の短い労働者であり，「非典型労働者」は派遣や請負などの労働者である。

　2013 年の非正規労働者数は 594 万 6,000 人で，全雇用労働者の 32.6％を占め，３人に１人が非正規労働者である。その内訳をみると，「期間制労働者」は 276 万 1,000 人で非正規労働者全体の約半数（46.4％）を占めている。また，「時間制労働者」は 188 万 3,000 人（31.7％），「非典型労働者」は 228 万 9,000 人（38.5％）である（図表9）。特に，時間制労働者の増加が目立つが，これは時間制の仕事が増えるのが雇用市場の傾向でもあり，政府による仕事の時間選択制政策が影響を及ぼしたと考えられる。

　非正規労働者の増大要因としては，次の点が指摘されている[11]。第１に，1990 年代後半以降，韓国企業は人員削減（downsizing），外注化（outsourcing），分社化（spin off），そして非正規労働者の活用の拡大などを通じて雇用関係の外部化を進めてきたことである。そのねらいは人件費の抑制と景気変動による雇用量の調整を図るためである。第２に，非正規労働者が現行の正規労働者中心の企業別組合に組織されないという点を狙い，労働組合の組織を萎縮させようとする使用者の戦略的意図が働いていたことである。第３に，国内外の市場における競争激化を促すグローバル化という外的な環境変化である。韓国は 1990 年代初め以来，グローバル化，開放化のなかで，国際競争力を向上させるための労働市場の柔軟化を進めてきた。特に，経済危機をきっかけに「労使政合意」を引き出し，使用者の整理解雇と派遣労働者の活用を許容する労働法の改正を断行した。第４に，政府主導の新自由主義的構造改革と企業の短期利益中心の経営方式により，非正規労働者の活用が大きく増大したにもかかわ

図表 8　女性就業者の雇用形態

（単位：％）

年	賃金労働者	常用	臨時	日雇い
1990	56.8	21.4	22.5	12.9
1995	59.6	25.5	24.2	9.8
2000	61.5	19.1	28.5	13.9
2005	67.1	25.6	30.2	11.3
2010	72.9	34.5	30.0	8.4
2011	73.6	37.1	28.7	7.9
2012	74.0	38.7	28.3	7.0
2013	74.7	40.6	27.5	6.5
2014	75.5	42.1	27.4	6.0
2015	76.4	43.1	27.5	5.8
2016	77.2	44.7	27.5	5.1

資料：統計庁「経済活動人口調査」。
出所：韓国労働研究院『2017　KLI 労働統計』, p.34 より作成。

らず，それを阻止・規制しようとする労働組合の対応が消極的であった。

　女性就業者の多くは，賃金労働者であるが，どのような働き方をしているか，雇用形態でみると，2016 年現在，女性就業者の 44.7％が常用労働者で，臨時労働者が 27.5％，日雇い労働者が 5.1％を占める（図表 8）。臨時職と日雇い職を非正規雇用として見做せば，就業者の 32.6％が非正規職である。

　さらに雇用形態を拡大すると，女性非正規労働者は，2002 年の 32.9％から 2016 年には 41.0％に上昇している。非正規労働者の雇用形態別就業者も年々増加しつつある。非正規労働者は限時的労働や時間制労働が圧倒的に多い（図表 9）。

(2)　非正規雇用保護法案の成立

　非正規労働者の増加は社会問題にまで広がり，非正規労働者を保護する法律が成立した。

　韓国では非正規雇用の処遇改善や非正規雇用の正規雇用への転換促進などを目指し，「期間制及び短時間勤労者保護等に関する法律」と「派遣勤労者保護等に関する法律」のいわゆる「非正規雇用保護法」が 2007 年 7 月 1 日より施行

図表 9　女性非正規職の雇用形態別就業者数および割合

（単位：千人，%）

年	正規労働者	非正規労働者	限時的労働	期間制労働	時間制労働	日雇い労働	特殊労働	派遣労働	用役労働	家庭内労働
2002	3,870 [67.1]	1,902 [32.9]	913 (48.0)	633 (33.3)	579 (30.4)	149 (7.8)	443 (23.3)	48 (2.5)	124 (6.5)	190 (10.0)
2003	3,546 [60.4]	2,320 [39.6]	1,431 (61.7)	1,104 (47.6)	689 (29.7)	208 (9.0)	371 (16.0)	57 (2.5)	142 (6.1)	148 (6.4)
2004	3,434 [56.3]	2,662 [43.7]	1,681 (63.1)	1,144 (43.0)	794 (29.8)	271 (10.2)	403 (15.1)	64 (2.4)	174 (6.5)	147 (5.5)
2005	3,539 [56.3]	2,747 [43.7]	1,751 (63.7)	1,244 (45.3)	736 (26.8)	252 (9.2)	394 (14.3)	75 (2.7)	183 (6.7)	127 (4.6)
2006	3,690 [57.3]	2,752 [42.7]	1,712 (62.2)	1,255 (45.6)	790 (28.7)	230 (8.3)	431 (15.7)	65 (2.4)	229 (8.3)	160 (5.8)
2007	3,851 [57.9]	2,796 [42.1]	1,625 (58.1)	1,123 (40.2)	843 (30.1)	291 (10.4)	421 (15.1)	92 (3.3)	253 (9.0)	100 (3.6)
2008	3,991 [59.2]	2,746 [40.8]	1,587 (57.8)	1,093 (39.8)	857 (31.2)	255 (9.3)	413 (15.0)	75 (2.7)	272 (9.9)	58 (2.1)
2009	3,891 [55.9]	3,073 [44.1]	1,824 (59.4)	1,451 (47.2)	1,058 (34.4)	308 (10.0)	433 (14.1)	93 (3.0)	279 (9.1)	87 (2.8)
2010	4,228 [58.2]	3,037 [41.8]	1,704 (56.1)	1,283 (42.3)	1,194 (39.3)	263 (8.7)	397 (13.1)	107 (3.5)	274 (9.0)	65 (2.2)
2011	4,273 [57.2]	3,203 [42.8]	1,798 (56.1)	1,403 (43.8)	1,232 (38.5)	336 (10.5)	416 (13.0)	105 (3.3)	297 (9.3)	66 (2.1)
2012	4,445 [58.5]	3,154 [41.5]	1,735 (55.0)	1,396 (44.2)	1,320 (41.8)	289 (9.2)	358 (11.3)	114 (3.6)	310 (9.8)	59 (1.9)
2013	4,661 [59.4]	3,187 [40.6]	1,789 (56.1)	1,421 (44.6)	1,357 (42.6)	247 (7.7)	360 (11.3)	123 (3.9)	269 (8.4)	67 (2.1)
2014	4,890 [60.1]	3,251 [39.9]	1,781 (54.8)	1,409 (43.3)	1,445 (44.4)	248 (7.6)	335 (10.3)	114 (3.5)	278 (8.6)	54 (1.7)
2015	5,044 [59.8]	3,390 [40.2]	1,891 (55.8)	1,493 (44.0)	1,548 (45.7)	269 (7.9)	355 (10.5)	123 (3.6)	306 (9.0)	47 (1.4)
2016	5,081 [59.0]	3,538 [41.0]	1,949 (55.1)	1,561 (44.1)	1,772 (50.1)	258 (7.3)	342 (9.7)	99 (2.8)	341 (9.6)	40 (1.1)

注：1）［　］内は賃金労働者に対する割合，（　）内は非正規労働者に対する割合。
　　2）非正規労働者：1次的に勤労形態によって定義されるもので，①限時的労働者，②時間制労働者，③非典型労働者などで分類される。したがって，勤労形態別就業者を全て合計した数ではない。
　　3）限時的労働者：労働契約期間または期間を定めた労働者または定めてはいなかったが，契約の反復更新によって継続的に働ける労働者と非自発的な事由によって継続的に勤務を期待できない労働者。
　　4）期間制労働：勤労契約期間を設定した勤労が該当。
　　5）時間制労働：職場で勤務するよう定められた所定の労働時間が同一事業場で同一の種類の業務を遂行する労働者の所定労働時間より1時間でも短い労働者で，週36時間未満働くことが定められている場合が該当。
　　6）派遣労働：賃金を支払い雇用関係が維持される雇用主と業務指示をする使用者が一致しない場合で，派遣事業主が労働者を雇用した後，その雇用関係を維持しながら労働者派遣契約の内容により使用事業主の事業場で指揮・命令を受け，使用事業主のために勤務する形態。
　　7）用役労働：用役会社に雇用され，この会社の指揮下でこの会社と用役契約を締結した他の会社で勤務する形態（例：掃除用役，警備用役などで勤務する者）。
　　8）特殊労働：独自的な事務室，店舗または作業場を保有せず非独立的な形態で，業務を遂行するもの。ただし，労働提供の方法，労働時間などは独自的に決定しながら個人的に募集・販売・運送などの業務を通じて顧客を探すか迎えて商品やサービスを提供し，その仕事を遂行しただけ所得を得る勤務形態。
　　9）家庭内労働：在宅勤務，家庭内下請などのように，事業体が提供してくれた共同作業場でない家庭内で勤務（作業）が行われる形態。
　　10）日雇い労働：労働契約を定めず，仕事が発生した場合，数日または数週働く形態。
資料：統計庁『経済活動人口調査　付加調査』。
出所：韓国労働研究院『2017　KLI労働統計』2017年，p. 37。

された[12]。ただし，従業員 300 人未満の事業場は 2008 年 7 月 1 日以降に段階的に適用される。同法では ① 非正規雇用に対する「合理的理由」（具体的な基準は労働委員会で策定）のない差別処遇を原則禁止する，② 期間の定めのある労働者を 2 年以上雇用すれば，事業主は「期間の定めのない労働契約」（正規雇用）を結んだとみなす，③ 派遣労働に関しては 2 年経過後，事業主に直接雇用を義務づける，などが規定されている。また，「合理的な理由」なしに差別を受けた非正規労働者は労働委員会にその是正を求めることができ，労働委員会が差別と判断した場合には事業主に是正命令が下される。また，差別禁止規定を不履行の場合は，事業主に対して最高 1 億ウォンの罰金が科せられる[13]。

　非正規雇用保護法の施行によりさまざまな問題が浮き彫りになった。企業によっては，労使協議に基づき非正規雇用を正規雇用に転換したケースはあったものの，契約期間が経過する前に解雇したり，外注を行なったりするケースがみられた。たとえば，流通大手のイーランド・ニューコアが労働者を雇ってから 2 年になる前に解雇したり，既存の正規雇用が担っていた業務を外部委託するなどの動きがあった[14]。

　このように，非正規雇用の保護という趣旨から導入された非正規雇用保護法案が非正規雇用を量産する逆効果をもたらし，非正規労働者の雇用不安が高まった。そのため，非正規雇用保護法を再改正する動きもある[15]。

　労働組合は非正規雇用の問題を賃金・団体交渉の主要争点とし，正規雇用への転換を使用者側に要求するなど労使間の対立が目立った。さらに，民主労総は非正規雇用保護法の再改正を求めた。その要求内容は，① 非正規雇用濫用の抑制のための使用者事由制限の導入，② 同一価値労働同一賃金原則の明文化，③ 労働組合に差別是正申請権の付与，④ 常時的・持続的業務に対する外注禁止である。

Ⅲ．男女間の賃金格差

　韓国の「男女雇用平等法」（1988 年施行）では，賃金差別を禁止している。同法第 8 条第 1 項は，同一価値労働・同一賃金原則を定めており，第 2 項では

同一価値労働の基準を規定している。男女雇用平等法は，1989年に改正が行わ
れ，韓国の法律で初めて事業主に対し，同一価値労働・同一賃金原則の遵守を
義務づけ，違法行為が認められた場合には，250万ウォンの罰金を課せられる
ようになった。また，1995年の改正では，「事業主が同一価値労働の基準を定
めるにあたり苦情処理機関の労働者代表者の意見を聞く必要がある」という規
定を挿入し，罰則も強化し，違反時には2年以下の懲役または1千万ウォン以
下の罰金を課すようになった[16]。

　この法で用いられる「同一価値労働」の意味・判断基準・方法などは，雇用
労働部の「雇用平等業務処理規定」に明記されている。この規定によると，「同
一価値労働」とは，職務遂行に必要な技術，労力，責任および作業条件などの
基準に鑑みて互いに比較される男女間の労働が同一であるか，ほとんど同じ性
質の労働，または各職務に多少違いはあっても，職務評価などの方法により本
質的に同一な価値があると認められる労働をいう。互いに比較される男女間の
労働が，同一価値なのかどうかを判断する際には，上記の基準の他に当該労働
者の学力・経歴・勤続年数などを総合的に考慮しなければならない[17]。

　この規定により，同一労働についての男女差別賃金体系，つまり銀行の女子
行員制度と大企業の女子社員制度，性別分離号俸制度が廃止されるなどの成果
があり，また男性について一律に軍経歴を認め男性に女性よりも高い号俸を策
定する慣行なども違法差別行為と認められるようになった。同一価値労働・同
一賃金原則において最も大きな問題は，「同一労働ではない異なる業務を遂行
する男女労働者の業務が同一の価値をもつ業務であるのかどうか」といった判
断基準である。同一労働についての男女差別的賃金体系は大きく是正されたも
のの，賃金格差については依然として大きいのが現状である[18]。雇用労働部の
「賃金構造基本統計調査」によると，男女賃金格差は2000年の66.7％から2016
年には68.6％へと縮小傾向にはあるものの，依然として格差は大きい（図表
10）。

　男女間の賃金格差を国際比較でみると，OECD諸国の中で韓国が日本に次い
で男女の賃金格差がもっとも大きい[19]。男女賃金格差は全世界的に縮小する傾
向にある。男女賃金格差縮小の先進国はフランス，スウェーデンなどであり，
格差はほぼ10％台半ばである。1975年に4割近い格差があった米国，英国でも

図表 10　男女賃金格差の推移（定額給与基準）

（単位：千ウォン，％）

年	男性（A）	女性（B）	B/A
2000	1,325	883	66.7
2001	1,412	945	66.9
2002	1,553	1,032	66.4
2003	1,688	1,129	66.9
2004	1,791	1,205	67.3
2005	1,929	1,307	67.7
2006	2,058	1,401	68.1
2007	2,192	1,484	67.7
2008	2,332	1,587	68.0
2009	2,361	1,599	67.7
2010	2,445	1,673	68.4
2011	2,526	1,752	69.4
2012	2,641	1,843	69.8
2013	2,734	1,907	69.8
2014	2,871	1,960	68.3
2015	2,952	1,997	67.6
2016	3,034	2,081	68.6

注：1. 常用勤労者 5 人以上の事業所
　　2. 各年度 6 月基準
出所：雇用労働部『賃金構造基本統計調査』各年度。

現在は 20％以下となっている。韓国の場合，1975 年から 1985 年頃まで 5 割以上の格差があり，欧米と比較して大きな格差を保っていた。しかし，それ以降，縮小傾向に転じ，2012 年には 38.2％まで低下しているが，なお，OECD 諸国と比較すると格差は大きい（図表 11）。日本の場合も 1975 年から 1990 年頃まで 4 割以上の格差があり，欧米と比較して大きな格差を保っていた。しかし，1990 年以降，縮小傾向が明確となり 2012 年で 28.9％まで低下しているが，なお，欧米と比較すると格差は大きい。

　韓国が先進諸国に比べて男女間の賃金格差が大きい理由としては，労働市場の構造的特徴が指摘されている[20]。一つは，男女間における職種が分離されていることである。女性が男性より賃金を少なくもらう最も大きな理由は，高額賃金職や高位職に女性が絶対的に少ないからである。家事や育児などを主に責任をもつ女性は男性に比べて労働時間が柔軟な職種を選び，これは高額賃金職などから排除される結果につながるということである。二つは，女性労働市場

図表 11　男女賃金格差の国際比較（2007－2012 年平均）

(%)

韓国	38.2
日本	28.9
英国	19.9
米国	19.2
ドイツ	17.0
スウェーデン	15.4
オーストラリア	14.6
フランス	14.1
イタリア	11.2
スペイン	8.9
ベルギー	7.8

注：フルタイム労働者を基準に，男女平均賃金の格差を男性平均賃金で割った数値。
出所：OECD 諸国の男女賃金格差 http://www2.ttcn.ne.jp/honkawa/3350.html(2017/8/25)。

　の二重構造である。高学歴化により高い賃金をもらっている女性が増加している一方，結婚や出産により経歴が断絶され低賃金職種でしか働けない女性，つまり M 字型カーブがまだ存在していることが女性の労働力率や賃金を低下させる要因となっていることである。

　男女間の賃金格差を年齢別にみると，若年層では差はほとんど見られないが，30 代から 50 代では，年齢が上がるにつれて男女間の賃金格差は広がっていき，50 代半ば以降は，再び縮小していく（図表12）。

　男性賃金に対する女性賃金の比率を学歴別にみると，中卒で 75.0％，高卒で

図表 12　年齢別男女賃金格差（2013 年）

（単位：%）

区　分	15～ 19 歳	20～ 24 歳	25～ 29 歳	30～ 34 歳	35～ 39 歳	40～ 44 歳	45～ 49 歳	50～ 54 歳	55～ 59 歳	60～ 64 歳	65 歳 以上
男性に対する女 性の賃金水準	104.6	106.5	99.1	95.6	81.8	64.6	55.5	53.3	56.1	64.0	78.6
賃金格差	－4.6	－6.5	0.9	4.4	18.2	35.4	44.5	46.7	43.9	36.0	21.4

注：1.　賃金格差＝（男性時間当たり賃金－女性時間当たり賃金）/男性時間当たり賃金×100
　　2.　雇用労働部の「雇用形態別勤労実態調査（2013 年）資料を活用して分析したもので 5 人以上の常用勤労者基準
　　3.　個人別賃金および個人別労働時間を活用して分析したもので平均値分析とは結果が多少異なる
出所：韓国雇用情報院「性別賃金格差原因分析」『雇用動向ブリーフ』，2014 年 10 月。

図表 13　学歴別男女賃金格差 (2013 年)

(単位：%)

区　分	中卒以下	高卒	短大卒	大卒	大学院卒以上
男性に対する女性の賃金水準	75.0	73.7	76.8	71.5	80.3
賃金格差	25.0	26.3	23.2	28.5	19.7

注：1.　賃金格差＝(男性時間当たり賃金 − 女性時間当たり賃金)/男性時間当たり賃金×100
　　2.　雇用労働部の「雇用形態別勤労実態調査 (2013 年) 資料を活用して分析したもので 5 人以上の常用勤労者基準
　　3.　個人別賃金および個人別労働時間を活用して分析したもので平均値分析とは結果が多少異なる
出所：韓国雇用情報院「性別賃金格差原因分析」『雇用動向ブリーフ』，2014 年 10 月。

図表 14　勤続年数別男女賃金格差 (2013 年)

(単位：%)

区　分	1 年未満	1 年〜2 年未満	2 年〜3 年未満	3 年〜4 年未満	4 年〜5 年未満	5 年〜10 年未満	10 年以上
男性に対する女性の賃金水準	78.2	78.1	76.7	76.0	75.7	74.5	77.7
賃金格差	21.8	21.9	23.3	24.0	24.3	25.5	22.3

注：1.　賃金格差＝(男性時間当たり賃金 − 女性時間当たり賃金)/男性時間当たり賃金×100
　　2.　雇用労働部の「雇用形態別勤労実態調査 (2013 年) 資料を活用して分析したもので 5 人以上の常用勤労者基準
　　3.　個人別賃金および個人別労働時間を活用して分析したもので平均値分析とは結果が多少異なる
出所：韓国雇用情報院「性別賃金格差原因分析」『雇用動向ブリーフ』，2014 年 10 月。

73.7%，大卒では 71.5%，大学院卒以上では 80.3% となっている（図表 13）。賃金格差は高学歴ほど小さい。

　次に勤続年数別でみた場合，勤続年数が長くなるほど賃金格差は拡大していくが，10 年以上になると，格差は縮小していく（図表 14）。同一企業において，勤続年数が長くなれば賃金が上昇していく仕組みを鑑みれば，女性の勤続年数が短いことは，男女賃金格差の大きな要因になっている。

　また，雇用形態別にみると，男性正規職の時間当たりの賃金を 100 とした場合，女性正規職のそれは 69.0 に過ぎず，非正規職となると，さらに低くなる

図表 15　雇用形態別賃金格差

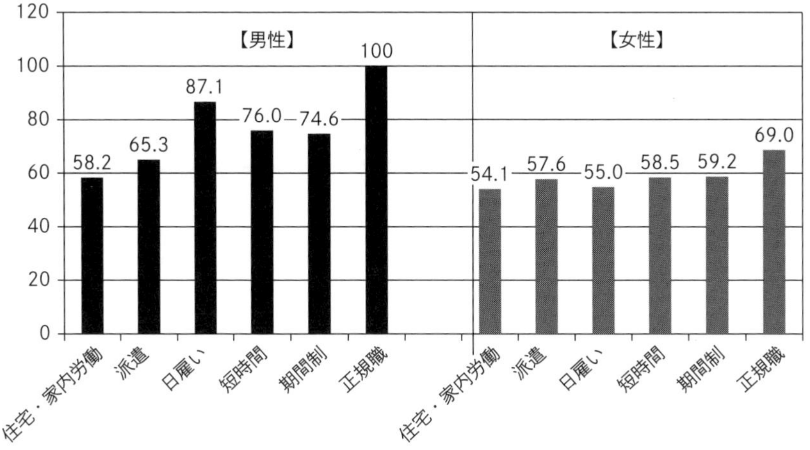

資料：雇用労働部『雇用形態別勤労実態調査』2013 年。
出所：韓国雇用情報院「性別賃金格差原因分析」『雇用動向ブリーフ』，2014 年 10 月より作成。

（図表 15）。最近は正規職や非正規職という雇用形態に関わらず，同じ仕事なら
同じ賃金を支払うべきだという「同一労動同一賃金（Equal pay for equal
work）」の導入に向けて積極的な動きを見せているものの，その成果が出るま
ではまだ時間がかかることが予想される。

　韓国雇用情報院は，男女の賃金格差は女性が結婚，出産，育児という経歴断
絶（キャリアブレーク）を経験し，その後再び労働市場に参入する際に，以前
より条件の悪い雇用形態となるという女性労働市場の特徴に大きく起因してい
ると分析している。女性の非正規職の賃金水準が男性正規職に比べて低いこと
と，女性の非正規職比率が男性に比べて多いことを考えると，雇用形態の差
は，男女の賃金格差を広げている大きな要因のひとつとなっているといえる。

　さらに，韓国雇用情報院の男女賃金格差の分析結果によれば，男女の賃金格
差のうち，男女の特性による違いで説明できる部分は 52.1％となるとしてい
る。その内訳は，勤続年数に起因する部分が 25.7％，年齢に起因する部分が
12.0％，学歴に起因する部分が 11.4％，その他，企業規模 2.5％，雇用形態
0.4％，産業 0.2％と続く（図表 16）。そして，男女の賃金格差のうち，特性によ
る差異では説明できない部分が存在し，それが 31.3％占めるとしている。すな

図表 16 男女賃金格差の要因

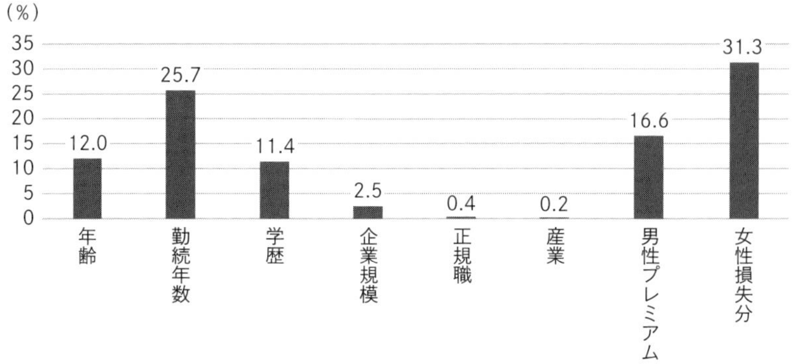

資料：雇用労働部「雇用形態別勤労実態調査」2013 年。
出所：韓国雇用情報院「性別賃金格差原因分析」『雇用動向ブリーフ』, 2014 年 10 月, p.10。

わち，この 31.3％の部分は，女性であるという理由だけで男性より賃金が低く
抑えられている「女性損失部分」であり，したがって，残りの 16.6％について
は，男性がその生産性以上に得ている「男性賃金プレミアム」であると分析し
ている[21]。

　韓国政府も「女性が存分に能力を発揮できるための支援」が掲げられ，女性
のキャリア維持支援として男性の育児休業取得の奨励や，フルタイム勤務では
なく「時間選択制[22]」（短時間正社員制度）に転換できる制度の整備が進められ
ている。

Ⅳ．女性雇用政策

1．女性雇用関連の法律

　韓国では男女間の差別を解消し，女性が活躍できる法整備が推進されてき
た。主な法律は次のとおりである[23]。

⑴　男女雇用平等法

　「男女雇用平等法」は，雇用における男女の平等な機会と待遇を保障するこ

とを目的として，1987 年に制定され，1988 年から施行することになった[24]。日本の「男女雇用機会均等法」（1985 年制定，86 年施行）に相当する。韓国における男女雇用平等の動きは，1975 年の国連「国際婦人年」，1979 年の国連女子差別撤廃条約の採択等の国際的な流れと 1980 年代の民主化運動と共に進展した女性運動は，大きな政治勢力として与野党が共に無視できない存在となり，選挙の際に女性団体や女性有権者を意識せざるをえなくなったこともある[25]。

　このような動きの中で韓国政府は，1984 年に「女子差別撤廃条約」の批准によって，男女雇用平等を具体的に保障するための法律を整えた。その後，数回にわたる改正を経て，間接差別概念の導入や罰則の強化がはかられ，制度的には相当発展しているといえる[26]。

　主な改正内容は図表 17 のとおりである。

図表 17　男女雇用平等法の改正

改正年	主な改正内容
1989 年	事業主が労働者を性別，結婚，妊娠，出産等の理由により採用や労働条件において差別することを禁止。女性の雇用拡大や差別改善のための積極的措置が最初に取り扱われる。育児休職制度の実効性を補うために，育児休職期間を勤続年数に含め，育児休職を取得しても昇給・昇進・退職金等に不利益が発生しないように改正。
1995 年	育児休職制度の適用対象者が「女性労働者」から「女性労働者あるいは配偶者の男性労働者」まで拡大。賃金以外に生活補助金や資金融資において女性差別を禁止する規定を新設。女性労働者を採用する際，容貌，体重，身長などの身体的条件や未婚条件の提示や要求を禁止。違反した時の罰則規定を新設。
1999 年	「間接差別」の概念を導入。職場内のセクシュアル・ハラスメントの定義，予防教育，加害者に対する懲戒などを規定。
2001 年	勤労基準法の適用範囲が常時労働者 5 名以上の事業所からすべての事業所に拡大。育児休職対象者の範囲拡大，育児休職期間中の解雇禁止規定を新設。
2005 年	産前産後休暇給付を全額支援に拡大。
2007 年	配偶者出産休職制度（3 日）を新設。
2012 年	配偶者出産休暇を拡大（5 日の範囲内で 3 日以上）。家族看護休職制度を強化（年間最長 90 日）

出所：金明中「韓国における女性の労働市場参加の現状と政府対策」『日本労働研究雑誌』No.643，2014 年，pp.11-12。

(2) 母性保護関連法

　「母性保護関連法」は，働く女性の母性保護のための法律で「勤労基準法」，「男女雇用平等法」，「雇用保険法」の 3 つの法律を総称した法律である。例えば，勤労基準法には，女性の使用を禁止する規定や妊婦の保護と授乳時間に対する規定があり，男女雇用平等法には育児休職，保育施設に対する規定が設けられている。また，雇用保険法には出産休暇や育児休職，職場保育施設に対する支援，育児休職奨励金や女性雇用促進奨励金に対する規定などが含まれている。2001 年には出生率低下に対する対策の一つとして，母性保護関連の 3 つの法律の関連条項が一斉に改正された[27]。具体的な内容としては，これ以前は 60 日であった産前産後休暇を 90 日に拡大し，この拡大した 30 日の給与支給については雇用保険から賄うこととした。有給育児休職（1 歳まで）の対象を全ての労働者に拡大し，育児休職給付として 1 か月 20 万ウォンの支援金（2005 年現在は 40 万ウォン）を雇用保険から支給する等，出産育児のコストを社会が負担するよう法的に定めた。その他，出産や育児休職の取得を理由とする差別的解雇を実施した企業に対し罰金額を大幅に引き上げる改正もなされた[28]。

　法改正により産休，育休を利用する女性労働者は毎年増えている。女性の産休利用者の中で，女性の育休利用者は 2002 年に 16.2％であったが，2012 年には 66.7％へと大幅に増加した。男性の育休利用者は極めて少なく，全体の育休利用者のなかで男性が占める割合は，2002 年 2.07％，2012 年 3.29％で，約 10 年間大きな変化が見られない。

　韓国労働組合総連盟（労総）が調べた男性労働者を対象にした育児休業関連アンケート調査によれば，89.6％が「育児休職機会があれば使う」と回答しているが，実際育休を使うことができない理由として，58％が「職場での雰囲気を意識して」，24.8％が「育児給付金が不十分である」と答えている。また，韓国労働研究院（2001）は育児休業制度に関する世論調査から，育児休業制度が活用されない理由を調査している。それによると，① 会社と同僚に悪い，② 人事考課，昇進上不利となる，③ 休職以降の雇用が不安である，④ 休職期間中の経済的損失があるなどの理由があげられている[29]。

　2005 年の改正法案では，非正規職に就く女性の増大に伴い妊娠出産の際に労働契約を解約する事例が多発していることから，「産前産後休暇期間及びその

後 30 日間は再契約の拒否等，契約満了を理由とする労働契約の解約も禁止する」という改正案が出ていた。しかし，この点については，「女性の雇用に否定的な影響を及ぼす可能性がある」との理由から，小委員会での審議において削除された[30]。

(3) 女性起業支援法

　「女性起業支援法」（女性起業支援に関する法律）は，女性が経営する企業に対する優遇策を盛り込んだ法律で，女性の企業活動や女性の起業を支援し，男女の実質的な平等を伴い，女性の経済活動や女性経営者の地位向上を実現する目的で，1999 年に制定・施行された。

　同法の制定後，政府は，女性の経営する企業を体系的に支援するための女性起業の実態調査の実施や女性起業専門情報システムの構築，女性起業保育センターの運営，女性企業優秀商品博覧会，女性デザイナーファッションショー，海外市場開拓団や海外研修団の派遣を通じた女性企業に対する支援事業等，起業活性化や競争力強化のための多様な事業を遂行してきた[31]。

　2005 年 5 月には，一部改正法案が可決された。これまで同法が支援するのは「女性が経営する企業」であり，男性が経営する企業において最高意思決定にかかわる女性役員等に対しては特に支援してこなかった。これは，「女性の経済活動を高める」という法律の趣旨に反するとして，男性の経営する企業であっても，当該企業の最高意思決定に参加する女性であれば，支援対象に含めるよう改正した[32]。

　同法の制定以降，女性経営者は少しずつ増加することになり，1999 年に34.6％であった全経営者に占める女性経営者の割合は2009年には37.1％まで上昇した。女性経営者の分布を業種別にみると，「宿泊及び飲食店」が66.7％で最も多く，次に「教育サービス業（57.4％）」，「修理及び個人サービス業（46.6％）」の順となっている[33]。

(4) 乳幼児保育法

　「乳幼児保育法」は，家庭内養育が困難な乳幼児の保育を対象に，常時女性勤労者 500 人以上の事業所に対して，単独あるいは共同で職場に保育所を設

置，もしくは地域の保育所と委託契約を締結して，女性の子育て支援を行うことを義務付けたもので，1991 年に制定された。また，この法律では，職場に保育所を設置できない事業主は，代わりにその従業員に保育手当を支給することが求められた[34]。

　2004 年改正では，保育に対する公共投資・保育予算の拡大が規定され，保育施設評価認定制度および保育士の資格管理体系が導入された。また，2006 年改正では，女性 300 人以上または従業員数 500 人以上の事業所に職場保育所の設置義務が課された。2011 年の改正では，保育所設置に係る義務を履行していない事業主を公表することとした[35]。

2. 女性活躍のための施策

(1) 積極的雇用改善措置の導入

　韓国は日本と同様，女性管理職が少ないということが知られている[36]。管理職に占める女性の比率を国際比較でみると，韓国は 10.5％と最も低く，次いで日本（12.5％）となっている。女性管理職の比率が高い国は，アメリカ（43.6％），スウェーデン（39.5％），フランス（31.7％）などの欧米諸国のほか，フィリピン（46.6％），シンガポール（34.0％）などのアジア諸国と比べても低い水準にとどまっている（図表 18）。

　韓国女性政策研究院の「女性管理職パネル調査」によると，企業の全管理職者数に占める女性管理職者数の比率は，2007 年の 7.8％から 2012 年には 11％へと増加している。一方，課長クラスから次長クラスにかけての昇進において，女性は男性と比べて昇進率が低下している。これは企業の人事慣行における構造的な制約によるものであり，これまで韓国の企業は，女性をコア人材たる管理職として育成することに消極的であったためと考えられる[37]。

　女性管理職が少ないだけでなく，管理職に登用されたとしても差別的な待遇に不満を感じ，退職してしまうこともある。韓国女性政策研究院の「女性管理職パネル調査[38]」によると，職場で差別を受けた経験のある人はほぼ 4 割に達し，どのような差別を経験したかという質問に対しては「昇進，昇給の差別」という回答が 4 割程度で，最も高い。差別を受けた理由として考えられることについては，「男性中心の組織文化であるため」という回答が最も多い。また，

図表 18　管理職に占める女性比率（2015 年）

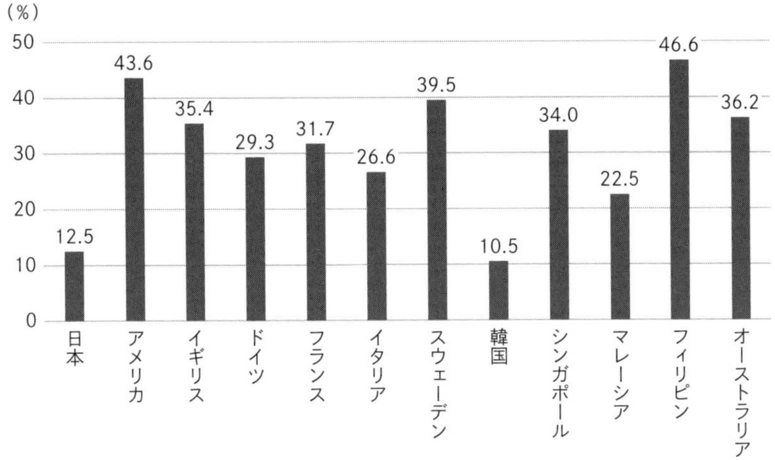

(%)

```
50                                              46.6
        43.6                          39.5
40              35.4                          34.0        36.2
                      31.7
30            29.3        26.6                      22.5
20
    12.5                          10.5
10
0
   日  ア  イ  ド  フ  イ  ス  韓  シ  マ  フ  オ
   本  メ  ギ  イ  ラ  タ  ウ  国  ン  レ  ィ  ー
      リ  リ  ツ  ン  リ  ェ     ガ  ー  リ  ス
      カ  ス     ス  ア  ー     ポ  シ  ピ  ト
                      デ     ー  ア  ン  ラ
                      ン     ル        リ
                                        ア
```

出所：労働政策研究・研修機構『データブック国際労働比較（2017 年版）』，p.89。

　職場を変わったことのある人（転職経験のある人）に対し，前の職場を辞めた理由をみると，「労働条件に不満」が54.4％と最も多い[39]。
　女性の経歴断絶を防ぐためには，女性に対する昇進，昇給における差別を解消し，教育訓練等における機会を均等にするなど，人事制度や組織文化の改善に企業が積極的な役割を果たしていく必要がある[40]。韓国で女性人材が少ない理由として，第一に，採用時における差別，第二に，採用の際，男性には「軍服務加算点制度」が適用されること，第三に，高学歴女性の経歴断絶により管理職になれる女性が少ないこと，が指摘されている[41]。
　韓国政府は，女性の雇用拡大及び差別改善のため「積極的雇用改善措置」（Affirmative Action：以下 AA という）を導入している。韓国において女性の雇用拡大や差別改善のための積極的措置を最初に扱ったのは，1989年の男女雇用平等法の改正案であった。1996年には積極的措置の一つである「公務員採用目標制」が導入され，2004年からは公的企業や政府投資機関に対して積極的措置がモデル事業として施行された[42]。その後，2005年12月に男女雇用平等法を改正し，2006年3月1日から政府投資機関，政府傘下機関，1,000人以上の企業に積極的雇用改善措置が施行された。また，2008年3月1日からは500人以

上の企業と 50 人以上の公共機関に拡大・適用され，2013 年 5 月 1 日からはすべての公共機関に拡大・適用された[43]。

　積極的雇用改善措置とは，政府，地方自治体及び事業主などが現存する雇用上の差別を解消し，雇用平等を促進するために行う取り組みである。すなわち，積極的雇用改善措置は，同種業種の他の企業に比べて女性を顕著に少なく雇用したり女性管理職比率が低い企業に対し，間接差別の兆候があると見て，女性雇用が不十分な原因を探して企業自ら改善していく制度である[44]。

　韓国における積極的雇用改善措置の導入背景としては，少子高齢化に伴って国や企業の持続的な成長のためには，女性の労働力がより活用されるべきであるという社会的要求や企業の必要性により導入されることになった。また，多様な人材の活用を企業の主な経営戦略として活用し，企業の業績向上やイメージ改善に効果を挙げている海外企業の事例などが韓国に紹介され，女性人材の積極的な活用に企業の関心も高まることになった[45]。

　積極的雇用改善措置制度の主な内容は，① 対象企業の男女労働者や管理者の現状を分析すること，② 企業規模及び産業別における女性や女性管理職の平均雇用比率を算定すること，③ 女性従業員や女性管理職比率が各部門別において平均値の60％に達していない企業を把握，改善するように勧告することであり，対象企業は毎年 3 月末に雇用改善の目標値や実績，そして雇用の変動状況などを雇用労働部に報告することが義務づけられている[46]。

　企業から提出された報告書は「雇用平等委員会」が検討し，女性の雇用実績が優れた企業は「男女雇用平等優秀企業」として選定，表彰を行う。また，優秀企業に選定された企業に対しては，さまざまなインセンティブ措置を講じている[47]。

　2014 年現在，積極的雇用改善措置の適用事業所は，公共機関 304 カ所，500人以上事業所 1,641 カ所の計 1,945 カ所である（図表 19）。

　積極的雇用改善措置の実施により女性雇用率や女性管理職の比率が改善されるなど，一定の効果が現れている[48]。雇用労働部が 1,945 カ所事業所から提出された「職種・職級別男女勤労者現況」を分析した結果によると，女性雇用・女性管理者の比率は漸進的ではあるが，上昇している。特に，政府機関に比べて民間企業の比率が高い（図表 20）。しかし，積極的雇用改善措置の対象企業の

図表 19　積極的雇用改善措置の現況

年	合　計	公共機関		民間企業	
		政府投資機関	政府傘下機関	1,000 人以上	1,000 人未満
2006	546	14	93	439	―
2007	613	14	101	498	―
2008	1,425	14	101	591	719
2009	1,607	246		600	761
2010	1,576	255		592	729
2011	1,547	245		610	692
2012	1,674	247		677	750
2013	1,778	260		704	814
2014	1,945	304		744	897

出所：雇用労働部『2015 年版　雇用労働白書』，p.83。

図表 20　女性雇用率・女性管理者の比率

年	女性雇用比率（％）				女性管理者比率（％）			
	全体	政府投資機関	政府傘下機関	民間企業	全体	政府投資機関	政府傘下機関	民間企業
2006	30.8	16.5	24.6	32.5	10.2	1.7	6.8	11.2
2007	32.3	16.4	25.5	34.1	11.0	1.5	6.9	12.1
2008	33.8	23.2		34.4	12.6	4.8		14.1
2009	34.0	28.5		35.0	14.1	8.4		15.2
2010	34.1	30.1		34.9	15.1	9.9		16.1
2011	34.9	31.2		35.6	16.1	10.5		17.1
2012	35.2	32.4		35.7	16.6	11.0		17.6
2013	36.0	33.6		36.5	17.0	11.6		18.0
2014	37.1	35.7		37.4	18.4	14.0		19.2

出所：雇用労働部『2015 年版　雇用労働白書』，p.84。

半数以上が目標値に達していないのが現状である[49]。

　今後さらに対象が拡大されると思われる非対象企業の 100 人以上 500 人未満の AA 制度およびその内容の認知度調査では，300–499 人規模企業では約半数の 46.9％が認知しているものの，100–299 人規模企業では 13.6％と 1 割強に過

ぎない[50]。

(2) ワーク・ライフ・バランスの推進

　少子高齢化や家族構成の変化，女性の経済活動参加の促進，男女労働者の意識の変化などにより，ワーク・ライフ・バランス（Work Life Balance：以下WLB という）政策は，1980 年代後半以降，先進諸国から多様な取り組みが紹介され，韓国においても職場における仕事を中心とする社会的役割の拡大と依然として家事などを中心とする家庭的役割の存在が残存されていることから，女性労働に対する二重負担が社会問題として大きく取り上げられることとなった。女性労働における現実問題としての二重負担の側面は，女性労働の職場における経歴断絶を招く最大の原因の一つとして認識され，二重負担の軽減や経歴断絶の改善といった現実的な問題への改善策，あるいは女性労働への支援策として政府による WLB 政策が進展されるようになってきた[51]。

　韓国における WLB 政策は，大きく 2 つに分けられる。1 つは，制度や法律を含む政府レベルによる支援である。たとえば「経済的支援制度」，「育児・介護支援制度」などがそれである。2 つは，企業による取り組みである。たとえば，「勤労者支援制度」，「仕事・家庭両立制度」，「休暇および休職制度」などがそれである[52]。

　前述したように，韓国では 2001 年 8 月と 2005 年 5 月，女性雇用者の母性保護関連の 3 つの法律（勤労基準法，男女雇用平等法，雇用保険法）の改正により，産休期間の延長や有給化，育児休業の有給化を実現するなど，仕事と家庭の両立支援策が強化された。2007 年には「男女雇用平等法」を「男女雇用平等と仕事・家庭両立支援に関する法律」へと改名し，「仕事中心」から，「仕事と家庭生活とのバランス」を重視する方向へと法令の全面改正が行われた。これにより 2008 年 7 月には，第 4 次「男女雇用平等，仕事・家庭両立基本計画（2008～2012）」が確定された[53]。

　韓国は日本以上に労働時間が長く，パート比率が低く，仕事と育児の両立が困難な状況があるが，近年，法改正により育児のための休暇取得や労働時間短縮を促進したり，労働時間や勤務場所の自由度を高めるなど，ワーク・ライフ・バランスに向けた取り組みが活発である[54]。

⑶　**働く女性のためのキャリア支援**[55]

　韓国では，2008 年に働く女性の経済活動を促進するために，「経歴断絶女性等の経済活動促進法」が制定された。これにより，経歴断絶女性の経済活動の促進に向けた総合的な施策の策定および必要な行政財政支援を実施するため，5 年毎に「経歴断絶女性等の経済活動促進に関する基本計画」を策定することが義務付けられた。女性家族部と雇用労働部が共同で 5 年毎に同計画を策定する。同計画の基本方針は，① 女性の労働市場への再参入与件の改善，② 経歴断絶女性の規模縮小であった。女性労働力の効率的な活用を通じた持続可能な社会の実現をめざし，第 1 次計画の政策目標として，2014 年までに女性経済活動参加率 60％の達成を設定した。しかし，2014 年の女性の経済活動参加率は54.9％，2016 年でも 56.2％となり，政策目標は実現していないのが実情である。

　また，韓国政府は女性就業率の 70％達成に向け，就業率を引き上げるための施策として，「働く女性のための生涯キャリア維持支援策」（2014 年 2 月）を発表した。支援策は，出産後の女性の経歴断絶（キャリア・ブレーク）を最小限にとどめるために支援の期間と金額を拡充した。さらに，① 妊娠・出産時の雇用維持，② 乳幼児保育と小学生の子供ケア支援，③ 時間選択制雇用の拡大を通じた再就職斡旋，④ 柔軟な勤務体制の構築による女性雇用の促進などの内容を盛り込んでいる（図表 21）。具体的な内容は，次のとおりである。

　まず，女性に偏った育児負担を軽減させるため，男性の育児休業取得を推奨する。現行の「育児休業」の名称を「親の育児休業」に変更し，夫婦のうち二番目の育児休業取得者に対して，最初の月の育児休業給付を通常賃金の 100％まで支給を引き上げる（現行は通常賃金の 40％）。また，現行法は，育児休業と労働時間短縮を合わせて最大 12 カ月までしか制度を利用することができないが，これを，育児休業を取得しない場合，最大 2 年まで労働時間短縮制度を利用できるようにする。保育サービスを利用できる優先順位も，低所得の共働き夫婦と一般的な共働きの夫婦をそれぞれ第 1 位および第 2 位とし，それに続いて，低所得専業主婦，一般的な専業主婦の順とした。また，国公立の保育園も毎年 150 カ所ずつ増やしていく計画で，一部の保育園のみで実施していた保育施設評価認定制度も義務化する。小学校の放課後の学童保育も，希望するすべての小学生が午後 5 時まで利用できるよう，2016 年までに段階的に拡大す

図表 21 女性の生涯段階別のキャリア維持支援策

主な対策		改正前	改正後
妊娠・出産	夫婦のうち，2番目の育児休職取得者に対する最初の1カ月の育児休業給付	通常賃金の40%	通常賃金の100%
	育児休業している非正規雇用との労働契約を延長する企業に対する継続雇用支援金	出産休暇前後のみ支援	育児休業前後も支援
	労働時間短縮制度の活性化	最大1年まで，通常賃金の40%を支給	最大2年まで，通常賃金の60%を支給
乳幼児	子育てケア・サービス	先着順	働く女性を優先
	時間選択制労働者の子どもの保育	別途支援なし	国公立保育園に時間選択制労働者のための保育班を設置
	国公立保育園	毎年150カ所拡充	
	保育園の評価認証制度	選択制	義務化
小学校	放課後の小学校ケア教室	一部の学校	全ての学校
再就職	高学歴女性の企業リターンシップの活性化		

資料：雇用労働部
出所：労働政策研究・研修機構「働く女性のための生涯キャリア維持支援策」『国別労働トピック』2014年3月。

る。共働き・ひとり親家庭の子どもなどには，学校の状況に応じて，夜10時まで利用できるようになる。

女性の再就職支援サービスとして，キャリアブレーク期間が短い高学歴・専門職の女性はすぐに現場復帰できるよう，別途採用プロセスを新設する。また，新しい分野に再就職を希望する女性は，「女性が新しく働くセンター（セイルセンター)[56]」で専門職の職業訓練を受けられるようにし，一定レベルの職業訓練も支援する。この他，時間選択制雇用を数多く創出できる職務を発掘して企業に紹介するとともに，時間選択制雇用の専用ワークネット，代替人材バンクなどの採用インフラも拡充していく。

V. むすび

　以上，韓国の女性労働の現状と政府の雇用政策についてみてきた。韓国の年齢階層別の女性の労働力率は日本と同様にM字型を描いている。また，女性の大学への進学率は上昇しているにもかかわらず，労働力率はOECD平均と比べてかなり低い。さらに，管理職に占める女性の比率も際立って低い。男女間の賃金格差も縮小傾向にはあるものの，OECD諸国では韓国が日本に次いで男女賃金格差が最も大きい。このような背景には，結婚や出産による経歴断絶や社会的に固定化された男女差，そして女性労働市場の二重構造問題などが存在しているからである。さらには昇進，昇給，教育訓練など人事制度上の差別的な慣行や男性中心の組織文化が形成していることも大きな要因として指摘できる。

　女性と男性が社会のあらゆる分野で対等なパートナーとして積極的に参加できる社会を築くことは，韓国にとって将来を決定する大きな課題となっている。雇用の場においても同様である。働く女性が男性と均等な取扱いを受け，充実した職業生活を送ることができるような社会にすることが強く求められている。一方，企業経営にとっても真に女性を活用するか否かが企業のイメージ向上にもなるし，重要な企業戦略の一つとなっていくものと考えられる。ここでは，女性労働の活性化の視点から若干の政策的な課題を提示する。

　第一に，職場の意識改革が必要である。男女雇用平等法の施行後，女性労働に対する見方の変化はあるものの，基本的にはまだ企業もしくは男性の遅れた意識は依然として残っていると思われる。女性管理職が少ないことがその一例である。経営者はもちろん企業組織の中で女性の活躍を積極的に位置づけるという管理者の意識改革や組織風土の醸成を図っていくことが求められる。一方，女性自身の意識改革も重要である。自ら進んで能力開発を図りながら，これを職業生活において発揮できるように努めなければならない。

　第二に，男女間の公正な処遇を実現していかなければならない。女性は人事処遇面において不利に取り扱われているのが現状である。男女間の賃金格差は

先進諸国に比べてその差は大きい。さらに，女性の非正規労働者と正規労働者
の間でも賃金格差が拡大傾向にある。近年，「同一労働同一賃金」の議論がな
されているが，女性の活躍を推進するためには，労働条件の格差を是正してい
かなければならない。さらに，人的資源管理面では，女性に不利益をもたらす
ような人事制度の運用は避けなければならない。特に，女性の昇進を妨げない
よう人事制度や賃金制度，人事評価制度の公平な運用のために，能力主義・成
果主義の視点から男女問わず同一の条件の下で競争させていく新たな人事シス
テムの構築が求められる。

　第三に，仕事と家庭の両立が可能な職場環境を整備していく必要がある。韓
国の女性労働関連政策は，法制度面ではかなり発展してきた。それにもかかわ
らず，経歴の断絶や非正規雇用問題が解消されないのは，韓国の伝統的価値観
が影響していると考えられる。女性の経歴が断絶しない社会，職場での男女平
等の社会を実現するためには，ワーク・ライフ・バランスが可能な柔軟な働き
方の仕組みを作ることである。すなわち，就業形態の多様化や労働時間の短
縮，育児・介護制度などを充実し，女性が働きやすい職場環境に努めなければ
ならない。

　今後，女性人材が活躍できる法制度や政策そして企業の人的資源管理のあり
方にどのような変化が見られるのか，今後の動きに注目したい。

注
1　ジェンダー問題を様々な視点から取り扱った文献として，①佐野陽子・志野澄人・嶋根政充編
『ジェンダー・マネジメント―21世紀型男女共創企業に向けて』東洋経済新報社，2001年，②石塚
浩美「日本・中国・韓国企業におけるジェンダー・ダイバーシティ経営の実状と課題―男女の人材
活用に関する企業調査（中国・韓国）605企業の結果―」経済産業研究所『RIETI Discussion
Paper』，2014年，③森ます美『日本の性差別賃金―同一価値労働同一賃金原則の可能性』有斐閣，
2005年がある。
2　韓国の大学進学率は，OECD加盟国の中でも高い水準にあるが，最近になって少しずつ低下してい
る。統計庁によると，2008年の進学率は83.8％と頂点に達した後，2010年には79.0％，2016年
は69.8％まで低下している。また，男女の進学率は2009年に逆転し，2012年には男性が68.6％，
女性が74.3％を占め，男性より女性の進学率が上回っている。
3　女性の労働市場参加の割合は，その社会がどれだけ先進化しているかを測る指標の一つである。
それはそれぞれの国の人々の意識構造や社会構造，そして産業構造を反映しているからである。
4　労働政策研究・研修機構『データブック国際労働比較（2017年版）』2017年。
5　同上。
6　同上。
7　この点については，横田伸子（2003）「韓国における労働市場の柔軟化と非正規労働者の規模の

拡大」『大原社会問題研究所雑誌』No.535，pp.36-54 参照。

8　大沢真知子・金明中（2010）「経済のグローバル化にともなう労働力の非正規化の要因と政府の対応の日韓比較」労働政策研究・研修機構『日本労働研究雑誌』No.595，p.97。

9　非正規労働者の定義をめぐっては，呉学殊（2006）「日韓労使関係の比較」『大原社会問題研究所雑誌』No.576，pp.6-7。

10　大沢真知子・金明中（2010），前掲論文，p.98。

11　詳しくは，李秉勲（2010）「非正規労働の現状と課題」禹宗杬『韓国の経営と労働』日本経済評論社，pp.128-131。

12　1990 年代以降の雇用関係をめぐる法制度については，李点順（2008）「韓国における雇用関係の柔軟化とその補整―1990 年代以降の雇用関係をめぐる法制度の変化を中心に―」『現代社会文化研究』No.43 参照。

13　李点順（2008），同上，p.30

14　非正規労働者の解雇をめぐって労働者が売り場の一部を占拠し，警察の介入を招く事態に至った。

15　政府の非正規雇用保護法の改正案の骨子は，① 期間制及び派遣労働者の使用・派遣期間を 2 年から 4 年に延長，② 差別是正申請期間を 3 カ月から 6 カ月に延長，③ 正規職に転換した場合，4 大保険の減免支援などとなっている。

16　朴宣映「韓国の「男女雇用平等法」施行 20 年の成果と課題：雇用上の性差別禁止規定を中心に」大阪府立大学女性学研究センター『女性学研究』(18)，2011 年，p.7。

17　同上，pp.7-8。

18　同上 p.8。

19　OECD（経済協力開発機構）が 2015 年 3 月に発表した加盟国の男女賃金格差の平均は，15.6% となっている。また，世界経済フォーラムが発表した「男女平等指数」では，韓国が 115 位で下位 20% に入っている。

20　権テヒ・趙ジュンモ「韓国の積極的措置制度の評価と改善課題」韓国女性政策研究院『女性研究』73 巻 2 号，2008 年参照。

21　韓国雇用情報院「性別賃金格差原因分析」『雇用動向ブリーフ』2014 年 10 月，p.10 および労働政策研究・研修機構「韓国雇用情報院（KEIS）が男女賃金格差について分析」『国別労働トピック』2015 年 2 月。

22　時間選択制は，朴槿恵政権が 2012 年に 64.2% であった就業率（15～64 歳）を 2017 年までに 70% に引き上げることを重要な政策目標に掲げ，雇用の創出・拡大を目的に導入されたものである。時間選択制雇用の種類には，企業の需要に応じて採用時から時間選択制雇用として採用する「新規型」と労働者の必要性に応じてフルタイムの在職労働者が時間選択制雇用形態に転換する「転換型」の 2 つに分類される。時間選択制は，社会保険や福利厚生など正規職と同じ条件でありながら短時間の勤務を可能とする雇用形態の一種である。詳しくは，裵海善『韓国の少子化と女性雇用』明石書店，2015 年，pp.113-114 参照。

23　韓国の女性雇用政策の歴史的流れについては，裵海善「韓国の女性雇用政策―60 年間の政策変化と実態―」筑紫女学園大学・筑紫女学園大学短期大学部『紀要』10 号，2015 年，pp.111-123 参照。

24　詳しくは，朴宣映「韓国の「男女雇用平等法」施行 20 年の成果と課題：雇用上の性差別禁止規定を中心に」大阪府立大学女性学研究センター『女性学研究』(18)，2011 年，pp.1-23。

25　白井京「韓国の女性関連法制―男女平等の実現に向けて―」『外国の立法』226，2005 年，p.104。

26　詳しくは，山下英愛「韓国における男女雇用平等法改正」『国際女性』No.20，2006 年，pp.151-154 参照。

27　金明中「韓国における女性の労働市場参加の現状と政府対策」労働政策研究・研修機構『日本労働研究雑誌』No.643，2014 年，p.95。

28 白井京，前掲稿，p.114。

29 古郡鞆子「日本，韓国，ニュージーランドにみる女性労働と育児問題」『季刊家計経済研究』No.59，2003 年，p.53。

30 白井京，前掲稿，p.114。

31 金明中，前掲稿，p.96 および白井京，前掲稿，pp.115-116。

32 白井京，前掲稿，pp.115-116。

33 金明中，前掲稿，p.96。

34 詳しくは，崔廷臣「韓国における子育て支援政策の現状と課題」奈良女子大学『家政学研究』52 巻 2 号，2006 年，pp.26-34 参照。

35 同上，pp.28-30 参照。

36 明泰淑「IMF 経済危機と韓国の女性労働」『海外社会保障研究』No.146，2004 年，p.27。

37 労働政策研究・研修機構「女性雇用政策—女性の就業率引き上げのために」『国別労働トピック』2014 年 8 月。

38 パネル調査は，2007 年，2008 年，2010 年，2012 年の 4 次にわたって実施されている。

39 労働政策研究・研修機構「女性雇用政策—女性の就業率引き上げのために」『国別労働トピック』2014 年 8 月。

40 韓国の女性労務管理実態を詳しく分析した研究としては，明泰淑『韓国の労務管理と女性労働』文眞堂，1999 年を参照されたい。

41 裵海善『韓国の少子化と女性雇用』明石書店，2015 年，p.148。

42 詳しくは，同上，pp.140-145 参照。

43 雇用労働部『2015 年版雇用労働白書』，p.83。

44 同上，p.83。

45 この点については，山本勳「上場企業における女性活躍状況と企業業績との関係—企業パネルデータを用いた検証—」経済産業研究所『RIETI Discussion Paper』，2014 年，pp.1-28 参照。

46 詳しくは，雇用労働部『積極的雇用改善措置制度マニュアル』2006 年参照。

47 例えば，① 3 年間「男女雇用平等優秀企業」の認証マークの使用を許可，② 地方労働局で実施する労働関連法違反に対する随時点検の免除，③ 政府主催の入札に参加した時に加点（0.5 点）を付与，④ 中小企業庁主催の入札に参加した時に加点（0.5 点）を付与，⑤ 従業員の職業能力開発を支援する能力開発費用の貸出制度を優秀企業の従業員に優先的に提供，⑥ 女性の雇用環境改善のための資金融資事業，勤労福祉公団の勤労奨学事業，中小企業福祉施設融資事業を優秀企業に優先的に適用，⑦ 優秀企業を紹介する冊子を制作し全国に配布。マスコミやインターネットを通じて優秀企業に対する広報を実施である（金明中，前掲稿，p.98）。

48 詳しくは，金明中，前掲稿，pp.98-100 参照。

49 裵海善，前掲稿，p.116 および裵海善，前掲書，pp.150-153 参照。

50 石塚浩美「日本・中国・韓国企業におけるジェンダー・ダイバーシティ経営の実状と課題—男女の人材活用に関する企業調査（中国・韓国）605 企業の結果—」経済産業研究所『RIETI Discussion Paper』，2014 年，p.67。

51 崔勝淏「韓国の WLB 政策の動向と課題」『跡見学園女子大学マネジメント学部紀要』第 16 号，2013 年，pp.33-34。

52 同上，p.34。

53 この点については，裵海善，前掲稿，pp.118-120 を参照。

54 詳しくは，池本美香・韓松花「日韓比較からみる女性活躍支援の方向性」日本総研『JRI レビュー』Vol.4，No.14，2014 年，pp.32-58。

55 この点については，労働政策研究・研修機構「働く女性のための生涯キャリア維持支援策」『国別

労働トピック』2014 年 3 月に依拠している。
56　セイルセンターは，2009 年に 50 カ所，2012 年に 100 カ所，2013 年に 112 カ所，2015 年に 120 カ所が指定されており，政府は 2017 年までに 200 カ所まで増やす計画である（裵海善，前掲書，p.114）。

参考文献

（日本語文献）

阿部正浩「男女の雇用格差と賃金格差」『日本労働研究雑誌』No.538，2005 年，pp.15-31。

安春植『終身雇用制の日韓比較』論創社，1982 年。

安春植「六・二九宣言後の労使関係」日本労働協会『日本労働協会雑誌』No.354，1989 年，pp.45-51。

安熙卓「韓国における新人事制度の新動向(1)」九州産業大学『経営学論集』大学院経営学研究科開設記念号，1994 年，pp.53-66。

安熙卓『韓国企業の人的資源管理―その特質と変容―』文眞堂，2011 年。

安熙卓「韓国労使関係の近年の動向―法制度の変化を中心に―」九州産業大学『経営学論集』第 25 巻第 3 号，2015 年，pp.27-48。

安熙卓「戦後日本の労働運動と組合分裂」九州産業大学『経営学論集』第 22 巻第 4 号，2012 年，pp.7-35。

安熙卓「日本の複数組合・専従者の実態と労使関係」九州産業大学『経営学論集』第 23 巻第 1 号，2012 年，pp.1-28。

安熙卓「日本の労働組合と経営者団体」九州産業大学『商学論叢』第 60 巻第 1 号，2019 年，pp.27-52。

安熙卓「日本の労働争議と紛争解決システム」九州産業大学『商学論叢』第 59 巻第 3 号，2019 年，pp.11-37。

安熙卓「日本の団体交渉と労使協議制度の現状と特質」九州産業大学『商学論叢』第 59 巻第 1 号，2018 年 7 月，pp.33-62。

安熙卓「韓国の労働運動の歴史的展開」九州産業大学『経営学論集』第 28 巻第 1 号，2017 年，pp.1-25。

安熙卓「韓国の労働組合と経営者団体」九州産業大学『経営学論集』最終号，2019 年，pp.31-55。

安熙卓「韓国の団体交渉と労使協議制度の現状と特質」九州産業大学『商学論叢』第 59 巻第 2 号，2018 年，pp.27-55。

安熙卓「韓国の労働争議と紛争解決システム」九州産業大学『商学論叢』第 59 巻第 4 号，2019 年，pp.1-28。

安熙卓「韓国の複数労働組合・専従者と労使関係」九州産業大学『商学論叢』第 60 巻第 1 号，2019 年，pp.1-26。

安熙卓「韓国における複数労組施行後の労使関係」九州産業大学『商学論叢』第 60 巻第 3 号，2020 年，pp.13-29。

安熙卓「日本の女性労働と雇用管理」九州産業大学『経営学論集』第 27 巻第 4 号，2017 年，pp.19-50。

安熙卓「韓国の女性労働と雇用政策」九州産業大学『経営学論集』第 28 巻第 3 号，2018 年，pp.1-24。

イ・ソンヒ「韓国の個別労働紛争解決システム」労働政策研究・研修機構編『個別労働紛争の現状と課題：日韓比較』（JILPT 資料シリーズ No.74）2010 年，pp.5-7。

池本美香・韓松花「日韓比較からみる女性活躍支援の方向性」『JRI レビュー』Vol.4，No.14，2014 年，pp.32-58。

石井修二「日本の団体交渉制度と労使協議制度」佐護譽・韓義泳編『企業経営と労使関係の日韓比較』泉文堂，1991 年，pp.187-211。

石幡信夫『日本の労働組合―歴史と組織―』日本労働研究機構，1990 年。

石田英夫『日本企業の国際人的資源管理』日本労働協会，1985 年。

石塚浩美「日本・中国・韓国企業におけるジェンダー・ダイバーシティ経営の実状と課題―男女の人材活用に関する企業調査（中国・韓国）605 企業の結果―」経済産業研究所『RIETI Discussion Paper』，2014 年。

伊藤実「日本における安定的労使関係構築の背景」労働政策研究・研修機構『第 5 回日韓ワークショップ韓国進出日本企業の労使関係』2005 年 4 月 27 日，pp.1-16。

磯崎典世「シリーズ比較労働運動研究⑽韓国の労働運動」『生活経済政策』No.136，2008 年，pp.38-46。

岩崎馨「わが国におけるユニオンリーダーの現況と課題」『季刊労働法』161 号，総合労働研究所，1991 年，pp.163-173。

岩崎馨『日本の労働組合―戦後の歩みとその特徴―』日本生産性本部，2015 年。

岩崎馨『日本の労働組合の現状と課題―組合リーダーと組合財政―』社会経済生産性本部，2000 年，第 6 章参照。

岩崎馨編著『産業別労働組合の組織と機能』日本生産性本部，2012 年。

岩田龍子『日本的経営の編成原理』文眞堂，1977 年。

岩出博『LECTURE 人事労務管理』泉文堂，2007 年。

尹敬勲「韓国の政治経済と労働運動の性格―歴史的分析を中心に―」流通経済大学『流通經濟大學論集』44(2)，2009 年，pp.183-204。

尹淑鉉「韓国的労使関係とその歴史的・文化的背景：日本との比較を通じて」（第 5 分科会：韓国特集，第 5 回大会報告要旨）環日本海学会編集委員会『環日本海研究』(6)，2000 年，pp.93-94。

上田修「三菱長船「組合分裂」」労働争議史研究会編『日本の労働争議（1945-80 年)』東京大学出版会，1991 年，pp.299-336。

占部都美『日本的経営を考える』中央経済社，1978 年。

禹宗杬編『韓国の経営と労働』日本経済評論社，2010 年。

禹宗杬「労使関係の日韓比較―トヨタ自動車と現代自動車を素材として」（Ⅰ 共通論題＝東アジアの経済発展と社会政策）『社会政策学会誌（経済発展と社会政策―東アジアにおける差異と共通性)』⑱』法律文化社，2007 年，pp.33-47。

鵜飼良昭「労働委員会と労働審判委員会」『日本労働研究雑誌』No.657，2015 年，pp.28-29。

梅崎修・南雲智映「交渉内容別に見た労使協議制度の運用とその効果「問題探索型」労使協議制の分析」『日本労働研究雑誌』No.591，2009，pp.25-40。

江上寿美雄「日本の労使関係と労働者教育」韓国労働教育院（KLEI）セミナー『グローバル経済下の労働教育と人的資源開発』労働政策研究・研修機構：国際共同研究　2003 年。(https://www.jil.go.jp/institute/kokusai/documents/egami.pdf)。

太田薫『春闘の終焉―低成長下の労働運動―』中央経済社，1975 年。

大場鐘作・佐藤寛行『戦後日本労働運動小史』日本生産性本部，1991 年。

大石裕「戦後日本の社会運動におけるチッソ労働運動の位置づけ―もう一つの「水俣」」『大原社会問題研究所雑誌』No.630，2011 年，pp.14-28。

大沢真知子・金明中「韓国の積極的雇用改善措置制度の導入とその効果および日本へのインプリケーション」『RIETI Discussion Paper』2014 年，pp.1-26。

大内章子「均等処遇と女性人材の活用」『日本労働研究雑誌』No.597，2010 年，pp.66-69。

郭洋春「IMF 体制と韓国の社会政策」『海外社会保障研究』No.146，国立社会・人口問題研究所，2004 年，pp.33-42。

金井郁「「多様な正社員」施策と女性の働き方への影響」『日本労働研究雑誌』No.636，2013 年，

pp.63-76。

河西宏祐『企業別組合の理論　もう一つの日本的労使関係』日本評論社，1989 年。

河西宏祐『新版少数派労働組合運動論』日本評論社，1990 年。

河西宏祐「企業内複数組合と少数派組合」『日本労働協会雑誌』NO.212，日本労働協会，1976 年，pp.10-23。

河本毅『合同組合と上部団体』日本法令，2009 年。

金容基「韓国の自動車 A 社における人事制度改革（上）―学歴身分制から能力主義管理へ？」『大原社会問題研究所雑誌』No.450，大原社会問題研究所，1996a 年。

金容基「韓国の自動車 A 社における人事制度改革（下）―学歴身分制から能力主義管理へ？」『大原社会問題研究所雑誌』No.451，大原社会問題研究所，1996b 年。

金鎔基「韓国の重工業大工場における人事制度改革」法政大学大原社会問題研究所編『現代の韓国労使関係』御茶ノ水書房，1998 年，pp.125-144。

金元重「韓国労使関係の変遷と構造的特質」法政大学大原社会問題研究所編『韓国労使関係の展開と現状』総合労働研究所，1997 年，pp.3-40。

金元重「韓国における非正規労働の実態と非正規職保護法」千葉商科大学『国府台経済研究』第 20 巻第 2 号，2010 年，pp.79-94。

金元重「韓国鉄道労組の民営化反対ストライキ」『月刊労働運動』6 月号，2014 年。

金光旭「韓国における労働市場の柔軟性とその対応―新自由主義のパラドックス」『Meijo Asian Research Journal』Vol.1 No.1，2010 年，pp.17-25。

金早雪「韓国の雇用・労働政策の変遷，現状及び課題」宇佐見・牧野編『新興工業国における雇用と社会政策：資料編』（調査研究報告書），アジア経済研究所，2006 年，pp.63-82。

金明中「韓国における女性の労働市場参加の現状と政府対策」『日本労働研究雑誌』No.643，2014 年，pp.92-104。

毛塚勝利編『個別労働紛争処理システムの国際比較』日本労働研究機構，2002 年。

経済産業省「アジア通貨危機後の韓国における構造改革」『平成 26 年版通商白書』2014 年。

古郡鞆子「日本，韓国，ニュージーランドにみる女性労働と育児問題」『季刊家計経済研究』No.59，2003 年，pp.47-55。

高龍秀『韓国の経済システム』東洋経済新報社，2003 年。

高龍秀「通貨危機以降の韓国における構造改革」環日本海経済研究所『ERINA Discussion Paper』No.0201，2002 年，pp.1-18。

呉学殊『労使関係のフロンティア―労働組合の羅針盤』労働政策研究・研修機構研究，2012 年。

呉鐘錫『韓国企業の経営的特質』千倉書房，1983 年。

厚生労働省労使関係担当参事官室編著『日本の労働組合―歴史と組織』（第 2 版），日本労働研究機構，2002 年。

関西生産性本部編『生産性運動の昨日・今日・明日』関西生産性本部，2001 年。

厚生労働省『日本の労働組合の現状（Ⅰ）―労働組合基礎調査報告―』2005 年。

厚生労働省『日本の労働組合の現状（Ⅱ）―労働組合活動実態調査報告―』2002 年。

厚生労働省『2008 年労働組合実態調査』。

厚生労働省『団体協約等実態調査』2006 年。

厚生労働省労使関係担当参事官室『日本の労働組合　歴史と組織』日本労働研究機構，2002 年。

厚生労働省「平成 27 年　労使間の交渉等に関する実態調査 結果の概況」。

厚生労働省「平成 29 年　労使間の交渉等に関する実態調査 結果の概況」。

厚生労働省「平成 29 年労働争議統計調査の概況」。

厚生労働省「平成 24 年　団体交渉と労働争議に関する実態調査」。

厚生労働省「平成 23 年　労働協約等実態調査 結果の概況」。

厚生労働省「平成 16 年　労使コミュニケーション調査結果の概況」。

厚生労働省「平成 26 年　労使コミュニケーション調査」。

厚生労働省「平成 28 年労働組合基礎調査の概況」。

厚生労働省「平成 30 年　労働組合基礎調査の概況」。

厚生労働省「平成 28 年　労働組合活動等に関する実態調査 結果の概況」。

厚生労働省「平成 26 年度雇用均等基本調査」。

厚生労働省『平成 27 年版働く女性の実情』。

厚生労働省「平成 26 年度コース別雇用管理制度の実施・指導状況」。

厚生労働省「賃金構造基本統計調査」。

厚生労働省「男女雇用機会均等法の変遷」。

小島健司『春闘の歴史』青木書店，1975 年。

小玉敏彦『韓国工業化と企業集団―韓国企業の社会的特質―』学文社，1995 年。

財団法人 21 世紀職業財団「女性労働者の処遇等に関する調査」2005 年。

酒井祐太郎「日本における労使協議制の現状に関する考察」『埼玉女子短期大学研究紀要』第 7 号，1996 年，pp.131-173。

佐護譽・韓義泳編『企業経営と労使関係の日韓比較』泉文堂，1991 年。

佐護譽『人事管理と労使関係―日本・韓国・台湾・ドイツ―』泉文堂，1997 年。

笹島芳雄『現代の労働問題』（第 3 版）中央経済社，2002 年。

佐藤博樹・藤村博之・八代充史『新しい人事・労務管理』（第 3 版），2017 年。

佐野陽子『はじめての人的マネジメント』有斐閣，2007 年。

佐野陽子・志野澄人・嶋根政充編『ジェンダー・マネジメント―21 世紀型男女共創企業に向けて』東洋経済新報社，2001 年。

社会経済生産性本部調査『労使協議制の現状と課題』，1999 年。

社会経済生産性本部編『新版・労使関係白書―21 世紀の生産性運動と労使関係課題』社会経済生産性本部生産性労働情報センター，2006 年。

車東昱「韓国の労働法制における労働者の集団的意思反映構造」『日本労働研究雑誌』No.79，2017 年，pp.52-60。

塩田庄兵衛・藤田若雄編『戦後日本の労働争議』お茶の水書房，1977 年。

塩田庄兵衛『新版日本労働運動の歴史』労働旬報社，1974 年。

柴田弘捷「不況下・韓国の労働問題と労働組合」『専修大学社会科学研究所月報』No.553/554，2008 年，pp.9-28。

白井京「韓国の女性関連法制―男女平等の実現に向けて―」国立国会図書館『外国の立法』226，2005 年，pp.103-132。

白井泰四郎『労使関係論』日本労働研究機構，1996 年。

白井泰四郎『日本の労働組合』日本評論社，1967 年。

白井泰四郎『企業別組合』中公新書，1968 年。

白井泰四郎『労使関係論』有斐閣，1980 年。

白井泰四郎『現代日本の労務管理第 2 版』東洋経済新報社，1992 年。

白井泰四郎・花見忠・神代和欣『労働組合読本』（第 2 版）東洋経済新報社，1986 年。

品田幸男「労働審判制度の概要と課題：制度開始 10 年目を迎えて」『法律のひろば』68 巻 5 号，ぎょうせい，2015 年，pp.4-14。

清水慎三「Ⅸ三井三池争議」塩田庄兵衛・藤田若雄編『戦後日本の労働争議』お茶の水書房，1977 年，pp.479-584。

清水慎三「三池争議小論」清水慎三編『戦後労働組合運動史論』日本評論社，1982 年。

菅野和夫『労働法（第 8 版）』弘文堂，2009 年。

菅野和夫他『労働審判制度—基本趣旨と法令解説—（第 2 版）』，弘文堂，2007 年。

鈴木滋『エッセンス人事労務管理』税務経理協会，2002 年。

鈴木誠「個別労働紛争と人事管理・労働組合—都道府県労働局のあっせん事案に基づく分析」『日本労働研究雑誌』No.613，2011 年，pp.38-48。

角田豊「Ⅳ日鋼室蘭争議」塩田庄兵衛・藤田若雄編『戦後日本の労働争議』お茶の水書房，1977 年，pp.207-264。

隅谷三喜男「韓国の企業レベルの労使関係」隅谷三喜男編著『労使関係の国際比較』東京大学出版会，1978 年。

総務省統計局「労働力調査」。

孫昌熹『韓国の労使関係　労働運動と労働法の新展開』日本労働研究機構，1995 年。

高木郁朗「公労協「スト権奪還スト」」労働争議史研究会編『日本の労働争議（1945-80 年）』東京大学出版会，1991 年，pp.345-382。

高梨昌『変わる春闘　歴史的総括と展望』日本労働研究機構，2002 年。

高瀬久直「春闘と経営者団体—日経連・日本経団連と IMF-JC を中心に」法政大学大原社会問題研究所『大原社会問題研究所雑誌』№.715，2018 年，pp.15-28。

高村静「企業における多様な人材の活用：女性人材・外国人材に着目して」経済産業研究所，『RIETI Discussion Paper』2016 年 6 月，pp.1-24。

武石恵美子「雇用分野のポジティブ・アクション」『DIO』（連合総研レポート）No.303，2015 年，4 月号，pp.12-15。

谷内篤博「コース別人事管理の意義と問題点—女性労働者の積極的活用の視点から」『日本労務学会誌』第 1 巻第 2 号，1999 年，pp.56-65。

男女間の賃金格差問題に関する研究会「男女間の賃金格差に関する意識調査」2002 年。

中央職業能力開発協会編『労務管理 3 級』社会保険研究所，2010 年。

チャールズ　ウェザーズ・海老塚　明編『日本生産性運動の原点と展開』社会経済生産性本部生産性労働情報センター，2004 年。

張晶「ジェンダーの観点から見た韓国の雇用政策」労働政策研究・研修機構『海外労働情報』2016 年，pp.1-26。

崔碩桓「韓国における期間制（有期契約）・短時間労働者保護法の制定」『日本労働研究雑誌』No.571，2008 年，pp.53-67。

崔勝渼「韓国の WLB 政策の動向と課題」『跡見学園女子大学マネジメント学部紀要』第 16 号，2013 年，pp.27-39。

崔廷臣「韓国における子育て支援政策の現状と課題」奈良女子大学『家政学研究』52 巻 2 号，2006 年，pp.26-34。

土屋直樹「団体交渉と労使協議」日本労働政策研究・研修機構『日本労働研究雑誌』No.657，2015 年，pp.66-67。

内閣府「男女平等に関する世論調査」1992 年。

内閣府「男女共同参画社会に関する世論調査」2012 年。

内閣府「女性の活躍推進に関する世論調査」2014 年。

内閣府『平成 27 年版　少子化社会対策白書』2015 年。

中窪裕也・野田進・和田肇『労働法の世界（第 8 版）』有斐閣，2009 年。

中窪裕也「男女雇用機会均等法 30 年の歩み」『DIO』（連合総研レポート）No.303，2015 年，4 月号，pp.4-7。

永田美江子「男女雇用機会均等法の経緯と改正後の現状及び問題点」『平安女学院大学研究年報』第9号，2008年，pp.43-53。

中馬宏之・駿河輝和編『雇用慣行の変化と女性労働』東京大学出版会，1997年。

日本の賃金の2000プロジェクト編『日本の賃金―戦後の軌跡と新世紀の展望』社会経済生産性本部・生産性労働情報センター，2001年。

日本生産性本部『2016年版　活用労働統計』。

日本生産性本部『2018年版　活用労働統計』。

日本生産性本部編『労使協議制の新たな発展―産業・地域・企業の現状と成果―』日本生産性本部，1980年。

日本の労働組合運動編集委員会編『日本の労働組合運動3 要求・闘争論』大月書店，1985年。

二村一夫「日韓労使関係の比較史的検討」法政大学大原社会問題研究所編『現代の韓国労使関係』御茶の水書房，1998年，pp.271-306。

仁田道夫「企業別組合に何ができるか―歴史から学ぶ」『日本労働研究雑誌』No.591，2009年，pp.4-14。

西村豁通『日本の労働組合運動』ミネルヴァ書房，1970年。

野田進『労働紛争解決ファイル―実践から理論へ―』労働開発研究会，2011年。

パク・ジェソン「韓国の個別労働紛争事例：非正規労働者の解雇をめぐる問題について」労働政策研究・研修機構『個別労使紛争の現状と課題：日韓比較』2010年，p.37-45。

裵海善「韓国の女性雇用政策―60年間の政策変化と実態―」筑紫女学園大学・筑紫女学園大学短期大学部『紀要』10号，2015年，pp.111-123。

裵海善「韓国の非正規雇用の労働条件と政府の非正規職総合対策案」筑紫女学園大学・短期大学部『紀要』(Vol.11)，2016年，pp.129-139。

裵海善『韓国の少子化と女性雇用』明石書店，2015年。

白弼圭『韓国労使関係の新構造』日本経済評論社，1996年。

萩原進「韓国労使関係の歴史的展開と現状の基本問題」法政大学大原社会問題研究所編『現代の韓国の労使関係』御茶ノ水書房，1998年，pp.3-25。

萩澤清彦「複数組合併存と労使関係」『日本労働法学会誌』N0.54，日本労働法学会，1979年，pp.5-19。

橋詰洋三「組合併存下の労使関係と労働条件」『季刊労働法』161号，総合労働研究所，1991年，pp.20-44。

服部民夫『韓国の経営発展』文眞堂，1988年。

濱口桂一郎「個別労使紛争処理システム形成の背景」労働政策研究研修機構『個別労働紛争の現状と課題：日韓比較』(第10回日韓ワークショップ報告書)，資料シリーズNo.74，2010年，pp.11-14。

久本憲夫「日本の労使交渉・労使協議の仕組みの形成・変遷，そして課題」『日本労働研究雑誌』No.661，2015年，pp.4-14。

久谷與四郎「「春闘」の意味と役割，今後の課題」『日本労働研究雑誌』No.597，2010年，pp.84-87。

東條由紀彦「東宝争議（1948年）」労働争議史研究会編『日本の労働争議（1945-80年）』東京大学出版会，1991年，pp.111-158。

平井陽一「三井三池争議」労働争議史研究会編『日本の労働争議（1945-80年）』東京大学出版会，1991年，pp.205-245。

藤田若雄『第二組合―統一運動の発展』日本評論社，1955年。

藤田若雄「Ⅶ王子製紙争議」塩田庄兵衛・藤田若雄編『戦後日本の労働争議』お茶の水書房，1977年，pp.369-425。

藤村博之「日本の労働組合―過去・現在・未来」『日本労働研究雑誌』No.606, 2011 年, pp.79-89。

船橋尚道「「労使協調」の現代的意義」日本労働協会『日本労働協会雑誌』No.363, 1989 年。

福井直人「日本的労使関係の史的変遷および今後の展望」北九州市立大学『商経論集』50 巻, 2015 年, pp.97-124。

法政大学大原社会問題研究所編『現代の韓国労使関係』御茶の水書房, 1998 年。

朴昌明『韓国の企業社会と労使関係』ミネルヴァ書房, 2004 年。

朴昌明「経済危機以降の韓国労使関係」『大原社会問題研究所雑誌』No.572, 2006 年 7 月, pp.17-32。

朴昌明「李明博政権下の韓国労使関係」環日本海経済研究所『ERINA Discussion Paper』No.1301, 2013 年, pp.1-20。

朴宣映「韓国の「男女雇用平等法」施行 20 年の成果と課題：雇用上の性差別禁止規定を中心に」大阪府立大学女性学研究センター『女性学研究』(18), 2011 年, pp.1-23。

外尾健一『労働争議』日本労働協会, 1989 年。

松崎義「鉄鋼争議 (1957・59 年)」労働争議史研究会編『日本の労働争議 (1945-80 年)』東京大学出版会, 1991 年, pp.161-204。

松田保彦「複数組合併存下の法律問題」『日本労働法学会誌』N0.54, 日本労働法学会, 1979 年, pp.20-36。

丸山桂「女性労働者の活用と出産時の就業継続の要因分析」『人口問題研究』第 57 巻第 2 号, 2001 年, pp.3-18。

村田毅之「我が国における個別的労使紛争処理制度の現状」『松山大学論集』第 16 巻第 2 号, 2003 年, pp.115-131。

嶺学『第一組合』お茶ノ水書房, 1980 年。

三池炭鉱労働組合『みいけ炭鉱労働組合史』2002 年。

三浦恵司「神奈川県における企業内複数組合の実態と問題点―特に地労委の事件を中心に―」『産業構造の変動と都市問題』(「経済と貿易」100 号記念), 横浜市立大学経済研究所, 1970 年, pp.91-116。

ミン・チェン著 (長谷川啓之・松本芳男・池田芳彦訳), 『東アジアの経営システム比較』, 新評論, 1998 年。

明泰淑「韓国における「文民政府」の成立と労使関係の新動向」龍谷大学大学院研究紀要『社会科学』8, 1994 年, pp.30-42。

明泰淑『韓国の労務管理と女性労働』文眞堂, 1999 年。

明泰淑「IMF 経済危機と韓国の女性労働」『海外社会保障研究』No.146, 2004 年, pp.23-32。

宮里邦雄『労働委員会　審査・命令をめぐる諸問題』労働教育センター, 1990 年。

村杉靖男『企業内の労使関係』(改訂増補版) 日本生産性本部, 2016 年。

元吉宏「韓国における労働組合及び労働関係調整法の一部改正と施行の先送り」『外国の立法』33, 2007 年, pp.175-181。

森ます美『日本の性差別賃金―同一価値労働同一賃金原則の可能性』有斐閣, 2005 年。

山川隆一「日本における労働紛争の解決最近の展開とその背景, および将来の展望」『日本労働研究雑誌』No.548, 2006 年, pp.59-69。

山田和代「労働運動にみる男女雇用平等実現への課題」『大原社会問題研究所雑誌』No.635・636, 2011 年, pp.42-56

山下英愛「韓国における男女雇用平等法改正」『国際女性』No.20, 2006 年, pp.151-154。

山本勲「上場企業における女性活躍状況と企業業績との関係―企業パネルデータを用いた検証―」経済産業研究所『RIETI Discussion Paper』, 2014 年, pp.1-28。

矢加部勝美「歴史的に見た春季賃金闘争」日本の賃金の 2000 プロジェクト編『日本の賃金―戦後の軌

　　跡と新世紀の展望』社会経済生産性本部・生産性労働情報センター，2001 年，pp.221-236。

柳沢房子「男女雇用機会均等政策の動向と改革」『調査と情報』第 538 号，2006 年，pp.1-10。

UFJ 総合研究所『子育て支援策等に関する調査研究報告書』2003 年。

李鋌「韓国の労使紛争解決システムと労使関係」労働政策研究・研修機構『日本労働研究雑誌』
　　No.548，2006 年，pp.35-40。

李鋌「韓国における労働紛争処理システムの現状と課題」日本労働法学会編『日本労働法学会誌』116
　　号，2010 年，pp.3-20。

李元雨「韓国の労働組合と経営者団体」佐護譽・韓義泳編『企業経営と労使関係の日韓比較』泉文堂，
　　1991 年，pp.159-185。

李元雨「韓国の団体交渉制度と労使協議制度」佐護誉・韓義泳編著『企業経営と労使関係の日韓比較』
　　泉文堂，1991 年，pp.213-238。

李哲洙・李多恵「韓国における企業レベルの従業員代表制度」『日本労働研究雑誌』No.630，2013 年，
　　pp.74-86。

連合総研『第 16 回労働組合費に関する調査報告』2008 年。

連合総研『第 18 回労働組合費に関する調査報告書』2016 年。

労働政策研究・研修機構「特集　労働紛争の背景と解決システム」『日本労働研究雑誌』No.613，2011
　　年。

労働政策研究・研修機構「特集　労働紛争の解決システム」『日本労働研究雑誌』No.581，2008 年。

労働政策研究・研修機構編『個別労働関係紛争処理事案の内容分析―雇用修了，いじめ・嫌がらせ，
　　労働条件引き下げ及び三者間労務提供関係』（労働政策研究報告書 No.123），2010 年。

労働政策研究研修機構編『個別労働紛争の現状と課題：日韓比較』（第 10 回日韓ワークショップ報告
　　書），資料シリーズ No.74，2010 年。

労働省「平成 9 年労働組合基礎調査」。

労働省労政局編著『最新　労働協約の実態』労務行政研究所，1994 年。

労働争議史研究会編『日本の労働争議（1945-80 年）』東京大学出版会，1991 年。

労働政策研究・研修機構編『非正規労働者の組織化と労働組合機能に関する研究』（JILPT 資料シリー
　　ズ）No.174，2016 年。

労働政策研究・研修機構「韓国のコーポレート・ガバナンス改革と労使関係」『労働政策研究報告書』
　　No.10，2004 年。

労働政策研究・研修機構「韓国の労使関係の動向」『海外労働情報：韓国』2006 年 10 月。

労働政策研究・研修機構「盧武鉉政権の労使関係法制改革案と労使の反応」『海外労働情報：韓国)』，
　　2003 年 12 月。

労働政策研究・研修機構「労働市場の構造改善のための労使政合意（大妥協）『海外労働情報：韓国』
　　2015 年 12 月号。

労働政策研究・研修機構「労組専従者の勤労免除上限時間の見直し」『国別労働トピック』2013 年 8
　　月。

労働政策研究・研修機構編『解雇及び個別労働関係の紛争処理についての国際比較』2015 年。

労働大臣官房政策調査部『労働組合基礎調査報告』（1989 年版）大蔵省印刷局。

労働政策研究・研修機構「韓国雇用情報院（KEIS）が男女賃金格差について分析」『国別労働トピッ
　　ク』2015 年 2 月。

労働政策研究・研修機構「女性雇用政策―女性の就業率引き上げのために」『国別労働トピック』2014
　　年 8 月。

労働政策研究・研修機構「働く女性のための生涯キャリア維持支援策」『国別労働トピック』2014 年
　　3 月。

労働政策研究・研修機構『第16回日韓ワークショップ報告書　女性労働問題：日韓比較』2016年9月。

労働政策研究・研修機構『データブック国際労働比較（2016年版）』，2016年。

労働政策研究・研修機構『データブック国際労働比較（2017年版）』，2017年。

労働政策研究・研修機構編『データブック国際労働比較（2018年版）』2018年。

労働政策研究・研修機構『採用・配置・昇進とポジティブ・アクションに関する調査結果』調査シリーズ　No.132，2014年。

労働政策研究・研修機構『男女正社員のキャリアと両立支援に関する調査結果—第1分冊　本編—』調査シリーズ　No.106，2013年。

労働政策研究・研修機構『高年齢社員や有期契約社員の法改正後の活用状況に関する調査結果』2013年

和田馨「複数組合併存と賃金・昇格差別」『季刊労働法』161号，総合労働研究所，1991年，pp.60-70。

脇坂明「コース別人事管理の意義と問題点」『日本労働研究雑誌』No.433，1996年，pp.14-23。

脇坂明「均等法後の企業における女性の雇用管理の変遷」『日本労働研究雑誌』No.615，2011年，pp.38-51。

脇田滋「非正規雇用問題と労働運動—韓国との比較などを通して」『Gekkan ZENROREN』2012年6月，pp.26-33。

渡辺峻『コース別雇用管理と女性労働—男女共同参画社会をめざして』中央経済社，2001年。

（韓国語文献）

安春植『日本の労使紛糾克服過程と我々の対応方向研究』商工会議所，1987年。

安熙卓「日本的労使関係の特質」『経営論叢』第10輯、梨花女子大学校経営研究所，1992年，pp.49-72。

安熙卓「日本の最近労使関係変化」金東元編『世界の労使関係変化と展望』韓国国際労働財団，2003年，pp.79-106。

安熙卓『日本の複数労組と労組専任者に関する研究』韓国経営者総協会，2010年（韓国語）。

安熙卓「日本の複数労組の経験と示唆点」韓国経営者総協会『月刊経営界』2011年6月，pp.6-9。

イム・ヒソプ『韓国の社会変動と価値観』ナナム出版，1994年。

尹ギソル「複数労組の問題点と主要外国事例」韓国経営者総協会『月刊経営界』2009年9月，pp.10-14。

河甲来『勤労基準法』中央経済，2009年。

韓国経営者総協会『労働経済40年史』1989年。

韓国経営者総協会『韓国経総20年史』1990年。

韓国経営者総協会「労組専従者と労使関係政策討論会資料」，2009年10月29日。

韓国経営者総協会『労組専任者給与は労働組合が負担すべし』2009年。

韓国経営者総協会『2018　賃金調整基本方向』2018年。

韓国雇用情報院「性別賃金格差原因分析」『雇用動向ブリーフ』，2014年10月。

韓国生産性本部『韓国の産業社会と労働文化』1989年。

韓国労働研究院『KLI労働統計』各年。

韓国労働研究院『複数労組時代労使関係展望と課題』韓国労働研究院，2011年。

韓国労働研究院『団体協約の内容と課題』1989年。

韓国労働研究院『2017　KLI労働統計』2017年。

韓国労働研究院『労働市場差別と積極的雇用改善措置制度（Ⅰ）』2016年。

韓国労働研究院動向分析室「2017 年賃金動向と 2018 年賃金展望」韓国労働研究院『月刊労働レ
　　ビュー』2018 年 4 月号，pp.7-23。
韓国労働組合総連盟『団体協約分析結果』1991 年。
韓国労総政策本部「OECD 国家労組専任者制度現況」内部資料。
韓国労総「専任者および複数労組経過と課題」2009 年 10 月 6 日内部資料。
金東元他『複数労組運営実態および労使関係に及ぼす影響分析』雇用労働部，2014 年。
金潤煥『韓国労働運動史Ⅰ』チョンサ，1981 年。
金潤煥「労関関係」韓国経営者総協会『労働経済 40 年史』1989 年，pp.15-59。
金亨培『新しい労働法』博英社，2016 年。
金亨培「労働法制」韓国経営者総協会『労働経済 40 年史』1989 年，pp.61-114。
金植鉉・鄭在勲『労使関係論』学玄社，1995 年。
金勲「韓国労使協議会の現状と課題」韓国労働研究院『企業単位の労使協議制度に関する国際シンポ
　　ジウム』1992 年，pp.11-35。
金兌基・尹鳳駿『労使紛糾研究』韓国労働研究院，1991 年。
金兌基「複数労組葛藤：理論と現実」韓国労働研究院『労働政策研究』第 9 巻第 2 号，2009 年，
　　pp.199-219。
金在源『韓国の労働問題と労使関係定立方案』韓国経済研究院，1996 年。
金在源『韓国の労働問題と労使関係定立方案』韓国経済研究院，1996 年，pp.367-375
金尚浩『労組専任者の法的保護に関する研究』韓国労総中央研究院，1998 年。
金三秀「日本の複数労組と労使関係」『国際労働ブリーフ』韓国労働研究院，2011 年 8 月，pp.26-35。
金三秀「日本における複数労組の形成と特徴」韓国外国語大学校日本研究所『日本研究』第 46 号，
　　2010 年，pp.25-47。
金チョル「複数労組施行と労使関係安定化方案」『慶熙法学』第 46 巻第 4 号，2011 年，pp.381-391。
金ジョンガク「複数労組・労組専任者給与支給禁止に対する労働界立場」韓国経営者総協会『月刊経
　　営界』369 号，2009 年 12 月，pp.12-13。
金ジョンハン『労組専任者の現況と今後の方案』韓国労働研究院，2005 年。
金ジョンハン「第 3 章　勤労時間免除制度」イ・スンヒ他『複数労組及び専任者実態と政策課題』韓
　　国労働研究院，2011 年。
金ジョンウ「複数労組設立現況と特性分析」『KLI パネルブリーフ』第 13 号，韓国労働研究院，2018
　　年 3 月，pp.1-13。
金ジョンボム・李サンジン「労組専任者の給与支給現況と改善課題に関する小考」韓国専門経営人学
　　会『専門経営人研究』10 巻 2 号，2007 年，pp.149-171。
金ジョンギュウ「複数労組施行が労使関係に及ぼす影響に関する研究─発電会社事例を中心に」『労
　　働研究』第 25 輯，高麗大学校労働問題研究所，2013 年，pp.49-84。
権テヒ・趙ジュンモ「韓国の積極的措置制度の評価と改善課題」韓国女性政策研究院『女性研究』73
　　巻 2 号，2008 年，pp.5-51。
洪ジュハン「複数労組制度施行後の労使関係変化」韓国労働社会研究所『労働社会』183 巻，2015 年
　　5 月，pp.117-128。
雇用労働部『勤労時間免除限度適用マニュアル』，2010 年。
雇用労働部『2018 年版　雇用労働白書』2018 年。
雇用労働部『団体協約実態調査』2014 年。
雇用労働部「全国労働組合組織現況」各年。
雇用労働部「全国教員労働組合組織現況」各年。
雇用労働部「全国公務員労働組合組織現況」各年。

雇用労働部の「団体協約実態調査」2014 年。

雇用労働部『労使協議会運営マニュアル』2011 年。

雇用労働部『統計でみる 2011 年の労使紛争』2012 年。

雇用労働部「調停・審判事件統計」2015 年。

雇用労働部『雇用形態別勤労実態調査』2013 年。

雇用労働部『賃金構造基本統計調査』各年度。

雇用労働部『2015 年版雇用労働白書』。

雇用労働部『積極的雇用改善措置制度マニュアル』2006 年。

趙性載「産別労組および産別交渉の実態と評価」禹宗杬編『韓国の経営と労働』日本経済評論社，
　　2010 年，pp.89-118。

ジョ・ジュンモ『労組専任者実態調査に関する研究』労働部，2005 年。

ジョ・ジュンモ，ジン・スクョン「複数労組時代の労使関係展望」韓国労働研究院『月刊労働レ
　　ビュー』，2010 年 5 月，pp.5-21。

ジョン・イン「複数労組許容による現場労使関係の兆戦と機会」：大企業経済主義労働組合の意識調査
　　事例中心」韓国労働研究院『労働政策研究』第 9 巻第 2 号，2009 年，pp.163-198。

ジョン・ミョンスク他『複数労組環境下の労使関係研究』韓国労働研究院，2006 年。

ジョン・ウンベ「複数労組・労組専任者給与支給禁止に対する労働部立場」韓国経営者総協会『月刊
　　経営界』369 号，2009 年 12 月，pp.6-9。

大韓商工会議所「労使協議会運営実態と改善方案実態調査」2006 年。

チョン・フンジュン「2017 年労使関係評価と 2018 年展望」『月刊労働レビュー』2018 年 1 月号，pp.7-
　　26。

チョン・キョンウン「金属産業複数労組現況と事例」イ・ジョンヒ他『企業別複数労組と団体交渉』
　　韓国労働研究院，2018 年，pp.83-124。

チョン・キョンウン「公共機関複数労組現況と事例」イ・ジョンヒ他『企業別複数労組と団体交渉』
　　韓国労働研究院，2018 年，pp.125-163。

中央労働委員会『韓国の労働委員会』2018 年。

中央労働委員会ホームページ「複数労組事件処理内訳別現況」。

中央労働委員会『2017 労働委員会統計年報』2018 年。

中央労働委員会「調停事件処理内訳別現況」2017 年。

中央労働委員会『労働委員会審判事件分析および改善課題研究』2010 年。

テ・ウォンユ『日本の複数労組経験と労使関係安定化方案』三星経済研究所，2010 年。

日本貿易振興機構（ジェトロ）『韓国の労働問題マニュアル』2015 年 3 月。

任鐘栗『労働法』博英社，2017 年。

任サンフン他『公共部門構造調整と労使関係安定化』韓国労働研究院，2004 年。

裵圭植「2012 年労使関係評価と 2013 年労使関係展望」韓国労働研究院『月刊労働レビュー』2013 年
　　1 月号，pp.23-45。

裵圭植「2015 年労使関係評価と 2016 年労使関係展望」韓国労働研究院『月刊労働レビュー』2016 年
　　1 月号，pp.5-37。

朴鐘熙「改正法下の労働組合専任者制度に関する法的考察」翰林聖心大學『翰林法学 RORUM』第 6
　　巻，1997 年。

朴徳済・朴基性『韓国の労働組合（Ⅱ）』韓国労働研究院，1990 年。

朴英凡・李相徳『公共部門の労使関係』韓国労働研究院，1990 年。

ホ・イン「公共機関の複数労組現況分析」『KLSI　イシューペパー』韓国労働社会研究所，2019 年，
　　pp.1-16。

李ソンヒ「2009 年労使関係評価と 2010 年展望」『月刊労働レビュー』2010 年 1・2 月号，pp.36-51。

李ソンヒ「2011 年労使関係評価と 2012 年展望」『月刊労働レビュー』2012 年 1 月号，pp.23-32。

李ジョンヒ他『企業別複数労組と団体交渉』韓国労働研究院，2019 年。

李ジョンヒ「2016 年労使関係評価と 2017 年展望」『月刊労働レビュー』2017 年 1 月号，pp.7-28。

李サンフン「複数労組の導入と労使関係の変化」韓国労働社会研究所『労働社会』163 巻，2012 年，pp.79-91。

李スンヒ他『複数労組および専任者実態と政策課題』韓国労働研究院，2011 年。

李スンヒ他『複数労組時代労使関係争点と政策制度改善方案研究』韓国労働研究院，2012 年。

李スンヒ「複数労組制度が労使関係変化に及ぼす影響」韓国労働研究院『労働政策研究』第 11 巻第 4 号，pp.1-28。

李ヒスン「労組専任者制度の問題点とその改善方向」元光大学校法学研究所『法学研究』第 17 輯，2000 年，pp.109-128。

李東應「複数労組・労組専任者給与支給禁止に対する経営界立場」韓国経営者総協会『月刊経営界』369 号，2009 年 12 月，pp.14-17。

李光澤「労組専任者賃金問題どうするのか」『労使政委員会討論会資料集』1999 年 11 月 4 日。

李秉勳「韓国における非正規雇用に対する労働組合の影響」立命館大学『人文科学研究所紀要』第 99 号，2003 年，pp.149-182。

李準熙『団体交渉法論』新湖社，2017 年。

李準範『現代労使関係論』博英社，1991 年。

盧グァンピョ「公共部門労使関係―公共機関を中心に」『月刊労働レビュー』2017 年 1 月号，pp.31-47。

盧ヨンジン「複数労組形成の影響要因」『産業関係研究』25(3)，韓国雇用労使関係学会，2015 年，pp.59-83。

盧ヨンジン「複数労組制度導入の労使関係効果実態調査分析」イ・スンヒ他『複数労組時代労使関係争点と政策制度改善方案研究』韓国労働研究院，2012 年，pp.31-98。

労働部『労使協議会運営実態調査及び改善方案研究』2007 年。

索　引

安　熙卓（あん・ひたく）

1959 年　韓国・慶尚北道生まれ。
1983 年　韓国・中央大学校卒業（経営学士）
1986 年　慶應義塾大学大学院商学研究科修士課程修了（商学修士）
1989 年　慶應義塾大学大学院商学研究科博士課程修了（商学博士）
1990 – 2000 年　韓国経営者総協会附設労働経済研究院研究員
2000 – 2002 年　広島安芸女子大学経営学部助教授
2002 年　九州産業大学経営学部教授
2006 – 2007 年　イギリス Bristol 大学客員研究員
2012 – 2013 年　韓国経総労働経済研究院客員研究員
現在　九州産業大学商学部教授

主　著
『企業経営と労使関係の日韓比較』泉文堂，1991 年（共著）
『労務管理の日韓比較』有斐閣，1993 年（共著）
『アジア企業の人材開発』学文社，2008 年（共著）
『韓国企業の人的資源管理―その特質と変容―』文眞堂，2011 年
『人的資源管理入門』文眞堂，2014 年
『グローバル人材を育てます』学文社，2014 年（共著）他多数

労使関係の日韓比較

2020 年 3 月 31 日　第 1 版第 1 刷発行　　　　　　　　　検印省略

著　者　安　　　熙　卓

発行者　前　野　　　隆

発行所　株式会社　文　眞　堂
東京都新宿区早稲田鶴巻町 533
電　話 03（3202）8480
Ｆ Ａ Ｘ 03（3203）2638
http://www.bunshin-do.co.jp/
〒162-0041 振替00120-2-96437

印刷・美研プリンティング／製本・高地製本所
©2020
定価はカバー裏に表示してあります
ISBN978-4-8309-5066-7　C3034